ちくま学芸文庫

現代語訳 信長公記(全)

太田牛一
榊山 潤 訳

筑摩書房

はじめに

『信長公記《しんちょうこうき》』は、織田信長の家臣で、のちに秀吉に仕えた太田和泉守牛一《いずみのかみぎゅういち》が、その体験を通じてつぶさに書き記した大著で、信長の伝記として最も信頼度の高い史料である。

信長に対する日本人の評価は、好き嫌いの両面をつねに伴っており、手放しで肯定する人も、頭から否定する人もまずいないのが特徴といえよう。新しい時代を切りひらいた風雲児であると同時に、冷酷非情な独裁者であったこの人物を偏見を離れて総体的に知ることはなかなかむずかしいが、それは歴史のおもしろさ、人間の不思議さを学ぶ、かけがえのない教材となるであろう。

人は歴史を作るが、また人は歴史によって作られる。

織田信長は、中世から近世へと移行する変動の時代が持つさまざまな矛盾と、それを打開していく歴史のダイナミズムを一身に備え、その具現化のために四十九年の生涯を完全燃焼しつづけた天才であった。

明治以前の日本が体験した全国的で根本的な社会変革といえば、源平争乱の結果として起こった古代王朝の崩壊と中世の開幕、戦国乱世の結末としての近世封建制の確立の二つであろう。
ごくおおまかに言ってしまえば、その前者においては、清盛・義仲・義経の段階では旧体制打破のクーデターと内戦に終始し、新しい支配体制の確立には頼朝・北条氏の出現を待たねばならなかった。

これに対して近世の天下統一にあたっては、そのトップに立った信長の時代に、中世的支配の一掃と近世的支配体制の整備とが連続的に進められた点に大きな相違がある。比喩的にいうならば、信長はその短い生涯の間に、清盛から義仲・義経を経て頼朝・北条氏までの役どころを一人で演じきってしまったのである。信長の事跡を少しくわしく調べるならば、後年、秀吉・家康によって発展、完成された近世封建支配の諸要素が、すでにほとんど出そろっていたことを発見するであろう。

織田がこね　羽柴が搗《つ》きし天下餅　ただひとくちに食らう徳川

の狂歌のとおり、信長こそは、真の意味での近世の創業者といえよう。

破壊と建設の両面にわたって巨大な足跡を残した信長は、日本では類まれな、ほんとうの独裁者であった。

昔から今に至るまで、日本型のトップリーダーのほとんどは、派閥均衡の上に乗ったまとめ役であることが多い。よくいえば協調と結束、わるくいえば集団無責任体制のもとになんとなくことを運んでいくほうがうまくいくのである。

ムの運用のたくみさによるところが大きかった。

徳川政権の長期安定は、家康の設計によるご三家、親藩、外様といった勢力均衡システ

絶大な権力をふるったあの秀吉さえも、晩年には五大老に向かって、秀頼の将来をめんめんと訴えねばならなかったのである。

これに反して信長は、すべてをみずからの責任で決定し、絶対服従以外の態度を許していない。その事跡をみるならば、秦の始皇帝、ネロからヒトラー、スターリンに至るまで古今の独裁者につきものの、大量処刑の恐怖支配、華やかな式典、壮麗な城郭宮殿の造営、自己の神格化などの要素のすべてが備わっていること驚くばかりである。

比叡山焼きうちに示された天上地上のすべての権威に対決して自己の意志を貫徹する姿勢を持ちつづけたまま、もしも彼が生き長らえたとするならば、おそらく対内的には朝廷公家勢力との衝突、対外的には秀吉を待たずにキリシタン禁圧と大陸侵攻が避けられなかったのではないだろうか。

日本に生まれたのがまちがっていたかのような、この特異な英雄の生涯は、若年のころから彼に従って、その行動と性格を知り尽くしていた太田牛一の、虚飾も誇張もない筆によって克明に記録された。

この『信長公記』現代訳を通じて、信長という人間とその時代の、尽きせぬ魅力とぞっとするような恐ろしさの一端に触れていただければ幸いである。

目次

巻六　命運尽きた将軍義昭（天正元年）……164

巻十 茶の湯と討伐と（天正五年）…… 257

巻十一　西国制覇の野望（天正六年）……275

巻十二　落日の播州伊丹城（天正七年）……305

現代語訳　信長公記（全）

凡　例

一、訳出にあたっては、できる限りわかりやすいことを心がけ、一部挟注を施したり、意訳したところがある。
一、本書の底本は史籍集覧本（「我自刊我」本）を用い、諸本を参校した。
一、原文の人名表記は、同一人物であっても位階・官職・実名などさまざまであるが、可能な範囲で統一し、ときに（　）に実名を補った。
一、原文にもとから存在する注記・挿入句などは〔　〕でくくって示し、それ以外の注記は（　）で補った。
一、各巻の大・小の見出しは、原文のそれを参照しながら、適宜、意改・増補したものである。
一、現代語訳・注解にあたっては、奥野高広・岩沢愿彦両氏校注の角川文庫本『信長公記』（昭和四十四年刊）をはじめ、諸先学の労作を参照させていただいた。ご学恩に深謝申しあげる。

首巻　大うつけから天下人へ（天文三年〜永禄十一年）

――上洛以前の記録――

（1）父信秀の人がら

そもそも尾張の国は八郡である。上の郡《こおり》は四郡（丹羽・羽栗・中島・春日井《かすがい》）で、織田伊勢守（信安）が諸侍を味方につけ、心のままに支配して、岩倉というところに城を築いていた。あとの半国下の郡も四郡（海東・海西・愛知・知多）で、ここは織田大和守（達勝）の支配下にあった。

上郡と下郡とは川で隔てられていたが、大和守は清洲《きよす》の城に武衛《ぶえい》様（斯波《しば》義統《よしむね》）をお置きになり、ご自身も城中に住んでお守りになっていた。大和守の家中に三人の奉行がいた。織田因幡守・織田藤左衛門・織田備後守殿（信長の父・信秀）の三人である。備後守殿と申す方は、尾張の国境の勝幡《しょうばた》というところが居城である。そこには西厳《さいがん》・月厳《げつがん》（信秀の父、信定）、備後守殿の弟与二郎殿（信康）・孫三郎殿（信光）・四郎二郎殿（信実）・右衛門尉（信次）という方々がいた。代々武士の家柄である。備後守殿はとりわけすぐれたおひとで、諸家中の有能な方と親しく交わり、味方になさっていた。

あるとき、備後守殿は国中の那古野《なか》(名古屋)へ来られて、ここを丈夫な要害とするようお命じになり、嫡男の織田吉法師殿《きっぽうし》(信長の幼名)に、一番家老として林新五郎(通勝)、二番家老に平手中務丞《なかつかさのじょう》(政秀)、三番家老に青山与三右衛門《よそうえもん》、四番家老として内藤勝介、これらの人たちを添えて入れられ、お勝手勘定方のことは平手中務丞に担当させられた。吉法師殿は思うにまかせぬことが少なくなかったが、毎日天王坊という寺へお上がりになって勉学に励まれた。備後守殿は那古野の城を吉法師殿へ譲られて、熱田の近くの古渡《ふるわたり》というところに新城をこしらえてそこにおられた。勝手方の担当は山田弥右衛門である。

(2) 小豆坂合戦

天文十一年(一五四二)八月上旬、駿河衆(今川義元の軍勢)が三河の正田原《しょうだわら》へ進出し、七段に軍兵を配して戦陣をととのえた。そのとき、三河の安城《あんじょう》(安祥)という城は織田備後守(信秀)殿が守っておられた。駿河の由原《ゆはら》という者が先駆けで、小豆坂《あずき》へ軍兵をくり出した。そこで、備後守殿も安城より矢作《やはぎ》へ突き進んで、小豆坂で備後守殿の弟の与二郎殿(信康)・孫三郎(信光)・四郎二郎殿(信実)をはじめとして、はやくも敵と接触し、

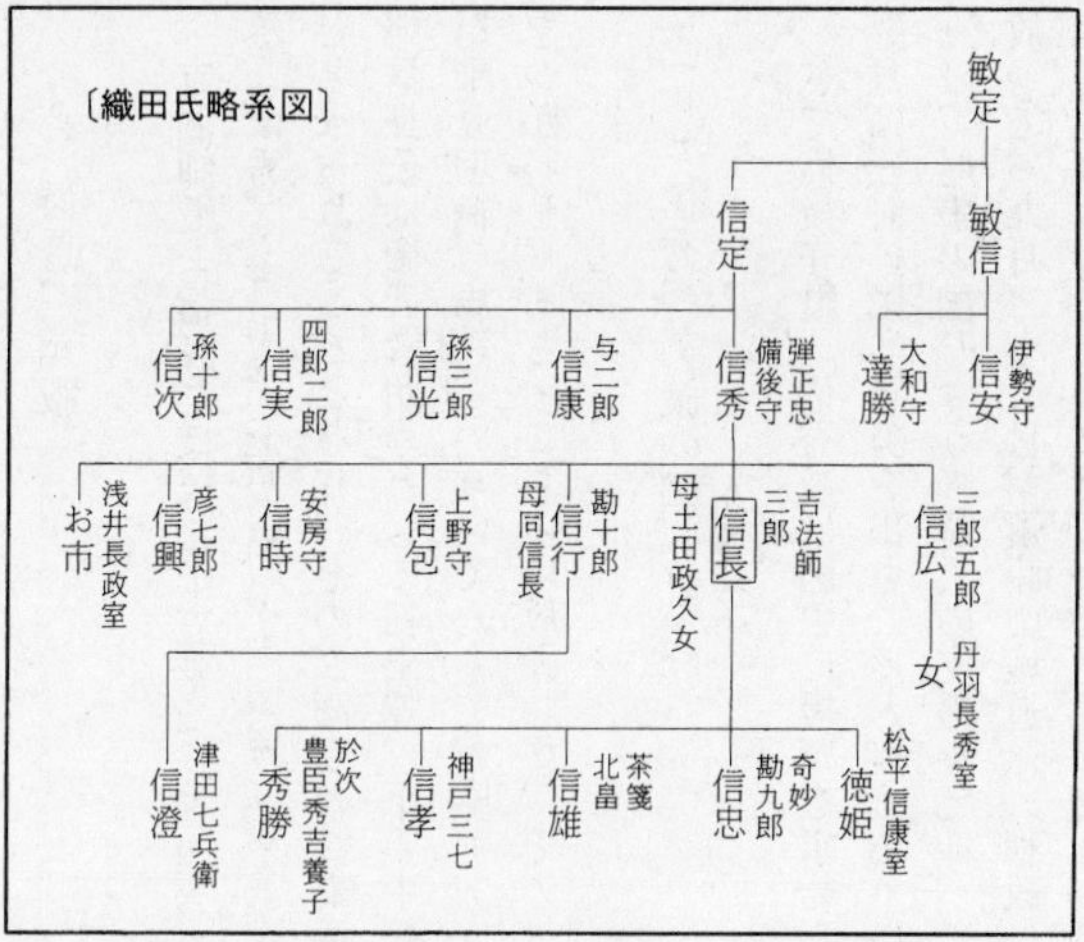

〔織田氏略系図〕

一戦に及ばれた。そのとき、よい軍功をあげた武将は、織田備後守殿・織田与二郎殿・織田孫三郎殿・織田四郎二郎殿・織田造酒丞《みきのじょう》（信房）〔槍きずを受けた〕・内藤勝介〔よい武者を討ちとって高名を挙げた〕・那古野弥五郎〔清洲衆であったが討ち死にした〕・下方《しもかた》左近（貞清）・佐々隼人正（勝通）・佐々孫介・中野又兵衛（重吉）・赤川彦右衛門（景弘）・神戸市左衛門・永田次郎右衛門・山口左馬助（教継）である。

これらの武将は三度四度と敵勢に打ちかかり、おのおの限りない手柄を立てた。まことに激しい合戦のありさまであった。この戦《いくさ》で那古野弥五郎の首は由原が討ち取った。これ以後安城へは駿河衆が入ることとなった。

（3）信長、元服

吉法師殿（信長）は天文十五年（一五四六）十三の歳に、林佐渡守（通勝）・平手中務丞（政秀）・青山与三右衛門・内藤勝介が介添えをして、古渡の城で元服、織田三郎信長と名乗られることとなり、そのご酒宴のご祝儀の催しはひとかたでなかった。翌年織田三郎信長公は御武者始めとして初出陣、平手中務丞が後見役である。信長公は紅筋《くれないすじ》の頭巾《ずきん》、馬乗り羽織、馬鎧《よろい》といういでたちで、駿河方から軍兵を入れおいた三河の吉良《きら》大浜《おおはま》へ手勢をつかわし、あちらこちらに放火して、その日は野営。次の日、那古野に帰陣なさった。

（4）信秀、美濃の国へ乱入

さて備後守殿（信秀）は国中に援軍を求められ、ある月は美濃の国へご出陣、またその翌月は三河の国へ軍勢を出されるというありさまであった。天文十六年（一五四七）九月三日、尾張の国じゅうの将兵の支援を乞い、美濃の国へ乱入なされ、あちらこちらに火を放って、九月二十二日、斎藤山城道三（利政）の居城稲葉山山下の村々におし寄せ焼き払って、町の入口まで攻めこんだ。すでに日も傾き、四時ごろになったので、兵を引き上げられ、諸方の軍勢が半分ほど退いたところへ山城道三勢がどっとばかり切りかかってきた。しばらく支えていたが兵の多くがくずれ立ってしまったので、支えることができず、備後守殿の弟の織田与二郎（信康）・織田因幡守・織田主水正《もんどのかみ》・青山与三右衛門・千秋《せんしゆう》紀伊守・毛利十郎（敦元）・家老寺沢又八・その弟毛利藤九郎・岩越喜三郎をはじめとして、尾張勢五十人ほどが討ち死にをした。

（5）怪刀あざ丸のたたり

斎藤道三画像

先年尾張の国から美濃大柿《おおがき》の城（大垣城）へ織田播磨守を入れておかれた。山城道三は、この九月二十二日の大合戦に打ち勝って、「尾張の者はもう足腰も立つまいから、今のうちに大垣城に攻め寄せ、兵糧攻めにすべきである」と言って、近江の国から加勢を頼み、十一月上旬、大垣城近くに攻め寄せた。ここにまことに不思議なことがあった。というのは、去る九月二十二日の大合戦のとき、討ち死にした千秋《せんしゆう》紀伊守はその昔、平家の盲目の侍大将・景清《かげきよ》が所持していた名刀あざ丸を差していた。この刀を美濃方の陰山掃部助《かもんのすけ》が求めて差していたが、西美濃大垣の近くの牛屋《うしや》の寺というところで、敵方成敗のため参陣して、陣所の床几《しょうぎ》に腰をかけていたところ、城内からさんざんに強弓《こわゆみ》から木ぼう(木の棒のように丸く長くした矢じりの一種)を空に向けて、寄せ手のほうへ射込んだので、それが陰山掃部助の左の目にあたった。その矢を引き抜くと、また次の矢に右の目を射つぶされた。

その後、このあざ丸という刀は、惟住《これずみ》五郎左衛門(丹羽長秀)のところへ回ってきて、五郎左衛門も眼病をしきりにわずらった。この刀を所持する人はかならず目をわずらうというわさがあった。「熱田へ奉納されたほうがよいだろう」と、だれもが申し立てた。そこで熱田大明神へ奉納されたところ、すぐに目もよくなったということである。

(6) 信秀、大垣城を救う

十一月上旬、古渡の備後守殿(信秀)へ、斎藤山城道三が大垣城を近々と取り囲み、攻め寄せたとの注進がしきりにあった。それならこちらからも出で立とうと、同月十七日、備後守殿は敵の後方から攻撃しようとしてまた諸将に支援を頼まれ、木曽川・飛騨川という大河を舟で越え、美濃の国へ乱入なさった。竹が鼻(羽島市に所在)に放火し、あかなべ口(岐阜市に所在)に出撃して、あちらこちらに火をつけ煙をあげられたところ、斎藤道三はびっくりして攻撃の手をゆるめ、井口城《いのくち》(稲葉山城)へ引き上げてしまった。こうしてすぐに備後守殿はたやすく兵を出されることができた。そのお手柄は申すまでもない次第である。

同月二十日、この大垣城救援の留守中に尾張領内の清洲衆が備後守殿(信秀)の古渡新城へ軍兵を出し、付近に放火し敵対行動に出た。このようなところに備後守殿は帰陣なさった。このときから清洲衆と抗争されることとなった。平手中務丞(政秀)は清洲の家老衆坂井大膳《だいぜん》・坂井甚介《じんすけ》・河尻与一(秀隆)という人びとへ、和解をするよう数通の書状をしたためて送ったが、平手の交渉はうまくととのわなかった。翌年秋の末になって和平の合意ができて無事におさまった。そのとき平手は、大膳・甚介・河尻方へめでたい和ぼくであると書状を遣わしたが、そのはしがきに古歌が一首、

袖ひぢて結びし水のこほれるを春立つけふの風や解くらむ

(かつて袖をぬらして手ですくった水も、冬の寒さに凍ってしまっていたであろうが、立春のきょうの風がとかしているであろう。『古今和歌集』巻一、紀貫之の歌。清洲との和解の意を諷した)

とあったのを覚えている。このように平手中務丞はかりそめのことにも風雅な人であった。

(7) 信長の青春時代

さて平手中務丞の立案で、織田三郎信長公を斎藤山城道三の婿として縁組がとり結ばれ、道三の息女(濃姫)を尾張へ呼び迎えられた。こうしていずれの方面も平穏無事であった。信長公は十六、七、八になるまで別に遊びごとはなく、馬を朝夕にお稽古、また三月から九月までは川に入って水泳をなさるが、水泳は巧みであった。そのおり、竹槍のたたき合いをご覧になり、「とかく竹槍はみじかくあっては具合が悪い」と仰せになって、三間柄《え》、または三間半柄の槍にされた。

そのころのお身なりを申すと、湯帷《ゆかたびら》の袖《そで》をはずし、半袴《はんばかま》で、火打ち袋などいろいろ身におつけになって、髪はちゃせんまげにし、もとどりを紅や萌黄《もえぎ》糸で巻き立てお結いになり、朱ざやの太刀をさし、お付きの者にもみな朱色の武具を着けさせるというありさまで、市川大介をお召しになっては弓のお稽古、橋本一巴《いっぱ》を師匠として鉄砲をお稽古、平田三位をいつも側近くお召しになって兵法のお稽古、またお鷹野(鷹狩り)もなさった。しかし、見苦しいことがあった。町をお通りのとき、人目をはばかることなく、栗・柿はいうまでもなく、瓜《うり》をがぶりとお食べになり、町中で立ちながら餅《もち》をほおばり、人によりかかったり、人の肩にぶらさがるような歩き方しかなさらなかった。そのころは世の中も上品なときであったから、信長公を「大うつけ（馬鹿者）」と申す人ばかりであった。

（8）犬山勢の謀反

そうこうするうちに、備後守殿（信秀）は古渡《ふるわたり》の城を取り壊され、末盛《すえもり》というところへ山城をこしらえておすまいになった。

天文十八年（一五四九）正月十七日、上の郡の犬山・楽田《がくでん》より軍兵を出し、春日井原（愛知県春日井市）をかけぬけ竜泉寺の下、柏井口《かすがいぐち》へ出陣、あちらこちらに旗を挙げた。備後守殿はただちに末盛からご軍兵とかけつけ出会い、一戦に及んで敵方を切り崩し、数十人を討ちとられた。犬山・楽田衆は春日井原を逃げ崩れていった。何者のしわざであろうか、そのときの落書に、

やりなはを引きずりながらひろき野を遠ぼえしてぞにぐる犬山
（遣縄《やりなわ》を引きずりながら広い野原を戦《いくさ》に負けて、負け犬のように遠ぼえして逃げる犬山勢よ。遣縄は犬の引き綱のことである）

と書いてあちらこちらに札が立てられてあった。備後守殿の弟織田孫三郎殿（信光）はいちだんとすぐれた武者であった。この方は守山（名古屋市）という城におすまいになった。

(9) 父信秀、病死

備後守殿は疫病にかかられ、さまざまな祈禱や、ご療治をされたけれど、おなおりがなく、ついに天文十八年(一五四九)三月三日、御年四十二で、逝去された。生死無情は世のならい、まことに悲しいことである。吹く風に万草の露が散り、流れる雲に満月の光がかげるような印象である。一寺を建立し寺号を万松寺《ばんしょうじ》という。当寺の前住職が故備後守殿の法名を桃巌《とうがん》と名付け申した。

信長公はご葬儀に銭の施しをなされ、国中の僧衆も集まり来っておごそかに弔い申した。おりから関東に上り下りする会下僧《えげ》(一寺をもたず修行する僧)たちもたくさん加わって、僧衆は三百人ほどにも及んだ。

三郎信長公には林・平手・青山・内藤らの家老衆がつき従う。御弟の勘十郎(信行)殿には家臣の柴田権六《ごんろく》(勝家)・佐久間大学(盛重)・佐久間次右衛門(信盛)・長谷川(橋介《きょうすけ》)・山田(弥太郎)以下の者がお供をする。

信長公がご焼香にお立ちになる。そのときの信長公のお身なりは、長柄の太刀、脇差をわら縄で巻き、髪はちゃせんまげにし、袴もお召しにならず、仏前へお出になって、抹香をかっとつかんで仏前へ投げかけてお帰りになった。御弟の勘十郎殿はきちんとした肩《かた》衣《ぎぬ》・袴をお召しになって、礼にかなったご作法であった。三郎信長公に対しては例のごとく、「大馬鹿者よ」ととりどりにうわさし合った。その中に筑紫からきた客僧一人だけが、信長公を評して、「あの人こそ国持ち大名ともなるべき人よ」と言ったということである。

さて、末盛の城は勘十郎殿へ差し上げ、柴田権六・佐久間次右衛門ほか有力な人びとを添えてお置きになった。

平手中務丞（政秀）の子息は、長男を五郎右衛門（長政）、二男を監物《けんもつ》、三男を甚左衛門（汎秀《ひろひで》）といった三人兄弟であった。総領の平手五郎右衛門はすぐれた駿馬を持っていた。三郎信長公がご所望なさったところ、にくげな申しようで、「私は馬を手放せぬ武者でございますので、おゆるしください」といって差し上げなかった。信長公はこれを深くお恨みになり、たびたびこのことを思い出されては不快になり、しだいに主従の間は不和となった。

三郎信長公は「上総介《かずさのすけ》信長」と、みずから名乗られた。

ほどなく平手中務丞は上総介信長公の性質のまじめでないごようすを悔やまれ、「今までもり立ててきたかいもなく、存命していてもいたしかたない」として、腹を切って果てられた。

(10) 信長、斎藤道三と対面

同年四月下旬のことである。斎藤道三から、「富田《とんだ》の正徳寺《しょうとくじ》(一宮市内に所在)まで出向きたく思うので、織田上総介殿もそこまでお出でくだされればありがたいこと。対面いたしたい」と申し入れて来た。それというのは、このころ信長公に対し悪意を持つ者があり、「婿殿は大あほう者でござる」と道三の前で口をそろえて申したからである。「そのように人びとが申すときには、けっしてあほうではなかろうよ」と道三はかねがね申していたが、親しく対面してその真偽を見きわめようというのが、このたびのねらいであったという。

上総介信長公はこの申し入れをためらうことなくお受けになり、木曽川・飛驒川の大河を舟で渡ってお出かけになった。富田というところは人家七百軒もある富裕なところであった。正徳寺には大坂の本願寺から代理住職を入れ置き、美濃・尾張の守護の許し状を受けて、負担を免除されている土地である。斎藤山城道三の思惑では、信長公は不まじめな男であると世間で取りざたされているから、仰天させ笑ってやろうともくろんで、古老の者七、八百人に折目高な肩衣・袴など、品のよい衣装を着させて、正徳寺の御堂の縁に並んで座らせ、その前を上総介殿がお通りになるように準備をととのえた。それから山城道三は町はずれの小家に忍んでいて、信長公のお出でのようすをそっとのぞき見申した。

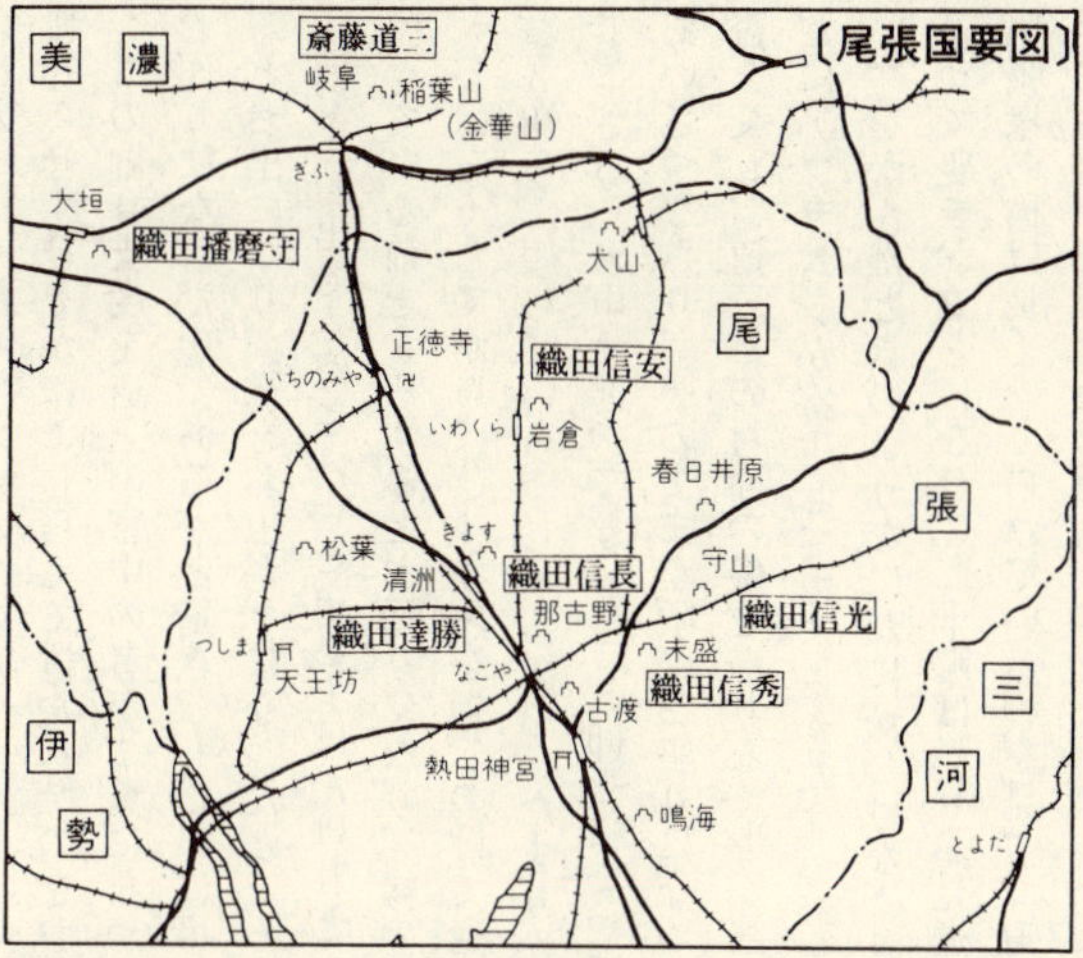

そのときの信長公のお身なりは、髪はちゃせんまげになさり、萌黄《もえぎ》色の平打ちひもでちゃせんのもとどりを巻き、湯帷の袖をはずし、のし付きの太刀（金・銀の類を薄くのばしてさやに付けた太刀）・脇差の二つともに長い柄にわら縄を巻き、太い麻縄を腕輪にして、腰のまわりには猿つかいのように、火打ち袋・ひょうたん七つ・八つをお付けになり、虎革・豹革を四色に染め合わせた半袴を召されていた。

お伴《とも》衆七、八百人がどっと並び、健脚な足軽を先に走らせ、槍の者に三間半の朱槍を五百本ばかり、弓・鉄砲の者に五百ちょうを持たせて、寄宿の正徳寺へお着きになった。そこでびょうぶを引きめぐらし、髪を折りまげに生まれて初めて結ばれ、いつ染めておかれたのかだれも知らない褐色の長袴を着けられ、小刀、これも人に知らせずひそかにこしらえて置かれたのをお差しになられた。

この御身支度を道三の家中の者がご覧になって、さてはこのごろのあほうぶりはわざとお作りになったのであるかと驚き、しだいに事情が分かってきた。信長公は御堂へするするとお出になり、縁をお上がりになったところで、春日丹後・堀田道空《どうくう》がお迎えになって、「はやくお出でください」と申し上げたけれども、信長公は知らぬ顔をして、諸侍が並び座っている前をするするとお通りになり、縁の柱にもたれていらっしゃった。

しばらくしてから、びょうぶを押しのけて道三がお出ましになった。それを見ながらおも知らん顔していらっしゃるのを、たまりかねた堀田道空が近づいて、「これが山城殿でござる」と申すと、「そうか」と仰せになって、敷居から内へお入りになり、道三にごあいさつなさり、そのまま座敷にお座りになった。道空が湯漬けを差し上げる。たがいに盃を交し、道三との対面の儀を滞りなくお済ましになった。道三は付子《ふし》（ヌルデの若芽などにアブラムシが寄生してできるかたまり。黒色の染料に用う。タンニンがあるので苦い）をかんだときのようなにがにがしげなようすで、「またいずれお会いしましょう」と言って座をお立ちになり、二十町ばかりお見送りになった。そのとき、美濃衆の槍は短く、尾張衆の槍は長く立てられているのを見て、道三はおもしろくないごようすで、何もいわずにお帰りになった。

途中、あかなべというところ（当巻（6）参照）で、猪子兵介《いのこひょうすけ》（高就《たかなり》）が山城道三に「どう見ても上総介はたわけでござります」と申し上げると、道三は、「まことに無念なことである。この山城の子たちがあのたわけの門外に馬をつなぐ（家来となるの意）ことはまちがいないだろう」とだけ答えた。この後、道三の前で信長公を「たわけ者」と申す者は一人もいなくなった。

（11）三の山・赤塚合戦

天文二十二年（一五五三）四月十七日、織田上総介信長公御年十九のときのことである。鳴海の城主山口左馬助（教継《のりつぐ》）、その子息で二十歳の九郎二郎（教吉《のりよし》）、この父子は織田備後守殿（信秀）が目をかけておられた者たちであるが、備後守殿がお亡くなりになると、間もなく謀反を企て、駿河衆（今川方）を味方にして、尾張領内へ乱入してきた。もってのほかの仕打ちである。

山口左馬助は、鳴海の城には子息の山口九郎二郎を入れ置き、笠寺へとりでや要害をつくり、葛山《かずらやま》（長嘉）・岡部五郎兵衛・三浦左馬助・飯尾豊前守・浅井小四郎、この五人の者を在城させていた。また中村の里に要害をこしらえ、山口左馬助がたてこもっていた。

このような状況を見て四月十七日、織田上総介信長公は十九歳というお年であったが、軍兵八百ばかりでご出発、中根村を駆け通り、小鳴海へ移り三の山へお上りになった。

敵の山口九郎二郎は二十歳、三の山の東十五町、鳴海からは北に十五、六町離れた赤塚へ、この九郎二郎が千五百ほどの軍兵を率いて駆け向かってきた。その先陣は足軽で、清水又十郎・柘植《つげ》宗十郎・中村与八郎・萩原助十郎・成田弥六・成田助四郎・芝山甚太郎・中島又二郎・祖父江《そぶえ》久介・横江孫八・荒川又蔵、これらを先陣として、赤塚へ移動した。

上総介信長公は三の山からこのようすをご覧になって、ただちに赤塚へ軍兵を向けられる。先陣の足軽衆には、荒川与十郎・荒川喜右衛門・蜂屋般若介《はんにゃのすけ》・長谷川橋介・内藤勝介・青山藤六・戸田宗二郎・賀藤助丞《すけのじょう》という人びと。敵との隔たりが五、六間になったとき、すぐれた射手たちがたがいに矢を放った。荒川与十郎はかぶとのひさしの下を深ぶかと射られて落馬したところ、敵兵が襲いかかり、すねをつかんで引っぱっていこうとする者もあり、また、のし付きの太刀（当巻（10）参照）の柄《つか》をにぎって引いていこうとする者もいた。またこちらからも渡すまいと頭と胴体を持って引っ張り合う。そのとき与十郎が差していたのし付きの太刀は長さが一間、さやの幅は五、六寸もあったという。さやのほうはこちらへ引っ張り、ついに引き勝って、のし付きの太刀、首・胴体ともに無事であった。午前十時ごろから正午ごろまで敵・味方入り乱れて、たたきあっては退き、負けじ劣らじととびかかってはたたき合うというありさまであった。敵方の槍先による討ち死には、萩原助十郎・中島又二郎・祖父江久介・横江孫八・水越助十郎。あまり敵・味方が近すぎたので首はたがいに取ることができず、討ち捨てられたままであった。信長公方の討ち死には三十騎に及んだ。荒川又蔵はこちらへ生け捕り、赤川平七は敵方へ生け捕られてしまった。

入り乱れ火花を散らしてたがいに戦い、双方四、五間を隔てて軍陣を張り、数時間の合戦で、九郎二郎方は上槍《うわやり》（相手の槍の柄を自分のそれで下へ押さえつけること）であった。そのころは、「上槍」「下槍《したやり》」（槍の柄が相手のそれの下に押さえられること）ということがあったのである。敵も味方もたがいに見知っている間柄であるから少しも油断がならなかった。馬から下りての戦いであったから、馬どもはみな敵陣へ走り入ってしまった。しかしこれも戦《いくさ》が終わってから、たがいにまちがいなく返し合った。生け捕られた軍兵も交換し合った。このようにして信長公はその日のうちにご帰陣になった。

（12）深田・松葉両城を奪い返す

天文二十二年（一五五三）八月十五日、清洲の坂井大膳・坂井甚介・河尻与一（秀隆）・織田三位らが謀議、松葉の城へ駆け入って、織田伊賀守の人質をとり、また松葉の城の並びの深田というところに織田右衛門尉（孫十郎信次、信秀の弟）がおられたのを、これまた押し伏せて、両城ともに手に入れた。人質は厳重に監禁し、敵対の意志を明らかにした。

織田上総介信長公はこのとき御年十九。このことをお聞きになり、八月十六日の明け方には那古野をお立ちになり、稲庭地《いなばじ》の川岸まで軍勢を出された。守山からは織田孫三郎殿(信光、信秀の弟)も駆けつけ、松葉口・三本木口・清洲口の三方へ手分けをしてから、稲庭地の川を渡り、上総介・孫三郎殿は一手になって、海津口《かいづ》へ攻めかかられた。

清洲の城からも三十町ほど兵を動かし、海津という村へ移った。

信長公は八月十六日の午前八時ごろに東へ向かって攻めかかり、数十分の間火花を散らして激しく戦われた。孫三郎殿の抱《かか》えの者で小姓あがりの赤瀬清六という数度武功をあらわした腕におぼえのある男は、先を争って坂井甚介と渡り合い、しばらくの間激しく戦って討ち死にした。ついに清洲衆が打ち負けて家老の坂井甚介は討ち死に。その首は中条小一郎・柴田権六両名が相討ちとった。このほかに討ち死にした者は、坂井彦左衛門・黒部源介・野村(与市右衛門)・海老《えび》半兵衛・乾《いぬい》丹後守・山口勘兵衛・堤伊予をはじめとする、そうそうたる武者五十騎ばかりで、枕をならべて討ち死にした。

松葉口へは二十町ばかり進出、とりでの外郭を囲み、敵兵を追い入れて、真島の大門崎の行きどまりのところで敵が支えるところを、午前八時ごろから正午ごろまで戦った。数時間にわたる矢軍《やいくさ》で清洲方に負傷者が多数生じ、無人になって退くところを、赤林孫七・土蔵《とくら》弥介・足立清六がまた討たれ、敵は本城へ引き上げた。

深田口の方面では、三十町ほど進出し、三本木の町を囲んだ。これといった要害のないところであったから、またたく間に追い崩し、伊東弥三郎・小坂井久蔵をはじめ屈強の侍三十余人が討ち死に。かくして信長公は深田・松葉の両城へ味方の軍兵をさし向けられた。その結果、両城ともに降参、敵は城を明け渡し、清洲へ一手にまとまって撤収する。上総介信長公はこれより清洲を封じこめ、田畠の作物を刈りとらせ、こうして城の取り合いが始まったのである。

(13) 簗田弥次右衛門の寝返り

さて、武衛様《ぶえい》（斯波義統《しばよしむね》）の臣下に簗田《やなだ》弥次右衛門という身分の低い者がいた。それがおもしろいたくらみで知行を過分に取り大名になった。というのは清洲に那古野弥五郎といって十六、七の若年ながら兵卒三百人ほどを抱えている男がいた。いろいろに言い寄って弥次右衛門に向かい、「清洲に不和を起こさせ、上総介殿にお味方をしてご知行をお取りなさい」と折にふれてそそのかした。家老の者たちにも話したところ、同様欲にくらみ賛成をした。そこで弥次右衛門は上総介殿のもとへ行き、ご忠節を尽くしますとの趣をひそかに申し上げたところ、殿のご満足ひとかたでなかった。

あるとき、上総介殿はご軍兵を清洲へ引き入れ、町を焼き払いはだか城にしてしまった。

ご自身も馬を寄せられたけれど、城中は堅固であるから、さらに軍兵を多く引き入れられた。しかるに弥次右衛門の仕える武衛様も城中にいらっしゃるのだし、「武衛様は隙を見て城を乗っ取る計画である」と申し上げる者がいたため、清洲の城では「外郭よりも城中こそ大事」と用心したため、信長公はその堅固さに苦慮された。

(14) 斯波義統、自害

天文二十三年(一五五四)七月十二日、若武衛様(斯波義銀《よしかね》、岩竜丸)のお伴をして、屈強の若侍がみな川狩りに出かけ、城内には老人がわずか残っているだけであった。「在城の者はだれだれである」と指を折って数え、今こそよい折であると、坂井大膳、河尻左馬丞(秀隆)・織田三位らは談合をとげて、どっと四方から押し寄せて武衛様の御殿を取り巻いた。表広間の入口で、何阿弥とかいうご同朋衆(僧形の取次役)〔この人は謡《うたい》をよくする人であった〕が、切って出て働くこと比類がなかった。また狭間《はざま》(城壁の窓)を守る森刑部丞《もりぎょうぶのじょう》兄弟も多数の者に傷を負わせたが、討ち死にした。首は柴田角内が二つともとった。裏口では柘植《つげ》宗花という人が切って出て比類のない活躍をした。四方の屋根から、弓の衆が矢をさし取り引きつめてさんざんに射立てるので、かなわず、御殿に火をかけ、ご一門の名のある人びと数十人が切腹された。高貴な侍女たちは堀へ飛びこみ、渡り越えて助かる者もあり、また水におぼれて死ぬ者もあり、哀れなありさまであった。

若武衛様は川狩りからそのまま湯帷の装立《なり》ちで、信長公をお頼りになって那古野へお出になった。そこで信長公は二百人扶持を給し、天王坊にお住まわせになられた。主従とはいいながら、武衛様は道理のたたないご謀反を思いたたれたので、仏天の加護もなくこのようにあさましくあっという間にお亡くなりになったのだ。若君をもう一人毛利十郎（敦元）が生け捕りにして那古野へ送り届けて来た。御自滅と言いながらも天道は明らかで、そら恐ろしい次第である。

城中で日夜武衛様の側近く心から尽くした人たちは、ひとたびは憤りを発したけれども、だれもかれもが家を焼かれ、食糧・ふだん着にもことを欠き、まこと難儀なめぐりあわせであった。

（15）柴田勝家、清洲勢をうち破る

同年七月十八日、柴田権六（勝家）が清洲へ出陣。足軽衆として、安孫子右京亮《うきょうのすけ》・藤江九蔵・太田又助（牛一）・木村源五・芝崎孫三・山田七郎五郎といった人たちが加わった。清洲勢は三王口で攻め合ったが、信長公方は敵勢を追いあげたので、清洲勢は乞食《こじき》村で支えることができず、さらに後退して誓願寺の前で防戦したけれど、ついに町口の大堀

の中へ追いこまれてしまった。河尻左馬丞・織田三位・原殿・雑賀《さいが》殿らが切ってかかり、二、三間を隔ててたたき合いをしたが、信長公方の槍は長く、清洲勢の槍は短いので、しだいに突き立てられた。しかしながら一歩も退かず奮戦し、討ち死にをした人びとは、河尻左馬丞・織田三位・雑賀修理・原殿・八板・高北《こうきた》・古沢七郎左衛門・浅野久蔵など、すぐれた武士三十騎ばかりに及んだ。

武衛様の家来の由宇《ゆう》喜一はまだ若年の十七、八歳であったが、湯帷のままで乱入し、織田三位殿の首を取った。上総介信長公のご賞賛はひとかたでなかった。

武衛様が逆心を思い立ちになったことであるとはいえ、三位殿らが織田家の父祖以来の主君武衛様を殺し申した因果は明白で、武衛様の死後七日目というのにおのおの討ち死にした。まことに天道にたがわぬ恐ろしいことである。

(16) 村木のとりでを攻める

さて駿河衆(今川勢)は岡崎に在陣して、鴫原《しぎはら》の山岡の城(山岡伝五郎の重原城、知立町)を攻め滅ぼし乗っ取って、岡崎から援護し、ここを根城にして信長方の小河の水野金吾(忠政)の城へ向かった。駿河衆は村木という所に堅固なとりでを築き、そこにたてこもった。近くの寺本の城(半田市中島町付近に所在)も人質を出して、今川に加担、信長公の敵となって小河城への通路をふさいでしまった。そこで敵方の後方から攻めようと信長公はみずから出陣なさるつもりであった。しかしその留守中にもう一方の敵である清洲からきっと那古野に攻め寄せ、町に放火するにちがいない、そうなってはどうかとお思いになり、信長公のお舅《しゅうと》である美濃の斎藤山城道三方へ城番の軍兵として一部隊を派遣するようご依頼の使いを遣わされた。

道三方より天文二十三年（一五五四）正月十八日、那古野の留守居役として安藤伊賀守（守就《もりなり》）を大将とする軍兵千人ほど、それに田宮・甲山《かぶとやま》・安斎・熊沢・物取《ものどり》新五らを加え、「尾張で見聞するところの状勢を毎日注進せよ」と申し付けて出発させた。同部隊は正月二十日に尾張へ到着した。信長公はご居城那古野に近い志賀・田幡《たばた》の両郷に陣取りをさせ、その二十日に陣取りお見舞いとして信長公みずからおいでになり、安藤伊賀守にごあいさつなさった。翌日ご出陣の予定であったところが、家老の林新五郎・その弟美作守《みまさかのかみ》兄弟が不服を申し立てて、その家臣である荒子《あらこ》の《の》前田与十郎の城へ立ち退いてしまった。ご家老衆は、「どうしたものでございましょう」と申し上げたが、信長公は「いっこうにかまわぬ」とおっしゃってご出動。その日〝ものかわ〟というお馬にめされて、正月二十一日熱田へお泊まりになった。翌二十二日はことの外の大風であった。ご渡海はできまいと船頭・水夫たちが申し上げると、「源平争乱の昔、渡辺・福島で義経と景時とが逆櫓《さかろ》を付けるか付けないかで争ったときの風もこのようであったろう。ぜひとも渡海するから舟を出しなさい」と強引《ごういん》に舟を出させて、二十里ばかりの所を一時間ほどで着岸された。その日は野営をされ、ただちに小河においでになり、水野下野守（忠政の子、信之）にお会いになって、こちらのようすをよくよく尋ねられて、その日は小河へお泊まりになった。

正月二十四日の払暁《ふつぎよう》にご出立、駿河衆がたてこもっている村木の城へ取りかかりお攻めになった。北は要害の場所であるが手薄である。東は大手（表口）、西はからめ手（裏口）である。南は対岸がみえないほどに大きな堀を甕形《かめがた》に掘り上げた堅固な構えである。信長公は南方の攻めにくいところを受け持たれ、軍兵を配置された。若武者たちはわれ劣らじと攻めのぼり、突き落とされてはまたはいあがるというありさまで、負傷者、死者の数も分からぬほどであった。信長公は堀端にいらっしゃって、鉄砲で狭間三つを分担する旨を仰せになって、鉄砲を取りかえひきかえ打ち放させられた。信長公ご自身が命令なさるので、われもわれもと攻めのぼり、塀へ取りついてはつき崩し、つき崩した。西のからめ手は織田孫三郎殿（信光）の攻め口で、ここもまた激しく攻めつけた。城の外郭に六鹿《むつしか》という者が第一番に乗り入れた。東大手のほうは水野金吾の攻め口である。

城中の者の活躍もまた比類ないものであったが、すきまを与えず攻めつけられたので、城内も負傷者・死者が生じ、しだいに軍兵が減って降参申した。当然攻め滅ぼすはずであったが、負傷者・死者が塚を築くほどにも出たうえ、時刻も薄暮に及んだので、謝罪を聞き許して、その始末を水野金吾に仰せ付けになった。

信長公のお小姓衆の勇士たちも、数知れず負傷者・死者が出て、目も当てられないありさまであった。午前八時ごろに攻め始め、午後五時ごろまで攻め続けられ、思いどおりにことは落着した。ご本陣におられ、あれこれ仰せられては、涙を流されたことであった。翌日は寺本の城へ手勢を遣わし、ふもとに放火し那古野に帰陣なさった。

正月二十六日、安藤伊賀守の陣所へ信長公はお出かけになって、このたびのお礼を仰せられた。二十七日に美濃衆が帰陣。安藤伊賀守は、このたびの信長公のお礼の趣、難風を侵しての渡海のようす、村木の城を攻められた次第などを、道三にいちいちくわしく物語ったところ、山城道三は「恐るべき男だ。隣にはいやなやつがいるものだ」と言ったということである。

(17) 弟織田秀孝、落命

清洲の城の守護代は織田彦五郎殿（信友）であった。領主の坂井大膳は小守護代である。坂井甚介・河尻左馬丞・織田三位といった有力な人びとが討ち死にして、大膳一人では守備し難いから、この上は、織田孫三郎殿（信光）をお頼みしようと考え、「どうか力をお添えいただきたく、彦五郎殿と孫三郎殿ご両名が、ともに守護代にお成りください」と懇望したところ、孫三郎殿から「坂井大膳の好きなようにせよ」と、二心のない旨を起請文にして大膳方へ遣わされたので、うまくことがととのった。

弘治《こうじ》元年（一五五五）四月十九日、守山の織田孫三郎殿は清洲城の南やぐらへお移りになった。表向きはこのようなことであったが、実は孫三郎殿はひそかに、信長公と相談し、「清洲をだまし取って差し上げるから、於多井川《おたいがわ》という川で川東と川西にほぼ両分されている尾州下の郡《こおり》の四郡の半ばを私にお渡しください」という秘密の約束があってのことであった。

この孫三郎殿と申す方は、信長公の伯父である。川西・川東というのは、尾張半国のうち、下の郡の二郡ずつを分け持つとの約束である。

四月二十日、孫三郎殿は坂井大膳が南やぐらへお礼にまいったら、殺害しようと、軍兵を隠して待っていた。大膳は城中まで来たが、異様な気配を察し、風をくらって逃げ去り、まっすぐ駿河へ行き今川義元を頼って在国することになった。孫三郎殿は守護代織田彦五郎殿を追いつめ、腹を切らせ、清洲の城を乗っ取って、上総介信長公へ進上、孫三郎殿は那古野の城へ移られた。

その年の十一月二十六日、不慮の出来事によって孫三郎殿はご逝去。あの裏切りの起請文の罰は早くも下った。「まことに天道は恐ろしいものよ」と世間の人は口々に申されたことだ。しかしながら、信長公にとっては正しいご政道のご果報であった。

六月二十六日、守山の城主織田孫十郎殿（信次）の若侍たちが、竜泉寺の下の松川の渡しで川狩りをしているところへ、信長公・信行殿の弟喜六郎殿（秀孝）がただ一騎でお通りになったところ、「侍の前を馬に乗ったままで通るとは、なんたるばか者よ」と言って、洲賀《すが》才蔵という者が弓をとりあげ、矢を射かけると、間が悪く、その矢があたって馬上から落ちられた。孫十郎殿をはじめ若侍たちが川から上がってご覧になると、信長公の弟喜六郎殿であった。御年は十五、六、肌はお白粉のように、朱い唇でやさしいお姿、顔かたちのうるわしいことは人にすぐれ、美しいとも何ともたとえようもないお方であった。みなこれを見て、「あっ」と肝をつぶし、孫十郎殿は取るものもとりあえず、居城の守山へはお帰りなく、そこからただちに馬にむちをくれ、どちらへともなく逃げ去ってしまわれ、数か年はご浪人、難儀をされたことである。兄の勘十郎殿（信行）はこのことをお聞きになると、末盛の城から守山へかけつけ、町に火をかけて、はだか城になさった。

上総介信長公も、このことを聞かれ清洲から三里の道を、ただ一騎であっという間にかけつけられ、守山の入口の矢田川で乗馬の口を洗っていられると、城内から犬飼内蔵が参って、「孫十郎殿はただちにどこへとも知らず逃亡なさって、城にはだれもおられません。町はことごとく勘十郎殿が放火なさいました」と申し上げた。信長公は、「わが弟としたことが、供をも召しつれず、しもべなどのごとく、ただ一騎で駆け回るなどということは、まことに沙汰の限り、感心せぬ所行である。たとえ命をながらえても、今後とも許しがたいことであろう」とおっしゃられ、そこから清洲へお帰りになった。

（18）弟信行、謀反

さて、信長公は朝夕馬ぜめをしていられるので、このたびの往復にも荒く乗られたが、馬もそれに耐えて何ともなかった。他の人びとの馬は飼いごろしにして、乗ることがまれなので、屈強の名馬でも三里の片道でさえ人を乗せて走ることがむずかしく、荒い息を吐き、途中で山田治部左衛門の馬をはじめとして倒れる馬が出て、迷惑なさった。

守山の城は孫十郎殿の年寄衆が守備していた。城にたてこもる軍兵は、角田《つのだ》新五・高橋与四郎・喜多野下野守・坂井七郎左衛門・坂井喜左衛門・その子坂井孫平次・岩崎丹羽源六らであって、これらの者が守っている。

勘十郎殿のほうからは、柴田権六（勝家）・津々木《つづき》蔵人《くらんど》を大将として、木が崎口を警備させた。また上総介殿のほうからは、飯尾《いいお》近江守（織田定宗）・子息の讃岐守、そのほかの諸勢の軍兵に堅く、城をとりかこませておかれた。

織田三郎五郎殿（信広）という方は、信長公の腹ちがいの兄である。その方の弟に安房守殿（信時）といって利発な人がいた。佐久間右衛門尉（信盛）が信長公に申し上げて、守山の城をその安房守殿へ差し上げられた。角田新五・坂井喜左衛門は特に守山城の両家老である。この二人が相談して安房守殿を味方に引き入れ守山の城主としたのである。今度の忠節によって安房守殿から佐久間右衛門尉に、下飯田村の屋斎・軒分の地百石を知行として下された。

さて信長公の一番家老林佐渡守（通勝）・その弟林美作守・柴田権六らが相談し、三人で信長公の弟の勘十郎殿を守り立てようとして、すでに信長公に逆心を抱く由の風聞があれこれと聞こえてきた。信長公は何とお思いになったのであろうか、弘治二年（一五五六）五月二十六日に、信長と安房守殿とただ二人で、清洲より那古野の城にいる林佐渡守の所へお出でになった。「ちょうどよい機会であるから、信長公に腹を切らせよう」と弟の美作守が申すのを、林佐渡守はあまりに恥ずかしいことと思われたのか、「三代相恩の主君をここでおめおめと手にかけて討つというのは、天道の怒りもまことにおそろしいことである。なんとも決心のつきかねることであり、今は腹をお切らせ申すことはできない」と言ってお命を助け、信長公を無事お帰しになった。一両日過ぎてから、敵対の意志を明らかにし、林方の荒子《あらこ》の城も熱田と清洲の間を断って敵方となる。米野《こめの》の城・大脇の城も清洲と那古野の間にあり、ここも林方であったから、一味に加わって御敵に回った。

話変わって守山城中では、坂井喜左衛門の子息孫平次を安房守殿が若衆（男色の相手）とされたので、孫平次はたいへんなご出世であった。そこで角田新五は、「いくら忠節を尽くしてもやがて自分をさげすみなさるであろう、そうなってはまことに無念」と思い、守山城中の塀・柵を壊してしまい、それをかけ直すのだと言って普請半ばに上塀の崩れた所から軍兵を引き入れ、安房守殿に腹を切らせ、岩崎の丹羽源六たちを味方につけ、城を堅固に守備するに至った。

信長公はこのように移り変わる世を思い、織田孫十郎殿が久しく浪人しておられるのを気の毒に思われ、お許しになって、守山の城を孫十郎殿に下された。この方は後に河内長島（伊勢）で討ち死になさった。

林兄弟の画策によって、信長公と弟勘十郎信行殿との御仲が不和となった。勘十郎殿は信長公の直轄領の篠木《しのぎ》三郷を押領した。この分ではおそらく川岸にとりでを構えて、川東の知行地も押さえるであろうから、それ以前にこちらからとりでを構えるべきであると、弘治二年（一五五六）八月二十二日於多井《おたい》川を越し、名塚という所にとりでをつくるようお命じになり、佐久間大学（盛重）を入れておかれた。翌二十三日は雨が降り、川の水が著しく増した。その上とりでの普請がまだでき上がらぬと思ってか、柴田権六は手勢千人ほどを、また林美作守は手勢七百人ほどを率いて出兵してきた。

八月二十四日、信長公も清洲から軍兵をくり出し、川を越したところで、まず先陣の足軽の争いとなった。柴田権六は千人ほどの軍兵で、稲生《いなふ》の村はずれの街道を西向きに攻めかかってくる。林美作守は南の田んぼのほうから軍兵七百人ほどを引きつれて北向きに信長に向かってかかってくる。信長公は村はずれからちょうど六、七段（七、八十メートル）退いて、御軍兵を備えられた。そのときの信長公の御軍兵は七百人足らずということである。東のやぶぎわを陣所とされた。

当日正午ごろ、まず、東南のほうの柴田権六に向かって過半の者が攻めかかった。さんざんにたたき合って、山田治部左衛門が討ち死にした。首は柴田権六が取り、信長公方は手傷をうけて引き退く。佐々孫介そのほかの屈強の者たちが討たれて、味方は信長の御前へのがれてくる。そのとき、信長公のお側には織田勝左衛門・織田造酒丞《みきのじょう》(信房)・森三左衛門(可成《よしなり》)・その他槍持ちの中間《ちゅうげん》衆が四十人ほどいるばかりであった。造酒丞・三左衛門の二人が、清洲衆の土田の大原を突き伏せ、もみあって首を奪ったところを、双方からかかり合って激しく戦う。そのとき、信長公が、大音声《だいおんじょう》を上げてお怒りなさった。そのようすを見ては、さすがの敵も身内の者どものことであるから、そのご威光に恐れて足を止め、ついに逃げ崩れていった。このとき造酒丞の下人《げにん》で禅門という者が、敵方の河辺平四郎を切り倒し、造酒丞に「首をお取りなさい」と申すと、造酒丞は、「何人でも切り倒して置け。私は首はいらぬ」と言って、先へ先へと心がけて駆けて通っていった。

信長公は南に向かい、林美作守の手勢へ攻めかかる。黒田半平と林美作守は数時間にわたって切り合い、半平は左手を打ち落とされ、たがいに疲れて息を継いでいるところへ上総介信長公が来られ、美作守に向かって打ちかかられる。そのとき織田勝左衛門の使用人の口中《ぐちゅう》杉若の活躍がりっぱであったので、のちに杉左衛門尉と名乗らせ、侍になされた。信長公は林美作守を突き伏せ、首をお取りになってご無念をお晴らしになった。柴田・美作両勢をともに追い崩し、各人それぞれ馬を引き寄せ打ち乗っては出かけ、あとからあとから首を取って参る。

その日は清洲へ帰陣なさった。

翌日首実検をなさる。

林美作守の首は織田上総介信長が討ちとられる。

鎌田助丞は津田左馬允丞が討ちとる。

富田左京進は高畠三右衛門が討ちとる。

山口又次郎は木全《こまた》六郎三郎が討ちとる。

橋本十蔵は佐久間大学が討ちとる。

角田新五は松浦亀介が討ちとる。

大脇虎蔵・河辺平四郎をはじめとして、すぐれた武将たちの首数は四百五十余あった。

これより後は、敵方は那古野・末盛両城にろう城である。信長公はこの両城の間へ手勢を遣わし、しばしば押し入らせては、城の近くまで焼き払われた。

信長のお袋様（母上、土田政久女）は末盛の城に弟の勘十郎とご一緒にいられたが、村井長門守（貞勝）・島田所之助の二人を清洲から末盛の城へお召しになり、この両名をお袋様のお使いとして、信長公にいろいろさまざまにわび言を申された。そこで信長公もお許しになったので、勘十郎殿・柴田権六・津々木蔵人らは墨染めの衣を着て、お袋様もご同道で清洲へおいでになり、お礼を申しあげたのであった。

林佐渡守のことについては今後とも召し出だしがたいことであったが、先年信長公がご切腹させられようとしたとき、佐渡守の取りなしで、危うくこれを免れた、そのときのありさまなど思い出されて、このたびの罪をお許しになったのである。

(19) 異母兄信広、謀反

上総介殿の異腹の兄、三郎五郎殿(信広)は信長公にご謀反の心をお抱きになって、美濃の国(斎藤氏)としめし合われ、「敵が進出してくるといつでも信長公は軽率に進んで立ち向かわれる。そのようなとき、三郎五郎殿が出陣されて、清洲の町筋をお通りなされるとする。するといつも城の留守に置かれている佐脇《さわき》藤右衛門が出て参り、きっとご接待されるであろう。そのとき佐脇を殺害し、つけいって城を乗っ取り、合図の煙をあげたらよい。それに応じて美濃衆(斎藤勢)は川を越えて近々とはせ向かう。三郎五郎殿も軍兵を出し、お味方のふりをして、信長公が合戦に及んだら、後方より撃ちなさい」というたくらみを企てられた。

さて美濃衆はいつもより、うきうきとして川を渡り、境界へ軍兵がつめかけたとの注進があった。この報告をうけられた信長公は、さては家中《かちゆう》に謀反があるなとお思いになり、

「佐脇は、城から一切出てはならぬ、町人も町の外構えを堅くし、木戸を閉めて、信長が帰陣するまで人を入れてはならぬ」と仰せられて兵をくり出された。信長公のご軍兵が城から出られたのをお聞きになって、三郎五郎殿は手兵を残らず率いて清洲へご出陣になった。しかるに三郎五郎殿のお出でであると申されても、清洲では町へは一歩もお入れにならなかった。三郎五郎殿は謀反がはやくも知られたかと、いぶかしくお思いになって、早々にお帰りになった。美濃衆も引き上げる。信長公もご帰陣になった。三郎五郎殿はすでに敵対の意志を示され、信長公との居城の取り合いも引き続いていた。お困りになっているときに助力する者はまれであった。

かくして敵方から攻められ、身内もそむいて、信長公はただお一人になられた。けれどもたびたびお手柄を立てられた屈強の侍衆が七、八百もそろっていらっしゃるのであるから、ご合戦に及んで一度も不覚をとられたことがなかったのである。

(20) 踊りの季節

七月十八日、信長公は踊りを興行なさった。

一、赤鬼　平手内膳の家来衆がなった。

一、黒鬼　浅井備中守の家来衆。

一、餓鬼　滝川左近（一益）の家来衆。
一、地蔵　織田太郎左衛門（信張）の家来衆。
弁慶になった者たちは特に上手であった。
一、前野但馬守　弁慶になった。
一、伊東夫兵衛　弁慶。
一、市橋伝左衛門　弁慶。
一、飯尾近江守　弁慶。
一、祝《はふり》弥三郎（重正）　鷺になった。一段とお似合いであったということである。
一、信長公　天人のご衣装で、小つづみを打ち、女おどりをされた。
津島では、堀田道空のお屋敷の庭でひとおどりされ、それから清洲へお帰りになった。

津島五か村の年寄りたちがおどりのお返しをした。これまた結構であることは言うまでもない。この人たちが清洲へやって来た。信長公は年寄りたちを御前へお召しになって、「これはひょうきんだ」とか、「よく似ている」などと、それぞれ親しく、気安くいちいちおことばをおかけになり、もったいなくもご自身扇であおがれ、お茶を「飲まれよ」とすすめられた。かたじけないことであると、年寄りたちは炎天下での疲れを忘れ、ありがたく、みな感涙を流して帰っていった。

信長公は熱田より東一里の鳴海の城へ山口左馬助を入れて置かれた。この人は武者ではあるが、機転のきく人物であった。前々から信長公に逆心を企てており、駿河衆（今川方）を引き入れ、隣の大高の城・沓懸《くつかけ》の城もはかりごとを用いて乗っとってしまった。この三城はそれぞれかなえの位置にあり、どの城へもその間は一里ずつである。鳴海の城には駿河から岡部五郎兵衛（元信）が城代としてたてこもり、大高の城・沓懸の城へは守備の軍兵が多数入城していた。この後しばらくして、駿河では山口左馬助・子息の九郎次郎父子を呼び寄せ、忠節のほうびはなくて、無情にも親子ともども腹を切らせてしまった。上総介信長公は、尾張半国をご支配なさるはずのところ、河内一郡（木曽・揖斐川下流域）は二の江（弥富市に所在）の坊主、服部左京進（友定）が押領して、信長公の手に属さず、知多郡は駿河勢が乱入、残りの二郡も乱世のことであるから、確実に信長公に服してはいない。このようなぐあいで、信長公には万事につけ不如意なことが多かった。

（21）武田信玄、信長に注目

さて、ここに天沢《てんたく》という天台宗の僧侶がいた。一切経《いっさいきょう》（すべての仏典）を二度くりかえし読んだという人である。あるとき、関東へ下る途中、甲斐の国で、「武田信玄公にごあいさつして行くがよい」と役人が申すので、ごあいさつ申し上げたところ、信玄公は「上方はどこの生まれか」とまず生国をお尋ねであった。そこで天沢は「尾張の国の者でございます」と申し上げた。こんどは「住んでいるところは」とお尋ねになった。「上総介殿の居城清洲より五十町東、春日井原のはずれ、味鏡《あじま》という村の天永寺という寺に居住しております」と申し上げた。すると「信長公のごようすをありのままに残らず話せ」との仰せであったので、天沢は、「信長公は毎朝馬に乗られます。また鉄砲のお稽古をなさいますが、師匠は橋本一巴でございます。市川大介をお召しになっては弓のお稽古、ふだん平田三位という人を側近くお置きになっておりますが、これも兵法でございます。しげしげとお鷹野にお出ましです」と申し上げた。「そのほかに、信長公に趣味はあるのか」とお尋ねになった。「舞と小歌がご趣味でございます」と申し上げたところ、「幸若《こうわか》大夫（幸若舞の師匠）は教えにうかがっているか」とおっしゃられたので、「清洲の町人で松井友閑と申すものをしばしばお召しになり、ご自身でお舞いになります。けれども、敦盛《あつもり》一番の外はお舞いになりません。『人間五十年、下天の内をくらぶれば夢幻《ゆめまぼろし》のごとくなり』（人の一生はせいぜい五十年、それも下天＝六欲天の第五にあたるという化楽天《けらくてん》＝においては一日一夜にしかあたらないのである。まことに夢幻のごときつかのまの一生であることよ）、この節をうたいなれた口つきで

武田信玄画像

舞われます。また小歌を好んでおうたいになります」と申しますと、「変わったものが好きであるな」と信玄公がおっしゃった。「それはどのような歌か」とお聞きになった。そこで「『死のふは一定、しのび草には何をしよぞ、一定かたりをこすよの』（死は必ずだれにもおとずれるもの。生前をしのぶたよりとして、生のあるあいだに何をしておこうか。人はそれをよすがとしてきっと思い出を語ってくれるであろうよ）、これでございます」と申し上げると、「ちょっとそのまねをしてみられよ」という信玄公の仰せであった。「出家の身ですから、一度もうたったことがございませんので、できかねます」とお答えすると、「ぜひ、ぜひ」と仰せになるので、まねをいたした。

天沢はさらに、「鷹野のときは二十人に『鳥見の衆』ということをお命じになります。二里・三里先へ鳥見の衆が参って、あそこの村ここの村に、雁がおり、鶴がいると、一人は鳥の見張りにつけて置き、他の一人は信長公のもとへ注進に走るということでございます」と申し上げた。

(22) 六人衆を定める

天沢は続いて、「また六人衆という親衛隊をお定めになっております。

弓、三張の者たち

浅野又右衛門（長勝）・太田又介（牛一）・堀田孫七、以上
伊藤清蔵・城戸小左衛門・堀田左内、以上
槍、三本の者たち

この方々はいつも側近におられる者です。

馬乗りも一人定められ、その山口太郎兵衛という人はわらをあぶみに巻きつけて、鳥のまわりをゆっくりゆっくり乗り回してから、だんだん近づいてゆきます。信長公はお鷹匠を傍にお据えになり、鳥から見つけられぬよう、馬の陰にかくれて鳥のそば近く寄ったとみると、走り出てお鷹をお出しになります。また向待《むかいま》ちということをお定めになりました。これはくわを持たせて百姓のかっこうをさせ、田をうつまねをさせておき、お鷹が獲物に取りついて組み合っているところを、向待ちの者が鳥を押さえるということです。信長公はお上手なので、たびたび獲物をとり押さえられたと聞いております」と申し上げた。信玄公は「信長公が武者の心を巧みにつかんでおられるのももっともであることよ」とおっしゃられて、感嘆されたごようすであった。そこで「これでおいとまを」と申し上げると、信玄公は「上方へのぼる折には必ず立ち寄られよ」と仰せになり、天沢は退出申したのであった。

以上は天沢の雑談によった記録である。

(23) 鳴海にとりでを築く

尾張の国はほぼ平定されたが、今川義元が尾張の鳴海に侵入したから、信長公はこれはおおごとになるぞと、胸中深く覚悟なされたということである。鳴海の城は、南は黒末《くろずえ》の川といって、ただちに海につらなる入海で、潮の満ち引きが城の下まで及んでいる。東は谷続きで、西はまた深田である。北より東にかけては山続きである。信長公は城から二十町離れて、丹下《たんげ》という古屋敷があるのをとりでに構えて、水野帯刀・山口海老丞・柘植《つげ》玄蕃頭《ばのかみ》・真木与十郎・真木宗十郎・伴《ばん》十左衛門尉を入れ置かれた。

そこから東に善照寺《ぜんしょうじ》という旧跡がある。要害の地であるので、佐久間右衛門尉・弟左京助を置かれ、南中島という小村があるのをとりでにして、梶川平左衛門（高秀）をお置きになった。また、黒末の入海の対岸に、鳴海・大高の間を絶つようにとりでを二つ作って、丸根山に佐久間大学（盛重）をおき、鷲津山には織田玄蕃（秀敏）・飯尾近江守父子をお入れになっておかれた。

(24) 今川義元の最期

永禄三年（一五六〇）五月十七日、今川義元は軍兵を率いて沓懸《くつかけ》に参陣。「今川方は十八日夜に入り、大高の城へ兵糧《ひょうろう》を入れ、援軍の来ないよう、十九日朝、潮の干満を考えて、必ずとりで奪取の挙に出るに違いない」旨を、十八日の夕刻になって、佐久間大学・織田玄蕃から清洲の信長公へご注進申し上げた。しかし、その夜のお話にも軍議に関することはまったく出ず、いろいろ世間のご雑談ばかりで、「もう夜が更けたことであるから、みな帰宅せよ」とお暇を出された。家老衆は、「運勢が傾くときには日ごろの知恵もくもるということがあるが、このようなときを言うのであろう」と、信長公をあざ笑ってみなみなお帰りになった。

予想されたとおり、夜明け方に、佐久間大学・織田玄蕃から早くも鷲津山・丸根山に敵の軍兵が攻めかけたと、おいおいご注進があった。このとき信長公は敦盛の舞を遊ばされた。「人間五十年、下天の内をくらぶれば、夢幻のごとくなり。一度生を得て滅せぬ者のあるべきか」（当巻（21）参照）とうたわれて、「法螺貝《ほらがい》を吹け、武具を寄こせ」と仰せになり、ただちによろいをお召しになり、立ちながら食事をとられると、かぶとをお着けになってご出陣になる。そのときのお伴はお小姓衆の、岩室長門守・長谷川橋介・佐脇藤八・山口飛騨守・賀藤《かとう》弥三郎で、主従六騎が熱田まで三里をあっという間に駆けられた。午前八時ごろに源太夫殿の宮（上知我《かみちか》麻神社《まのやしろ》）の前から、東のほうをご覧になると、はや鷲津・丸根の両とりでは陥落したと見え、煙が上がっていた。このとき、従う者はわずかに六騎、雑兵二百人ほどであった。

信長公は海岸伝いに行けば近くはあるが、潮が満ちて、馬の通行がかなわぬと考えられ、熱田より上手の道を、もみにもんで馬を走らせ、まず丹下のとりでへお出でになり、それから善照寺の佐久間大学在陣のとりでへお出でになって、軍兵を立て直し、軍勢をそろえられ戦況をご判断なさる。敵の今川義元は四万五千人の兵を率い、いま桶狭間《おけはざま》山で人馬に休息を与えているところであった。

五月十九日の正午、義元は、北西に向けて兵の備えを立て、鷲津・丸根を攻め落とし、「この上もない満足である」と、謡《うたい》を三番うたったということである。今度の戦いに家康は朱武者《あかむしゃ》（朱色の武具を着けた武者のこと）で先駆けをされ、大高へ兵糧を運び入れ、鷲津・丸根の攻略に手をやき、ご辛労になられたので、人馬に休息をとらせ、大高に陣をしかれていた。

信長公が善照寺へお出でになったのを知って、佐々隼人正（勝通）、千秋《せんしゅう》四郎の二将は兵三百人ほどで、義元勢に向かい勇みたって進んでいくと、敵方からもどっと攻めかかり、槍の下で千秋四郎、佐々隼人正をはじめ五十騎ばかりが討ち死にした。これを見た義元は、「義元のほこ先は天魔鬼神も防ぐことはできまい。気持ちがよい」とたいへんな喜びようで、ゆうゆうと謡をうたって陣をすえていた。

信長公はこのようすをご覧になって、中島へ移動しようとされたが、「中島への道は脇

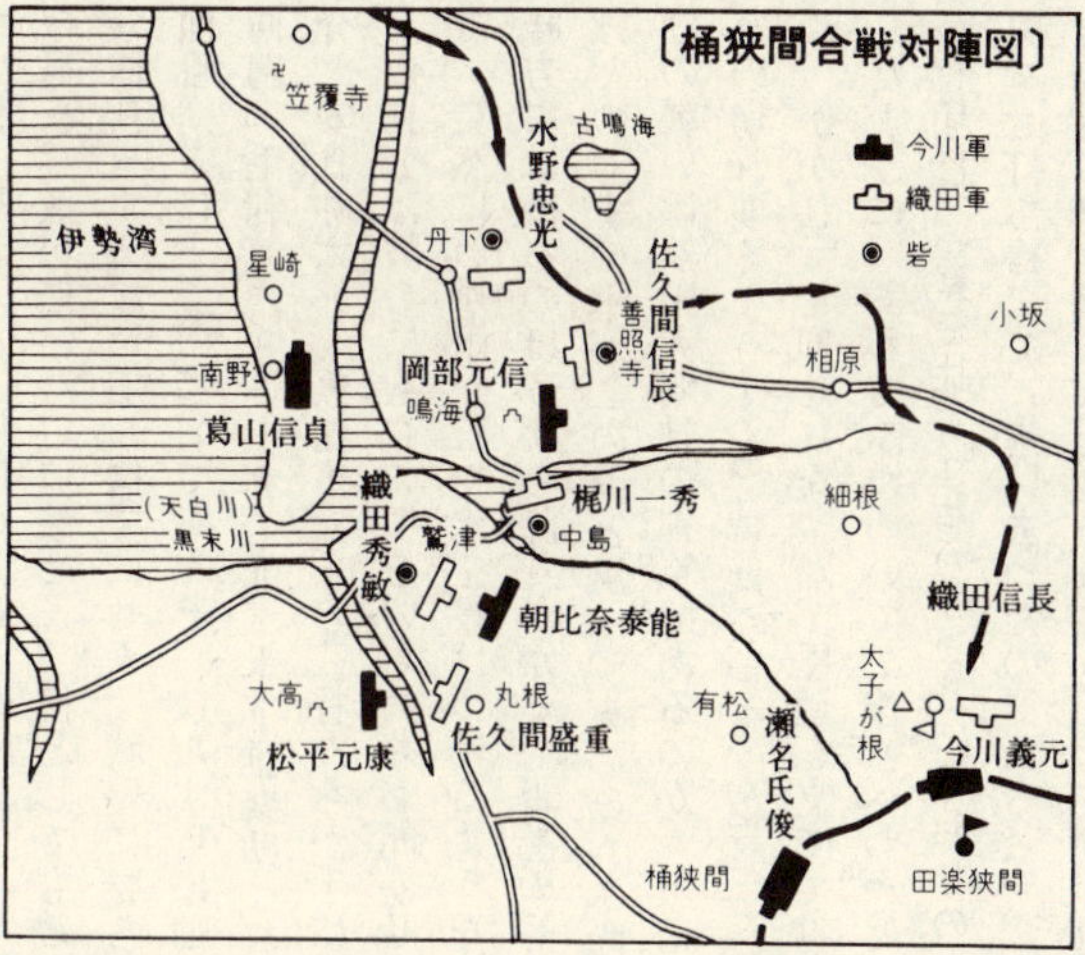

〔桶狭間合戦対陣図〕

が深田で足をとられ、一騎ずつ縦隊でしか進むことができません。小人数のようすが敵方からまる見えになってしまいます。よろしくございません」と家老衆が馬のくつわに取りついて、口々にお止め申し上げた。しかし、それをふりきって、信長公は中島へお移りになった。このとき、信長勢は二千に足りないご人数であったという。

信長公は中島からさらに先へご軍兵を出された。このときは、無理にすがりついて、お止めしたのであるが、ここで、信長公は、「おのおのよく聞かれよ。今川の武者どもは、前日の宵に糧食をとり、夜通し大高へ兵糧を運び、鷲津・丸根に手を焼いて、疲労しきっている。こちらは新手《あらて》の兵である。『小勢だからといって大敵を恐れるな。勝敗の運は天に在《あ》る』ということを知らぬか。敵が攻撃をかけて来たら退き、敵が退いたら追撃せよ。何としても敵を圧倒し追い崩せ。たやすいことである。分捕《ぶんど》りをするな。切り捨てにせよ。戦いに勝ちさえすれば、この場に参加したものは家の面目、末代までの高名であるぞ。ひたすらに励めよ」と仰せになった。そこへ、前田又左衛門・毛利河内守・毛利十郎・木下雅楽助・中川金右衛門・佐久間弥太郎・森小介・安食《あじき》弥太郎・魚住隼人らの武将たちが手に手に敵の首を取って持って参った。

信長公は彼らにも右の趣をいちいちお聞かせになられ、山際まで軍兵を寄せられたところ、突然にわか雨が石や氷を投げつけるような勢いで、敵のほうに向かって降りつけた。味方には後ろのほうから降りかかる。沓懸の峠の下の松の根もとに、二かかえ、三かかえほどのくすの木がこの雨と風で、東のほうへ吹き倒された。あまりの出来事に、「このたびの戦いは熱田大明神の神軍《かみいくさ》であるのか」と口々に申したことである。やがて雨も収まり雲の切れゆくようすをご覧になって、信長公は、槍をとり大音声をあげて、「すわ、かかれ、かかれ」と仰せになった。黒煙を立てて打ちかかる信長勢を見て、敵は水をまき散らしたように、あわてふためいて、後ろへわっと崩れたった。弓・槍・鉄砲・のぼり・指物《さしもの》が散乱し、「算《さん》を乱す」ということばどおりのありさまであった。義元の塗輿《ぬりこし》（朱塗りの輿）も打ち捨てて、逃げ去ったのである。

「義元の旗本はあれだ。あれに向かってかかれ」とご下知があった。そこで午後二時ごろに、東へ向かって攻めかかられた。義元側ではじめ三百騎ばかりが輪をつくり、義元を中に囲んで退いていったが、二度三度、四度五度と返しあって戦ううち、しだいに軍兵も減り、後には五十騎ばかりとなってしまった。

信長公も馬から下り、若武者どもと先を争い、敵を突き伏せ、突き倒される。血気にはやる若者たちも、負けじと乱れかかってしのぎをけずり、刀のつばをわり、火花を散らし、火炎をあげて戦った。乱戦であるとはいっても、敵味方の別は明らかであったが、ここでのお馬回り・お小姓衆の負傷者・死者は数えきれぬほどであった。服部小平太（春安）は義元に打ちかかり、膝口を切られて倒れる。毛利新介（良勝）が義元を切り伏せ首を取った。「これもひとえに、先年毛利新介が清洲の城で、武衛様（斯波義統）が誅殺《ちゅうさつ》されなさったとき、武衛様の弟を一人生け捕ってお命を助けられたその冥加《みょうが》がたちまちここにあらわれて、義元の首をあげることができたのである」と、世間では取りざたし合った。

義元がここで落命するというのも、運の尽きた証拠であろうか。いったい桶狭間というところは、土地が低く入りくんで、深田に足をとられ、草木が高く低く茂って、この上もない難所であった。深田へ逃げ込んだ敵兵が、ところきらわずはいずり回っているところを、若者たちが追いついては討ち殺し、手にそれぞれ二つ、三つずつ首を持って信長公の御前へやって参る。「いずれ首は清洲でゆっくりご実検」と触れを出され、義元の首だけをご覧になって、この上ないご満足であった。やがてもと来た道をお通りになって清洲へご帰陣になった。

山口左馬助・同九郎二郎父子に対しては、信長公の御父織田備後守が長年目をかけられて鳴海の城に在城させて置かれたのであるが、はからずも備後守が死去されると、まもなく厚恩《こうおん》を忘れて、信長公へ敵対、今川義元へ忠節を尽くし、居城の鳴海へ今川勢を引き入れ、ために知多郡は義元方に属してしまったのである。その上愛知郡へ進入、笠寺というところに要害を構え、岡部五郎兵衛・葛《かつら》備中守・浅井小四郎・飯尾豊前守・三浦左馬助が在城。鳴海には子息の九郎二郎を入れ置き、笠寺の隣の中村の郷にとりでをつくり、山口左馬助自身が在陣していた。このように、かさねがさね義元へは忠節を励んでいたというのに、駿河へ左馬助・九郎二郎の両人を呼び寄せて、ごほうびのことはこれほどもなく、情け容赦もなくご自害させられた。「世は末世に及んだとはいえ、日月はまだ地に堕《お》ちていない」。このたび今川義元は山口左馬助の在所へ来て、鳴海で四万五千の大軍をなびかせたが、それも役に立たず、千分の一の信長公のわずか二千人の軍兵にたたかれ、敗れて逃げるところを討たれて死んだ。あさましいめぐり合わせというか、因果は歴然、善悪二つの道理は明らかで、天道はまことに恐ろしいことである。

山田新右衛門という者は、本国は駿河の人である。義元が格別目をかけていた。「義元討ち死に」と聞いて、馬をかえして戦い死んだ。まことに「命は義によって軽し」というのはこのようなことをいうのである。

二俣《ふたまた》の城主松井五八郎（宗信）および松井の一門一党二百人も、枕を並べて討ち死にした。この戦いで名のある武者多数が討ち死にした。

ところで、河内《かわうち》二の江の坊主で、うぐいら（弥富市に所在）の服部左京助（友定）は、義元を支援して、武者舟千そうを木の葉を散らすように海上に浮かべ、大高の下、黒末川の川口まで乗り入れたが、格別の働きもなく舟を帰し、かえりがけに熱田の港へ舟をつけ、遠浅のところから上陸、町口へ火を放とうとした。熱田の町人たちは敵を近づけておいてから、どっといっせいにかけ出し、数十人を討ち取ったから、しかたなく河内へもどっていった。

上総介信長公は、お馬の先に今川義元の首をつり下げて道をお急ぎになったので、まだ陽のあるうちに清洲へ到着。翌日が首実検である。首の数は三千余りあった。

ところで、義元のさしていたむち・ゆがけ（弓を射るときつける革手袋）を所持していた同朋《どうぼう》（法体の取次役）を、下方《しもかた》九郎左衛門という者が生け捕りにして進上申した。信長公は「近ごろ名誉な手柄である」と、ごほうびを下され、ご機嫌まことによろしいごようすであった。その同朋に、義元落命前後のようすを申し上げさせ、ご実検の首には、いちいちだれだれと見知っている者の名字を書きつけさせられた。

同朋にはのし付きの太刀・脇差を下さり、そのうえ、十人の僧衆を選び、義元の首を同朋に持たせ、駿河へ送り遣わされた。また清洲から二十町南の須賀口の、熱田へ通ずる街道に、義元塚を築き、供養のため千部経を読ませ、大きな卒塔婆《そとば》を立てて置かれた。このたび義元を討ちとられた際、義元がふだん差しておられた秘蔵の名刀、左文字《さもんじ》の刀（筑前の刀工、左衛門三郎安吉の刀）を召しあげられて、何度もためし切りをされ、信長公はふだんそれをお差しになっていた。このたびのお手柄は申し上げるまでもない次第である。

さて鳴海の城には岡部五郎兵衛（元信）がたてこもっていたが、降参したので、一命は助けられた。大高城・沓懸城・池鯉鮒《ちりう》の城・鴫原《しぎはら》の城、この五か所も同様に敵方を退散させた。

(25) 家康および弟信行との抗争

徳川家康公は三河の岡崎の城へたてこもり、そこを居城とされていた。翌永禄四年（一五六一）四月上旬、信長公は三河梅が坪の城（豊田市に所在）へ手勢を遣わされた。敵を追いつめ、麦苗をなぎ払わせたが、敵方からも屈強の射手たちが進み出て、きびしく城を支えたので、足軽の合戦となり、前野長兵衛が討ち死にした。この戦いで平井久右衛門は巧みに矢を射たので、城中からもこれを賞賛し、矢を送ってよこした。信長も感嘆なさり、豹の皮の大うつぼ（矢をさして背に負う容器）・あし毛の馬を下された。久右衛門の面目はこの上もなかった。

信長公は野営をされ、そこから高橋郡へ進出、かたはしから火をつけ、敵を追いつめて、麦苗をなぎ払われた。ここでも矢軍《やいくさ》があった。加治屋村を焼き払い、野陣。翌日伊保《いぼ》の城へこれまた手勢を遣わし、麦苗を刈りとらせ、それからただちに矢久佐《やくさ》の城へも手勢を遣わし、麦苗をなぎ払ってご帰陣になった。

上総介信長公の弟勘十郎殿（信行）は竜泉寺を城として築かれた。上《かみ》の郡《こおり》岩倉の織田伊勢守（信安）としめしあわれ、信長公の蔵入《くらい》り地である篠木《しのぎ》三郷がよい知行地であるとみて、これを横領なさろうとたくらまれた。勘十郎殿の若衆に津々木蔵人というものがおり、ご家中のひとかどの侍たちは、みな津々木に付けられた。津々木は勝ち誇っておごり、柴田権六（勝家）をないがしろに取り扱ったので、柴田はそのことを無念に思い、信長公へ、勘十郎殿がふたたびご謀反を思い立たれている由を申し上げた。

それ以来信長公は仮病をよそおい、一切外へ出られることがなかった。「ご兄弟の間柄であるから、お見舞にゆかれるがよい」と、お袋様（ご母堂）ならびに柴田権六が勧めるので、勘十郎殿は清洲へお見舞に出かけられた。

清洲の北やぐら、天守閣の次の間で十一月二日、河尻（与兵衛秀隆）、青貝に命じて勘十郎殿をご殺害になった。このように忠節を尽くされたので、のちに大国越前の支配を柴田に仰せつけられたのである。

(26) 丹羽兵蔵の手柄

さて、上総介殿はご上洛になる旨をにわかに仰せ出され、お伴の衆八十名の名まえを発表、ただちに上京なさる。京都・奈良・堺をご見物して、公方光源院義照殿《くぼうこうげんいんよしてる》（将軍、足利義輝《よしてる》）にごあいさつ申し上げ、在京なされた。このたびのご上京こそまことに晴れがましい儀であると、みないろいろ装いをこらし、大のし付きの太刀（当巻（10）参照）の小尻《こじり》に車を付け、またお伴の衆も、みなのし付きの太刀を着用した。

清洲の那古野弥五郎殿のご家来に丹羽兵蔵という機転のきく者がいた。都へ上られた折に、かなりの人物と思われる五、六人の者を頭《かしら》として、合わせて三十人ほどの者が上洛するのにいき会った。志那《しな》（草津）の渡しで、かれらが乗った舟に同船した。「どこの国の者か」と尋ねられ、「三河の国の者です。尾張の国を通りましたとき、国の者たちが信長公に恐れかしこまっているようすを見まして、こちらも心配しながら、やってまいりました」と申しますと、「上総介の利運もまもなく尽きよう」と言う。いかにも人目をさけるふうに見えた。言葉のあやしいようすを不審に思い、気を付けて、かれらが泊まる家の近くに宿をとり、そこで利発そうな子どもと近づきになった。兵蔵が「京都に湯に入りに来られた方ですか、どなたです」と尋ねると、彼が「三河の国の者である」というのに心を許して、その子どもが「あの人たちは入湯の方ではございません。美濃の国（斎藤氏）から大事な使命を受け、上総介殿の討っ手として京へ上られたところです」という。その討っ手とは、小池吉内・平美作《へいのみまさか》・近松田面《たのも》・宮川八右衛門・野木次左衛門である。

夜は伴の衆にまぎれ、近づいてようすを聞くと、「将軍義照公のご決心さえつき、その宿の者に仰せつけられれば、鉄砲で打ち殺したとしても、なんのさしさわりもあるまい」と言っていた。彼らは道を急いだので、ほどなく夜に入って京へ着き、二条蛸薬師《たこやくし》のあたりに宿をとった。夜中のことであったから、兵蔵はその家の門柱の左右に、木を削って、目じるしとし、それから信長公の宿を尋ねると、室町通り上京《かみぎょう》の裏辻にあるということであった。尋ねあて、ご門をたたくと、番人が置かれている。「田舎から、お使いに上京いたしました。火急の用事でございます。金森（五郎八長近）か蜂屋（頼隆）にお目にかかりたい」と申し出ると、両人が出合い、兵蔵と対面したので、右の次第をいちいちくわしく申し上げた。このことをただちに信長公に披露申し上げると、信長公は丹羽兵蔵をお召しになり、「宿を見ておいたか」とお尋ねになった。「二条蛸薬師のあたりの宿へみな一緒に入りました。家の門口《かどぐち》に木を削って目じるしとしてきましたから、見まちがいはございません」と申し上げた。それからご相談なさっているうちに夜が明けた。信長公は「その美濃衆は金森が見知りの者であるから、早朝かの家へ行ってみよ」と仰せつけられた。そこで金森は丹羽兵蔵を召しつれ、彼らの宿の裏屋へすっと入って、みなに会い、「夕べあなた方が上洛したことは、信長公もご存知であるから、こうして参ったのだ。信長公へごあいさつなされよ」と金森が申し入れた。美濃衆は「信長公がご存知である」と聞いて、一同顔の色も青ざめ、この上なく仰天した。

翌日、美濃衆は小川表（三条通りの細川晴元の邸）へ参った。信長も立売《たちうり》（京都上京区）から小川表をご見物に出かけられる。そこで対面なさって言葉をかけられた。「お前たちはわたしの討っ手として上洛されたとな。未熟者の分際で、この信長をつけ狙うとは『蟷螂《とうろう》の斧《おの》』とでも言おうか。ふらちなことである。それともここで勝負をつけようか」といどみかかられて、六人の衆はまことにこまった仕儀とはなった。このことについて、京の人びとは二様に受けとり、ほめたり、くさしたりした。「大将の言葉としてふさわしくない」という者もあり、「若い人に似つかわしい言葉である」という者もあった。

四、五日過ぎてから、信長公は守山までお下りになり、その翌日は雨降りであったが、払暁に宿を発って、相谷《あいたに》から八風《はっぷ》峠を越え、清洲まで二十七里を踏破。その日の午前四時ごろに清洲へお着きになった。

(27) 佐々成政の陰謀

ここに不思議なことがあった。尾張清洲の五十町東、佐々《さっさ》内蔵助《くらのすけ》（成政《なりまさ》）の居城である比良《ひら》（名古屋市西区）の東に、北から南にかけて、長く大きな堤があるが、その西にあまが池といって、おそろしい大蛇がいると言い伝えられた池があった。またその堤の外の東のほうは、三十町ほどの広さにわたって平坦なよしの生えた原がある。

正月中旬、安食《あじき》村福徳の郷に住む又左衛門という者が、雨の降っている夕方この堤を通ったところ、太さ一かかえもあるような黒い物に出会った。その胴体は堤の上にあって、首は堤を越してあまが池に達するほどであった。人の足音を聞いて、それが首を上げた。顔は鹿のようであった。目は星のように光っている。舌を出したところは真っ赤で、手のひらのようであった。目と舌がきらきら光っているのを見て、又左衛門は身の毛もよだち、おそろしさのあまり逃げ出した。比良から大野木へ来て、宿へもどり、このことを人に語っているうち、いつしか信長公のお耳に達し、正月下旬、かの又左衛門をお召しになって、じかにあまが池をお尋ねになり、翌日蛇《じゃ》がえ（池の水を干して蛇をつきとめる）の旨を仰せ出された。

比良の郷・大野木村・高田五郷・安食村・味鏡《あじま》村の百姓どもは、水汲み桶《おけ》・鋤《すき》・鍬《くわ》を持って集まれと命ぜられる。数百ちょうの桶を立てならべ、あまが池の四方から四時間ほど水がえをさせたが、池の水が七分ばかりに減っても、それから先はいっこうに減らず、同じことであった。それでは水中に入って、大蛇を見付けてやろうと信長公は、脇差をお口にくわえ、池にお入りになり、しばらくして水からお上がりになったが、なかなか大蛇らしきものは見当たらなかった。そこで信長公は鵜《う》左衛門という、よく水に馴れた者にも、もう一度入って見よと命ぜられた。鵜左衛門は信長公のあとへふたたび入って見たが、それでも大蛇は見つけられなかった。結局、信長公は清洲へ帰ってしまわれた。

実は、身の冷えるような危いことがあったのである。というのは、そのころ佐々内蔵助が信長公に対し逆心を抱いているという風説があった。このため信長公は、内蔵助を呼び出そうとされたが、このときは正体もなくわずらっているということで、内蔵助はその場に出申さなかった。しかし内蔵助は、「信長公は小城《こじろ》としてはこの城ほどよい城はないと聞いておられるに違いないから、このついでに拝見しようと仰せになって、当城へまいり、この内蔵助に腹を切らせなさるであろう」と思っていたのであるが、家の子郎党の長老に井口太郎左衛門という者がいて、内蔵助にこう申した。「そのことならばおまかせください。信長公を討ち果たしましょう。というのは、信長公はこの城をご覧になりたいと、この井口にお尋ねになるでしょう。そのときわたくしは、『ここに舟がございますから、お乗りになって、水の上から大蛇の姿をご覧になってはいかがでしょう』と申します。『もっともなことだ』とおっしゃって、舟に乗られたとき、わたくしは腰高に衣服をはしょり、脇差を投げ出して召使いに渡し、舟を漕ぎ出します。信長公はきっとお小姓衆だけをお連れになっているでしょう。たとえ五人、三人のお年寄衆をお連れになっていても、機を見て、ふところに隠しておいた小脇差で、信長公を引きよせ何度も何度も突き刺し、組みついたまま川へ入りますから、ご安心ください」、このように申し合わせたということである。信長公はご運の強い人で、あまが池からただちにお帰りになったのである。およそ大将ともなる人は、万事に気をつけられ、ご油断なさってはならないことである。

(28) 信長、火起請を取る

尾張の国海東郡大屋《おおや》という里に織田造酒丞《みきのじょう》(信房)の家来で甚兵衛という庄屋がいた。隣村の一色《いっしき》という所には、左介という者がいた。この両人はかくべつ親しい間柄であった。あるとき、大屋の甚兵衛が、十二月中旬年貢納入のため清洲へ行っている留守に、一色村の左介が甚兵衛の家へ夜盗に入った。女房が起き上がって、左介にしがみつき、左介の刀の鞘を取り上げた。このことを清洲へ申しあげ、双方が守護(斯波氏)に言い分を申し立てた。一色村の左介は、当時権勢のあった信長公の乳兄弟池田勝三郎の被官であった。そこで、火起請《ひぎしょう》(真っ赤に焼いた鉄を握らせ、持てるか否かでことの真偽を判定するもの)ということになって、山王社の神前に奉行衆が出座、原告・被告双方から検使を出させた。ここで天道にたがわぬおそろしい事が起こった。というのは、左介は火起請を取り落としたけれども、そのころ池田勝三郎の家来衆は権威におごっていたので、左介をかばい、成敗させまいとした。折から上総介信長公がお鷹狩りのお帰りにそこへお立ち寄りになり、この騒ぎをご覧になって、「弓・槍・道具を持って、おおぜいの人間が集まっているのは何ごとであるか」と仰せになり、双方の申し分をお聞きになった。このようすをつくづくご覧になって、早くも信長公はお顔の色を変えられた。火起請を取ったときの模様をお聞きになり、「どれくらい鉄を焼いて取らせたのか、もとのように鉄を焼きなさい。拝見しよう」とおっしゃられたので、鉄をよく焼いて赤くし、「このようにして取らせたのです」と申し上げた。そのとき、信長公は、「わたしが火起請をうまく取ることができたら、左介を成敗するから、そのように心得よ」と仰せになって、焼いた手斧をご自分の手の上に請けとられ、三歩歩いて柵に置き、「たしかに見ておったな」とおっしゃり、左介を成敗させられた。まことにすさまじいありさまであった。

(29) 美濃守護土岐頼芸、信長を頼る

斎藤山城道三は、元来、山城の国西岡の松波という者であった。ある年美濃の国に下って、長井藤左衛門（長弘）にすがり、その扶持を請け、家来を付けられるようになったのであるが、機を見て、無惨にも主人の首を切り、みずから長井新九郎と名乗った。長井の一族同名の者たちもこの機会に野心を起こし、戦いとなったが、大桑に在城の土岐頼芸《よりなり》公（美濃の国守護）に新九郎が力添えをお頼みになったところ、頼芸はたやすく力を貸して

くれた。そのため新九郎は思いどおりその意を達することができたのである。
土岐殿のご子息に次郎殿・八郎殿というご兄弟があった。新九郎はかたじけなくも、その次郎殿を自分の婿とし、ご機嫌をとり結び、すきをみて毒を盛って殺害、また、自分の娘を「席直し《むしろなお》」（後妻の意であるという）になさい」と、無理やり頼芸公に進上したのである。道三みずからは稲葉山（井口城）に住み、土岐八郎殿をその山下にお置きになり、三日か五日に一度は参上し、ご縁にかしこまって「お鷹狩りへお出かけなさってはいけません。お馬などに乗られることも、もったいないこと」と、かごの鳥のように遇されたので、八郎殿は雨夜に紛れてひそかに、馬で尾張をさして出られたところを、追いかけて、腹を切らせてしまった。
父の土岐頼芸は大桑にいらっしゃったが、山城道三はその家老たちを利をもって味方に引き入れ、ついに大桑から土岐殿を追い出してしまった。それから土岐殿は尾州へお出でになって、信長の父の織田弾正（信秀）をお頼みになられた。何者のしわざであろうか、落首に、
主《しゅう》をきり聟《むこ》をころすは身のおはりむかしはおさだいまは山しろ
（主人を切り殺し、むこを毒殺するなどとは、道に外れた行為で、身の破滅のもとである。むかしは源義朝を殺した長田忠致《おさだただむね》にその例があるが、今は山城道三のことである）

とあって、それを道の角々に立ててあったという。恩をうけて、その恩を知らないのは、鳥が樹の恵みをうけているのに、その樹を枯らしてしまうようなものである。山城道三は、わずかな罪の者でも牛裂《うしざき》（牛に四肢を裂かせる刑罰）にし、あるいは釜をすえて、罪人の女房や親・兄弟に火をたかせ煮殺しにするなど、まことにおそろしい成敗のしようであった。

(30) 山城道三、子の義龍に討たれる

山城道三の子息には、長男新九郎（義龍《よしたつ》）、次男孫四郎、三男喜平次の三人の兄弟があった。父子四人ともに稲葉山にいた。概して長男というものは心がゆったりして、心ばえが穏当なものである。道三は知恵の鏡も曇ったのか、新九郎を愚か者であると思いこみ、弟二人を利口者よと尊敬し、三男喜平次を一色右兵衛大輔とし、はやばやと任官させた。このようなありさまであったから、弟たちは図にのっておごり、長男をないがしろにもて扱った。

新九郎は人の見ようもどうであろうかと残念に思い、弘治元年（一五五五）十月十三日から仮病をよそおい、奥へ引きこもって床に臥《ふ》していた。十一月二十二日、山城道三は稲葉山下の私宅へ下りた。そこで新九郎は伯父の長井隼人正（道利）を使者として弟二人の

もとへ遣わした。その口上として、「すでに自分は病重く死期を待つばかりである。お目にかかって一言申したいことがある。おいで願いたい」と申しやった。長井隼人正が巧みに謀って申したので、二人は承知し、ただちに新九郎の所へやって来た。長井隼人正が次の間に刀を置く。これを見て兄弟の者も同じように次の間に自分たちの刀を置いた。奥の間へ招き、まずお盃をとご馳走を出しておいて、日根野《ひねの》備中守（弘就《ひろなり》）が、名誉のわざ物である太刀の作手棒兼常を引き抜き持ち、上座にいた孫四郎を切りふせ、続いて右兵衛大輔を切り殺し、年来の愁眉《しゅうび》を開いた。

すぐにこのことを山下にいる山城道三のもとへ申しやったところ、道三は肝をつぶすばかりに仰天した。そこでほら貝を吹き鳴らし、軍兵を集め、町はずれの四方から、ことごとく放火し、井口《いのくち》城（稲葉山）をはだか城にしてしまった。そこから道三は長良川を越え、山県という山中の城（大桑城）へ退き、明くる弘治二年（一五五六）四月十八日に鶴山へ登り、国じゅうを眼下にみて居陣なさった。信長も道三の婿であるから（当巻（7）参照）、援助の約束どおり、木曽川・飛驒川を舟で渡り、大河を越えて、大良《おおら》の戸島東蔵坊の構えに着いて、そこに居城。ここに奇怪なことがあって、屋敷の内外から、多数の銭がめが出て来て、ここもかしこも銭でいっぱいになった。

四月二十日午前八時ごろ、西北に向かって新九郎義龍が軍兵を繰り出した。道三も鶴山を下り、長良川の縁《へり》まで軍兵を出す。まず一番合戦として、竹腰道塵《どうじん》の兵六百ばかりがかたまって中の渡しを越え、山城道三の旗本に切りかかった。さんざんに入り乱れて戦い、ついに竹腰を討ちとり、床几《しょうぎ》に腰をかけ、母衣《ほろ》をゆすって満足げに笑っておると、二番槍として新九郎義龍みずから多数の兵とともに川を越して来たので、互いに軍兵を立てそろえ、戦いに備えた。

義龍の備えの中から武者一騎、長屋甚右衛門という者が進みかかる。また山城勢の中から柴田角内という者が、ただ一騎で進み出て、長屋と渡り合い、みなの見ているなかで、勝負は決まり、柴田角内は晴れがましい手柄をたてた。続いて双方からかかり合い、入り乱れ、火花を散らしてともに戦った。刀のしのぎをけずりつばをわる激しい戦いに、武者たちはここかしこで思い思いの活躍をした。長井忠左衛門は、道三と渡り合い、打ちおろす太刀を押し上げてむんずと組みつき、山城を生捕りにしようとしているところへ、荒武者の小真木源太が走り寄って、山城のすねを打ち払った。ついに押し伏せ道三の首をとる。忠左衛門は後の証拠にと、山城の鼻を削《そ》いで引き退いた。

合戦に勝って首実検をしているところへ、道三の首がもたらされる。さすがに義龍は、親を殺す羽目になったのも、わが身より出た罪であると、このとき出家したのであった。これから後義龍は、新九郎范可《はんか》と名乗った。これには故事があって、昔唐《もろこし》に范可という者があって親の首を切った。しかしそれは父の首を切ることが孝となるからであったが、今の新九郎義龍にとっては、不孝の罪重く、恥辱ともなるものであった。

(31) 織田信安、謀反

戦いが終わり、首実検が済んでから義龍は、信長公の陣所のある大良《おおら》口へ兵を出した。大良口から三十町ほど進んで、および河原でぶつかり、足軽合戦となって、山口取手介は討ち死にし、土方《ひじかた》彦三郎も討ち死にした。森三左衛門は千石《せんごく》又一と渡り合って馬上で切り合い、膝口を切られて引きさがる。

「山城道三がすでに合戦に負けて討ち死にした」と聞き、信長公は大良の本陣まで兵を引き下げられたのである。ここは大河を境としていることだからと、雑人《ぞうにん》・牛馬をみな後方へ退かせ、「しんがりは信長が引き受ける」と仰せになって、すべての兵を川を越して退かせ、信長公の乗る舟一そうを残しおいて、おのおの河を渡ろうとしたところ、敵の騎馬武者が少々、川べりまで駆けて来た。それを見て信長公は鉄砲をうたせたので、敵もそれ以上近くへはやって来なかった。それでやっとお舟に召されて河をお越しになった。

このような折から、「尾張半国のあるじである織田伊勢守(信安)は美濃の義龍としめしあわせ、敵対行動に出て、信長公の館のある清洲の近くの下の郷という村に放火した」と、つぎつぎに注進があった。信長公は無念に思われ、ただちに岩倉口へ手勢を遣わして、岩倉近辺の知行所を焼き払い、その日のうちに兵を引き上げられた。このようなわけで、下の郡の半国も過半が信長公の敵となったのである。

(32) 斯波義銀と吉良義昭の和ぼく

清洲に近い、三十町離れた下津《おりつ》の郷に正眼寺という会下寺《えげでら》(一寺を持たない僧である会下僧のいる寺)がある。要害ともなりそうな構えの土地である。上の郡岩倉のほうでここをとりでにするとの風説があった。このため清洲の町人たちをかり出し、正眼寺の藪を切り払ってしまおうと、城からご軍兵を出されたが、町人たちが数えてみたら馬上の者は八十三騎もなかったということである。

敵方からも軍兵を出し、たん原野(未詳)に三千ばかりの兵を備えた。そのとき、信長公は諸方をかけ回り、町人たちをかり集めて竹槍を持たせ、備えの後方をうまくとりつくろい、先方へは足軽を出して適当にあしらった。そうしてたがいに軍兵を収められた。

このような戦況半ばの、弘治二年(一五五六)四月上旬、三河の国吉良《きら》殿(義昭)と武衛様(斯波義銀)の平和裏なご参会の交渉が、うまく調《ととの》った。駿河(今川氏真)で吉良殿のお世話をし、武衛様には信長公がお伴をして出陣される。三河の上野原で、双方たがいに向かい合って軍兵を整列させたが、その間一町五段(約一六〇メートル)もなかった。言うまでもないことであるが、一方に武衛様、一方に吉良殿が床几に腰をかけ上下争いになることを承知して、どちらということなく十歩ばかり双方から真ん中へ進み出られたものの、格別のこともなくたがいに黙礼して、また元のご本座へおもどりになった。それで双方の軍兵はそのままお引き取りになった。

信長公は武衛様を尾張の国主として崇敬され、清洲の城を進上なさって、ご自身は清洲の北やぐらにご隠居になった。

(33) 信長、吉良・石橋・斯波三守護を追放

尾張の国のはずれの海近くに、石橋殿(吉良・武衛の一族)の御座所があった。河内(木曽川下流地帯)の服部左京助は駿河衆(今川勢)を海上から引き入れようと謀り、吉良・石橋・武衛殿三人がご談合、謀反半ばで、家臣の中から謀りごとが漏れ聞こえて来たので、信長公はすぐにこの三人を国外へ追放されたのであった。

(34) 浮野合戦

清洲から故織田伊勢守信安一族の居城岩倉へは、三十町(約四キロ)に過ぎないであろう。しかしこの方面は要害の地であると信長公は考えられ、三里上って岩倉の後ろへまわ

り、足場のよいほうから浮野《うきの》（愛知県一宮市に所在）というところに軍兵を備えて、岩倉方へ足軽をしかけられると、敵方からは三千人ほどの兵がのんびりと出て来て防いだ。

永禄《えいろく》元年（一五五八）七月十二日（正午ごろ）、東南に向かって切りかかり、しばらくの間戦って敵を追い崩した。このとき、岩倉方の浅野という村に林弥七郎という評判な弓達者がいた。弓を持ってしりぞいて来たところを、鉄砲の名人、橋本一巴《いっぱ》が渡り合ったが、両人はかねがね親しい間柄であったので、林弥七郎は一巴にことばをかけ、「見逃しはせぬぞ。覚悟せよ」と言う。一巴も、「心得ておる」と答えると、あいか（矢じりの一種）の四寸ばかりのものをしこんだ矢をつがえ、立ちもどって放し、一巴の脇の下へ深々と射立てた。もとより一巴も二つ玉（弾丸二個）をこめた筒を肩にあてて放ったから、弥七郎はうち倒れた。それと見て、信長公のお小姓衆の佐脇藤八が走りかかって林の首を討とうとすると、林は座ったまま太刀を引き抜いて、佐脇藤八の左の肘《ひじ》を鎧《よろい》の小手《こて》ごと上から討ち落とした。ひるまず組みついてついに首を取った。林弥七郎の弓と太刀との働きは、比類のないありさまであった。

さてその日、信長は清洲へ軍兵を収められ、翌日首実検をなさった。屈強な侍の首数が千二百五十余あった。

(35) 岩倉落城

永禄二年(一五五九)初春のころ、信長公は岩倉を包囲、町に放火し、はだか城にして、四方に鹿垣《ししがき》(竹木の枝で編んだ垣)を二重、三重に厳しく建てるよう命じ、周囲に番人を配置、二、三か月ほど、陣から火矢・鉄砲をうち入れられた。さまざまに攻められたので、城を支えることはむずかしいと見て、城の明け渡しを申し出て、城中の者どもはちりぢり思い思いに退城、その後、岩倉の城はお取り壊しになって、信長公は清洲へもどって行かれた。

(36) 森部合戦

永禄三年(一五六〇)五月十三日、木曽川・飛驒川の大河を三そうの舟で越えられ、西美濃へ出陣。その日は勝村《かち》に陣を置かれた。翌十四日は雨が降ったけれども、敵(斎藤龍興)は洲《す》の俣《また》から、長井甲斐守・日比野下野守(清実)を大将として森辺口《い》(安八郡森部)へ兵を出した。信長は「これこそ好機会である」と仰せになって、楡俣《にれまた》川を渡り、合戦となった。槍を打ち合い、数時間にわたってたがいに戦っているうち、敵軍は槍のもとで長井甲斐守・日比野下野守をはじめとして百七十余人の者が討ちとられた。

このとき、哀れな話があった。というのは、ある年、近江猿楽《さるがく》の連中が、美濃へやって来たことがあった。その中に若衆（男色の相手）が二人いた。一人は甲斐守、他の一人は下野守が止め置かれたのである。今度の戦いで、二人ともに手と手を取り合い、主従ともども枕をならべて討ち死にしたのである。

長井甲斐守は津島の服部平左衛門が討ちとる。

日比野下野守は津島の恒河《つねかわ》久蔵が討ちとる。

神戸将監は津島の河村久五郎が討ちとる。

首二つを前田又左衛門（利家）が討ちとる。

首二つのうち一人は、日比野下野守の与力《よりき》で、足立六兵衛という者であった。この人は美濃の国で、だれ知らぬ者がなく、首取り足立と呼ばれている者であった。このたび下野守と一つところで討ち死にしたものである。

前田又左衛門は先ごろより信長公の勘気《かんき》を受け、出仕申していなかった。桶狭間の戦いには、朝の戦闘で首一つを、敵軍総崩れの戦闘において首二つを取って進上なさったが、なおお召し出しにはならなかったのである。しかし、このたびの戦功によって前田又左衛門はご赦免になった。

(37) 十四条合戦

永禄四年（一五六一）五月上旬、信長公は木曽川・飛驒川の大河を打ち渡り、西美濃へ乱入なさった。あちらこちらに放火し、その後洲の俣に要害を堅固に構築するようお命じになり、そこに在城なさっていると、美濃方は五月二十三日になって、井口城（稲葉山）から総勢をくり出し、十四条という村に兵をととのえた。ただちに信長は洲の俣よりかけつけ、足軽どもの争いとなったが、朝方の合戦にお身内の瑞雲庵《ずいうん》の弟（織田信益ではないかという）が討たれ、兵を引かれた。

この勢いに乗じて敵は北軽海《かるみ》まで進出、西向きに備えを立てた。信長公はお馬を乗り回し、このようすをご覧になって、西軽海村へ兵を移し、古宮の前に東向きに敵と向きあって、ご軍兵を備えられた。足軽を指揮しているうちに、はや夜となったが、敵方の真木村《まきむら》牛介が、先頭に立って、かかって来るのを追い返し、稲葉又右衛門を池田勝三郎（恒興）・佐々内蔵助（成政）が両人相討ちで討ちとった。ついに夜戦となり、つき負けて逃げ去る者があり、一方にはつき立てかかる者があるという状況のうちに、敵陣は夜の間に後方へ引き取ってしまった。信長公は夜の明けるまで在陣なさり、二十四日朝、洲の俣の城へお帰りになった。やがて洲の俣もお引き払いになった。

(38) 於久地のとりでを破る

六月下旬、於久地（愛知県丹羽郡大口町小口）へ出兵。お小姓衆の先駆けで、城壁を打ち破って押し入り、数時間にわたってさんざんに戦い、お味方に十人ばかりの負傷者がでた。信長公の若衆にまいられた岩室長門守は、こめかみを突かれて討ち死にした。だれ知らぬ者のない有能な人物であった。信長公の惜しまれることはひととおりでなかった。

(39) 信長、小牧山に移る

上総介信長公にはきわめてすぐれた策略がおありであった。清洲というところは尾張の真ん中で富裕の地である。あるとき、お身内の衆をことごとく召しつれられ、山中の高所、二の宮山（犬山市内に所在）へおのぼりになって、この山に要害の構築を命じようとお考えになり、「みんなここへ家宅を移転させよ」と仰せになった。「ここの嶺、あそこの谷あいはだれだれが作れ」と、お屋敷の割りあてをされた。その日はお帰りになり、またすぐにお出ましになって、ますます先のご趣旨をお述べになった。「この山中へ清洲の家宅を引っ越しするということは、まことに難儀なめぐりあわせだ」と、上下の者の迷惑はひととおりでなかった。

そのようにみなが困っていると、後になって信長公は小牧《こまき》山へ引き移ろうと言い出された。小牧山は、山のふもとまで川が続いていて、資財・雑具を運ぶのに容易な土地であった。みなはわっと喜んで、引っ越しをしたのである。これも最初からそう仰せ出されたならば、迷惑することはここも同じであったであろう。小牧山のならびに於久地という敵城が、二十町ほど隔ててあった。小牧山に要害がどんどんできてゆくのを見て、しかもそこは信長公のご城下のことであるから、支えることはむずかしいと思い、城を明け渡し進上して、敵はみな犬山一城にたてこもったのである。

(40) 美濃加治田の城、信長に従う

さて美濃の国の敵城に宇留摩《うるま》の城（今の鵜沼、大沢基康居城）・猿ばみの城（多治見修理居城）というのが、並んで二か所、犬山の川向こうにあった。ここから五里奥の山中、北美濃の加治田《かじた》というところには、佐藤紀伊守・その子息の右近右衛門という父子がいた。あるとき岸良沢《きしりょうたく》（大沢基康の家来）を使いとして寄こし、「上総介信長公に一切おまかせ申す」旨を、丹羽五郎左衛門（長秀）を通じて申し出てきた。信長公はかねがね美濃の国内でのお味方を望んでおられたときであったから、そのお喜びは一方でなかった。「まず

兵糧を調えて、蔵に入れて置くように」と仰せになって、黄金五十枚を岸良沢にお渡しになった。

(41) 犬山城両家老、信長に従う

あるとき犬山城家老の和田新介〔この人は黒田の城主である〕・中島豊後守〔この人はお久地の城主である〕の両人が、信長公に忠節を尽くし申す旨を丹羽五郎左衛門を通じて申し上げた。そこで信長公はこの両人をお味方に引き入れ、犬山をはだか城にして、四方に鹿垣《ししがき》を二重・三重に結い回し、取り囲んで、丹羽五郎左衛門が警固にあたった。

(42) 美濃宇留摩・猿ばみ両城、落城

信長公は飛驒川を越え、美濃の国へご乱入。敵城宇留摩(鵜沼)の城主は大沢次郎左衛門(基康)、猿ばみの城主は多治見であるが、両城は飛驒川の縁に臨み、犬山の川向こうに二つ並んで、今まで城を支えて来た。そこから十町あるいは十五町を隔てて、伊木山という高山がある。信長公はこの山へ上り、要害を丈夫にこしらえ、両城を見下して陣を据えられた。宇留摩の城は、特に間近に公が在陣されているので、支えがたく思い、城を明け渡し進上された。

猿ばみの城は飛騨川に臨む高山である。大ぼて山といって、猿ばみの城の上手に草木の茂った高所があった。あるときその大ぼて山へ、丹羽五郎左衛門を先駆けとして攻めのぼり、ご軍兵を上げられて、水の手（城の給水源）を奪い、上からも攻められたので、城兵はたちまち困窮、降参して城を退散した。

（43）信長、堂洞とりでを攻める

猿ばみから三里奥に加治田という城があった。城主は佐藤紀伊守・その子息の右近右衛門で、父子ともにお味方として居城されていた（当巻（40）参照）。美濃方の長井隼人正（道利）は加治田へ攻め向かい、二十五町離れた堂洞《どうほら》というところにとりでを構え、そこへ岸勘解由左衛門・多治見一党を入れて置いた。そして長井隼人正は、有名な鍛冶《かじ》の在所である関というところから五十町離れた本陣にいた。このような状況から、加治田に迷惑が及ぶと見て、九月二十八日、信長公はご出馬、堂洞を取り巻いて攻撃された。その地は三方が谷で、東のほうだけが丘に続いている。この日は風の強く吹く日であった。

信長公は馬を駆けめぐらせてそのようすをご覧になり、「塀ぎわへ寄り詰めたならば、たい松を作り各自持ち寄って、四方から投げ入れよ」と仰せつけられた。長井隼人正は後方から攻めようとして、堂洞とりでの下、二十五町の山下まで来て軍兵を備えたが、足軽さえも繰り出さない。信長公は前後に軍兵を備え、攻めさせられた。ご命令どおりたい松を投げ入れ、二の丸を焼き崩して天守やぐらへ攻め込んだところ、二の丸の入口の高い家の上に太田又助（牛一）がただ一人上って、むだ矢もなく射ていられるのを、信長公はご覧になり、「気持ちよい見ものをいたすものである」と三度まで使いの者を遣わし、感心なされて、ご知行を重ねて下された。

正午に城に取りついて、夕六時ごろまで攻め続けた。いつしか薄暮となり、河尻与兵衛が天守やぐらへ乗り入れ、丹羽五郎左衛門・多治見一党の活躍は一とおりのものではなかった。しばしの戦いに城中の軍兵は入り乱れ、敵・味方の見分けもつかなかった。大将分の者はみな討ち果たしてしまわれた。

その夜、信長公は、加治田へゆかれ、佐藤紀伊守・佐藤右近右衛門両所のもとへお出でになって対面、そのまま右近右衛門のところにお泊まりになった。父子ともに感涙を流し、もったいないと申し上げる気持ちもなかなかことばにならなかったことである。

翌二十九日、山下の町で首実検をされたが、ご帰陣の際に、関口から長井隼人正、ならびに井口（稲葉山）から斎藤龍興（義龍の子）が攻撃をかけて来た。敵の軍兵は三千余あった。信長公のご軍兵はわずか七、八百に過ぎなかった。負傷者・死者が多数出た。しりぞかれたところは広野である。まず軍兵を立て直され、手負いの者や雑人を後ろにさがらせ、足軽を支えに出すよう、それぞれ馬を乗り回して指示され、かるがると全軍を撤退させた。敵は「信長公に逃げられ、まことに残念なことである」と、申した由である。

(44) 信長、美濃稲葉山へ移る

永禄九年(一五六六)四月上旬信長公は、木曽川の大河を越え、美濃の国加賀見野(各務野)に兵を出された。敵城井口から斎藤龍興も兵を出し、新加納《しんかのう》の村を占領、軍兵を備える。その間は難所で、馬のかけ引きも自由にできないので、その日はそのままご帰陣になった。

永禄十年(一五六七)八月一日、美濃三人衆の稲葉伊予守(良通)・氏家卜全(直元)・安藤伊賀守(守就)らが申し合わせて、「信長公のお味方に参るから、人質をお受け取りください」と申してきた。それで、村井民部丞・島田所之助が人質を受け取りに、西美濃へ遣わされたのであるが、まだ人質も着かないうちに、信長公は急に軍兵を出され、井口山続きの瑞竜寺《ずいりゅうじ》山(稲葉山。土岐氏の菩提寺がある)へ駆け上られた。「これは敵か味方か」ととまどっているうちに、早くも町に火をつけ、たちまちはだか城にしてしまわれた。その日は、ことのほか風が強く吹いていた。

翌日ご普請《ふしん》の分担を決められ、四方に鹿垣を結い回し、城を取りこめておかれた。そうこうしているところへ、美濃三人衆も参り、肝をつぶすほどに驚かれ、信長公にごあいさつ申し上げた。信長はなにごともこのように軽々とご命令をお出しになったのである。

八月十五日、だれもかれもが信長公に降参、飛騨川の川続きであるから、斎藤龍興は舟で、河内長島へ立ち退いた。さてこのようにして、信長は美濃全域を支配され、尾張の国小牧から、美濃稲葉山へお移りになった。井口という名をこのたび改めて、岐阜と名付けられる。

(45) 足利義昭、信長に頼り上洛

翌永禄十一年(一五六八)、将軍一乗院殿(足利義秋、のちに義昭)は、佐々木承禎《じょうてい》(六角義賢《よしかた》)をお頼みになったけれども、ご承知なく、越前へ行かれて朝倉左京大夫義景をお頼みになったが、しかしご入洛の沙汰はここでもなかなかなかった。

さて一乗院殿は上総介信長公を頼みに思われる旨を、細川兵部大輔(藤孝、のちの幽斎)・和田伊賀守(惟政《これまさ》)を介して伝えてこられた。ただちに信長公から越前へお迎えをさし上げ、百か日も経たないうちに、ご本意を遂げられ、義昭公は征夷大将軍の座につかれた。信長公のご名誉であり、お手柄である。

さて、丹波の国桑田郡穴太村にある、長谷という城を守備している赤沢加賀守は、内藤

備前守の与力である。いちだんと鷹好みであった。あるときみずから関東へ下り、すぐれた角鷹《くまたか》を二羽求め、都へ上って来るとき、尾州で織田上総介信長公へ、「二羽のうち、いずれか一羽を進上いたしましょう」と申し上げると、信長公は、「志のほどはまことにうれしいが、天下を掌握した折にもらうから、それまで預けて置く」とおっしゃってお返しになった。この話を京都でされると、「国を隔てた遠国からの大望などとんでもないこと」とみなみなお笑いになった。しかし、それから十か年も経たぬうちに、信長公はご入洛になったのである。その当時はまことに思いも及ばぬことであった。

信長公記　首巻　終

巻一　将軍義昭を奉じて上洛（永禄十一年）

——当巻からは永禄十一年以降在世中の記録——

（1）足利義輝、自害

永禄八年（一五六五）五月十九日、先の将軍光源院義照《こうげんいんよしてる》殿（足利義輝《よしてる》）、同じく御弟鹿《ろく》苑院《おんいん》殿（周暠《しゅうこう》）が自害なさり、そのほか有力な諸侯衆が多数討ち死にされた。その事の起こりというのはこうである。三好修理大夫《しゅりのだいぶ》（長慶《ながよし》）が天下の実権を握ってしまったので、「将軍は心中うらめしくお思いになっているにちがいない」と、三好一族はかねてから将軍の心を推察し、謀反を企てていることなど、うまくごまかし、言いつくろって、その日清水《きよみず》寺参詣といつわり、早朝から軍兵を寄せ集め、たちまちに彼らが将軍御所へ乱入したのである。義輝公も、ひとたびはびっくり仰天なされたが、これもぜひなきめぐり合わせであると、何度も切って出ては敵勢を崩し、あまたの者に手傷を負わせ、よくお働きになったけれども、多勢にはかなわず、御殿に火をかけ、ついに自害なさってしまった。

同じく三番目の御弟鹿苑院殿へも平田和泉守が、討っ手としてさし向けられ、同じ時刻

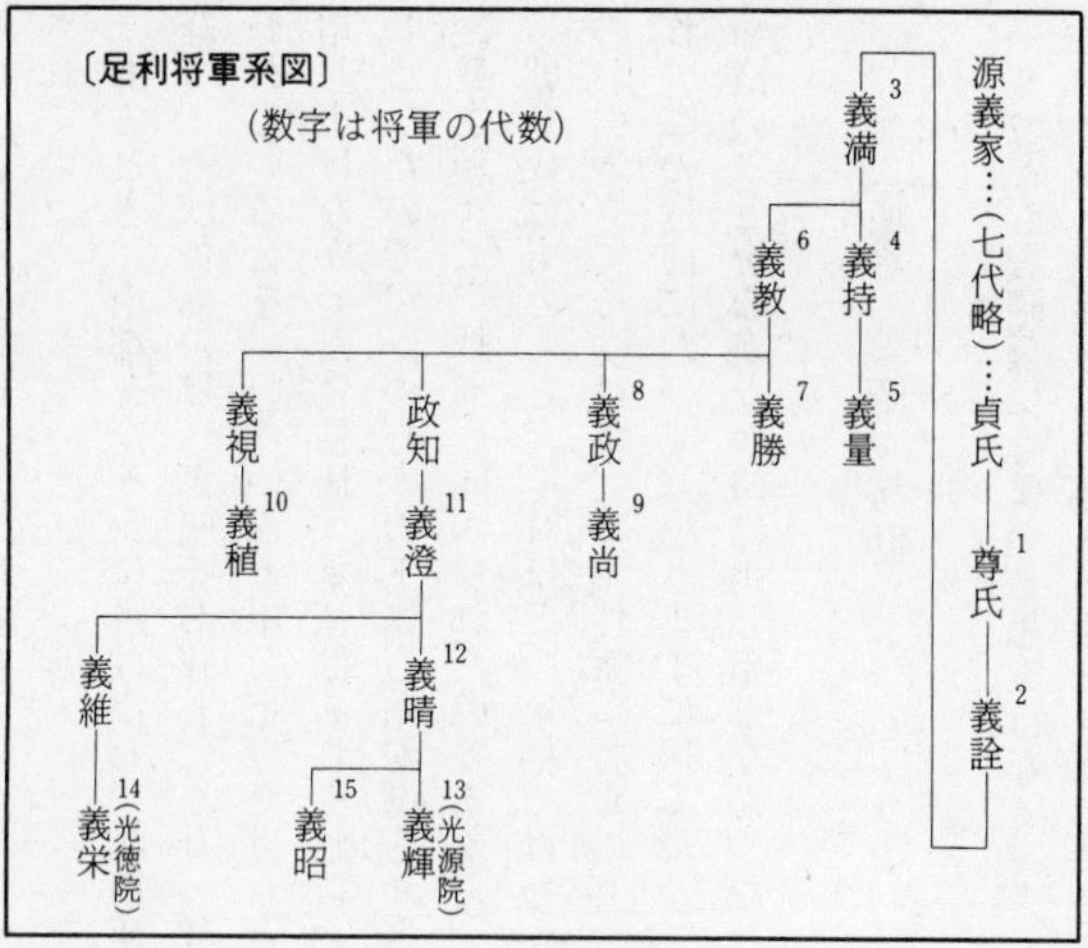

に自害された。お供衆《ともしゅう》はことごとく逃げ散ってしまったが、その中でも日ごろ目をかけておられた美濃屋小四郎という者は、まだ若年の十五、六であったが、討っ手の大将平田和泉守を切り殺し、主人のお供をして切腹、その高名は比類がなかった。まことにこれこそ将軍家の破滅、天下万民の悲しみで、これ以上のものはなかった。

（2）足利義昭、佐々木・朝倉氏を頼る

さて、義照公の二番目の御弟の南都一乗院義昭殿に対しては、「当興福《こうふく》寺を相続されるかぎり、貴公には、いささかも野心を持っておらぬ」旨、三好修理大夫、松永弾正《だんじょう》（久秀）のほうから、ことを荒

立てずに申し入れ申した。義昭殿も、「もっともなこと」と仰せられて、しばらくは在寺されていた。

あるとき、南都をひそかに脱け出し、和田伊賀守（惟政《これまさ》）をたよられ、伊賀・甲賀路を経て、近江矢島の郷へ御座をお移しになり、佐々木左京大夫承禎《じょうてい》（六角義賢《よしかた》）を頼みに思われている旨を、いろいろと申し上げたけれど、承禎はすでに主従の恩顧を忘れ、ご承知申し上げなかった。結局、承禎はあれこれ言いたてて、無情にも義昭公を追い出し申してしまったので、たのむ木の下にも雨が漏るたとえのように、義昭公はしかたなくまた朝倉義景《よしかげ》を頼って、越前へ向かわれたのであった。

朝倉氏はもともと、それほどの家柄ではなかったが、義景の父孝景《たかかげ》が、たくみに将軍家のお引き立てを受けて、ご相伴衆《しょうばんしゅう》（将軍の宴会に控えることのできる者）の次位に任じられ、この越前において、思うままに振る舞っていたのである。しかし朝倉氏は、義昭公ご帰洛のことをなかなか口に出し申さなかった。

（3）信長、義昭を援助

もっとも義昭公にもよいご思案はなく、「このうえは織田上総介《かずさのすけ》信長を、ひたすらお頼りしたい所存である」旨を仰せ出された。信長公は、「遠国のことではあり、微力ではあるが、信長は天下のために忠義を尽くそう」と考えられ、命を投げうってお引き受けになった。

永禄十一年（一五六八）七月二十五日、越前から義昭公をお迎えするため、信長公は和田伊賀守（惟政）・不破河内守（光治《みつはる》）・村井民部丞（貞勝《さだかつ》）・島田所之助（秀順《ひでより》）をさし向けられた。義昭公は美濃西の庄の立正寺《りゅうしょうじ》（岐阜市西荘、立政寺）にお着きになった。信長公は末席に銅銭千貫文をお積みになり、太刀・よろい・武具・馬などいろいろなものを義昭公に進呈された。そのほか、諸侯の衆にたいしても、そのご歓待は一とおりでなかった。この上は少しも早く、入洛すべきであるとお思いになった。

八月七日、信長公は近江佐和山《さわ》へ出かけられ、義昭公のお使いに、ご自身の使者をそえて、「佐々木左京大夫承禎よ、義昭公ご入洛の途次には、奉公人を出し、おもてなしをせよ」と七日間当山に滞在なさり、いろいろとおさとしになった。「義昭公が上洛のご本意を遂げられたときは、所司代に任ずるであろう」と堅く約束されたが、承禎はなかなか承服しなかった。ぜひもなく、この上は江州征服の行動を起こそうというお考えがしきりに浮かばれたのである。

（4）信長、足利義昭をいただき、入洛

九月七日、信長公は義昭公においとまを告げ、「近江をいっぺんに討ち果たし、お迎えを差し上げましょう」と申し上げ、尾張・美濃・伊勢三、四か国の軍兵を引きつれて、九月七日に岐阜を出発、平尾村に陣取られた。

同月八日に近江の高宮《たかみや》に着陣、二日間ご滞在になり、人馬の休息をとり、同じく十一日、愛知《えち》川の近くに野営、信長公は馬で走り回り、近傍数か所の敵城へはおかまいもなく、佐々木父子三人がたてこもっている観音寺ならびに箕作《みつくり》山へ、同十二日にかけのぼられ、佐久間右衛門尉・木下藤吉郎・丹羽五郎左衛門・浅井新八（政澄《まさずみ》）に命じて、箕作山の城を攻撃させ、午後五時ごろから夜にかけて攻め落とされた。

さて、去年美濃の大国をご支配になられたときから、美濃衆は「きっとこのたびは美濃衆を先陣として、遣わされるであろう」と、思っていたのであるが、それにはいっこうおかまいなく、信長公はお馬回りだけで、箕作城を攻められた。美濃三人衆の稲葉伊予守・氏家卜全・安藤伊賀守らは、「案に相違した信長公のなさりようであることよ」と不思議な思いをいたしたということである。その夜信長公は、箕作山に陣を据えられ、翌日佐々木承禎の主城観音寺山へ攻め上る手はずであったが、佐々木父子三人はすでに逃亡してし

まい、十三日観音寺山を乗っとりお上りになった。こうして残党どもも降参したので、人質を取って、元のように城に置かれ、近江の国をすべて平定された。

このような次第で、義昭公との堅いお約束であるご入洛のお出迎えとして、不破河内守を十四日に美濃西の庄の立正寺へ差し向けられ、二十一日、さらにお馬を進められて、柏原の上菩提院にお着きになった。

二十二日、桑実寺《くわのみ》へお成りになる。

二十四日、信長公は守山《もりやま》までご進出。翌日は志那・勢田《せた》への渡船の都合がつかずご滞在。

二十六日、琵琶湖をお渡りになり、三井《みい》寺の極楽院に陣を構えられ、諸勢は大津の馬場・松本に陣を取った。

二十七日、義昭公がご渡舟になり、同じく三井寺の光浄院にお泊まりになる。

二十八日、信長公は東福寺へ陣を移し、柴田日向守・蜂屋兵庫頭・森三左衛門・坂井右近（政尚《まさひさ》）の四人に先陣を仰せつけ、ただちに桂川を越えて、三好勢の敵城岩成主税頭《ちからのかみ》（友通《ともみち》）のたてこもる勝竜寺《しようりゆうじ》表へ兵を差し向けられる。敵も足軽を出して応戦。右四人の衆はしばらくようすを見たうえ、馬を乗り入れ、首五十余りを討ちとり、東福寺で信長公のお目にかける。義昭公は同じ日に清水寺へお移りになる。

二十九日、勝竜寺表へお馬を寄せられ、寺戸の寂照院に陣を設けられた。このために岩成主税頭は降伏。

三十日、山崎にご着陣。先陣は天神の馬場に陣取る。芥川《あくたがわ》には三好勢の細川六郎殿(昭元)・三好日向守(長逸《ながやす》)がたてこもっていたが、夜になって退散。ならびに篠原右京亮(長房)の居城、越水・滝山もまた退城。その間に芥川の城へ信長公のお供で、義昭公はお移りになった。

十月二日に、池田筑後守(勝正)のいる池田城へ攻めかかり、信長は北の山に軍兵を備えてご見物になる。水野金吾のご家来の中に、梶川平左衛門という名の知られた勇士がいた。またお馬回りの衆の中で、魚住隼人・山田半兵衛という者も、よく知られた武者である。この両人、先を争って城の外構えへ乗りこみ、押しつ押されつしばらく戦っているうちに、梶川平左衛門は腰骨を槍で突かれて後退、討ち死にした。魚住隼人も負傷して後方へさがった。このようにはげしい戦いであったから、双方に討ち死にする者が多数出た。ついに城に火をつけ、町に火を放つ。

このたびの義昭公のご入洛にお伴した人びとは、末代までの高名であると信じて奮闘したのである。「軍兵の力は日々にあらたになり、戦うことは風が生ずるようにはげしく、攻めることは河の決壊するようなすさまじさである」(『三略』にある語)とあるのは、このような人びとの活躍をいうのであろうか。

池田筑後守が降参して、人質を差し出されたので、ご本陣の芥川の城へ、多数の兵士を入れられ、五畿内(大和・山城・河内・和泉・摂津)および隣国は、みな信長公の下知に任されたのである。松永弾正（久秀）はわが国に二つとないつくもかみ（唐物のお茶入れ）を進上し、堺の商人今井宗久もまた、有名な名物の松島の壺（葉茶壺）と紹鷗《じょうおう》なす（武野紹鷗所持のお茶入れ）を献上申した。昔、源義経が鉄拐《てっかい》山のがけ下りをされたとき、お着けになっていたよろいを差し上げる者もあった。外国や日本の珍しいものを持参して、信長公へごあいさつ申し上げようと、芥川に十四日ご滞在の間、門前に市をなすほどに多くの人が集まって来た。十四日に義昭公は芥川から京都へお帰りになり、六条の本圀寺に入られたので、天下の人はみな大いに喜ばれたことであった。

信長公もこれでまずはひと安心と、お供回りの兵だけをつれて、真っ直ぐ清水寺へお出でになった。諸部隊を京都市中へ入れては、下々《しもじも》の兵士には無法な者もあるかもしれないと、ご心配になり、洛中・洛外の警固を堅くされたので、乱暴をはたらくような者はだれもいなかった。畿内の逆徒たちの中には数か所に城郭を構えて、抵抗する者もいたが、自然と風に草木がなびくように、十日余りのうちにはことごとく退散し、天下のことは信長公の思いのままとなった。細川殿（昭元）のお屋敷を義昭公の居所となさる折に、信長公はつき従われ、御殿において太刀・馬などを進上された。かたじけないことに、義昭公は信長公を御前にお召しになって、三献《さんこん》（公家の馳走の一つ）の馳走を下され、その上、信長公は義昭公みずからのお酌で盃をたまわり、御剣を拝領なさったのであった。

十月二十二日、ご参内。正式のいでたちで、威儀を調《ととの》えられて、義昭公には征夷大将軍の座におつきになり、ご本拠の京都へめでたくおもどりになったことである。これについても信長公のお働きは、この日の本にならぶ者のないご名誉、末代までのご面目、ご子孫からはよき手本としてたたえられるにちがいない。

(5) 能見物

「このたび、身を捨てて働かれた人びとに、慰労のため能を見物させたらよい」とのご上意で、観世大夫(元尚)に能を演ずるよう仰せつけられた。能の番組は、脇能の「弓八幡《ゆみやわた》」をはじめとして、書き付けられたものはすべてで十三番である。信長公はその書き付けをご覧になり、「まだ隣国も平定しなくてはならないことであるし、戦が完全に終了したとは言えないから」と、五番に縮められ、細川殿の御殿にいらっしゃった。

初献のお酌は細川典厩《てんきゅう》殿(藤賢《ふじかた》)。このとき、信長公に対し、久我殿(晴通)・細川兵部大輔・和田伊賀守が再三お使いにたたれた。信長公を副将軍もしくは管領職に任ずるとの仰せである。しかし、信長公は、ご辞退申してお受けにならなかった。このことについて、「世にも珍しい信長公のなされ方である」と、都でも地方でも、みな感じ申したことであった。

さて脇能と「高砂」は、観世左近大夫・今春《こんぱる》大夫・観世小次郎が担当。大つづみは大蔵二介、小つづみは観世彦右衛門、笛は長命、太鼓は観世又三郎が担当した。

二献のお酌は大館伊予守（晴忠）であった。信長公はそこで義昭公の御前へ参られる。三献下された上、義昭公のお酌でお盃を受けられ、お鷹・腹巻（よろいの一種）をご拝領になる。まことにご名誉なことであった。

二番の「八島《やしま》」は、大つづみが深谷長介、小つづみは幸五郎二郎が担当。

三献のお酌は一色式部少輔殿（藤長）であった。

三番は「定家《ていか》」、四番は「道成寺《どうじょうじ》」を上演。

義昭公は信長公に御つづみをご所望になった。しかし信長公はご辞退になった。大つづみは大蔵二介、小つづみは観世彦右衛門、笛は伊藤宗十郎である。

五番は「呉羽《くれは》」を上演。

お能が終わってから一座した者に対し、田楽《でんがく》・かつら師にいたるまで信長公からお引出物を下された。

その後、信長公は天下のために、一方では、街道を往来する旅人を気の毒にお思いになって、ご領国中にたくさんあった関所の税を停止された。これによって、都市・地方の高下の者を問わず、「まことにありがたいご処置である」と満足した次第である。

十月二十四日にご帰国のいとまを告げられ、二十五日にご感状を頂く。その文面は次のごとくである。

（6）信長、将軍家から感状を受く

このたび国々の悪者どもを、またたく間に、みな退治された。貴公の武勇は天下第一と申せましょう。当将軍家の再興ができたのもみな貴公のおかげです。ますます国家が安穏に治まるよう、ひとえにあなたのお力におすがりするほかはございません。なおくわしくは藤孝（細川）・惟政（和田）に申させましょう。

十月二十四日　　御判

御父　織田弾正忠（信長）殿

ご追加

このたびの忠節によって、紋桐（朝廷から拝領した足利氏の紋）・引両筋（足利氏伝来の家紋、丸の中に両筋を引いたもの）を差し上げます。軍功によって受けられるべき当然の祝儀です。

十月二十四日　　御判

御父　織田弾正忠殿

前代未聞のご名誉は重ね重ねのことで、筆にも言葉にもあらわせないほどである。

二十六日、信長公は近江の守山までお下がりになった。

二十七日、柏原の上菩提院へお泊まり。

二十八日、美濃の岐阜城へお帰りになった。まことにおめでたいことである。

信長公記　巻一　終

巻二　伊勢を平定へ（永禄十二年）

（1）六条合戦

永禄《えいろく》十二年（一五六九）正月四日、三好三人衆（岩成友通《ともみち》・三好長逸《ながやす》・同政康）および斎藤右兵衛大夫龍興・長井隼人らは南方の浪人どもを召集、薬師寺九郎左衛門を先駆けの大将として、足利義昭公のいらっしゃる六条の館（本圀寺《ほんこくじ》）を取り囲み、門前の家々を焼き払って、はやくも寺内に踏みこまんとする勢いであった。そのとき六条の館にたてこもっていた人たちはといえば、細川典厩《てんきゅう》（藤賢《ふじかた》）・織田左近将監・野村越中守・赤座七郎右衛門・赤座助六・津田左馬丞・渡辺勝左衛門・坂井与右衛門・明智十兵衛・森弥五八・内藤備中守・山県《やまがた》源内・宇野弥七らであった。

なかでも若狭衆の山県源内・宇野弥七の両名は音に聞こえた勇士であった。敵方の薬師寺九郎左衛門の旗本に切ってかかり、敵勢を切り崩してさんざんに戦い、あまたの者に手傷を負わせるほどの奮戦ぶりであったが、両名ともに槍に突かれて討ち死にをとげる。火花を散らしての戦いに、織田勢はたちどころに三十騎ばかり射倒し、手負い・死人数知れずといった混乱ぶりであった。これでは敵方も寺中へ侵入することなど思いもよらぬことであった。

このとき、三好左京大夫（義継《よしつぐ》）・細川兵部大輔（藤孝）・池田筑後守（勝正）がそれぞれ後方からの攻め手としてひかえている由を聞いた薬師寺九郎左衛門は六条の攻撃をゆるめたのである。

後方からの攻撃のうち、桂川方面では、細川兵部大輔・三好左京大夫・池田筑後守・池田清貧《せいひん》・伊丹兵庫頭（親興《ちかおき》）・荒木弥助（村重）・茨木の諸将が駆け向かい、桂川のあたりで敵と衝突、ただちに一戦に及び、押しつ押されつ黒煙をあげて戦い、槍で三好勢の高安権頭《ごんのかみ》・吉成勘介・同じく弟の岩成弥介・林源太郎・市田鹿目介《かなめのすけ》らの首を取った。

この者たちをはじめとして名のある人びとの首を討ち取り、その戦いの模様は信長公に注進された。

（2）信長、急ぎ上京

正月六日、美濃の国岐阜に飛脚が到着。その日岐阜は珍しい大雪であった。信長公はただちに京都入りする旨、触れられ、一騎駆けにても大雪の中を発《た》たれるおつもりで、早くもお馬に召されたのであるが、馬借の者どもが、過重の荷を馬に負わせることになるといって承知せず、たがいに争いを始めた。信長公は馬からお下りになって、荷物をいちいち点検され、「いずれも同じ重さである。急ぎ出発の用意をせよ」と仰せつけられた。このような不始末は奉行のえこひいきで、荷に不公平があるのではないかと思われて、信長公は直接お調べになったのであった。予想外の大雪で、夫役の人夫、またそれ以下の者たちで凍死した者が数人出るほどの寒さであった。

三日かかる道のりを二日で駆け通し京都に入った信長公のお伴はわずか十騎足らず、無事六条の邸へお入りになった。信長公は六条邸の守備の堅固なようすをご覧になってたいへん満足され、池田清貧のこのたびの手柄の一部始終をお聞きになって、さっそくにごほうびを与えられた。清貧は天下に面目をほどこしたことであった。

(3) 将軍御所再興

さて将軍義昭公が都入りされたものの、御所がなくてはいかがかと、尾張・美濃・近江・伊勢・三河・五畿内・若狭・丹後・丹波・播磨十四か国の在京の衆に命じて、二条の旧邸を修築することに決まり、まず堀を広げる工事から始めて、永禄十二年(一五六九)二月二十七日午前八時ごろに工事始めのくわ入れが行われた。堀に沿って方形に、両面に

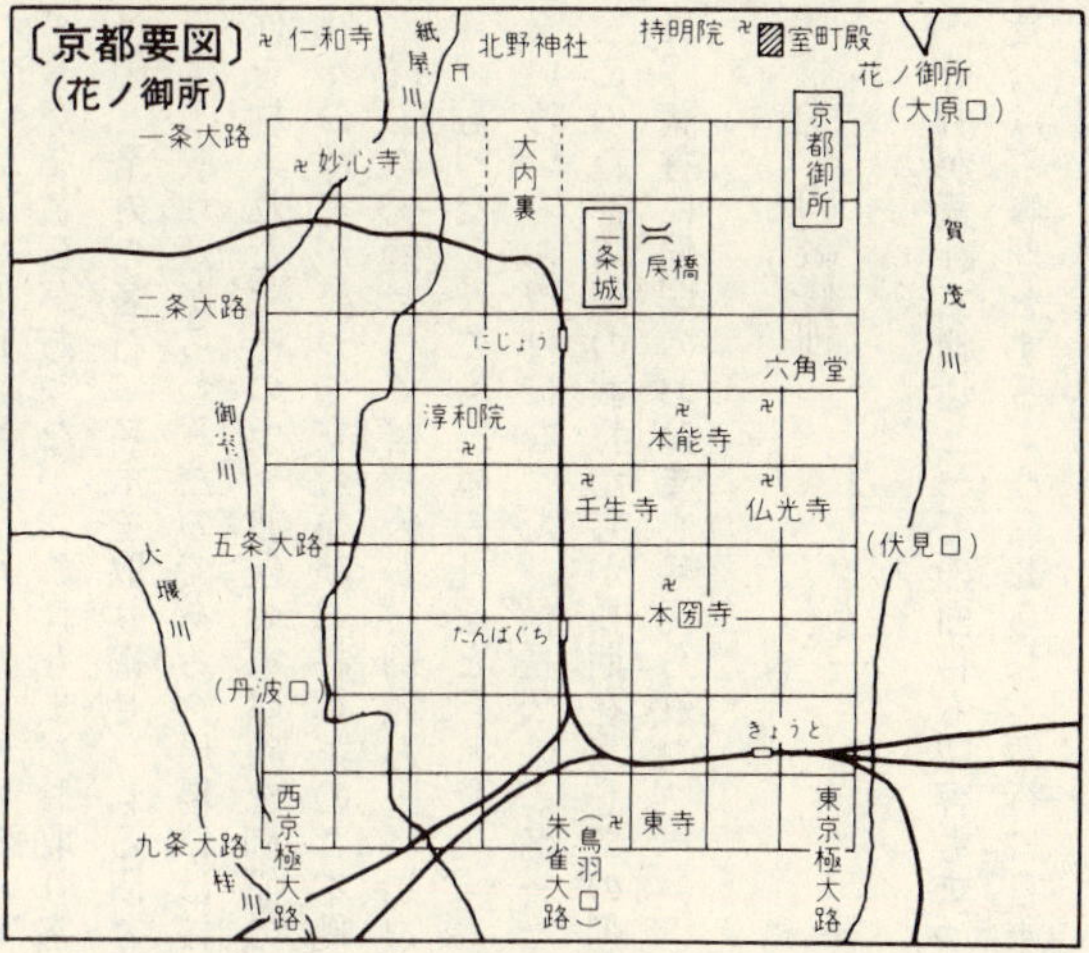

石垣を高く築きあげ、御大工奉行には村井民部（貞勝）・島田所之助を仰せつけになり、洛中・洛外の鍛冶・大工・杣人《そまびと》を呼び集め、隣国・隣郷から材木を取り寄せ、それぞれ持ち場ごとに奉行を置いて油断なく工事の進捗をはかったので、ほどなく出来上がった。

御殿の装飾にはかくべつに金銀をちりばめ、庭前には泉水・遣水《やりみず》・築山をあしらい、その上、細川殿の屋敷に藤戸石《ふじといし》という古くからあった大石を、庭に据え置かれるということで、信長公ご自身お出でになった。この名石藤戸石を綾錦《あやにしき》で包み、さまざまの花で飾り立て、大綱を何本となく取り付け、笛・太鼓・つづみではやし立て、信長公みずから指揮をとられて、たちどころに庭上に据えられたのである。また東山慈照寺《じしょうじ》（いわゆる銀閣寺）の庭に、一年ほど置かれていた九山八海《くさんはっかい》と呼ぶ珍奇な名石があったが、これもまたお取り寄せになって庭に据えさせられた。このほか洛中・洛外の名石・名木を取り寄せられる限り集めて、御目の楽しみをお尽くしになられるよう取りはからわれたのである。馬場には桜を植えて、桜の馬場と命名、余す所なく造作を施された。その上、諸侯の家屋敷を御館の前後左右に思い思いに普請させたので、お歴々の邸宅が競って立ち並び、将軍家のご本拠として威容を整えることができたのである。

竣工の祝儀として信長公から御太刀・御馬を献上。義昭公は御前に信長公をお召しになり、もったいなくも三献の礼をとられた上、義昭公みずからのお酌で盃を賜り、御剣などをいろいろお授けになった。信長公のご名誉なことは、申すも愚かなことである。

このたび隣国の武将たちが長期在京しての懸命なる働きについて、信長公はお礼を言われ、諸将に帰国のおひまを与えられた。

（4）内裏修理

御所が荒れて朝廷としての面目も威容もまったく失われてしまった。そこでこれまた信長公はご修理をするよう命じられ、奉行に日乗上人《にちじょう》・村井民部少輔を任じられた。

(5) 天下の名物を見る

こうして信長公には金銀・米・銭に不足することがなかったので、この上は中国渡来の茶入れをはじめとして、天下の名物を手許にお置きになりたいと、次の品々を差し出すように命じられた。

一、上京の大文字屋所持の「初花《はつはな》」(唐物の茶入れ)
一、祐乗坊所持の「ふじなすび」(唐物の茶入れ)
一、法王寺の「竹の茶しゃく」(抹茶をすくい取るさじ)
一、池上如慶《じょけい》所持の「かぶらなし」(青磁の花入れ)
一、佐野所持の「雁《かり》の絵」
一、江村所持の「百底《ももそこ》」(花入れ)　以上

松井友閑・丹羽五郎左衛門がお使いし、金銀・米をお遣わしになって、これらの品々を手元に召し置かれることとなった。なお、天下に御条目を布かれて、五月十一日、美濃の岐阜にご帰城になった。

(6) 阿坂の城を討つ

八月二十日、伊勢の国平定のためにご出馬、その日のうちに桑名まで進軍される。翌日鷹狩りをなさってご滞在。二十二日、白子観音寺に陣を張り、二十三日、小作《こつくり》に着陣。雨天のためここにご滞在。二十六日、大宮入道含忍斎《がんにんさい》の住む、阿坂《あざか》の城を木下藤吉郎が先がけで攻め立て、塀ぎわまで詰め寄せ、いささか傷を受けて一時後退したものの、激しく攻めたてたので、敵は城を支えることがむずかしいと思ったのであろう、降参して退散する。そのあとへ滝川左近(一益《かずます》)の手兵を入れて置かれた。

(7) 大河内の城を攻める

それより近辺の小城には手兵を遣わすことなく、そのまま兵を進めて伊勢の国司父子(北畠具教《とものり》・具房《ともふさ》)のたてこもる大河内《おおこうち》の城(松阪市に所在)を囲んだ。信長公は馬上よりひとわたり状況をご覧になったのち、東方の山に陣をはられ、その夜のうちにまず町を取りこわし焼き払わせ、二十八日に四方を馬で巡視なさって、南の山には、織田上野守(信包《のぶかね》)・滝川左近将監(一益)・津田掃部助《かもんのすけ》(一安)・稲葉伊予守(良通)・池田勝三郎

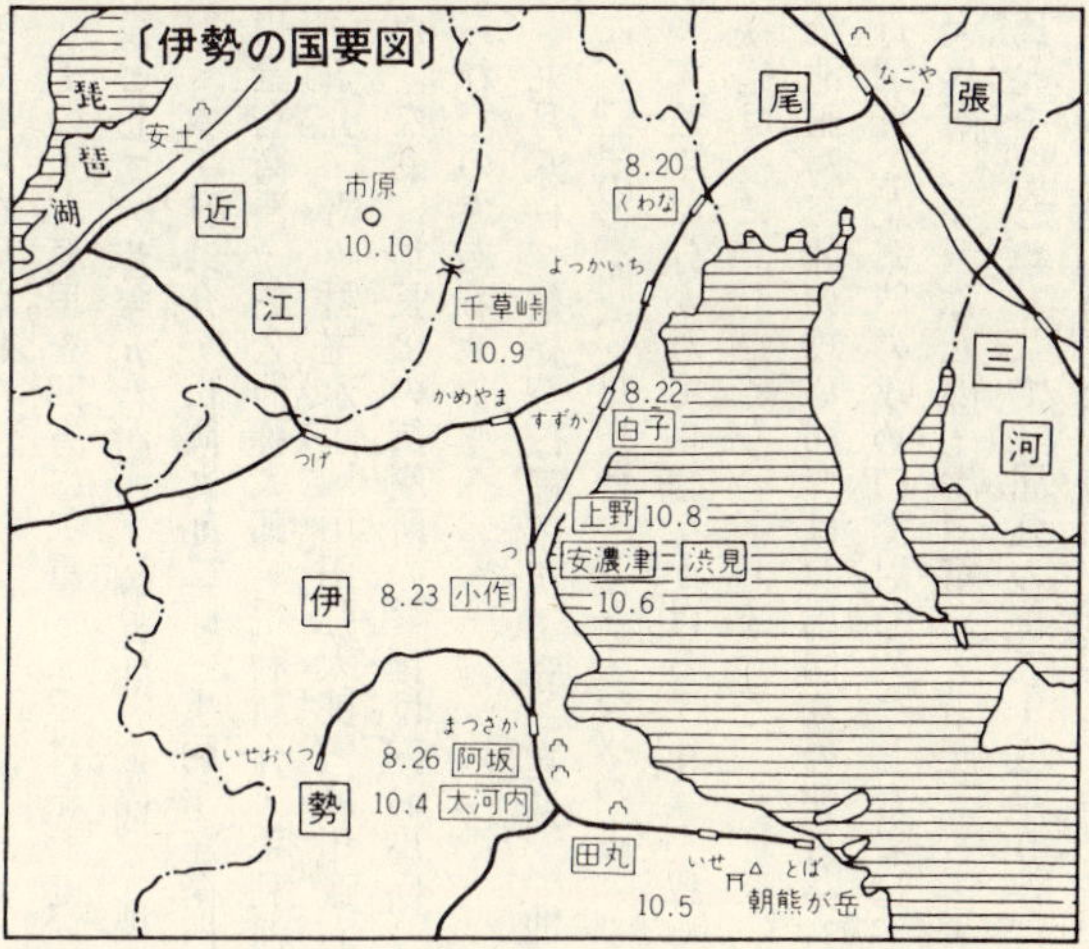

(恒興)・和田新介・中島豊後守・進藤山城守・後藤喜三郎・蒲生《がもう》右兵衛大輔・永原筑前守・永田刑部少輔・青地駿河守・山岡美作守・山岡玉林・丹羽五郎左衛門を配置された。

また西方には、木下藤吉郎・氏家卜全・伊賀伊賀守・飯沼勘平・佐久間右衛門尉(信盛)・市橋九郎右衛門・塚本小大膳を配置し、北方には、斎藤新五・坂井右近将監・峰屋伯耆《ほうき》守・簗田《やなだ》弥次右衛門・中条将監・磯野丹波守・中条又兵衛を置かれた。

さらに東方には、柴田修理亮(勝家)・森三左衛門尉(可成《よしなり》)・山田三左衛門・長谷川与次・佐々内蔵助(成政)・佐々隼人・梶原平次郎・不破河内守・丸毛兵庫頭・丹羽源六・不破彦三・丸毛三郎兵衛らを置かれた。

その上、鹿垣《ししがき》を四方に二重、三重に結わせ、もろもろの通路をふさぎ、柵ぎわの見回り役として、菅屋《すがや》九右衛門・塙《ばん》九郎左衛門・前田又左衛門・福富平左衛門・中川八郎右衛門・木下雅楽介《うたのすけ》・松岡九郎二郎・生駒平左衛門・河尻与兵衛・湯浅甚介・村井新四郎・中川金右衛門・佐久間弥太郎・毛利新介・毛利河内守・生駒勝介・神戸賀介・荒川新八・猪《い》子賀介《こがのすけ》・野々村主水正《もんどのかみ》・山田弥太郎・滝川彦右衛門・山田左衛門尉・佐脇藤八を宛てられた。なお、信長公の御座所の警備は、お馬回り・お小姓衆・御弓の衆・鉄砲衆に仰せ付けられたのである。

九月八日、信長公は稲葉伊予守(良通《よしみち》)・池田勝三郎・丹羽五郎左衛門(長秀《ながひで》)の三人に、「西の裏門から夜に入ってから攻めよ」と命ぜられる。おうけした三人の衆は夜になって三手に分かれて攻撃をかける。軍兵を繰り出したところで、雨が降りはじめ、味方の鉄砲は役に立たなくなってしまった。

池田勝三郎の攻め口ではお馬回りの朝日孫八郎・波多野弥三が討ち死にをした。また、丹羽五郎左衛門の攻め口で討ち死にした者は、近松豊前守・神戸伯耆守・神戸市介・山田大兵衛・寺沢弥九郎・溝口富介・斎藤五八・古川久介・河野三吉・金松久左衛門・鈴村主《しゅ》馬允《めのじょう》をはじめとして、屈強の侍二十人余りが、夜間の戦いで討ち死にした。

九月九日、信長公は滝川左近将監に命じて、多芸谷《たぎや》国司の御殿をはじめとして、ことごとく焼き払い、稲作はすべて刈り捨てさせ、領国を奪い、城兵を兵糧攻めにするおつもりで在陣しておられた。ところが、急に味方につく者が出たうえあちこちで餓死者が出るに及んで、国司は種々わび言を申し入れ、信長公のご次男茶筅《ちゃせん》丸信雄に家督を譲るとの堅い約束で、十月四日、大河内の城を滝川左近将監・津田掃部助の両人に引き渡し、国司父子は笠木《かさき》・坂内《さかない》（いずれも松阪市にある）という所へ退城した。こうして信長公は田丸の城をはじめ、伊勢の国じゅうの城を取り壊すように、奉行の方々に厳重に仰せ付けられたのである。

（8）関所を廃止する

さらに、この伊勢の国の関所は、かくべつ往還の旅人の悩みであった。そこで信長公は、「末代まで関所を廃止し、以後関銭を取ってはならぬ」ときびしく仰せ付けられた。

（9）信長、伊勢参宮ののち、再び上洛

十月五日、信長公は宇治山田に行って伊勢神宮にご参拝になった。お泊まりは堤源介方である。六日に内宮・外宮・朝熊山《あさまやま》（朝熊神社および金剛証寺がある）にご参詣になり、翌日ご出立。小作《こつくり》にお泊まりになった。

八日、上野の城にお移りになり、ここから軍兵を収められた。

信長公は茶箋公（信雄）を大河内の城主として入れられ、津田掃部助をこれに添えられた。安濃津《あのつ》・渋見《しぶみ》・小作には滝川左近将監（一益）をお置きになり、上野の城には織田上野守（信包）をお置きになって、信長公はお馬回りだけをお伴に京都に向かわれた。そのほかの諸兵にはそれぞれ帰国のおひまを出され、千草峠を越えてただちに上洛なさった。

九日、千草までお進みになったが、その日雪になり、山中では大雪となった。十日、近江の市原泊まり。十一日、都にお入りになった。勢州一国平定の模様を将軍義昭公にご報告申し上げ、四、五日ご滞在、その間天下のご政務をお聞きになった。

十月十七日、美濃の岐阜にお帰りになった。すべてがうまくいってめでたいことである。

信長公記　巻二　終

巻三　北国・南方との抗争（元亀元年）

（1）常楽寺の相撲

元亀《げんき》元年（一五七〇）二月二十五日、信長公は岐阜を発って京都に向かわれた。その夜赤坂にお泊まり。二十六日、常楽寺《じょうらくじ》（安土に所在）まで出られ、ご滞在になる。

三月三日、近江の国じゅうの相撲取りをお召しになり、常楽寺の境内で相撲をとらせてご覧になった。その人びとは、百済寺《はくさいじ》の鹿・百済寺の小鹿・大唐《だいとう》・正権《しょうごん》・長光・宮居《みやい》眼左衛門・河原寺の大進・はし小僧・深尾又次郎・鯰江《なまずえ》又一郎・青地与右衛門らである。その他実力のあるよい相撲取りたちが、われもわれもと数を知らぬほど馳せ集まって来た。そのときの行司は木瀬《きのせ》蔵春庵であった。

鯰江又一郎と青地与右衛門は勝ち残ったので、信長公の前に改めて召され、熨斗《のし》付きの太刀・脇差をいただき、この日から家臣に召し加えられ、相撲奉行を仰せ付けられた。両人ともにこの上ない面目をほどこしたことであった。また深尾又次郎はすぐれた、おもしろい相撲をとったので、ご感服の余り衣服を下された。かたじけないことであった。

三月五日、ご上洛。上京《かみぎよう》の廬庵《ろあん》の邸に宿をとられた。畿内はもちろん、隣国の武将たちはこぞってあいさつに伺ったが、三河からは家康公も京都においでになっており、門前市をなす盛況であった。

（2）名器見物

さて、信長公は天下に知られた名物で、堺にあるという茶のお道具をご覧になり、召しあげられた。天王寺屋宗及《そうぎゆう》所持の「菓子の絵」、薬師院所蔵の茶壺「小松島」、油屋常祐所持の「柑子口《こうじぐち》」の花入れ、松永弾正所持の「鐘の絵」など、いずれも名器とうたわれた品々であったが、お手元に所持したい旨を、友閑《ゆうかん》法師・丹羽五郎左衛門を使者としてそれぞれに申し入れられた。命令に背くわけにはまいらないので、異議なく進上申した。そこで、信長公は代金としてそれぞれ金銀をお与えになったのである。

（3）六条御所新造の祝い

四月十四日、将軍義昭公の六条の邸宅の修築が成ったお祝いとして、観世大夫と金春大夫の二流立ち合いで能が演じられた。能組《のうぐみ》は次のとおりである。

一番　玉の井　　観世

二番　三輪《みわ》　　今春　ワキ小二郎

三番　張良《ちょうりょう》　観世

四番　芦刈《あしかり》　今春　ワキ大蔵新三

五番　松風　　観世

六番　紅葉狩《もみじがり》　今春　ワキ大蔵新三

七番　融《とおる》　　観世

地謡《じうたい》は生駒外記・野尻清介、大つづみは伊徳高安・大蔵二介・彦三郎、小つづみは彦右衛門・日吉孫一郎・久二郎・三蔵、太鼓は又二郎・与左衛門、笛は伊藤宗十郎・春一《しゅんいち》与左衛門がそれぞれつとめた。

観能された公卿・諸侯は、飛騨国司姉小路《あねがこうじ》中納言卿、伊勢国司北畠中将卿、三河の徳川家康卿、畠山殿（昭高）、一色殿（藤長）、三好左京大夫（義継《よしつぐ》）、松永弾正（久秀）といった人たち。さらに摂家《せっけ》・清華家《せいが》（摂家の次、大臣家の上に位する家）のお歴々、畿内・隣国の名ある武将の面々が出席して、晴れがましいお能見物のにぎわいであった。

義昭公はこの機会に、信長公に対し官位を進められるよう望まれたのであるが、信長公はこれを辞退なされ、いかにしてもご承諾がなかった。かたじけなくも三献頂戴した上、義昭公のお酌でお盃を拝領。この上ないご名誉であった。

四月二十日、信長公は朝倉義景を討つために、越前に向かって出発された。坂本を越え、その日和邇《わに》に陣を取られる。二十一日、高島の田中の城にお泊まり。二十二日、若狭の国熊河《くまかわ》の松宮玄蕃允のもとに陣を取り、二十三日、佐柿《さがき》（福井県三方郡美浜町）の粟屋越中守のもとにご着陣。翌日はご滞在になる。

（4）越前手筒山を攻める

二十五日、信長公は越前の敦賀に軍兵を繰り出された。馬を駆ってこの地のようすをご覧になると、すぐさま手筒山《てづつやま》攻略に向かわれる。この城は東南にけわしくそびえる高い山であって、堅固な城であったが、信長公はしきりに攻め落とすよう下知を出されるので、軍兵は一命を投げ出し、力のかぎり戦い、忠誠心をふるい起こして攻め入り、敵の首を千三百七十もあげた。

また金《かね》が崎《さき》の城には朝倉中務大輔（景恒《かげつね》）がたてこもっていた。翌日、またここを攻め、兵糧攻めにするところであったが、敵方は降参してみずから城を立ち退いていった。引田《ひきだ》（敦賀市疋田）の城もまた立ち退いた。そこで滝川彦右衛門・山田左衛門尉の二人を遣わし、へいや矢蔵を破却させた。ついで木目《きのめ》峠を越えて若狭の国にどっと攻め入る手

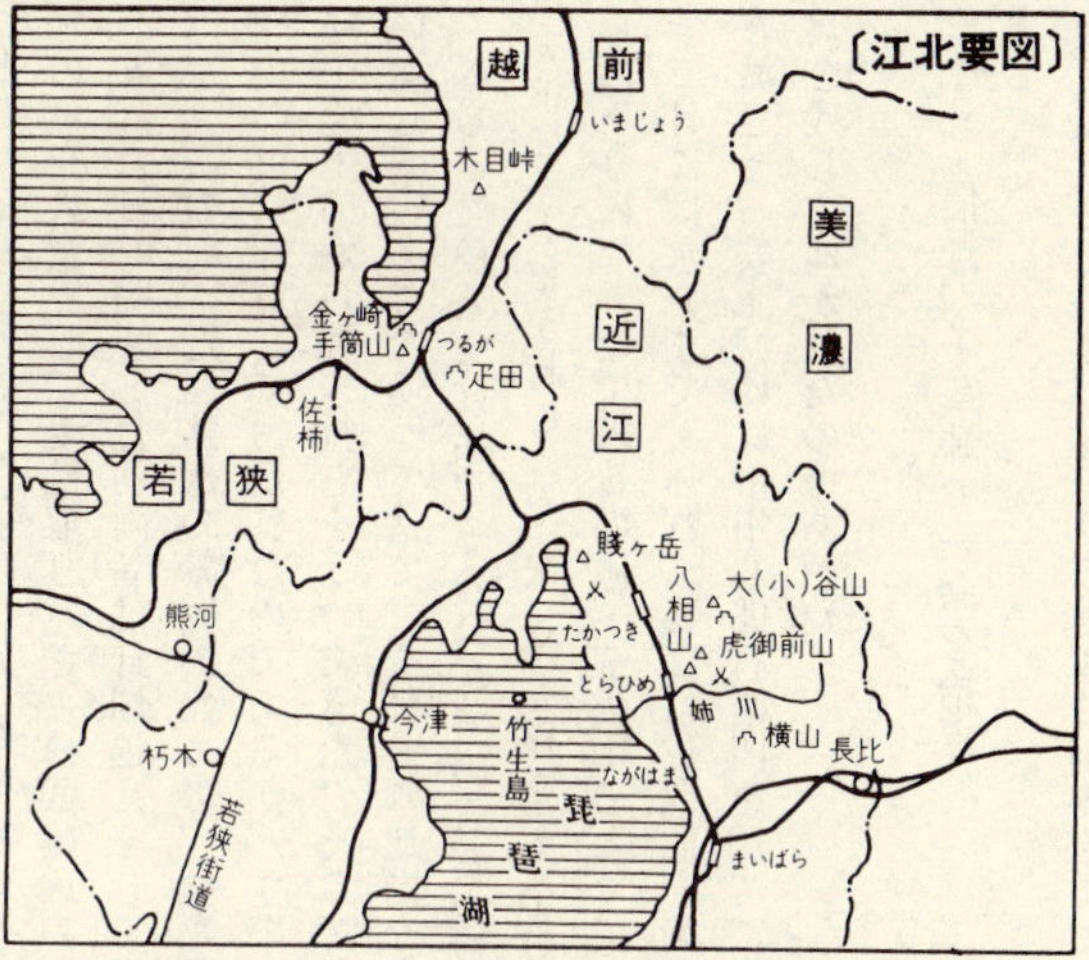

はずであったが、江北の浅井備前守が背いたとの知らせが、つぎつぎと信長公のもとに伝えられた。けれども、浅井長政は信長公にとっては縁者ではあり（信長の妹は長政室）、あまつさえ江北一円の支配をまかせてあることだから、何ら不足はないはずである。寝返り説は虚説であろうと思われたのであるが、方々から「事実である」との知らせが伝えられて来るのであった。

ここに至っては「しかたのないことである」と撤退を決意され、金が崎城に木下藤吉郎を残すことにした。四月三十日、朽木《くつき》越えの道をとられ、朽木信濃守の奔走でようやく京都へ入って、兵を収められた。それから明智十兵衛・丹羽五郎左衛門の二人を若狭に遣わし、武藤上野守

（友益）から人質を取って参るよう命ぜられた。そこで両名はただちにご命令どおり上野守の母を人質として受け取り、さらに武藤氏のとりでを壊させた。

五月六日、明智・丹羽両名は針畑《はりはた》越えをして京へ上り、右の次第を信長公に報告申し上げた。この間、近江路《ろじ》次の警固のために、稲葉伊予守父子三人ならびに斎藤内蔵助を近江守山の町に配置しておかれたのであるが、すでに一揆が蜂起して、綣《へそ》村に火の手をあげ、守山の南口から焼き打ちをかけてきた。そこで稲葉氏父子は諸方面でこれを支え、敵を追い崩して、あまた切って捨て、それぞれ比類なき活躍をした。

さて、信長公は京都、そのほかでの人質を取り集めたうえ、将軍義昭公に進上され、「天下に一大事が起こったら、時を移さず入京いたします」と申し上げて、五月九日京からお下りになった。志賀の城・宇佐山のとりでには森三左衛門（可成《よしなり》）を警備に当たらせ、十二日には永原まで下られ、ここに佐久間右衛門尉を置かれた。長光寺には柴田修理亮を在城させ、安土城には中川八郎右衛門をたてこもらせるなど、要所要所にこのようにご軍兵を残してゆかれたのであった。

（5）信長、千草峠で一命を拾う

五月十九日、京から下って岐阜に帰城されようとしたところ、浅井備前守長政は鯰江《なまずえ》の城に兵を入れ、市原の郷近辺の一揆をそそのかして起こし、通路をふさごうとした。しかし、近江日野の城主蒲生《がもう》右兵衛大輔（賢秀《かたひで》）・布施《ふせ》藤九郎・香津畑《こうづばた》の菅六左衛門らの助力を得て、千草《ちぐさ》越えで下ることができた。ところが当国前守護の佐々木左京大夫承禎《じょうてい》に頼まれた杉谷《すぎたに》の善住坊《ぜんじゅうぼう》という者が鉄砲をかまえ、千草山中で信長公を十二、三間へだてた距離から二つ玉でねらい討ち申した。しかしながら天道もお見通しであったのだろう、玉は信長公のお体をかすっただけで、虎口をのがれ、めでたく五月二十一日美濃の国岐阜城にご帰陣になった。

（6）落窪合戦

六月四日、佐々木承禎父子は近江南部のあちこちで一揆を起こし、野洲《やす》川《がわ》方面に軍兵を繰り出した。そこで、柴田修理亮・佐久間右衛門がこれに馳せむかい、野洲川のあたりで足軽を使い、落窪（野洲郡中主町乙窪）の郷で衝突、一戦ののち敵を切り崩した。討ち取った首は、三雲《みくも》左衛門父子・高野瀬・水原、ほかに伊賀・甲賀衆の屈強の侍七百八十人。これで江州の半ば以上が平静になったのである。

（7）近江に出陣

そうしているうちに、浅井備前守は越前衆（朝倉氏）を呼び込んで、近江の長比《たけくらべ》・刈安《かりやす》の二か所に要害を築いた。これに対して信長公もご策略を用いて、堀・樋口の二氏をお味方に引き入れたので、両氏は今後とも信長公に忠節を尽くすことを固く約束申した。

六月十九日、信長公は岐阜から馬を進められたが、堀・樋口両氏が信長公についたと聞いた長比・刈安両城の敵兵はあわてふためいて退散してしまった。そこで信長公は長比に一両日ご滞在になった。

六月二十一日、浅井氏の居城小谷へ迫り、森三左衛門・坂井右近（政尚《まさひさ》）・斎藤新五・市橋九郎右衛門・佐藤六左衛門・塚本小大膳・不破河内守・丸毛兵庫頭らに命じひばり山に上らせ、町を焼き払わせられた。信長公は軍勢を率い、虎御前《とらごぜ》山（小谷山の南西四キロ）に上って一夜陣を構え、柴田修理亮・佐久間右衛門・蜂屋兵庫頭・木下藤吉郎・丹羽五郎左衛門・近江衆に命じてあちらこちらの村々は申すまでもなく、谷々の奥深くまで放火させられたのである。

六月二十二日、信長公はいったん兵を引くことにし、しんがりの支えとして諸隊の鉄砲五百ちょう、それにお弓衆三十名ばかりを加えてこれに当て、簗田《やなだ》左衛門太郎・中条将監・佐々内蔵助の三人を奉行として添えられた。敵の足軽が間近に追いついたところで、簗田左衛門太郎は中央から少し左へそれてうまく退かれた。それでも追いついて乱れかかるのを、ひきかえし手合わせをしながら、しばらくの間戦い、太田孫左衛門は敵の首を取って引き上げ、並々ならぬおほめにあずかった。

二番手の佐々内蔵助も敵兵を引き付けておいて、八相山《はっそう》の大明神のうしろで攻め合いとなり、ここでも高名をあげて引き上げられた。三番手として中条将監は八相山を下り、橋の上で敵とぶつかりあって傷を受けた。このとき中条又兵衛は橋の上で敵とたたき合いとなり、双方橋から落ちたが、又兵衛は堀の中で敵の首をあげ、高名この上ない働きをした。お弓の衆もよく味方を支えたので、無事兵を引くことができたのであった。

その日、信長公はやたかの下で野宿された。横山の城には高坂・三田村・野村肥後守(直隆)がたてこもって守備していたが、二十四日四方よりこれを囲み、信長公は竜が鼻《たつはな》(長浜市に所在)に陣を取られた。徳川家康公も出陣されて、同じく竜が鼻に陣取られた。

(8) 姉川合戦

こうしたところへ、敵方は朝倉孫三郎(景健《かげたけ》)が後陣として八千ほどの兵を率いて、やって来た。小谷の東方に東西に長く連なった大依山《おおよりやま》に陣取ったのである。これに浅井備前守の兵が五千人加わって、合計一万三千人ほどである。六月二十七日の明け方信長公は、陣払いをし、立ち退かれたと思ったところ、二十八日の未明に三十町ほどをへだてて、敵軍が進出して来た。敵方は姉川を前にして、野村・三田村の両村へ移動、軍を二手に分けて軍陣をととのえた。西の三田村口へは一番合戦として家康公が立ち向かい、東の野村の備えには信長公のお馬回りが向かい、また東方は美濃三人衆稲葉良通・氏家直元・安東守就の軍勢がこれにあたり、諸方よりいっせいに敵勢ともみあいとなった。

六月二十八日午前六時ごろ、東北にむかって一戦に及んだ。敵も姉川にかかって攻めて来たが、たがいに押しつ押されつ、さんざんに入り乱れて、黒煙をあげ、しのぎを削り、つばを割って、ここかしこで思い思いの活躍をしたのである。

ついに敵を追い崩し、味方が討ち取った敵方の首は、真柄十郎左衛門〔この首は、青木所右衛門が討ち取った〕・前波《まえば》新八・前波新太郎・小林端周軒《はしゆうけん》・魚住竜文寺《りようもんじ》・黒坂備中守・弓削《ゆげ》六郎左衛門・今村掃部助・遠藤喜右衛門〔この首は、竹中久作が討ち取る。前々から「この首は自分がとる」と高言していた〕・浅井雅楽助《うたのすけ》・浅井斎《いっき》・狩野次郎左衛門・狩野三郎兵衛・細江左馬助・早崎吉兵衛らのものであった。このほか主だった者千百余人を討ち取ったのである。

信長公は小谷まで五十町に迫って追い討ちをかけ、ふもとの家々に火をかけられた。しかしなお小谷城は高山要害の地であったから、「一挙に攻め上ることはむずかしい」と考えられ、信長公は兵をいったん横山へ引きもどされた。もちろん横山城は降参いたし城兵は城から立ち退いた。信長公は木下藤吉郎を城番として横山城に置かれた。

それから、信長公は佐和山の城へ向かい、七月一日、同城に馬を寄せ、これを取り囲まれた。鹿垣を結いめぐらし、東方の百々《どど》屋敷にとりでをお築かせになった。ここに丹羽五郎左衛門を置き、北の山には市橋九郎右衛門、南の山には水野下野守、西の彦根山には河尻与兵衛を置いて、四方から包囲するかたちをとって、各方面への通路を断たれた。

同じく七月六日、信長公はお馬回りだけを召し連れてご上洛になる。将軍義昭公に当地の戦況を報告し、政治向きのことをあれこれ指図なさって、七月八日岐阜にもどられた。

(9) 摂津野田・福島へ出兵

八月二十日、信長公は南方（大坂方面）へ兵を出された。その日は近江の横山に陣をとり、次の日ご滞在。二十二日、長光寺にお泊まり。二十三日、下京の本能寺に宿をとり、翌日ご滞在。二十五日、南方へご出動、淀川を渡って枚方《ひらかた》の寺院に、ご宿陣。

二十七日、敵のたてこもっている野田・福島（ともに大阪市内）へ手兵をさし向けられた。先陣は敵陣の間近くの、天満宮の森・川口・渡辺・神崎・上難波《かみなんば》・下難波・海岸寄りにもそれぞれ布陣させ、信長公ご自身は天王寺に陣を据えられたのである。大坂・堺・尼崎・西宮・兵庫あたりからは、異国や本朝の珍貴な品々を持参してごあいさつに参る者たちや、陣中見物の者たちがおおぜい集まり参ったことであった。

この方面の敵の大将格は、細川六郎殿・三好日向守・三好山城守・安《あ》宅《たか》・十《そ》河《がわ》・篠原・岩成・松山・香西《こうざい》越後守・三好為《い》三《さん》・斎藤龍興・永井隼人らであり、このような者たちの兵が約八千人、野田・福島にたてこもっているということである。

右のうち三好為三・香西越後守の両人は、信長公のお味方について、敵の内部から呼応する手はずがほぼ整っていたのであるが、陣中の警戒が厳しく成功しがたいように思われた。八月二十八日の夜、為三と香西の両人は天王寺にある信長公の陣へ参上した。

九月三日、摂津の国中島にある細川典厩（藤賢）の城へ将軍義昭公がお入りになった。同じく八日に、信長公は大坂の西十町のところにある楼岸《ろうのきし》にとりでの構築を命じ、そこへ斎藤新五・稲葉伊予守・中川八郎右衛門の三人を入れて置かれた。さらに大坂の川向かいに川口という在所があるが、ここへもとりでを作って、平手《ひらで》監物《けんもつ》・平手甚左衛門・長谷川与次・水野監物・佐々内蔵助・塚本小大膳・丹羽源六・佐藤六左衛門・梶原平二郎・高宮《たかみや》右京亮をお置きになった。

九月九日、信長公は天満の森へ本陣を移された。次の日、各隊から埋め草を寄せ集め、それでもって敵城近辺の堀や入江を埋めさせられた。

九月十二日、野田・福島の十町ばかり北に海老江《えびえ》という村があるが、義昭公と信長公とはそろってそこにご本陣をお構えになった。野田・福島の要害へは、先陣の者たちは言うまでもなく、夜毎に土手を築き、先を争ってへいぎわに詰め寄り、数多くの物見やぐらを建て、大鉄砲を城中へ撃ちこみ、敵を攻めつけられた。

根来《ねごろ》・雑賀《さいが》・湯川・紀伊の国の奥郡《おくのこおり》の軍勢約二万人も進出して、遠里小野《おりおの》・住吉・天王寺に陣取った。鉄砲三千ちょうの装備があるということであった。毎日参戦して敵を攻撃する。このため敵、味方の鉄砲の音が日夜を分かたず天地に響くほどであった。かくしてさすがの野田・福島の連中も弱って、和ぼくを懇願してきたのであるが、問題にもならず、「兵糧攻めにすべきである」と言われてお許しがなかった。大坂本願寺では野田・福島が陥落すれば本願寺滅亡は必至と思ったらしい。

九月十三日、大坂から夜中ひそかに兵を出し、楼岸・川口二か所のとりでに鉄砲を撃ちかけ、一揆を蜂起させた。けれどもたいしたことはなかった。

翌十四日には、大坂方から天満の森へ軍勢をさし向けた。信長公はただちにこれを迎え討って川を越え、春日井の堤で衝突、まず真っ先に佐々内蔵助（成政《なりまさ》）が立ち向かい、敵と戦って、傷を受け退いた。つづいて土堤の中央を前田又左衛門が突き進み、右手は弓でもって中野又兵衛が、左手は野村越中守・湯浅甚介・毛利河内守（秀頼）・金松又四郎が先を争って突き進みさんざんに敵と戦い、たたき合う。毛利河内守と金松又四郎の両名で下間《しもつま》丹後守の家来、長末《ながすえ》新七郎を突きふせたが、毛利河内守が金松に向かって「首を取りなさい」と言うと、金松は、「それがしはお手伝いしたまでであるから、貴公が首を取られたい」と譲る。あれこれやりとりしているうちに機を失い惜しいことに首一つを取らずに引き下がってしまった。この戦《いくさ》で野村越中守が討ち死にをした。

(10) 浅井・朝倉連合軍と対決

元亀元年(一五七〇)九月十六日、越前の朝倉・浅井備前守勢約三万人が大津坂本口へ討って出た。森三左衛門(可成)は宇佐山を下って馳せ向かい、坂本の町はずれで敵と出合い、わずか千人足らずの手勢であったが、足軽相手の合戦で首をいくつか取り勝利を収めた。

翌九月十九日、浅井・朝倉勢は二方面より態勢をととのえ、再び進出して来た。森三左衛門は坂本の町が破られては無念と思い、持ちこたえてはいたが、大軍が二手に分かれてどっと攻めかかってきた。死力を尽くして戦ったが、敵の勢いは猛烈でかなわず、火花を散らす激しい戦いの末、森三左衛門・織田九郎(信治)・青地駿河守・尾藤源内・尾藤又八が討ち死にを遂げた。

ここに道家清十郎・道家助十郎という世に聞こえた兄弟がいた。生国は尾張、守山の住人である。先年東美濃の高野口《こうのぐち》へ武田信玄が攻め入ってきたことがあった。そのとき、こ

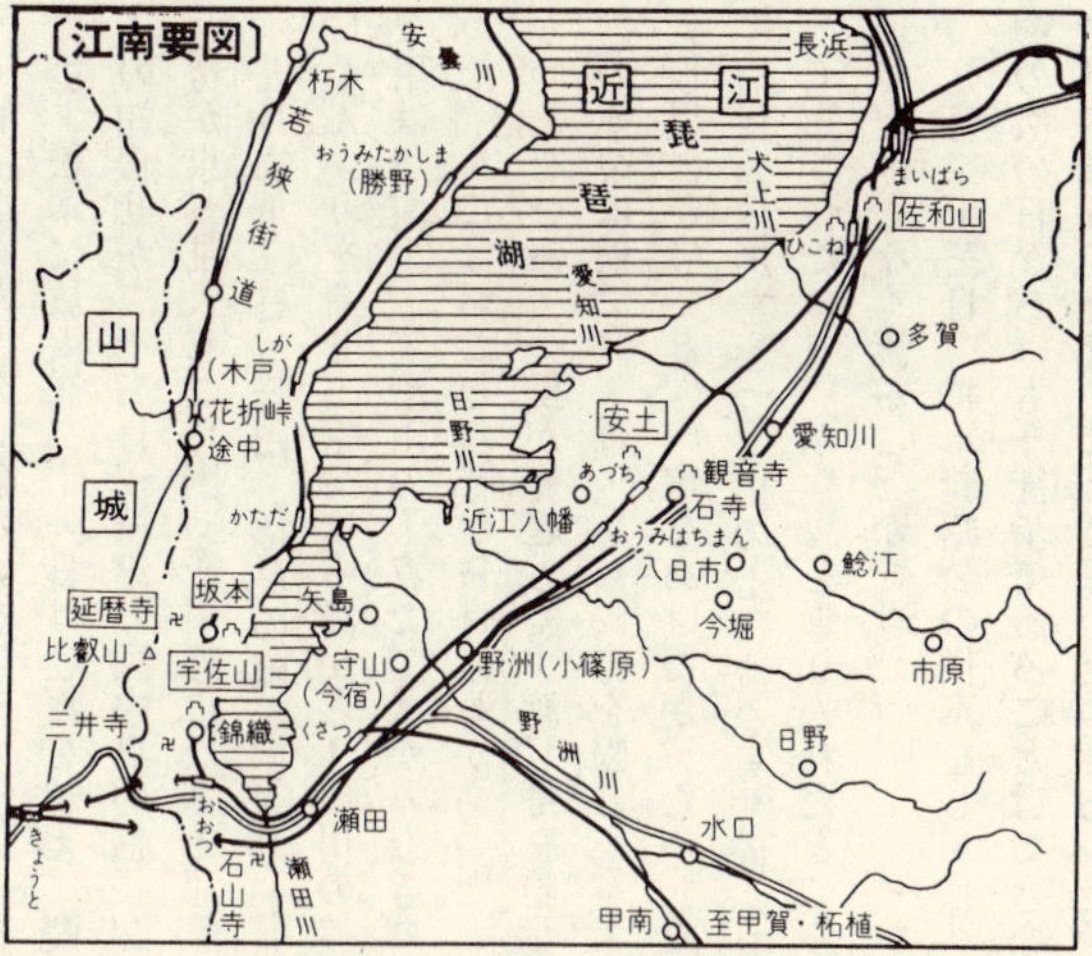

のたび討ち死にをした森三左衛門や肥田玄蕃が先駆けをして、山中・谷合《たにあい》で敵とぶつかり戦ったのであるが、この兄弟は敵の首三つも取って参り、信長公にお目にかけたところ、一方ならぬおほめにあずかった。道家は白い旗を指物《さしもの》にしていたが、信長公はその旗を持って来させ、それに「天下一の勇士である」とお書きになって渡された。天下に聞こえた面目で、これ以上のものはないであろう。この上ない名誉の人であった。このたびの戦《いくさ》にもこの旗を指し、森三左衛門と一所にあって、数多くの手柄を立て、火花を散らして奮戦の末、枕を並べて討ち死にしたのであった。

浅井・朝倉勢は宇佐山の出城まで攻め上って来て火を放ったが、武藤五郎右衛門・肥田彦左衛門の両名が城を守って堅固に持ちこたえていた。九月二十日、敵は大津の馬場・松本に放火、二十一日は逢坂を越え、醍醐・山科を焼き払って、京間近に迫った。この知らせが二十二日、摂津の国中島の信長公のもとへ注進された。信長公は、朝倉・浅井勢が京へ乱入したら困った事態になると思案された。

九月二十三日、野田・福島の陣を引き払われ、和田伊賀守（惟政）・柴田修理亮の二人にしんがりを命じ、京へは中島から江口川の渡しを越える道筋をとられた。この江口という川は、淀川・宇治川の下流で、水がみなぎり川音の高鳴りもすさまじいほどの流れであった。ここはおおむね昔から舟渡しがあったところである。ここへ信長公の軍勢がさしかかったところ、一揆が蜂起して、渡し舟を隠してしまい、通行が自由にできなかった。一揆の連中は稲・麻・竹・あしに身を隠して、大半の者が竹槍を持ち、江口川の向こう岸で大坂堤にかけてときの声をあげたが、たいしたこともなかった。

信長公は馬を駆って川の上下流を見て回られたのち、馬を川に乗り入れ、「川を渡れ」と下知されたので、みな馬を乗り入れたところ、思いのほかに川が浅くて、雑兵たちも徒歩でわけもなく渡ることができた。

九月二十三日、将軍義昭公の供奉《ぐぶ》をして京へ帰られた。信長公が越された江口の渡しは、その次の日からはもう徒歩で渡ることはできなかった。これには江口近辺の上下の者すべてが不思議、奇特のことと思ったのであった。

九月二十四日、信長公は京本能寺を発って逢坂を越え、越前衆（朝倉勢）の攻撃に向かわれた。下坂本に陣取っていた越北衆（朝倉・浅井勢）は、信長公のお旗を見るや、敗軍のていたらくで叡山へ逃げのぼり、はちが峯・青山・局笠山《つぼかさ》に陣をしいた。信長公はこのとき、山門（延暦寺）の僧衆十人ばかりを呼び出し、「このたびの戦に、この信長について忠節を尽くされるなら、余の領国中にある山門領は元通り還付するであろう」と金打《きんちょう》（両刀の刃またはつばなどを打ち合わせて誓うこと）をうたれて堅く約束された。「しかしながら出家の道理で、一方にのみひいきすることができないというなら、いずれにも加担せず見のがしてほしい」と心をうちわって話された上、稲葉伊予守に命じてご朱印をおされた文書まで調えて渡されたのである。そして、「この二か条のいずれにも従えぬとあれば、根本中堂（延暦寺本堂）、山王二十一社（日吉大社およびその摂社・末社の鎮守）をはじめとして一山ことごとくを焼き払うであろう」と、仰せられたのであった。それにもかかわらず、山門の僧衆からは、これに対してとかくの返事が得られなかった。しかも時いたって、浅井・朝倉への加担は言うまでもなく、禁制の魚鳥、さらには女人まで山内に呼び入れるという、ほしいままな悪逆ぶりが明らかとなったのである。

信長公はその日は下坂本に陣取られ、二十五日、叡山のふもとをいっせいに取り巻く。香取氏の屋敷をがん丈にととのえ、ここへ、平手監物・長谷川丹波守・山田三左衛門・不破河内守・丸毛兵庫頭・浅井新八・丹羽源六・水野大膳をお置きになり、穴太《あのう》の村里へも同じく要害を築かせ、簗田左衛門太郎・川尻与兵衛・佐々内蔵助・塚本小大膳・明智十兵衛・苗木久兵衛・村井民部・佐久間右衛門尉・進藤山城守・後藤喜三郎・多賀新左衛門・梶原平次郎・永井雅楽助・種田助丞・佐藤六左衛門・中条将監ら十六名を置かれた。ついで田中には、柴田修理亮、氏家卜全・安藤伊賀守・稲葉伊予守を陣取らせ、唐崎のとりでには佐治八郎・津田太郎左衛門を配置され、信長公ご自身は志賀の宇佐山城に陣を構えられた。

叡山の西のふもと、古城《ふるじろ》の将軍山には津田三郎五郎・三好為三・香西越後守・将軍義昭公の手の者を加え、二千人ほどが在城していた。八瀬・大原口には山本対馬守・蓮養が足がかりを構え、陣取っていたが、この二人は山内の地理に通じていたから、夜毎山上へ忍び入って、谷々の堂舎を焼いて回ったので、山門でも大いに手を焼いたということである。

十月二十日、朝倉方に使者を立て「いつまでもたがいに抗争を続け、時をむだにしているのは無用なことである。この一戦を以て結着をつけよう。日を定めて出て参られよ」と菅屋九右衛門を以て申し入れられたが、相手方からはなかなか返答が得られなかった。結局朝倉方は抵抗をやめ、講和を求めてきたのであったが、信長公はぜひとも一戦を交え、積年のうっぷんを晴らしたいご意向で、お許しがなかった。

南方の三好三人衆（岩成友通《ともみち》・三好長逸《ながやす》・同政康）については、その後野田・福島の城に手を加え普請してこもっており、諸浪人どもも河内・摂津のはしばしまで出没したが、高屋城には畠山殿、若江城には三好左京大夫、交野《かたの》城には安見右近、さらに伊丹・塩河・茨木・高槻の城はいずれも堅固に守備されており、五畿内の衆がすみずみまで陣を守っていたのであるから、京への侵入などとても及ばないことであった。

また江南方面では、佐々木左京大夫承禎父子が甲賀口の菩提寺《ぼだいじ》という三雲氏の居城まで進出して来たのであるが、兵力は少なく、戦いを仕かけるようすもなかった。近江在住の大坂本願寺門徒がこの機に一揆を起こし、尾張・美濃への通路を断つ行動に出たけれども、百姓たちのことであるから、これまた人数が多いだけのことで、たいしたことはなかったのである。

木下藤吉郎・丹羽五郎左衛門は村々を回って一揆を切り捨て、あらかたとり静められた。そこで両人は、「主君の大事はこのとき」と、敵の小谷城の押さえである横山と、同じく敵の佐和山城の押さえである百々《どど》屋敷に、しっかりした兵を残しておいて、信長公のおられる志賀へ向かおうとしたところ、一揆どもが建部《たけべ》郷(八日市市のうち)中に拠点を設け、箕作山《みつくりやま》・観音寺山へ上って両面から力を合わせ、通路をさえぎった。ここで一揆と出会い一戦を交え、先頭の武者数名を切り捨てて、わけなく通り抜け、二人とも志賀にいたって、勢田《せた》の郷中へ駆け入った。

これを信長公は志賀の城からご覧になって、「さては山岡美作守が佐々木承禎を引き入れて謀反を図ったか」と不審に思っていたところ、両名から飛脚をもって、「藤吉郎、五郎左衛門がここまで参陣いたしました」と言上申したので、信長公は一方ならぬお喜びであった。伝え聞いた諸陣でもどっと威勢が上がったことであった。

十一月十六日、丹羽五郎左衛門を奉行に命じ、がっしりした鉄の綱を作らせ、それを用いて往来の容易なように勢田に舟橋を架けさせ、そこに村井新四郎・埴原新右衛門を警固のために配置された。

信長公の御弟の織田彦七殿は尾張の小木江《こきえ》村を拠点として、そこを居城とされていたが、志賀の戦いに全力をあげている織田方を手いっぱいと見た長島では、一揆を蜂起させて戦《いくさ》を仕かけ、日を追って激しく攻撃してきた。そしてあっという間に城内へ攻め込んできたのであった。彦七殿は、「一揆の手にかかって果てるのも無念である」とお思いになり、天主へ上がって、十一月二十一日、切腹なさった。どうしようもない次第であった。

十一月二十二日、信長公は佐々木承禎と和ぼくなさった。これにともなって近江の土豪三雲・三上の両氏も志賀の信長公のもとへ出仕されたので、上下の者はみな満足されたことである。

十一月二十五日、堅田《かただ》の猪飼野《いかいの》甚介・馬場孫次郎・居初《いそめ》又次郎の三人が申し合わせ、「お味方について忠節にはげみ申す」旨を、坂井右近・安藤右衛門尉・桑原平兵衛を通じて申して来たので、信長公のお許しを得て、人質をうけ取った。その夜千人ばかりを堅田の城へ増援軍として入れたところ、越前勢も時刻を移してはたいへんと思って、おおぜいで各所に攻め込んできた。ここかしこで戦いがあって、前波藤右衛門・堀平右衛門・義景右筆の中村木工丞《もくのじょう》、そのほかの主だった者どもを多数討ち取ったけれども、味方もあるいは負傷し、あるいは討ち死にを遂げて、しだいに手薄となり、はや堅田城は落ちてしまった。坂井右近・浦和源八父子の一騎当千のめざましい活躍は、まことに比類のないお手柄であった。

しかるにこの寒さといい、深い雪といい、北国への通路がふさがれるためであろうか、朝倉方では将軍義昭公にいろいろ嘆願申されるので、義昭公も織田・朝倉両氏に和平をさとされた。信長公はそれでもなお同意されなかったのであるが、十一月みそか、義昭公は三井寺までお越しになって、しきりに講和をすすめられるので、上意を無視申し上げることはできなく思われた。

十二月十三日、浅井・朝倉両氏との和談が成った。しかしながら「信長軍が琵琶湖を渡って勢田まで退くこと、浅井・朝倉軍が高島郡に退くまでは織田方より人質を出すこと。そうでなければ撤退することは迷惑である」と言うので、十四日信長公は湖水を渡り勢田の山岡美作守のところまで軍兵を後退させられた。そして十五日早朝から、朝倉勢は叡山を下って撤退していった。

こうまでことがうまく運ぶというのは、当然のこととは言いながら、戦えば勝つという信長公の戦い上手のためでもある。十六日、大雪をついてご帰陣。佐和山のふもとの磯の郷にお泊まりになる。

十二月十七日、岐阜にお帰りになった。めでたい、めでたい。

信長公記　巻三　終

巻四　叡山炎上・江南を平定（元亀二年）

（1）佐和山城の明け渡し

元亀《げんき》二年（一五七一）正月一日、武将たちは美濃の国岐阜の城にそれぞれ初登城し、お祝いを述べ申した。

二月二十四日、磯野丹波守は降参し、近江の佐和山《さわやま》の城を明け渡し、高島に退いた。さっそく信長公は丹羽五郎左衛門（長秀《ながひで》）を城代として送り込まれた。

（2）箕浦の合戦

五月六日、浅井備前守（長政《ながまさ》）が姉川まで軍を進めてきて、横山に向け、軍兵をととのえて陣を構えた。敵方の足軽大将の浅井七郎は、五千ばかりの兵を率い、琵琶湖の東岸にある箕浦《みのうら》の堀・樋口の城近くまで攻め寄せ、あちこちの村々に火を放った。木下藤吉郎はこれに備えて、横山には兵を十分とどめ、自分は百騎ばかりを引き連れ、敵に悟られぬよう裏山を回り、箕浦へ駆け付け、堀・樋口勢と合流する。それにしても総勢わずか五、六百人に過ぎなかった。その軍勢で約五千人もの一揆に足軽で対抗し、下長沢で衝突、一戦を交えたが、ここで樋口氏の身内、多羅尾《たらお》相模守が討ち死にした。主人の死を聞きつけた家来の土川《ひじかわ》平左衛門は、敵の中に切って入り、これまた討ち死にを遂げた。たぐいまれな活躍であった。しかし相手は一揆のこととて、ついに攻め崩し、数十人討ち取った。そして下坂のさいかち浜（長浜市に所在）という所で守り防いで、ここでもしばらくの間戦い、八幡《やわた》下坂まで敵を追い払った。さすがに浅井備前守もいたしかたなく兵を引いたのである。

（3）大田口の合戦

五月十二日、尾張の河内《かわうち》長島へ三方から軍兵を差し向け、信長公も津島まで陣を進められた。中筋口《なかすじ》へ向かった人びとは、佐久間右衛門尉（信盛）・浅井新八・山田三左衛門・長谷川丹波守・和田新介・中島豊後守である。

川西多芸山《たぎやま》のふもとに沿って大田口へ向かった人びとは、柴田修理亮（勝家）・市橋九郎右衛門（長利）・氏家卜全（直元）・伊賀平左衛門・稲葉伊予守（良通）・塚本小大膳・不破河内守（光治）・丸毛《まるも》兵庫頭（長照）・飯沼勘平である。

五月十六日、村々に放火して軍を引いたところ、長島の一揆の者は山中へ移動した。右が大河、左手は山のがけ道という狭くて、一騎討ちより方法のない難所に、弓・鉄砲を配して守りについた。柴田修理亮は、しばらく形勢をうかがいしんがりを務めているとき、一揆勢にどっと襲われ、さんざんに戦った末、軽傷を受けて後退した。二番手の氏家卜全が代わって一戦を交えたが、このとき、卜全をはじめ、その家臣数名の者が討ち死にを遂げた。

八月十八日、信長公は江北にご出馬、横山に着陣された。

八月二十日の夜、大風がたいそう吹き荒れ、横山の城のへいや矢倉が吹き飛ばされた。

八月二十六日、小谷と山本山の間は、五十町と隔たってはいないと思われるが、信長公はその間にある中島という村に一晩陣を設けられ、足軽に命じて余呉《よご》・木本《きのもと》までことごとくの村々に放火させられた。

二十七日には横山に兵をもどされ、八月二十八日、信長公ご自身が佐和山へお出かけになり、丹羽五郎左衛門のもとにお泊まりになった。先陣はさらに一揆のたてこもっている小川村や志村の里を攻めたて、付近一帯を焼き払った。

(4) 志村攻め

九月一日、信長公みずから志村の城攻めをご覧になった。寄せ手の大将には佐久間右衛門尉・中川八郎右衛門・柴田修理亮・丹羽五郎左衛門の四人を命じられた。四方から攻め寄せ突破し、城内へ進入、首六百七十をあげる。これを知った隣郷小川の城主、小川孫一郎が人質を差し出し降参してきたので、信長公はこれをお許しになった。

九月三日、近江常楽寺《じょうらくじ》に出てご滞在、一揆のたてこもる金《かな》が森《もり》(守山市に所在)を攻め、周辺の稲穂をすべて刈り取り、その上鹿垣《ししがき》を結んで四方をとり囲み、外部へ通ずる出口をすべて押さえてしまわれたので、城主はわびを申し入れ、人質をさし出した。信長公はこれもまたお許しになって、ただちに南方へ軍を回すようお命じになった。

九月十一日、信長公は山岡玉林(景猶《かげなお》)のもとに陣を移された。

(5) 叡山炎上

九月十二日、信長公は叡山攻めにかかられた。その理由というのは、去年、野田・福島を包囲し、もはや落城というまぎわになって、越前の朝倉(義景)・浅井備前守(長政)

が坂本へ打って出て来た。このとき、信長公は「京都へ乱入されては困った事態になる」と思われ、野田・福島から軍を引き払い、ただちに逢坂を越え、越前衆に立ち向かわれた。敵を局笠山《つぼかさやま》に追い上げ、兵糧攻めにしようとのご意向から、山門の衆徒を召し出し、いま信長公に忠勤を励むならば、「余の領国内にある山門領をもとのようにお返ししよう」と金打《きんちょう》までされ、その上に、ご朱印をおされた文書をもお渡しになったのである。しかも、「出家の身で一方の陣へのみ肩入れできないならば、中立を保って見ぬことにしてほしい」と、筋を通して説かれた。そして、「もし右の二か条を尊重しないときは、根本中堂・山王二十一社をはじめ、堂塔ことごとくを焼き払う」旨を言い置かれたのである（巻三（10）参照）。

今やそのときがやって来たのであろうか。山門・山下の僧たちは、このお山が王城の鎮守《ちんじゅ》でありながら、日常の行儀も、仏道修行の作法をも省みず、天下の笑いものになっているのも、恥と思わず、天道の憤りも恐れず、戒を破り婬乱を好み、なまぐさい魚や鳥を食べ、金銀の欲にふけって、浅井・朝倉に加担して、勝手な振る舞いに及んだのである。けれども信長公は時勢に従うのがよいと思われ、ご遠慮なさって、事を荒だてないよう、残念ではあったが、いったん兵を退けられたのであった。そのときのお憤りをいまはらされるときが来たのである。

九月十二日、信長公は叡山に押し寄せ、根本中堂・山王二十一社をはじめ、霊仏・霊社・僧坊・経巻など一堂一宇《いちう》余さず焼き払われた。雲霞《うんか》のごとく煙を舞い上げ、またたく間に灰となってしまったのは、まことに痛ましいことであった。山下の老若男女はあわてふためき、右往左往して逃げまどい、取るものも取りあえず、みなはだしで八王寺山（日吉大社の北方、奥宮がある）に逃げのぼり、あるいは社内に逃げこむ。それを追うようにして、兵が四方からときの声をあげながら攻めたてる。僧俗・児童・学僧・上人すべて捕らえてきては首をはね、信長公にお目にかける。これは叡山でも知られた高僧・貴僧・学僧などといちいち報告するのであった。

このほかにも美女・小童らを数えきれぬほど捕らえて、信長公の御前へ連れて参る。「悪僧は首をはねられてもいたし方ありません。わたくしどもはお許しください」と口々に哀願するのも、なかなかお許しにならず、ひとりひとり首をうち落とされた。目もあてられないありさまであった。数千の死体があたりかまわずころがり、まことに哀れななりゆきであった。こうして信長公は年来のうっぷんを晴らされたのであった。このとき志賀郡を明智十兵衛（光秀）に与えられ、十兵衛は坂本に城を構えたのである。

九月二十日、信長公は美濃の岐阜にもどられた。

九月二十一日、河尻与兵衛・丹羽五郎左衛門の二人に命じられて、高宮右京亮および一族の主だった者を佐和山に呼びつけ殺害させられた。抵抗して切りかかって来るものもいたが、難なく成敗してしまった。それというのも、元亀元年（一五七〇）信長公が野田・

福島へ陣を進められたときに、大坂方（石山本願寺）としめし合わせて、一揆を起こす策略をめぐらし、戦いのさなかに、信長公のとりでの天満の森にある河口の足場から、大坂方に逃げたことによるのである。

（6）御所の修築

いったいに、御所の建物がいたみ、権威を保てないほどになったので、修理の際の神仏の加護を願われて、信長公は先年、日乗上人・村井民部丞を奉行に任じ、修築を命じられたのであるが、三か年かかってこのほど完成した。紫宸殿《ししんでん》・清涼殿・内侍所《ないしどころ》・昭陽舎《しょうようしゃ》、そのほか数多くのお局《つぼね》の造築を余すところなく終えられた。その上朝廷のご収入が末代まで滞ることがないよう配慮しておかねばと、思案をめぐらして、洛中の町人に米を貸し付け、その利米を朝廷のご費用に当てるよう指図されたのである。さらに重ねて、零落した公家に対してその領地を取りもどし、家を相続させられたのである。天下万民にとってこれ以上の満足はないであろうとこの話でもちきりであった。歴史はじまって以来の公のご名誉、そしてご一門のご威勢には、とても並ぶ者がいないであろう。

信長公はまた領国中の関所の諸税を廃止された。信長公は天下の平和を望まれ、行き来する旅人へのいたわりの御心や、おもいやりも深くおありになったからである。こうして信長公は神のご加護も、ご果報も人一倍恵まれて、織田家が、とこしえに栄える基礎は、いやが上にも確固と定まったようである。しかしながら、これも「道を学び、身を立て、名を後世に残そう」と信長公ご自身が望まれたからである。めでたい、めでたい。

信長公記　巻四　終

巻五　浅井・朝倉・武田軍との抗争（元亀三年）

（1）晴れやかなご普請

元亀《げんき》三年（一五七二）二月五日、信長公は北近江方面へご出馬、赤坂に陣を張られ、次の日横山に着かれた。

三月七日、敵の小谷《おたに》城（浅井長政居城）と山本山の間は五十町（約五キロ）もなかったが、その間へ割って入り、野営して、余呉《よご》・木本《きのもと》までことごとくの村々に火を放った。江北の侍たちはかねがね、「信長が余呉・木本へ軍を進めるときには、難所を越えて来るのだから、迎え討って、ぜひとも一戦すべきである」と、言っていたそうであるが、日ごろの広言もどこへやら、足軽隊による攻撃さえもない。信長公はやすやすと九日に横山へ軍勢をおもどしになられたのである。

三月十日、常楽寺へお泊まり。

三月十一日、志賀郡へご出陣。和邇《わに》に陣を設けて、敵を木戸・田中の両城へ追いこみ、とりでをつくって、明智十兵衛（光秀）・中川八郎右衛門（重政）・丹羽五郎左衛門（長秀）の三人にまかせられた。

三月十二日、信長公はそこから、ただちにご上洛になり、二条の妙覚寺を宿とされた。「たびたび京都へ参られるのであるから、信長公の定まった宿がなくてはいかがなものであろうか」、「上京の武者小路に空地があるのを、信長公の宅地に当てられるのがよいのではないか」と、天皇に奉上申したところ、「もっともなことである」との仰せがあった。すぐさま、将軍家から邸宅のご普請を許されるとのご指示が信長公にあった。信長公は何度となくご遠慮申し上げたが、しきりに天皇から言ってこられるので、仰せに従って、お伴衆のうち尾張・美濃・近江のものには、ご普請の手伝いを免除されず、他は畿内の者で在京している人びとを使われた。

三月二十四日、ご着工式があって、まず築地《ついじ》（へい）を作ることから始められた。それぞれの受持ち区域の前に、舞台をしつらえ、飾りたてて、稚児《ちご》や若衆がいろいろな美しいでたちで、笛・太鼓・つづみを持って、拍子に合わせてはやしたてたので、だれもかれもが、輿に乗って大騒ぎをした。そうでなくても、都には人が群がるというのに、ご普請の間じゅう、身分の高下にかかわらず、多くの人びとが、花を手に袖を触れあうほど集まって来て、衣香のよい香りが、あたり一面に漂い、考えられる限りの催しごとがあった。まことに世が安定し、結構な時代となったものである。

ご普請奉行に村井民部丞・島田所助、大工の棟梁に池上五郎右衛門が命じられた。三好方の細川六郎殿（昭元）・岩成主税頭（友通）は、このたびはじめて信長公へお礼に上がり、京都に滞在いたした。今回、大坂門跡（本願寺）から、万里江山の掛けもの一軸ならびに白天目《しろてんもく》の焼きものが信長公へ献上された。

（2）三好義継・松永久秀の謀反

そうこうしているうちに、三好左京大夫殿（義継《よしつぐ》）は邪心を抱き、松永弾正（久秀）・息右衛門佐（久通《ひさみち》）としめし合わせて、高屋の畠山殿（昭高）に対し、戦いをしかけた。松永弾正は畠山殿の大将である安見新七郎の居城交野《かたの》へ兵を差し向け、とりでを構えるよういいつけた。とりでには、大将として山口六郎四郎・奥田三河守の二人、そのほか伊勢衆が三百人ばかりたてこもった。

信長公から、三好方を討ち果たすようにとのご命令で、高屋の城へ派遣されたのは、次の人びとであった。佐久間右衛門尉（信盛）・柴田修理亮（勝家）・森三左衛門・坂井右近・蜂屋兵庫頭（頼隆）・斎藤新五・稲葉伊予守（良通）・氏家左京亮（直通）・伊賀伊賀守（定治）・不破河内守（光治）・丸毛《まるも》兵庫頭（長照）・多賀新左衛門（常則）。

このほか、五畿内の将軍方の軍兵を加えて、後方からの攻撃にあてられ、高屋のとりでを取り巻いて、鹿垣《ししがき》をぐるりに張りめぐらしたが、風雨に紛れて、敵は脱出してしまった。その後三好左京大夫は若江にたてこもり、松永弾正は大和の信貴山に、息右衛門佐は奈良の多門の城にこもった。

五月十九日、天下ご政道のことを仰せつかって、信長公は美濃の岐阜にもどられた。

（3） 虎御前山の対決

七月十九日、信長公の嫡男奇妙《きみょう》公（信忠）の武具着用始めのご出陣に、信長公も同意され、その日は赤坂に陣を取られ、次の日、横山に陣を進められた。

二十一日浅井の居城小谷へ迫り、ひばり山・虎御前山《とらごぜやま》へ兵を上げられた。佐久間右衛門尉・柴田修理亮・木下藤吉郎・丹羽五郎左衛門・蜂屋兵庫頭に命じて、町を打ち壊し、少しの抵抗もさせず突き進んで、水の手（城の給水源）まで敵を追いつめ、数十人を討ちとった。柴田修理亮・稲葉伊予守・氏家左京亮・伊賀伊賀守を先陣として陣を構えさせ、次の日、阿閉《あつじ》淡路守（貞征《さだゆき》）がたてこもっている山本山の城へ木下藤吉郎を遣わし、山すそへ火をつけさせた。そのとき、城中にいた足軽たちが百人ほど出て来て防戦した。藤吉郎は時を見はからい、どっと切りかかり、切り崩して、首五十余りを討ちとった。信長公のおほめようはひととおりでなかった。

七月二十三日、信長公は軍勢をくりだし、越前境の余呉・木本地蔵坊をはじめ、付近の堂塔伽藍・名所旧跡を一宇も残さず焼き払わせられた。

七月二十四日、草野の谷（滋賀県長浜市）ここへもまた火を放った。さらに大吉寺《だいきちじ》といって、高い山の上に堅固につくられた要害に、五十坊もある寺があり、近郷の百姓たちがここに立てこもっていた。それを、前面はけわしく上りにくいからとふもとを襲わせ、夜中から木下藤吉郎・丹羽五郎左衛門がうしろの山に上り、山続きに攻めて、一揆の僧俗を多数切り捨てられた。一方、湖岸では、打下し《うちおろし》（高島市に所在）の林与次左衛門・明智十兵衛、堅田の猪飼野《いかいの》甚介・山岡玉林・馬場孫次郎・居初《いぞめ》又二郎に命じて、囲舟《かこいぶね》（防御装備を施した舟）を準備させ、海津《かいづ》浦、塩津浦・余呉の入海に沿う江北の敵地を焼き払い、さらに進んで竹生島《ちくぶしま》へ舟を寄せて、火矢・大砲・鉄砲で攻められたのである。江北方面ではあまり聞かれなかった一揆を企て、このあたりをうろつき回っていた者どもも、そのうち、風に木の葉が散るように、いつの間にか消え失せて、今は一人もいなくなってしまった。勇猛な軍勢が押し寄せ、田畑をすべて刈り取ってしまうので、浅井の軍兵もだんだん手薄になっていった。

七月二十七日から、虎御前山のとりでを厳重に築くよう、信長公は命ぜられた。そこで浅井方から、越前の朝倉（義景）方へ使者を送って、「尾張の河内長島に一揆が起こって、尾張と美濃を結ぶ通路を妨げ、信長はそれに煩わされているので、この機会に朝倉殿が出

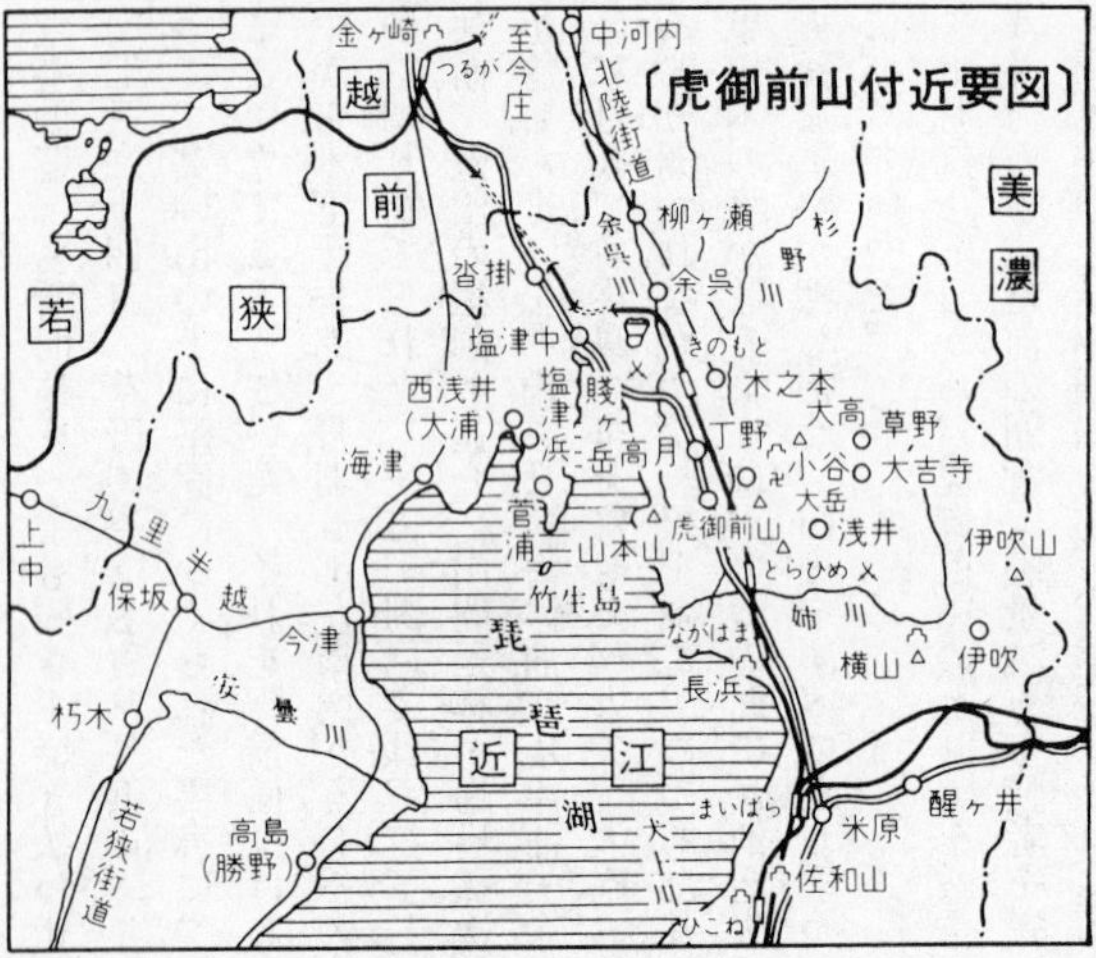

馬されるならば、美濃の兵をすべて壊滅できるでしょう」といつわりの注進をした。この知らせを真に受け、朝倉左京大夫義景は一万五千人ほどの兵を起こした。

七月二十九日、浅井氏の居城小谷へ到着した。しかし、この方面の戦況を見るに及んで、城の維持は困難であると考え、高峰の大嶽《おおづく》へ登って陣をしいた。信長公はそこをねらい、足軽たちに攻めるように命じられる。若武者たちは野に伏し、山に忍び入って、ひそかに、のぼりや旗《はた》指物《さしもの》・槍などを奪い取り、敵の首の二つや三つを取って来ない日はなかった。手柄の軽重にしたがってごほうびを出されたから、ますます励みとなり、精を出すことはひととおりではなかった。

八月八日に朝倉氏の一族である越前の

前波九郎兵衛父子三人が、信長公の陣へ参上した。信長公のお喜びはなみたいていではなかった。すぐさま帷《かたびら》・小袖・馬、それに馬具を取りそろえて、お与えになった。翌日にはまた、富田弥六（長秀）・戸田与次・毛屋《けや》猪介が味方に加わり申した。これまた、いろいろ恩賞があり、まことにかたじけないことであった。

虎御前山の築城がほどなく終わった。巧みに仕上げられたとりでの結構なことは、今まで見聞きした多くのとりでに見られぬもので、みな目を見張ったのである。信長公がお座敷から北をご覧になると、浅井・朝倉勢は高峰大嶽へ登ってとりでにこもり、いかにも攻略しがたいようす。西は琵琶湖の水が満々とたたえられ、はるか向こうにかすむのは比叡山の八王寺のあたり。昔は尊い霊地であったが、さる年、山門の衆徒らが謀反を企て、自業自得というか、山上・山下すべてを灰にしてしまおうと、信長公がうっぷんを晴らされ、思うぞんぶんにご処置なさったところである（巻四（5）参照）。また南には志賀・唐崎・石山寺、その石山寺のご本尊というのは、かの唐土にまで知られた霊験特にあらたかな観世音菩薩である。その昔、紫式部も願《がん》かけをし、昔も今も喜ばれている、『源氏物語』を著したところである。東は高峰伊吹山《いぶきやま》、そのすそに荒れはてて残る不破の関、どこを向いても目に及ぶ限りの景色、がんじょうにつくられたご普請のありさまなど、いずれも口に出しては表現しようもないほどのすばらしい眺めであった。

虎御前山から横山までは三里である。遠くへだたっているので、その間をつなぐ押さえとして、信長公は八相山・宮部郷の二か所に要害を築くよう命じられた。宮部村の要害には宮部善祥坊を置き、八相山には城番の人びとを当てられた。虎御前山から宮部までの道筋は、ことのほかに悪路であったので、道の幅を三間半（約六メートル）の広さに、高く盛りあげ、道の縁に敵のほうに向けて、高さ一丈（約三メートル）、長さ五十町（約五キロ）にわたってへいを築き、外側に水をせき入れて、らくらくと武者の出入りができるように指図された。このように数多くの要害を堅固に築かれていることは申すまでもないことである。

朝倉方がこの方面に進出して来ても、いっこうに困らなかったから、信長公は横山へ至って馬をおさめるお考えであった。その一両日前に、朝倉方へ使者を立て、「せっかくここまで出陣して来られたのだから、日を決めて決戦に及ぼう」と堀久太郎（秀政）に申し入れさせたが、なかなか返答がないので、虎御前山に羽柴藤吉郎を定番として留め置いた。九月十六日、信長公・嫡男の奇妙《きみよう》公（信忠）の御父子は横山に馬を進められた。

十一月三日、浅井・朝倉方は兵を出して、当方が虎御前山から宮部にわたって営々と築き上げたへいをとりこわそうと、浅井七郎を足軽大将として先手に立てて、攻撃をしかけて来た。ただちに羽柴藤吉郎も軍勢を繰り出して攻め合いとなり、梶原勝兵衛・毛屋猪介・富田弥六・中野又兵衛・滝川彦右衛門らが先頭に立って、しばらく防戦、ついに敵を追い崩して、それぞれすばらしい手柄を立てた。そうしたひとり、滝川彦右衛門は日ごろ信長公のお側近くに召し使われていた者である。以前、小谷の戦闘で、大指物《おおさしもの》を背中に差して出陣したのに、たいした働きもしなかったので、「けしからん」とご勘当を言い渡され、これまでは虎御前山に居残っていたのであるが、今度の戦いでは目ざましい活躍をした。それぞれのお口添えによって御前に召され、おおいに面目をほどこしたのである。

（4）三方が原合戦

これは遠江方面での出来事である。

十一月下旬、武田信玄が遠江二俣の城を取り巻いたとの知らせが入った。ただちに信長公のご家老衆の佐久間右衛門尉・平手甚左衛門（汎秀）・水野下野守（信元）らが大将になり出陣、遠州浜松に到着したところ、武田勢はすでに二俣の城を攻め落とし、勢いに乗り、堀江の城へ回って攻撃中であった。家康公も浜松の城から軍勢を繰り出され、三方《みかた》が原でまず足軽による攻め合いとなった。佐久間・平手をはじめ、その他の者もかけつけて、敵味方たがいに軍勢をかり集めて一戦に及んだ。武田方は「水股《みずまた》の者（足軽であろう）」とよぶ兵、三百人ばかりをまっさきに立て、小石を投げさせ、攻め太鼓を鳴らし攻撃をかけてきた。最初の合戦で平手甚左衛門および、その家臣の者たち、家康公のお身内衆の成瀬藤蔵が討ち死にした。

十二月二十二日、三方が原で数名の者が討ち死にした。さて、幼いときから信長公が召し使われていたお小姓衆の長谷川橋介・佐脇藤八・山口飛騨守・加藤弥三郎の四人は、信長公の勘当を受け、家康公を頼って遠州に身を隠していた。この者たちも最初の合戦で、ともに先頭に立って戦い、みごとな活躍をし、討ち死にした。

このおり、世にも珍しく感心なことがあった。それは、尾張清洲の町人で、武具商の玉越三十郎という、年ごろ二十四、五の者についての話である。彼が四人衆（長谷川橋介ら）の見舞いに遠江浜松へ行ったとき、ちょうど武田信玄が堀江の城を攻撃中であった。「きっとこのあたりへ攻めかけて来るであろう。そうなったら、われらも一戦《ひといくさ》しなければならないので、早くお帰りなさい」と四人衆が強いて忠告をすると、三十郎は、「ここまでやって来て、このようなだいじなところをほうって、おめおめもどったとあっては、今後わたしに口をきく人はありますまい。四人のかたがたが討ち死にと決めておられるなら、ご一緒いたしましょう」と、きっぱり言って清洲へはもどらなかった。四人の者と一緒に敵に切ってかかり、枕を並べて討ち死にしたのである。

家康公は武田軍に中央を切り破られ、乱戦の中に巻きこまれたが、左手へ逃れ出て、三方が原の山ぞいの道を、ただ一騎で退かれたが、敵は先回りして退路をさえぎった。家康公は馬上から敵兵を弓で射倒し、駆けぬけて通られた。ここに限らず、家康公の弓のお手柄は今にはじまったことではない。その後、家康公は浜松の城にこもり、堅固に守りを固められた。武田信玄はこの戦いで勝ち、その軍勢を遠江領内に進めたのである。

信長公記　巻五　終

巻六　命運尽きた将軍義昭（天正元年）

（1）松永久通、多門の城を明け渡す

去年（一五七二）の冬、松永右衛門佐（弾正の子久通《ひさみち》）が罪を許され、多門《たもん》の城を引き渡し申したので、信長公は山岡対馬守（景佐《かげすけ》）を城番として多門城に置かれた。

元亀《げんき》四年（一五七三）正月八日、松永弾正（久秀）は岐阜へ下り、天下無双の名刀、不動国行《ふどうくにゆき》を信長公に献上して、御礼を申し上げられた。以前にも、世に知られた薬研《やげん》藤四郎（粟田口吉光）の刀を献上申したことであった。

（2）将軍義昭の謀反

さて、将軍義昭公がひそかにご謀反の計画をたてられていることが明白になった。というのは、信長公が、「将軍として本分にはずれた行動を取られるのは恐れ多いことである」

と、去年十七条におよぶ意見書を将軍に差し上げたところ、将軍がお気を悪くされたからである。その十七条というのは次のごときものである。

一、光源院《こうげんいん》殿（前将軍足利義輝《よしてる》）はご参内を怠っていられましたが、はたして神のお加護がなく、あのような最期を遂げられました。このことはもう過ぎ去ったことですが、現将軍の代になられてからは、年々怠りないようにと、ご入洛のときから申し上げておりましたが、早くもお忘れになって、近年ご参内をなまけていられるのは恐れ多いことと思います。

一、諸国へご内書（将軍から発する文書）を出されて、馬やその他のものをご所望なさるごようすですが、人が聞いたらどのように思われましょう。よくお考えになられてほしいものです。ただし、「どうしてもご内書を出さねばならないわけがありましたら、この信長におっしゃっていただき、そのときは添え書きをおつけいたします」と、かねてから申し上げており、将軍も納得しておられる由うかがっておりました。しかし今はそうでなく、遠国へご内書を出され、ご用をお言いつけになっていて、以前のお約束とは違っております。「ど

足利義昭画像

の地にでも、良い馬がいると耳にされたら、信長がお世話して、献上いたしましょう」と、前々から申し上げておりました。そうなさらずに、ひそかに直接ご内書を出されるなど、よろしくないと思います。

一、幕府出仕《しゅつし》の方々についても、よくご奉公をし、忠節をおろそかにしない方々には、それに見合ったご恩賞を給与すべきであるのに、そのようなこともなく、新参者のそれほどでもない者に、ご扶持を余分にお与えになる。そのようなことでは、忠義と不忠の見分けもつかぬようになってしまいます。世間の評判もよろしくありません。

一、この信長と将軍家が不仲であるとの、今度のうわさが流れ、将軍家のご宝物類をよそに移されたということは、世間ではみな知っていることです。それについても、京都の人心がことのほか騒然としているのには驚きました。将軍家お屋敷のご普請その他、この信長が苦労して仕上げ、せっかくお住まいいただいたものを、ご宝物類をよそへお運びになって、再びどこかへお住まいをお移しになるのでしょうか。まことに残念な次第です。そうなっては、信長の今までの辛労もむだになってしまいます。

一、賀茂社領の費用のことを岩成（友通《ともみち》）に命じられ、また百姓には年貢を上納するように厳しくご督促の由、表向きはお命じになり、内々ではご無用のように言いふらされています。だいたい寺社領費の不足は、どうかと思われることですが、岩成が負担が困難で、困っているのですから、まず百姓に寺社領の分をも差し出させ、他からの訴えを聞くことなく、また将軍家のご用にもお取り立てになられればよいと思います。それなのにこのような内密の取りきめなどをなさるのは、よろしくないと思います。

一、信長に忠勤をはげんでいる者に対しては、女房衆以下の者にまでもつらくあたられているということです。迷惑に思います。私をおろそかにしない者とお聞きになったら、ひとしおお目をかけられるということであってこそ、ありがたく思われますのに、あべこべにお考えになっていらっしゃる。どのようなわけがあるのでしょうか。

一、無事にご奉公し何らあやまちのない者であっても、ご扶助が加えられないので、辛抱できかねる在京の者たちが、この信長を頼り訴えて来ます。きっと私が将軍家に申し上げたら、何とかおなさけもあろうと期待してのことでありましょうから、ふびんにも思い、また一方では将軍家のおためになることと思って、ご扶持をなさるよう申し上げたのですが、だれ一人のご扶持をもお認めになりません。あまりにひどいなさりようで、わたくしの面目もたたないように思われます。観世与左衛門・古田可兵衛・上野紀伊守（豪為《ひでため》）といった人たちのことです。

一、若狭の国安賀庄《あがのしょう》のご代官のことについて、粟屋孫八郎が訴えて来ましたので、やむをえぬことと思い、いろいろととりなし申し上げても、ご決断なく今日にいたっていることです。

一、小泉が女房に預けておいた雑用品ならびに質ぐさとして預けておいた腰刀・脇差などまで、そのまま取りあげられてお返しがないとのことです。小泉が何か謀反でも起こし、違法なことでもたくらんだわけでもあるのでしたら、根を断ち葉を枯らすような徹底したご処置は当然のことです。しかし、これは思いがけないけんかで死んだのですから、一般の法規どおりに処罰されるのはもっともなことですが、これほどまで仰せつけられるのは、欲得の心によるものと、世間では思うでしょう。

一、元亀の年号が不吉であるので、改元したほうがよいとの世間のうわさでありましたから、申し上げたのです。宮中からもご催促があった由ですが、少しの費用をも出し惜しみなさって、いまだにのびのびとなっています。これは天下のためですから、怠ってはよろしくないと思います。

一、烏丸《からすまる》光康が義昭公から勘当を受けられた由うかがいました。光康の息子の光宣の件については、義昭公のお怒りも仕方のないものと思っておりましたが、だれでしょうか、ひそかにお使いを寄こし申して、将軍はお金を受けとられ、またご出仕をお許しになった由。嘆かわしく思います。その人により、またその罪によって、償いとして罰金を命じられるということはあるでしょう。しかし烏丸殿はたしかな素姓の御方です。現今朝廷ではこの人のような方をよろしいとされているのですから、わいろで罪をお見逃しになるなどということは、外聞がよろしくございません。

一、他国から御礼があり、金銀が献上されたことは、はっきり分かっているのに、隠しておかれ、金銀を少しも役立てられないのは、何のためでございましょうか。

一、明智光秀が地子銭《じしせん》（宅地税）を集めて、買物の代金に預けて置いたところ、そこは山門（延暦寺）領であると言いたてて、預けて置いたものを差し押さえられたのはなぜか、うかがいたく思います。

一、去年の夏（元亀三年＝一五七二）お城米（幕府内に貯蔵の米）を持ち出し、金銀に換えられた由うかがいました。将軍家がご商売をなさるなど、今までに聞いたことがございません。今のように物騒な時節でありますから、お倉に兵糧の貯えがあってこそ、人聞きもよいかと存じます。このようなありさまは驚き入ったことです。

一、宿置《とのい》にお召しになる若衆に、ご扶持をあげたいと思われたら、その場その場で何か手近なものがあるでしょうに、代官職を命じられたり、あるいは道理に合わぬ租税の取り立てを申して来るのに肩入れなさっているのは、世間の人たちの批判をあび、口では言い表せないくらいです。

一、幕府ご奉公の衆は、武具・兵糧などのたしなみがなく、金銀をもっぱら蓄えている由とうかがっています。これは将来浪人になられるための準備であると思われます。これも、将軍が金銀を取って置かれ、いざ事変との風説があったときに、お屋敷を出られる態勢なので、下々の者までも、「さては上様は京都をお捨てになるおつもりか」と、見申してのことでございましょう。人の上に立つ者が、ひとりつつしむことは、めずらしいことではありません。

一、なにごとにつけても、欲深な御心を持たれ、道理にも外聞にも耳をお貸しにならないとの評判がございます。それゆえ、いやしい土民百姓にいたるまで、上様を「悪御所」と呼んでいる由です。普光院殿《ふこういん》（足利義教《よしのり》）をそのように申したと伝え聞いておりますが、そう言われるのはまたよほどのことです。人がなぜこのように陰口を言うのでしょうか。ここのところをよくよくお考えになるべきでございましょう。以上。

右の主旨を信長公がご意見なされたところ、その尊いお言葉が、義昭公のお気にさわったのである。

そうしている間に、遠江方面では武田信玄に兵をさし向け、江北方面で浅井下野守（久政）・備前守（長政）父子、越前の朝倉（義景《よしかげ》）の大軍と争って、虎御前山《とらごぜやま》のとりでの守備に忙しく、各方面への出兵で、信長公の兵力に余裕がないと、下々の者が言うので義昭公も気が強くなられたのであろうか。しかし信長公としては、「将軍家に対する長年の忠節をそこなうことは、世間のあざけりを受けることになって残念である」とお考えになり、日乗上人・島田所之助・村井長門守の三人を使者として、将軍が望まれるとおりの人質ならびに誓紙を差し出し、今後とも疎略な扱いをいたさぬ主旨であると、いろいろとくどかれたが、和議は成立しなかった。

結局、義昭公は光浄院《こうじょういん》・磯貝新右衛門・渡辺といった人たちに、ひそかに口をはさまれ、かれらの才覚で、今堅田《いまかただ》へ軍勢を入れ、石山にとりでの足がかりを構築した。信長公はただちにその守備の兵を「追い払うように」と、柴田修理亮・明智十兵衛尉・丹羽五郎左衛門尉・蜂屋兵庫頭の四人にお命じになった。

（3）石山・今堅田を攻める

二月二十日に、信長公は出発し、二十四日に勢田《せた》で琵琶湖を渡り、石山に攻撃をかけられた。石山では山岡光浄院（景友か）が大将で、それに伊賀・甲賀衆が加わって守備していた。しかしながら、まだ普請が半ばしか出来上がっていなかった。

二月二十六日には、降参して石山城を退散した。ただちにとりでをとり壊させる。

二月二十九日の午前八時ごろには、今堅田に向けて攻撃をかける。明智十兵衛は囲舟《かこいぶね》をこしらえ、湖上から西に向かって攻めた。丹羽五郎左衛門・蜂屋兵庫頭の二人は、東南の角から西北に向かって攻めた。正午ごろになって、ついに明智十兵衛は突破口をひろげて突入する。敵を数人切って捨てた。

これで志賀郡の過半は平穏になり、明智十兵衛は坂本城に入った。柴田修理亮・蜂屋兵庫頭・丹羽五郎左衛門の三人は帰陣された。

義昭公は信長公に対し敵対の意志をはっきりお示しになられた。その当時、京童の落書

きには、

かぞいろとやしなひ立てし甲斐もなくいたくも花を雨のうつ音

（信長が両親のようになって養育したかいもなく、いま将軍の花の御所にははげしく雨のうつ音がすることよ）

と書きつけ、都の中に立ててあった。

三月二十五日、信長公がご入洛《じゅらく》のため馬で出発されたところ、将軍方の細川兵部大輔（藤孝）・荒木信濃守（村重）の二人が、お味方して忠節を尽くそうと、二十九日に逢坂までお迎えに参った。信長公のご機嫌まことによろしく、東山の智恩院に陣をすえられた。諸隊は、白川・粟田口《あわたぐち》・祇園・清水《きよみず》・六波羅・鳥羽・竹田のあちらこちらに陣をすえられた。このとき、郷《ごう》義弘が鍛えた刀を荒木信濃守に、名物の脇差を細川兵部大輔に与えられた。

四月三日、まず堂塔寺庵を除いて都の郊外に火をつけられた。いまに至ってもなお、義昭公の御心次第で和平をと、調停を試みられたが、お受けにならないので、それならばご容赦なさらなかった。

（4）将軍義昭、和談を申し出る

翌四月四日、また、二条城を包囲して上京に放火された。こうなっては支えることは難しいと義昭公はお思いになり、和談の意志があることを示された。信長公は御心にかなわなかったものの、四月六日、信長公のお代理として、津田三郎五郎（織田信広）が和談成立のごあいさつを義昭公に申し上げた。それについて変わったこともなかった。

四月七日、信長公はお帰りになる。その日は守山にお泊まりになった。

（5）百済寺に火を放つ

そこからまっすぐ百済寺《はくさいじ》へお出でになって、二、三日ご滞在になった。このとき鯰江《なまずえ》の城には佐々木右衛門督（義治）がたてこもっていた。攻撃軍の大将に、佐久間右衛門尉・蒲生右兵衛大輔（賢秀《かたひで》）・丹羽五郎左衛門尉・柴田修理亮が命じられた。四方から追いつめ、付城《つけじろ》を築いて包囲した。信長公は近年鯰江の城には、百済寺の支援があり、一揆どもも協力しているとのことをお聞きになった。

四月十一日、百済寺の堂塔・伽藍・坊舎仏閣に火を放ったので、ことごとく燃えて灰となった。その哀れなさまは目も当てられなかった。信長公はその日岐阜にもどって馬をうまやにもどされた。

信長公は、義昭公がお憤りを解くことなく、ついには天下の敵となって、きっと、琵琶湖の勢田あたりを境界として、自分の軍勢をふさがれるであろう、そのときの用意として大船を建造しておけば、五千も三千もの兵を一度にぶつけることができるであろうと考えられた。

(6) 大船の建造

五月二十二日、信長公は佐和山へお移りになり、多賀・山田の山中から材木を切り出し、佐和山山麓の松原へ引きあげ、そこから勢利川を流して引き下ろし、国じゅうの鍛冶・大工・木こりなどを呼び出し、大工の岡部又右衛門を棟梁として、「長さ三十間・横七間の大船に百ちょうのろを立て、船尾と船首に矢倉をこしらえて、がんじょうに作れ」と命じられ、佐和山に腰をすえ、油断なく夜を日に継いで建造させられたので、ほどなく、七月五日に、出来上がった。まことに大きくいかめしい大船は、上下すべての人びとの耳や目を奪った。

(7) 義昭、ふたたび信長に敵対

予想されたとおり、七月五日、将軍義昭公はまた敵対の意志をはっきりお示しになり、

「二条城に日野殿（輝資《てるすけ》）・藤宰相殿（高倉永相《ながすけ》）・伊勢守殿（伊勢貞興《さだおき》）・三淵《みつぶち》大和守（藤《ふじ》英《ひで》）を留め置かれ、ご自身は真木島《まきのしま》（宇治川とおぐらの池の間の中洲）に移られた」との報告がはいった。

七月六日、ただちに信長公は例の大船に乗って、風の吹く日であったが、坂本に向け湖を風をおして渡られた。その日は坂本にご宿泊。

七月七日、信長公は京へ入られた。二条の妙覚寺に陣をすえ、猛勢で城を取り巻かれた。公家方はその大軍にびっくりし、いろいろわび言を言い、人質を差し出して、だれもが同じご陣内にかたまっていた。

（8）命運尽きた将軍義昭

七月十六日、信長公は真木島に馬を進められ、五か庄の上の柳山に陣をすえ、「即刻宇治川を越え、真木島を攻略せよ」と命じられた。まことに急流として名高い宇治川のこと、水があふれ逆巻き流れる大河は、満々としてすさまじいばかりで、たやすくのり切るのは、たいへんなことであるとだれもが思ったけれど、信長公にはお許しなさる気配もなく、「引き延ばすようなら、この信長が先陣をする」と言われる。どうにもならないお言葉である。ついては味方を二手に分けて、宇治川を打ち渡るようにとのご命令があった。

かくして先例（『平家物語』などに見える宇治川の戦い）に従って、川上にある平等院の北東から、むかし梶原（景時）と佐々木四郎（高綱）が先陣を争って渡河したところを、稲葉伊予守（良通）・息右京助・同彦六が先陣で、斎藤新五・氏家左京助（直通）・伊賀伊賀守（安藤守就）・不破河内守（光治）・息彦三・丸毛《まるも》兵庫頭（長照）・息三郎兵衛・飯沼勘平・市橋伝左衛門・種田助丞らがどっと打ち渡り、平等院の門前へ殺到し、ときの声をあげ、ただちにあたりに火をかける。

また川下五か庄の前で、西向きに渡河したのは、次の人びとであった。佐久間右衛門尉（信盛）・丹羽五郎左衛門（長秀）・柴田修理亮（勝家）・羽柴筑前守（秀吉）・蜂屋兵庫頭（頼隆）・明智十兵衛（光秀）・荒木摂津守・長岡兵部大輔（細川藤孝）・息与一郎・蒲生右兵衛大輔・息忠三郎・永原筑前守・進藤山城守・後藤喜三郎・永田刑部少輔・山岡美作守・息孫太郎・山岡玉林・多賀新左衛門・山崎源太左衛門・平野・小河孫一・弓徳左近兵衛・青地千代寿・京極小法師・池田孫次郎。

七月十八日午前十時ごろ、二手の攻め手がいっせいに先手を争って、中島へ、西へ向かってどっと河を渡った。まことにすさまじい大河ではあるが、信長公のご威光で難なく渡河し、しばらく人馬に休息を取らせたのち、真木島を指して、南向きに隊列を整えた。真木島から出てきた足軽を追いつめて、佐久間・峰屋の両軍で五十に余る多数の首をあげた。四方から真木島の外壁を打ち破って火をかけ、攻めたてた。

義昭公は、ここよりまさる城郭はないとお思いになって、真木島へ移られたのであるが、今はいたし方なくご自身で一戦に及ばれたのである。このたびそれほどのご不足もないのに、信長公のご恩を忘れて、敵対なされたのであるが、ここで義昭公にご切腹をしいても、それでは天命のほどが恐ろしく、将来思いどおりに事は運ぶまい。義昭公のお命をお助けし流し申しあげて、今後の世の人びとの判断にゆだねようと、若君様を留め置き、「怨《あだ》を恩によって報いる」のであるとおっしゃって、河内の国若江の城まで羽柴筑前守秀吉のご警固で義昭公を送り届けられた。

まことに日ごろは輿車《こしぐるま》を美しく飾られてお出かけであったが、このたびは、名のある高臣たちも徒歩の上、はだしで取る物も取りあえず城を出られた。先年ご上洛した際には、信長公もお伴に従い、まことに草木もなびくばかりのご威勢で、すぐれたご家来衆が前後を取り囲んで、「ご幸運に恵まれた義昭公だこと」と、だれもが敬い申し上げたことであった。このたびは、それに引きかえ御よろいの袖を濡らさんばかりで、「貧乏将軍」と、上下の人びとは指をさしあざけった。ご自滅とはいいながら、その哀れなことといったら目も当てられぬありさまであった。真木島には細川六郎殿（昭元）を守備に残して、他の諸勢は南の方角へ突き進んでほうぼうの村々を焼き払った。

七月二十一日、信長公は京都にもどって兵を収められた。義昭公のお味方として、叡山のふもとの一乗寺に要害をつくり、渡辺宮内少輔・磯貝新右衛門がたてこもっていたが、降参して退散した。のち磯貝新右衛門は紀伊の国の山中に隠れていたところを、見つけ出して処刑された。

山本対馬守が静原山《しずはらやま》にとりでを構え、敵対してたてこもっていたが、信長公は明智十兵衛に命じて動けぬよう封じこめておかれた。信長公は「このたびの上京《かみぎょう》への放火によって、町人たちが迷惑しておるであろう」と心配された。それで地子銭・諸役などを免除されたので、「ありがたいことだ」と申して、たちまち町々の家屋は元のようにできあがった。天下の所司代には村井長門守（貞勝）を任ぜられ、京都において、京・宮中のもろもろのことを取りしきらせた。

（9）大船で高島攻略

七月二十六日、信長公は京都から下られ、すぐさま近江の高島へ例の大船で馳せつけられた。陸からは敵城の木戸・田中へ攻め寄せ、琵琶湖上からは大船で押し寄せ、お馬回り衆を使って攻めさせる手はずであったが、敵は降伏して城から退去した。ただちに、木戸・田中の両城を明智十兵衛に与えられた。

高島の浅井下野守・同備前守が支配する領地へ馬で攻め寄せ、林与次左衛門（員清《かずきよ》）の所をご陣屋とし、この方面にことごとく火を放たれた。

（10）岩成友通を成敗

さて、義昭公のご命令で、淀の城に岩成主税頭《ちからのかみ》（友通）・番頭大炊頭《ばんがしらおおいのかみ》・諏訪飛驒守の三人がたてこもっていた。羽柴筑前守秀吉は策略を用いて番頭大炊頭・諏訪飛驒守の二人を味方に引き入れ、両人も信長公へ忠節を尽くすことを約束申した。

一方、信長公は長岡兵部大輔に命じて、淀へ兵を派遣されたところ、岩成主税頭が城中から打って出た。岩成主税頭は番頭大炊頭・諏訪飛彈守の両人に裏切られて、飛び出した。岩成主税頭が切って回るところを、長岡兵部大輔の家来の下津《しもづ》権内という者が組み討ちして首をあげ、高島へ持参して信長公のお目にかけ申した。信長公は、「比類ない大手柄である」と感服され、かたじけなくも着ていたお胴着を与えられた。名誉この上なくありがたいことであった。いずれの方面でも信長公の思いのままにことが運ぶ。

八月四日、信長公は美濃の岐阜にお帰りになった。

（11）阿閉淡路守の帰順

八月八日、浅井方の江北の阿閉《あつじ》淡路守（貞征《さだゆき》）がお味方に加わる意志を示したので、すぐさま夜中にかかわらず、信長公は出馬された。その夜のうちに敵は月が瀬の城をあけ渡し、退いてしまった。

八月十日、信長公は大嶽《おおづく》の北の山田山に陣を取らせ、越前への通路をお断ちになった。朝倉左京大夫義景は後援として二万ばかりの兵を率いて出動、余呉《よご》・木本《きのもと》・田部《たべ》山に陣をしいた。近年浅井下野守は大嶽の下の焼尾《やけお》という所にとりでをこしらえ、浅見対馬守を入れて置いた。これもまた、阿閉淡路守と同じくお味方に加わり、信長公への忠節を示された。

(12) 信長、浅井・朝倉両軍を討つ

八月十二日、大嶽の下の焼尾へ、浅見対馬守の考えで、あらかじめ軍兵を引き入れて置いた。その夜は思いがけなく風雨であったが、虎御前山に信長公の嫡男勘九郎（信忠）殿を置き、信長公ご自身は、雨に濡れられ、お馬回りを召しつれ、太山《ふとやま》・大嶽へ先陣として攻めのぼり、あわや攻めこもうとされたところ、越前から守備隊とて斎藤（刑部少輔）・小林彦六左衛門・豊原西方院の三人が大将となり、五百人ばかりがたてこもっていたのだが、てんでに降参をして来た。討ち果たしてしまうべきであったが、折からの風雨のことではあり、夜中のことでもあって、大嶽が落ちたことを朝倉左京大夫（義景）がまだ知ら

〔織田・武田・浅井・朝倉氏略系図〕

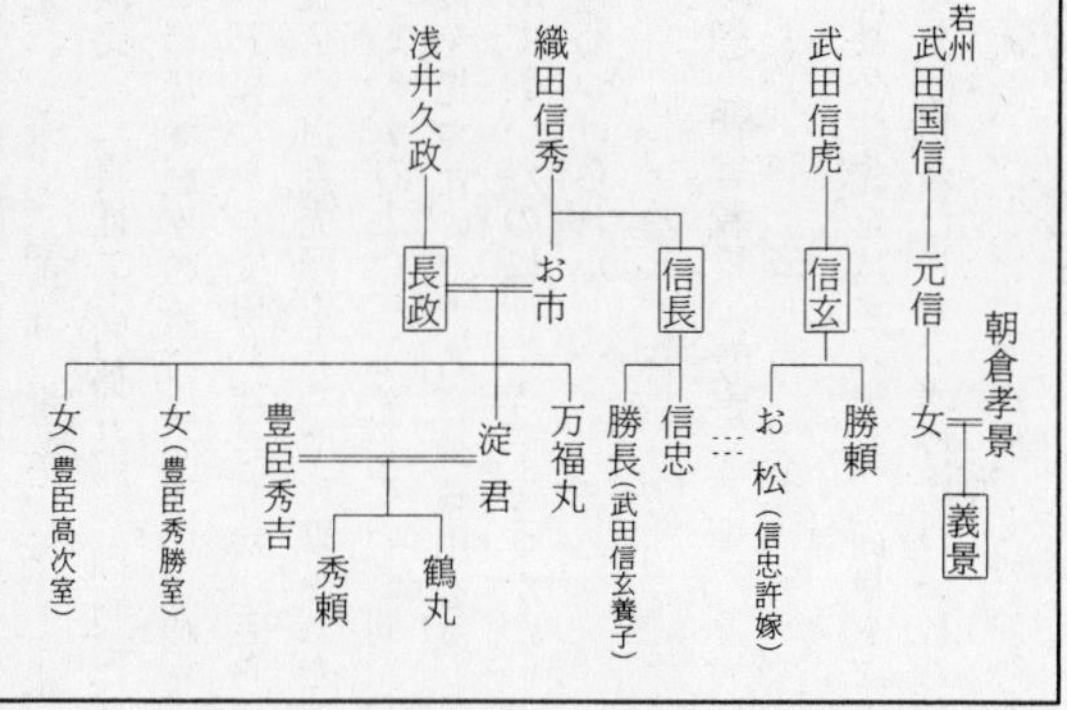

ないであろう。そこで、この者たちの命を助け、敵陣へ送り込んで、この方面を守備し難くなった情況を、敵軍に知らせ、その上で、朝倉左京大夫の陣へ攻めこもうとのお考えから、右のろう城していた者を敵の元へ送り遣わされた。

大嶽には、塚本小大膳・不破河内守・同彦三・丸毛兵庫頭・同三郎兵衛を配置し終えると、すぐまた、丁野山《ようの》へ信長公は攻撃をかけられた。平泉寺《へいせんじ》（福井県勝山市の白山神社）の玉泉坊がここの城番としてたてこもっていたが、これもまたわび言を言って退去した。そこで信長公は、「必ずや今夜じゅうに朝倉左京大夫は退却するであろう」とおっしゃられた。

先手として差し向けた人びとは、佐久間右衛門尉（信盛）・柴田修理亮（勝家）・滝川左近・蜂屋兵庫頭・羽柴筑前守（秀吉）・丹羽五郎左衛門（長秀）・氏家左京助（直通）・伊賀伊賀守

（安藤守就）・稲葉伊予守（良通）・稲葉右京亮・稲葉彦六・蒲生右兵衛大輔・蒲生忠三郎（賦秀《ますひで》）・永原筑前守・進藤山城守・永田刑部少輔・多賀新左衛門（常則）・弓徳左近・阿閉淡路守（貞征）・同孫五郎・山岡美作守・同孫太郎・山岡玉林である。

このほか歴々の諸将に向かい、信長公は、「この好機を逃さず覚悟してかかるように」と再三にわたって申し渡された。さらにお心がはやって、十三日の夜中に、越前衆の陣を信長公ご自身先頭をきって攻撃された。こうしてたびたび言い渡されて先陣に差し向けられていた人びとは、油断している間に、信長公ご自身が先陣をきられたのを知り、あわてて後を追ったのである。地蔵山を越したところで追いつきお目にかかると、「何度も言い含めておいたのに、ようすをうかがいためらっていたのはなんじらの失態、許しがたい」ときめつけられた。

（13）朝倉義景、敗走

「信長公に先を越され申し、面目もございません」と、滝川・柴田・丹羽・蜂屋・羽柴・稲葉をはじめとして、諸将はつつしんでおわびを申し上げた。佐久間右衛門尉（信盛）は涙を流し、「そのようにおっしゃられるが、われわれほどのすぐれた家来をお持ちになることはめったにあるまいものを」とうぬぼれて言ってのけた。

このときの信長公のご立腹はひととおりではなかった。「そのほうは男として才知のすぐれていることを自慢しておるのか。何をもってそう言えるのか。かたわら痛い言いようである」と言われて、ご機嫌がたいそう悪かった。

予想されたとおり、朝倉左京大夫義景の軍勢が敗走していくのを討ち取り、首をわれもわれもと持参申す。信長公はこのとき、お馬に乗り、陣頭へ出られた。敵は中野河内方面と刀根方面の二手に分かれて退却する。どちらを追跡していったほうが効果があがるかと、それぞれが主張し、議論がまちまちであったが、信長公は「引田《ひきた》・敦賀《つるが》の味方の城を目ざして退却するであろうから、引田方面へ軍勢を差し向けよ」とお命じになった。

朝倉義景画像

推測どおり、中野河内方面へは雑兵を退かせ、朝倉左京大夫は主だった人びとを召しつれ、敦賀をさして退いていった。やがて織田方は刀根山の頂きで敵を捕らえた。朝倉方も忠義の侍たちが引き返しては戦い、引き返しては戦って反撃に出て、防戦に回ったが、しかし、ついに支え切ることができなかった。敦賀まで十一里、その間追撃して、討ち取った首の数は三千余りあった。報告記録にのった首で織田方が知っている分は、次の人びと

であった。朝倉治部少輔・朝倉掃部助・三段崎《さんだがさき》六郎・朝倉権守・朝倉土佐守・河合安芸守・青木隼人佐・鳥居与七・窪田将監・詫美《たくみ》越後守・山崎新左衛門・土佐掃部助・山崎七郎左衛門・山崎肥前守・山崎自林坊・細呂木治部少輔・伊藤九郎兵衛・中村五郎右衛門・中村三郎兵衛・中村新兵衛〔これは金松又四郎が討ち取る〕・長島大乗坊・和田九郎右衛門・和田清左衛門・引田六郎二郎・小泉四郎右衛門・濃州（斎藤）龍興・印牧《かねまき》弥六左衛門。

このほか家中の主だった侍多数が討ち死にをした。このとき不破河内守の家来で原野賀左衛門という者がいたが、印牧弥六左衛門を生け捕って信長公の御前へ連れて参った。印牧弥六左衛門は信長公のお尋ねに答えて、前後のようすを申し上げたところ、「けなげな活躍ぶりは、申し分ないから、この信長に忠節を尽くすなら、一命を助けてやろう」とおっしゃった。すると印牧は、「朝倉に対し日ごろ遺恨が深いとはいえ、朝倉のお歴々が討ち死になさったこのときに、胸中の思いを言い立てて生き残り、この後、信長公に忠節を尽くし申すことができなかった折には、『あのとき生き残るために、その場のがれを口にしたのである』と思われ、ご扶持を失うことにでもなりましたら、実際にも、また人聞きの上でも見苦しいことになるでありましょう。いま切腹いたしましょう」と願い出申して、自害をした。前代未聞ともいえる身の処し方の、名誉であることは、あれこれと申すまでもないことである。

同日落城した城の数は、大嶽・焼尾・月が瀬・丁野山・田部山・義景本陣の田上《たがみ》山・引田・敦賀・志津が岳および若狭にある織田方粟屋越中守（勝久）の城に向けられた付城、あわせて十か所。これらの敵が退散したのであった。

さて、信長公は日ごろ足半《あしなか》（かかとがない短い草履）を腰に付けておられた。このたび刀根山の戦いで、金松又四郎が一人の騎馬武者を山中に追いかけ、ついに討ちとめ、その首を信長公の御前に持って来た。そのとき金松は素足で、真っ赤に血に染まっていた。それをご覧になって、日ごろ腰に付けておられた足半を、「これを用いよ」とおっしゃって、金松に与えられた。ありがたいしあわせのきわみでもあり、名誉なことでもあった。

信長公はご武勇・ご徳行ともにすぐれた方であったから、思いどおりの大勝利を収められ、十四、十五、十六日と敦賀にご滞在になり、あちらこちらで人質を確保し十七日木目《きのめ》峠を越えて、越前へ攻め入られた。

八月十八日、府中（福井県武生市）の竜門寺に着いて陣をすえられた。朝倉左京大夫義景は自分の居城の一乗の谷を引き上げ、大野郡山田の庄の六坊という所へのがれていった。あれほど高貴な女房たちも、こし車とは名に聞くばかりで、このたびは、取る物も取りあえず徒歩で、素足でもって、われがちにと義景のあとを慕って落ちていった。まことに目も当てられぬほどみじめで、とても口ではいいつくせないほどであった。

さて、一方、柴田修理亮・稲葉伊予守・氏家左京亮・伊賀伊賀守をはじめとする諸将は平泉寺方面へ義景を追って、軍勢を回した。そのうえ諸卒を手分けして、山中へ分け入らせ、「落武者たちを捜し出せ」と言い付け、毎日百人、二百人と一揆の者たちを竜門寺の御大将の陣へ連れてきて、お小姓衆に命じて、際限なく殺させる。目も当てられぬありさまであった。

このときのことである。どこか気品のうかがえる女房が下女も連れずただ一人でいるのを、田舎育ちの身分の低い者たちが、見つけてきて、三日、五日捕えて置いたところ、ちょっとしたすきに、すずりを借りて鼻紙の端に書置きをし、偽って脱け出し、井戸へ身を投げて死んでしまった。あとで人びとが書置きを見ると、

ありをればよしなき雲も立ちかかるいざや入りなむ山のはの月

(生きておれば、月に雲がかかるように、いやなことも身にふりかかって来よう。さあ、山の端に沈もうとしている月のように私も身を隠して、この世に別れを告げましょう)

と一首の歌が書き残されてあった。この世への思いもこれまでとの女房の心に、見る人びとは哀れに思い、涙を流さない者はなかった。平泉寺の僧たちも信長公に忠節を尽くすことを申し出て、軍勢を出して協力申すこととなった。朝倉左京大夫義景はますますのがれ難い羽目にたち至った。

(14) 朝倉義景の最期

同じ朝倉の一族で、式部大輔（朝倉景鏡《かげあきら》）という者が、無情にも義景に腹を切らさせた。鳥居与七・高橋甚三郎が介錯をし、この両名も義景のあとを追って切腹した。中でも高橋甚三郎の対処の仕方は比類ないものであったという。

朝倉式部大輔は、義景の首を府中竜門寺の陣へ持たせてよこし、八月二十四日ごあいさつに参上した。同じ朝倉一門の総領であることといい、親類であることといい、まったく前代未聞の行いようであった。信長公は義景の母ならびに嫡男の阿君丸《くまぎみまる》を捜し出し、丹羽五郎左衛門（長秀）に命じて殺害させられた。

さて、越前の地侍たちはそれぞれ縁をたよって、信長公に帰参のごあいさつに参上するので、門前市をなすありさまであった。義景の首は、ただちに長谷川宗仁に命じて、京都へ運び獄門でさらし首にされた。越前一国がすべて平定したので、国の定めを作り、前波播磨守を守護代として越前に留められた。

八月二十六日、信長公は江北の虎御前山までもどって兵を収められた。

(15) 浅井久政・長政の最期

八月二十七日夜、羽柴筑前守は京極丸《きょうごく》（小谷城の城郭）へ攻め込み、浅井下野守（久政）・同備前守（長政）父子の間をさえぎって、まず下野守の居城を乗っ取った。ここで浅井福寿庵が腹を切った。

浅井長政画像

さて、浅井久政が長年目をかけておいた鶴松大夫という、舞の上手がいた。その鶴松大夫が下野守（久政）を介錯、そのあとを追って大夫も腹を切った。言いようもなく名誉なことであった。羽柴筑前守は下野守の首を取って、虎御前山へ行き、信長公のお目にかけ申した。

その翌日、信長公もまた京極丸へおいでになって、浅井備前守（長政）・赤生《あかふ》美作《みまさか》守に自害させ、浅井父子の首を京都へ送り、これまた獄門にさらされる。浅井備前守に十歳になる嫡男がいたのを、また捜し出して、関が原という所ではりつけにし、長年のご無念を晴らされたことであった。

かくして江北の浅井の所領の支配は、ご朱印をもって羽柴筑前守秀吉に任された。面目この上もない次第であった。

九月四日、信長公はまっすぐ佐和山へおいでになり、鯰江の城を攻略するよう柴田（勝家）にお命じになった。そこでただちに、攻めかけたところ、佐々木右衛門督（義治）は降参して城を退散した。いずれも思いどおりに処置される。

九月六日、信長公は岐阜へお帰りになった。

（16）杉谷善住坊の処刑

さて、杉谷善住坊《すぎたにぜんじゅうぼう》という者は鉄砲の名手であった。先年（元亀元年＝一五七〇）信長公が千草峠《ちぐさ》を越えられたとき、佐々木承禎に頼まれて、山中で鉄砲に二つ玉を込め、十二、三間離れたところから信長公を目がけて容赦なく打ち放ったことがある。しかしながら神はお見捨てなさらず、お体に少しかすっただけで、公は危うく虎口《ここう》をのがれて岐阜へお帰りになった（巻三（5）参照）。その杉谷善住坊が、鯰江香竹《こうちく》をたよって、そのころ高島に隠れていたのを、磯野丹波守（員昌）が召し捕り、九月十日岐阜へ連れ帰った。菅屋九右衛門・祝《はふり》弥三郎の両人が奉行として、千草山中で鉄砲で信長公をねらった詳細を尋ねられた後、思う存分処刑を加えられた。直立のまま土中に埋め、首をのこぎりでひかせて、日ごろのお怒りを晴らされたのである。上下一同、これ以上の満足はなかった。

(17) 北伊勢へ出陣

九月二十四日、信長公は北伊勢に向け出陣、その日は大垣の城にお泊まりになった。二十五日、大田の城がある小稲葉山に陣をしかれた。江州勢は八風峠《はっぷ》・おふじ畑を越えて、二十六日桑名方面へ兵を出し、西別所に一揆を起こし、たてこもった。それを、佐久間右衛門尉・羽柴筑前守・蜂屋兵庫頭・丹羽五郎左衛門の四人で攻めかけ打ち破って、多数の敵を切り捨てた。

柴田修理亮・滝川左近将監（一益《かずます》）の二人は片岡という者が守る坂井の城を取り巻いて攻めたところ、降参して、十月六日に城を立ち退いた。両人はただちに深谷部《ふかやべ》の近藤城を攻めつけ、金掘り（坑夫のこと。坑道を掘って城を攻めるのに使った）を入れて攻められたので、ここもわび言を言って城を立ち退いた。

十月八日、信長公が東別所（桑名市に所在）へ陣を移されたので、これにともなって、伊坂・萱生《かよふ》・赤堀・田辺・桑部《くわべ》・南部《なんべ》・千草・長深《ながふけ》、田辺九郎次郎・中勘解由左衛門らが、いずれも人質を差し出してごあいさつ申し上げる。ただここに、白山の中島将監があいさつにも出て来なかったので、信長公は佐久間・蜂屋・丹羽・羽柴の四人に命じて、築山《つきやま》を築かせ、金掘りを入れて攻めさせられた。城を支えきることはむずかしいと判断したのであろう、わび言を申して城から退散した。

京都の静原山にたてこもっていた敵の山本対馬守を、明智十兵衛が計略を用いて自害させ、その首を北伊勢の東別所まで持参して信長公にお見せした。このように、信長公に敵対する者は、ことごとく意のままに処断なされ、そのご威光のほどはとても言い尽くせない。

北伊勢も一気に平定し、尾張の河内長島も大半が討ち取られて、弱っているとのことである。信長公は矢田の城（桑名市に所在）を堅固に築くよう命じて滝川左近（一益）を置かれた。

十月二十五日、信長公は北伊勢からお馬をおもどしになったが、その途中の道は、左は多芸山《たぎ》といって、草木の生い茂った高い山である。右手は入江で、ぬかるみがたくさんあって、あしやおぎなどが生い茂り、たいへんなところであった。山のふもとの一筋の道をめぐって行く要所であった。

信長公が引き上げられるのを見て、河内長島の連中が、弓・鉄砲をもって山中を先回りし、道の要所要所をさえぎり、その上伊賀・甲賀の弓の名手も駆けつけてきて、さしつめ引きつめして、さんざんに織田方の者を射倒した。折あしく雨が強く降ってきて、鉄砲はおたがいに役に立たなかった。このとき、越前衆のなかでも毛屋猪介はここで防戦し、あそこで討ち合い、数回にわたるその活躍ぶりは比類のないものであった。信長公は長老の林新次郎に、しんがりをつとめさせておいて、追いすがる敵を何度となく追い払い、袋小路状の難所では特に防戦につとめられ、火花を散らしてたがいに戦った。そのなかで、林新次郎ならびにその家の子郎党は枕をならべて討ち死にした。

林のご家来で賀藤次郎左衛門という人は、尾張の国での長期にわたる戦いで、ここはというときに、すぐれた矢を射て、人びとによく知られた射手であった。このときも、先頭をかけてくる武者を射倒して、林新次郎と一つ所で討ち死にした。名誉なことは言うまでもない。その日は正午ごろから薄暮にかけて、思いがけない風雨で、下々の人足たちには凍え死にが出た。夜に入ってようやく大垣城まで出られ、十月二十六日岐阜にお帰りになった。

(18) 三好義継の謀反

十一月四日、信長公はご上洛、二条の妙覚寺に寄宿なさった。三好左京大夫殿(義継《よしつぐ》)が謀反を思い立ったが、家老の多羅尾《たらお》右近・池田丹後守・野間佐吉らが離反し、金山駿河守が一人ですべてを取りしきっていた。その金山駿河守をこの三家老が殺害し、佐久間右衛門尉(信盛)を城に引き入れ、織田方が天守の下まで攻め込んだところ、抗し難く思われたのであろう。左京大夫殿は自らの手でご女房衆・お子たちをみな刺し殺し、切って出て、あまたの者に傷を負わせた。そのあと、左京大夫殿は腹を十文字に切って自害したが、その比類のない戦いぶりは、哀れなありさまであった。左京大夫殿につき従った人びとは、那須久右衛門・岡飛驒守・江川である。この三人はあとを追って腹を切り、武士の名誉をこのときにこそあげた次第である。若江の城は、さきの三人（多羅尾・池田・野間ら）が信長公に忠節を尽くし申したので、預け置かれた。

十二月二日、信長公は岐阜におもどりになった。

信長公記　巻六　終

巻七　世にも珍しい酒のさかな（天正二年）

（1）世にも珍しい酒のさかな

天正《てんしょう》二年（一五七四）正月一日、京都および隣国の諸将は岐阜へごあいさつに参上した。それぞれ招かれて三献のご酒宴があった。これらの方がたが退出されたあとで、信長公直属のお馬回り衆だけになったところで、いまだ見聞きしたこともない珍奇なおさかなが出され、またご酒宴となった。それは去年北国で討ち取られた、

一、朝倉左京大夫義景の首
一、浅井下野守（久政）の首
一、浅井備前守（長政）の首

以上三つの首を薄濃《はくだみ》（うるしでかため彩色）にして、折敷《おしき》の上に置き、酒のさかなとして出されて、また、ご酒宴となったのである。それぞれ謡《うたい》などをして遊ばされ、まことにめでたく、世の中は、思いのままであり、信長公はいたくお喜びであった。

（2）越前一揆起こる

正月十九日、「越前の前波《まえば》播磨守（長俊）が国中の諸侍によって自害に追いこまれた」との知らせがあった。それは、越前の守護代として前波播磨守をすえ置かれたところ、栄華に酔いしれ、勝手気ままにふるまって、同僚に対しても、すべて無礼きわまりなく命令するので、諸侍が謀反に走り、前波播磨守を自殺させ、その上国境に要害を築いて城番の兵を置き、その後は越前一国が一揆の支配するところとなってしまったという次第であった。そこで信長公は、羽柴筑前守（秀吉）・武藤宗右衛門・丹羽五郎左衛門（長秀）・不破河内守（光治）・同彦三・丸毛《まるも》兵庫頭（長照）・同三郎兵衛および若州衆から成る軍勢を敦賀まで派遣された。

（3）武田勝頼、明智の城を攻める

正月二十七日、「武田四郎勝頼が岩村（岐阜県恵那市）に進出し、明智の城を取り巻いた」との知らせがあった。信長公はただちにその救援に、二月一日先陣として、尾州・濃州両国の兵を遣わされる。

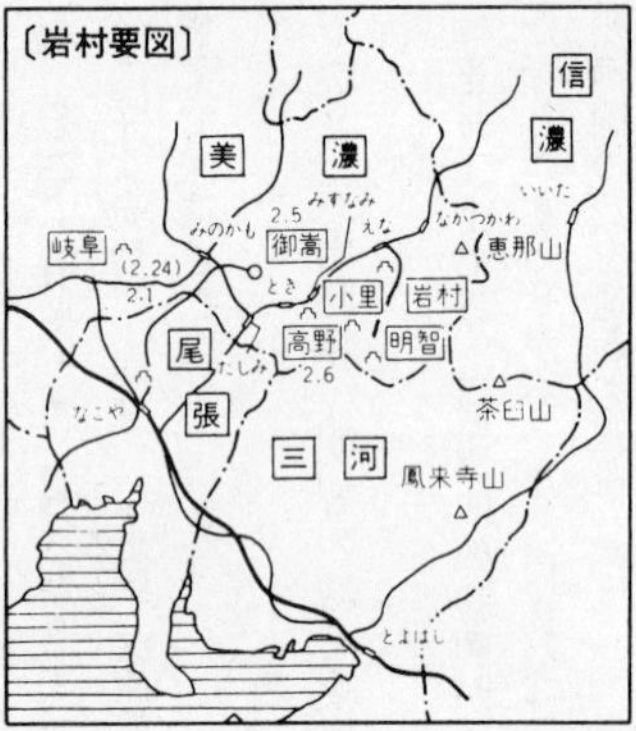

二月五日、信長公御父子もご出馬、その日は御嵩《みたけ》(岐阜県可児《かに》郡)に陣をとられ、次の日、高野《こうの》に陣をしかれた。翌日には敵陣に駆け向かうはずであったが、山中でもあり、けわしい難所だらけの土地で、たがいに馬で駆けめぐることもできず、「それならば、山やまを移動して手勢を遣わそう」とおっしゃっているところへ、飯羽間《いいばさま》右衛門が城中で謀反を起こし、明智の城はすでに落城との知らせが飛び込み、手の打ちようがなかった。そこで高野の城の普請を命じ、城番として河尻与兵衛を在域させ、さらにまた、小里の城(瑞浪市)を普請、池田勝三郎(恒興《つねおき》)を城番に置いて、二月二十四日、信長公御父子は岐阜へお帰りになった。三月十二日、信長公はご上洛、佐和山に二、三日ご滞在、十六日、永原にお泊まりになり、十七日、志那から坂本へ、舟で渡られた。

(4) 名木「蘭奢待」

信長公は相国寺《しょうこくじ》に初めてお泊まりになられた。「南都(奈良)の東大寺に収蔵されている香木の蘭奢待《らんじゃたい》をいただきたい」と、宮廷に申し出られたところ、三月二十六日、勅使の日野輝資殿・飛鳥井大納言殿（雅教）が、かたじけないことに、ご院宣を伝えられた。南都の僧徒らはかしこまってお受けした。

そこで翌三月二十七日、信長公は奈良の多聞城にお出かけになられた。お奉行として、塙《ばん》九郎左衛門・菅屋九右衛門・佐久間右衛門尉・柴田修理亮・丹羽五郎左衛門・蜂屋兵庫頭・荒木摂津守・夕庵《せきあん》（武井爾云）・松井友閑、それに加えて津田坊、以上の人びとが南都に下向した。

三月二十八日、午前八時ごろにお蔵を開き申した。あの有名な香木は長さ六尺の長持に納められていた。すぐさま多聞城へ持ち帰って、御成の間の舞台で、信長公にお見せ申した。きまりどおり、一寸八分を切り取られた。お供のお馬回り衆に「末代の物語までに拝見しておけ」とのお言葉があり、みな拝見し申したが、これはひとつには信長公のご威光によることであり、またひとつにはお情け深さのおかげであり、生前の思い出として、かたじけなく、言葉に尽くせないほどであった。

さきに（寛正六年＝一四六五）東山《ひがしやま》殿（足利義政）が切り取って手元に置かれてからは、将軍家でお望みの方はたくさんおられたが、並々ならぬ願いであるから、望みがかなえられなかった。このたび仏天の加護があって、信長公は三国に隠れもないご名物の香木を手に入れられた。そのご名誉であること、面目をほどこされたことは、わが国において何がこれにくらべられるであろうか。

四月三日、大坂（石山本願寺）が反旗をひるがえした。信長公はただちに軍勢を遣わし、農作物を刈り捨て、その近辺に放火させられた。

（5）佐々木承禎、石部城を退散

四月十三日、雨の降る夜にまぎれて、佐々木承禎《じょうてい》は近江の甲賀郡入口の石部《いしべ》の城を退散した。そこでただちに、佐久間右衛門尉の軍兵を城に入れられたのである。

（6）賀茂祭の競馬

五月五日、賀茂祭の競馬・ご神事があった。これらで天下の無事を祈られるのである。さいわい信長公はご在京であったから、「祭にお馬を出すようにご命令になっていただけたら」とお伺い申したところ、信長公はたびたびの勝ち戦に、お乗りになったあし毛のお馬と鹿毛《かげ》のお馬を二頭、そのほかにお馬回り衆の駿馬十八頭をそろえ、合わせて二十頭、二十番分の馬を出すよう言いつけられた。お馬のすぐれていることは言うまでもなく、二十頭のお馬のお鞍・あぶみ・くつわの一つ一つにいずれも名物の馬具を付けられるよう、お命じになった。

そのいかめしくりっぱな装備、馬をひく舎人《とねり》のこれまた美しいいでたちは、上古にも聞いたことがないほどであった。

さらに黒装束の禰宜《ねぎ》（神主または宮司の次位）十人、赤装束の禰宜十人が、右の二十頭の馬に乗り、一番《ひとつがい》（二頭一組）ずつ馬を走らせて勝負を競った。あし毛のお馬・鹿毛のは元来駿馬で足早であったから、いうまでもないことであるが、お馬はいずれも勝負に勝ったのである。「後の世までの語りぐさ」と、身分の高下を問わず、老若を問わず、集まり来た群衆のおびただしいことは言うまでもない。

信長公は、国々にもろもろの課税をお命じになり、五月二十八日、岐阜へ帰られた。

（7）小笠原氏助謀反

六月五日、「武田四郎勝頼が、味方の小笠原氏の居城している遠江の高天神《たかてんじん》城を包囲した」という知らせがあった。そこで敵の後方から攻撃するために、六月十四日、信長公御父子は、岐阜をご出発、十七日、三河の吉田（豊橋）城の坂井左衛門尉（忠次）のもとへご到着になった。

六月十九日、信長公御父子は今切《いまぎれ》の渡し（浜名湖と海を結ぶ湖口の渡し）を渡って進まれるはずであったが、「小笠原与八郎（氏助）が逆意を抱き、総領の小笠原氏を城から追い出し、武田四郎を引き入れた」との知らせが届いた。いたしかたなく、途中から吉田城まで引きかえされた。家康公も遠州浜松から吉田へ来られて、信長公に御礼を申された。

（8）信長、家康に黄金を贈る

このたび、武田と合戦できなかったことを、信長公はご無念にお思いになられ、兵糧《ひょうろう》代として黄金を皮袋に二つ、馬に付けて家康公に差し上げられた。そこで家臣の坂井左衛門尉のところで、その皮袋一つを二人がかりで持ち上げてご覧になったところ、まことに、おびただしい数量で、家中の身分の高下を問わず見物したが、「見たことも聞いたこともない」とだれもが驚嘆して、これも信長公のご威光のなみなみでない次第であると、感じ入ったことであった。ましてこれほどの黄金を贈られた家康公のご心中の喜びは、推し測りがたいことである。

（9）河内長島を攻略

六月二十一日、信長公御父子は岐阜へお帰りになった。

七月十三日、尾張の国の河内長島をご成敗のため、信長公御父子は、ともに出馬なされ、その日津島に陣を張られた。もとより、河内長島というところは、人に知られた要害の地である。美濃から流れ出る川はたくさんあるが、岩手川・大滝川・今洲川・真木田川・市の瀬川・杭瀬《くんぜ》川・山口川・飛騨川・木曽川・養老の滝、このほか、山々の谷水の流れが下流で合流し、大河となって、長島の東北から西方五里ないし三里の間を幾重となくめぐって流れ、南は満々と水をたたえた海上、四方いずれからも攻めがたい要害の地であることはいうまでもない。このため隣国の邪悪・謀反心を持つ者どもが集まり来って居住し、当地の願正寺を崇敬している。

本願寺本来の念仏修行の教えを、根本とせず、学問に無知なため富貴を誇り、朝となく夕となく乱舞して暮らしていて世俗の作法に従い、数か所に出城をこしらえ、その地の領主を侮り軽んじて法律に背き、信長公のご領国で罪科あるとされた者をも、よい隠れ家があると保護し召し抱え、ご支配地を横領するなどの行為があったので、ある年、信長公の御弟織田彦七殿(信興《のぶおき》)が河内小木江《こきえ》の郷に行かれて、足がかりをこしらえ、ご在城になっておられた。

ところが、先年(元亀《げんき》元年=一五七〇)、信長公が志賀に出兵され、浅井・朝倉両軍とご対陣中で、「手いっぱいの状態である」と判断すると、一揆を蜂起させ、日毎に攻撃の手を強め、ついに織田彦七殿を自害させた(巻三(10)参照)。日ごろ、そのつもる御う

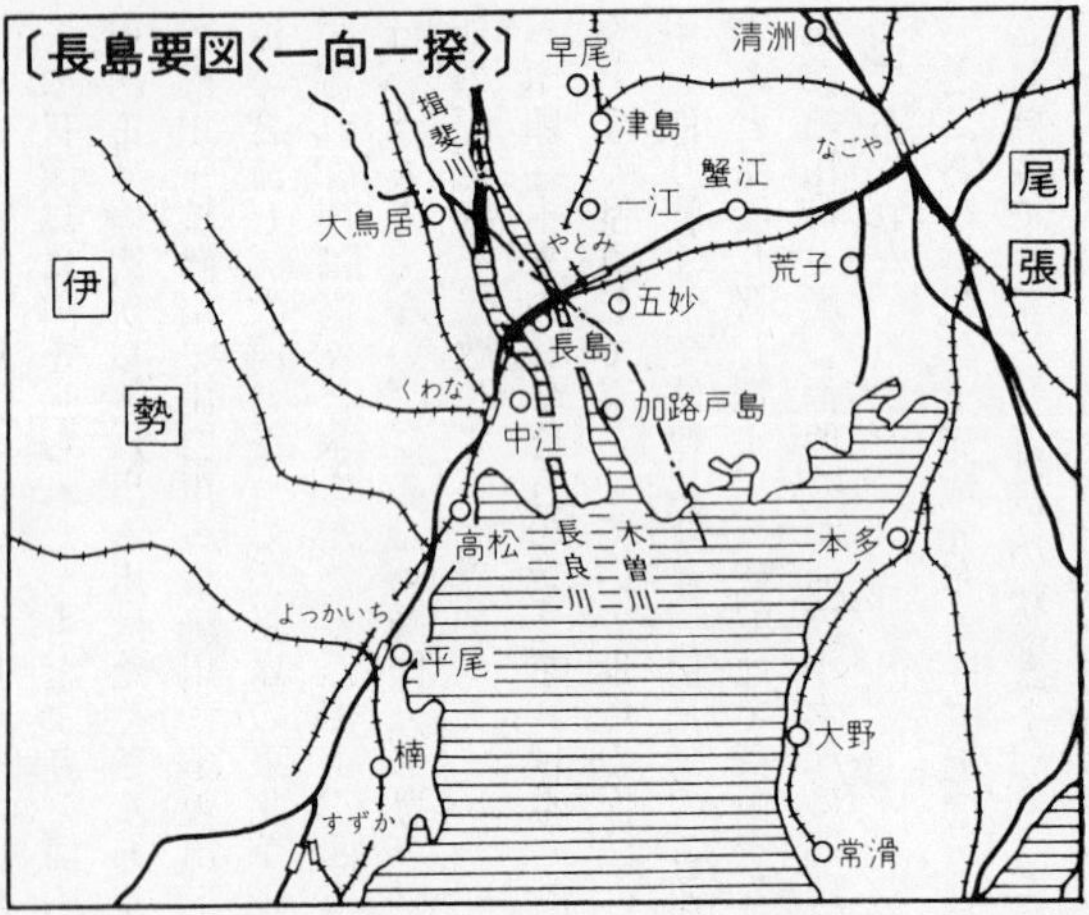

〔長島要図〈一向一揆〉〕

らみはあったけれど、信長公は天下のことを命ぜられておいでになるので、お暇がなく、ご成敗を引きのばされていたのである。今度は諸方からいっせいに攻め寄せ、必ず退治なさるお考えである。東は御嫡男織田菅九郎殿（信忠）が一の江（弥富市に所在）口へお越しになった。そのお伴の衆は、織田上野守（信包《のぶかね》）・津田半左衛門（秀成）・津田又十郎（長利）・津田市介（信成）・津田孫十郎（信次）・斎藤新五・簗田《やなだ》左衛門太郎・森勝蔵・坂井越中守・池田勝三郎・長谷川与次・山田三左衛門・梶原平次・和田新介・中島豊後守・関小十郎右衛門・佐藤六左衛門・市橋伝左衛門・塚本小大膳である。

西の賀鳥《かとり》（弥富市に所在）口へは、佐久間右衛門尉・柴田修理亮・稲葉伊予守・同右京亮・蜂屋兵庫頭が押し寄せた。松之木《まつのき》の渡し（長島町に所在）を一揆勢が守っていたが、どっと川を渡り切り、馬上から多くの一揆の者を切って捨てた。

信長公は中央の早尾《はやお》（愛西市）口から進まれ、そのご先陣には、木下小一郎・浅井新八・丹羽五郎左衛門・氏家左京亮・伊賀伊賀守・飯沼勘平・不破河内守・同彦三・丸毛兵庫頭・同三郎兵衛・佐々内蔵助・市橋九郎左衛門・前田又左衛門・中条将監・河尻与兵衛・津田大隅守・飯尾隠岐守がつとめた。一揆は小木江村をふさいでいた。それを追い払ってお通りになった。また篠橋から一揆が進出して守っていた。ただちに、木下小一郎・浅井新八の二人がそれへ向かった。小《こ》田御《たのみ》崎《さき》の川口に舟を寄せて、一揆勢は舟からおり、堤に上がって、そこを確保している。丹羽五郎左衛門がその敵に向かって追い崩し、多くの敵兵を討ち取り、前が州・えび江島・加路戸《かろうと》島・いくいら島を焼き払った。信長公はその日、五妙（五明、弥富市に所在）に野営された。

十五日、九鬼《くき》右馬允は安宅船《あたけぶね》（矢倉造りで鉄砲・大砲を備えた大船）に乗船、滝川左近・伊藤三丞・水野監物、これらの人びとも安宅船に乗船、島田所之助・林佐渡守の両人も囲船《かこいぶね》を作り、そのほか浦々の、蟹江《かにえ》・荒子・熱田・大高・木多《きた》・寺本・大野・常滑《とこなめ》・野間・内海・桑名・白子・平尾・高松・阿濃津《あののつ》・楠・細頸《ほそくび》などの船を集められた。

国司お茶筅公（織田信雄）は垂水《たるみ》・鳥屋野尾《とりやのお》・大東・小作《こづくり》・田丸・坂奈井、これらの人びとを武者大将として召し連れられ、大船に乗って戦列に加わられた。各方面の軍勢は、船中にそれぞれ思い思いの旗じるしを打ち立て、飾りたてた大軍が、四方から長島に向かって押し寄せ、あちこちの守り口を攻めたので、一揆は敗退しながら妻子を引きつれて、みな長島へ逃げ込んだ。

信長公御父子は、殿名《とのめ》（長島町）へ来られて、伊藤の屋敷近くに陣をすえ、お馬を乗り回してご覧になり、各方面の陣取りを命じられた。敵は篠橋・大鳥居・屋長島・中江・長島の五か所の城にたてこもっていた。

篠橋攻めの者は、津田大隅守・津田市介・津田孫十郎・氏家左京亮・伊賀伊賀守・飯沼勘平・浅井新八・水野下野守・横井雅楽助。

大鳥居攻めの者は、柴田修理亮・稲葉伊予守・同彦六・蜂屋兵庫頭。

信長公は、今島に陣を取り、川からは大船を寄せて攻められた。

守備の者としては、佐久間父子に江州衆を加えて、それらが坂手郷に陣取っていた。

長島の東、押付の郷に陣取ったものは、市橋九郎右衛門・不破彦三・丹羽五郎左衛門である。

加路戸島口を攻めた者は、織田上野守・林佐渡守・島田所之助である。このほか尾張の船が百そうも乗り入れて、海上をすき間なく埋めた。

南大島口を攻めた者は、御本所《ごほんじょ》（織田信雄）・神部《かんべ》三七（織田信孝）・桑名衆である。このほか伊勢の大船数百そうを乗り入れ、海上をすき間もなく埋め、大鳥居・篠橋にかけて、大鉄砲でへい・やぐらを撃ち崩して攻めたので、両城の者どもは困惑して、お許しをこうてわび言を申し上げた。けれども、信長公は、「どうあっても中途でやめるべきではない。悪人どもをこらしめるためには、餓死させ、長年の過失や乱暴なふるまいに対するうっぷんを晴らすべきである」とお考えになって、お許しがなかった。

八月二日の夜は思いがけず風雨が強かった。それに紛れて、大鳥居にろう城している者たちが、夜中城をぬけ出して退散するところを押さえ、男女千人ばかりを切り捨てられた。

八月十二日、篠橋にろう城している者たちが、長島本坊主に討ち入り、忠節を尽くすことを堅く約束したので、一命を助けて長島へ追い入れられた。

(10) 樋口直房を成敗する

さて、越前の木目《きのめ》峠にとりでをこしらえ、樋口(直房)を守りに入れて置いたところ、どのようなことを思ったのであろうか、とりでをからにし、妻子を連れて甲賀をさして、駆け落ちをした。羽柴筑前守が追っ手をかけ、捕らえて途中で成敗をし、夫婦二人の首を長島の信長公のご陣屋へ持たせてよこした。

このたび、長島では長陣の用意がなく、取るものも取りあえず、去る七月十三日から、島じゅうの数多くの男女・身分の高下の者などが、長島または、屋長島・中江の三か所へ逃げ込んだ。すでに三か月にわたって、ろう城していたので、城中では大半の者が餓死をした。

九月二十九日、城中からわび言を言って寄こし、長島を退去した。あまたの船に一揆の者たちが乗って退くところを、信長公は鉄砲を一時に撃たせ、際限なく川中へ切り捨てられた。その中でも心ある者どもは、はだかになり、抜刀して織田方の七、八百人ほどの者に切ってかかり、切り崩した。その中で、信長公の親族衆をはじめ名のある方がたが数多く討ち死にされた。手薄な方面を攻撃してきて、無人の小屋へ乱入し、そこで思う存分に仕度を整え、そこから川を渡って多芸山《たぎ》・北伊勢方面へちりぢりになって退き、大坂へ逃げ込んだのである。

中江城・屋長島両城にろう城している男女二万人ほどは、幾重にも柵を設けて取りこめて置いた。信長公は、四方から火をつけ、これらの者を焼き殺すようにお命じになり、存分に心を晴らして、九月二十九日、岐阜へお帰りになった。

信長公記　巻七　終

巻八　天下分け目の長篠の戦い（天正三年）

（1）道普請のこと

昨年（天正《てんしょう》二年＝一五七四）、年末に国ぐにに道を作るよう、坂井文介・高野藤蔵・篠岡八右衛門・山口太郎兵衛の四人を御奉行として、きつく仰せ付けられ、ご朱印状で、ご領国におふれになった。ほどなく、正月中に完成した。入り込んだ入江や、河川には船橋（多くの船をつなぎ並べその上に板を渡して船橋としたもの、浮橋ともいう）をしつらえ、難儀な悪路をならし、石をとり除き整備してよい道とした。その道幅は三間半とし、街路樹として左右に松と柳を植え、その土地土地の人びとが出て来て、その植木に水をやり、落ちているちりを払い清掃いたすようにと命じられた。また以前取り計らわれたご領地内の数ある関所や労役を減らされたので、通行しやすくなり、旅の障害がなくなった。

これによって、旅につきものの苦労を忘れ、それに牛馬の助けを借りるといっそう楽になり、人びとは安心して往き来をし、交流が多くなったので、庶民の生活は安定に向かい、「ありがたいご時世、御奉行様よ」とだれもがもろ手をあげて感謝する次第であった。中国の東方朔《とうぼうさく》、西王母《せいおうぼ》にならい、信長公がいついつまでもご長命であるようにと願い、そのご福徳はインドの須達《しゅだつ》にあやかっていただきたいと、みなが心から望んだことであった。

天正三年（一五七五）二月二十七日、ご上洛のために垂井《たるい》でお泊まり。翌日雨に降りこめられてそのままご滞在になった。

二十九日、佐和山の丹羽五郎左衛門（長秀）の所にいかれた。

三月二日、永原でご宿泊。三日、京にお入りになって相国寺《しょうこくじ》に宿をおとりになった。

三月十六日、今川氏実（氏真）がお目通り、百反の船の帆布をお贈りした。この方は以前にも信長公に、千鳥の香炉と連歌師宗祇《そうぎ》が所持していたという香炉を献上されたが、信長公はどうお思いになったのか、宗祇の香炉をお返しになり、千鳥の香炉をのみお手許に置かれたことがあった。

今川殿から蹴鞠《けまり》の会を催されるとの計画をお聞きになり、三月二十日、その場所を相国寺にと望まれた。お集まりになった方々は、三条殿父子（実枝《さねき》・公明）・藤宰相（永孝）父子・飛鳥井殿父子（雅教・雅敦）・広橋《ひろはし》殿（兼勝）・五辻《いつつじ》殿（為仲）・庭田殿（重保）・烏丸殿（光康）である。信長公は蹴鞠をご見物になった。

（2）公家領の救済

四月一日、信長公は、「最近皇居が荒廃しているのですでに昨年よりご修理を命じ、それを完成させた。しかし、公家《くげ》方はご家運が傾き、困窮したため、中には所領を売却した者が多い。それをもとどおりに返すように」とおふれを出し、村井民部丞と丹羽五郎左衛門（長秀）の両人に命じられて、徳政を発令し、公家衆の本来の所領を取りもどされた。そこで主上をはじめ、公家・武家ともに隆盛におもむいた。

信長公の天下に並びないご名誉は、これ以上のものはないほどである。

三月下旬、武田四郎が三河の国足助《あすけ》方面へ出兵した。すぐに信長公の嫡男でいらっしゃる織田菅九郎殿（信忠）が尾張の家来衆を引き連れて、出陣なさった。

（3）河内の国新堀城・誉田城を攻める

四月六日、信長公は京都からただちに南方に馬を出され、その日、八幡《やわた》に陣を張られ、翌日は大坂若江に至り、陣を取られた。

大坂（本願寺）から若江に差し向けられている付城《つけじろ》の萱振《かやふり》（大阪府八尾市に所在）へは

何の手当ても施さずに素通りをされる。

四月八日、三好笑岩（康長）のたてこもる高屋を攻めて町を壊されたが、敵方は不動坂口で防戦し、押しつ押されつしながら、何度か戦った。

伊藤与三右衛門、その弟伊藤二介はたびたびの合戦に先陣をかけた勇者であるが、数か所の傷を受けて討ち死にしてしまった。このとき信長公は駒が谷山から真下をご覧になっていたが、織田軍はあっぱれな活躍ぶりであった。

その日は誉田《こんだ》の八幡、そして道明寺河原へとつづいて押していって、だんだんに陣を取り進んでいった。信長公は駒が谷山に陣をお構えになって、ほうぼうに足軽をお遣わしになり、佐久間右衛門尉（信盛）・柴田修理亮・丹羽五郎左衛門・塙《ばん》九郎左衛門らが谷々の奥にまで入って放火し、その上麦苗をなぎ倒し切って捨てた。

四月十二日、信長公は住吉に陣をお替えになった。

四月十三日、信長公は天王寺に至って馬を止められ、畿内を始め、若狭・近江・美濃・尾張・伊勢・丹後・丹波・播磨・根来寺の四つの谷の衆が残らずお供に加わって、天王寺・住吉・遠里小野《おりおの》の近辺に布陣された。

四月十四日、信長公は大坂に兵を寄せ、農作物をなぎ倒しお捨てになり、ご軍勢は十万余騎に達していたと思われる。このようなすばらしい大軍はこれまで見たこともないと言われ、都や田舎の上下のすべての者が、びっくりするばかりであった。

四月十六日、信長公は、遠里小野に陣をおとりになる。ご自身で近辺の耕作物をなぎとって捨てられた。

三好方は堺の近所に新堀という出城をこしらえ、十河《そごう》因幡守・香西《こうざい》越後守を大将としてたてこもった。

四月十七日、信長公は馬で戦場に出られ、敵を取り巻き攻められた。

四月十九日、夜に入ってほうぼうで敵と対戦、もみ合う中を、火矢《ひや》を射込み、堀に埋め草をつけて渡り攻め入り、大手（正面から攻めかかる軍勢）と、からめ手（敵の背面、城の裏門を攻める軍勢）から積極的に討って出た。ところが香西越後守は生け捕りになって縄をかけられ、目をやぶにらみにし、口をゆがめ御前に引きすえられた。信長公は夜中ではあったが香西と見知られて、日ごろからふとどきな態度をとっていたことを責められ、殺してしまわれた。

記録によるとあげた首は香西越後守・十河因幡守・十河越中守・十河左馬允・三木五郎大夫・藤岡五郎兵衛・東村《ひがしむら》大和守・東村備後守で、このほか、屈強の侍百七十余人が討死にをしている。

高屋にたてこもっていた三好笑岩は、松井友閑を仲に立てておわびごとを申して来たので、信長公がお許しになった。

信長公は塙九郎左衛門に命ぜられ、河内の国の高屋の城をはじめとして、ことごとく城を取り壊された。大坂一城のみの落城はもう日時の問題となった。

四月二十一日、京都にお入りになり、軍兵をおさめられ、国ぐににもろもろの税を課せられた。

四月二十七日、信長公は京をおたちになる。坂本から明智(光秀)の舟で佐和山に行かれる予定であったが、思いのほか琵琶湖に風が吹き出て常楽寺へおあがりになり、陸路で佐和山へお着きになった。

四月二十八日、午前八時ごろに岐阜へご帰着。

(4)長篠の合戦

五月十三日、三河の国長篠《ながしの》の城を後方から支援するため、信長公および嫡男菅九郎《かんくろう》殿(信忠)が出馬され、その日、熱田に陣を構えられた。熱田神宮の摂社八剣宮《はちけんぐう》が破損し、目も当てられぬほどにいたんでいるのをご覧になって、さっそく修築するように、大工岡部又衛門にお命じになった。

五月十四日、岡崎にお着きになった。翌日はご滞在になり、十六日は、牛窪の城にお泊まりになる。この城の整備に丸毛《まるも》兵庫頭(長照)・福田三河守をお置きになり、十七日、野田原に野陣《のじん》を構えられた。十八日、長篠にお着きになり、ご自身は志多羅《したら》の郷の極楽寺

長篠合戦図屏風

山に陣を設けられ、菅九郎殿は新《にいみ》御堂山《どうやま》に陣をお取りになった。

この志多羅の郷は地形が一段と低い窪地になっている所なので、敵の武田軍に見えないように、とぎれとぎれに三万ばかりの兵を配備された。先陣には国侍があたることになったので、徳川家康公はころみつ坂の上の高松山に陣をとられ、滝川左近将監（一益《かずます》）・羽柴藤吉郎（秀吉）・丹羽五郎左衛門の三人は有海《あるみ》原《はら》に陣をしいて、敵将武田四郎（勝頼）と対陣し、東側にそなえた。

家康公は、滝川左近将監の軍の前に、騎馬武者の侵入を防ぐための柵を取り付けられた。その有海原の要害は、左は鳳《ほう》来寺《らいじ》山から西に太山《たいさん》が続き、また右手は鳶《とび》の巣山から西方一帯に連なる深山である。ふもとを乗本川《のりもと》が山に添って流れている。この二つの山の間は三十町ほどであろうか。鳳来寺山のふもとからは滝沢川が流れ、北から南に向かって流れている乗本川に合流して大野川になっている。長篠は南西が川であって、平らな所である。

川を前にして、武田四郎が鳶《とび》の巣《す》山にのぼり、軍陣をかまえたら、織田方はなんともしようがなかったのに、武田四郎は長篠の城への攻撃には七人の武将を当て、自分は滝沢川を越えてやって来た。有海原に三十町ほど踏み込み、前の谷をとりでとして、甲斐・信濃・西上野の小幡氏・駿河衆・遠江衆・三河の中で、作手《つくで》・段嶺《だみね》・武節《ぶせち》衆を加えて、総勢一万五千人ほどを十三か所に分けて、西向きに軍陣をしいていた。敵・味方の軍陣は二十町ほどの間隔で向かい合っていた。

これを信長公はご覧になって、「今回の戦いで武田方が大河をうしろにしてこんなに近くに布陣しているのは、天のめぐみである。ことごとく討ち取るべきである」とお考えになり、御味方からは一人の損害も出さぬようにとご賢察をなさった。信長公は坂井左衛門尉をお側にお呼びになり、家康付きの者のうちから、弓・鉄砲のすぐれた者二千人ばかりをおつけになり、坂井左衛門尉を大将とされた。それからご自身のお馬回りの者・鉄砲五百ちょうと共に、金森五郎八・佐藤六左衛門・青山新七の子息・佐藤市左衛門をご検使としてつけられ、合計四千人の陣容で、五月二十日、夜の十時すぎに乗本川を越えて、南のほうの高い山中をう回して、長篠の上の鳶の巣山へ向かった。

五月二十一日、午前六時過ぎ、山上に立ち、旗を上方高く掲げて、ときの声を上げ、数百ちょうの鉄砲をいちじに発砲し、攻撃して来る武田方の者を追い払い、長篠の城にはいり、城中の者と一緒になって、武田方の小屋小屋を焼き払った。ろう城していた者たちもたちまち自由になり、七人の武将をいただいた武田軍は案外にねばりがなく、負けてしまったので、鳳来寺を目ざして落ちのびて行ってしまった。

信長公は家康公の陣所に高松山という小高い山のあるのにお登りになって、敵の動きをご覧になり、ご命令があり次第、軍兵が活躍するようにと、前もって命じておかれた。鉄砲百ちょうほどを、佐々内蔵助（成政《なりまさ》）・前田又左衛門（利家）・野々村三十郎・福富平左衛門・塙九郎左衛門を御奉行としてうたせ、敵方に近ぢかと足軽をつめ寄らせて、それを信長公はご覧になった。また前とうしろからお攻めになり、敵方も軍兵を出して応戦した。

武田勝頼画像

武田軍は一番目に、山県《やまがた》三郎兵衛（昌景《まさかげ》）が進軍の合図の推《お》し太鼓を打って掛かってきた。しかし鉄砲でさんざんにうち立てられ、引き退いた。二番手の逍遥《しょうよう》軒は、入れ替わりたち替わり攻めて行けば退き退けば攻めてくる。信長公のご命令どおり、織田方が鉄砲で逍遥軒の率いる軍兵の過半数をうったとき退却したのであった。

三番手に西上野の小幡一党が赤武者姿で入れ替わり立ち替わりかかってきた。関東衆（武田軍）は馬上の戦いが上手で、このときも馬を用いて推し太鼓をうちながら、かかって来た。こちらも軍兵をそろえて身を隠し、鉄砲で待ちうけて、うったところ、大半がうち倒されて、軍兵がいなくなり、引き退いた。四番手には典厩《てんきゅう》一党が、黒武者姿でかかって来た。

このように敵は軍兵が入れ替わり、立ち替わりするけれども、織田方は一人も前に出ず、鉄砲ばかりをうち出して、足軽であしらった。武田軍はこれに圧倒されて、軍兵をうたれ、引きしりぞくばかりであった。五番手に、馬場美濃守が推し太鼓をうちながら、かかって来た。しかし織田方では軍兵をそろえて応戦し、前と同じように武田方の多数が鉄砲でうたれて、引いていってしまった。

五月二十一日、日の出から東北東のほうへ向かって、午後二時ごろまで入れ替わり立ち替わりに戦った。武田軍は軍兵が討たれ、しだいに残り少なくなって、いずれの軍団も武田四郎の旗の下に集まり、とうていかなわぬと見てとったか、鳳来寺をさしてどっと逃げ落ちて行った。

そのとき、武田軍は前後の軍勢をみだし、これを信長公が追撃させられ、首を多数討ち取った。その氏名がわかっている者だけでも、山県三郎兵衛・西上野小幡・横田備中・川

窪備後・真田源太左衛門・土屋宗蔵・甘利藤蔵・杉原日向・名和無理介・仁科・高坂《こうさか》又八郎・奥津・岡辺・竹雲・恵光寺・根津甚平・土屋備前守・和気善兵衛・馬場美濃守らがいた。

なかでも馬場美濃守（信春）の活躍は比類のないりっぱなものであった。このほか、主だった侍・雑兵一万人ほどが討ち死にをしている。また、山に逃げのびて飢え死にをし、あるいは、橋から落とされて、川に入り溺死した者は数限りがない。武田四郎勝頼は秘蔵の馬を虎口《こぐち》で乗り損じ、捨てた。いちだんと乗心地がよく比類のない名馬であるとの評判を聞かれて、信長公はそれをうまやにそのままつながれた。また、三河のことを命じられた。

五月二十五日、信長公は岐阜へお帰りになった。今回の戦いの余勢をかって、家康公は駿河に六月二日ご侵入、いたるところに火をかけ、威勢を示してお帰りになった。遠江高天神《たかてんじん》の城は武田四郎の持ち城であるが、そこが落ちるのも時間の問題であろう。

岩村の城には秋山（虎繁）・大島・座光寺を大将として甲斐・信濃の国の軍兵がたてこもっていた。ただちに菅九郎殿（信忠）が騎馬隊を向けられ、周囲を取り巻き攻めたのでこれまた織田方の手に落ちたことはもちろんである。

信長公は三河・遠江両国のことを家康公にまかせられた。家康公は長年の心配がなくなって、ご満足であられた。この信長公のように、御味方が無事で、これほどまでに強敵を手ひどく打ちのめした例はないことであった。武勇にすぐれた者としてこれ以上の幸運な方はいられないと思われる。その威勢はあたかも朝日が朝露をあとかたなく消してしまうようなものである。武と徳は、車の両輪のようなものである。信長公は名を後世に残そうと望まれ、数か年は山野・海岸をすみかとし、武具を枕として弓矢をとる者が目ざす天下統一の事業のために、かずかずのご苦労を続けられている。これはいくら申し上げてもかえって申し尽くせないものである。

(5) 山中の猿

さて、哀れな話があった。美濃の国と近江の国との境に山中という所がある。その道のかたわらで、不具者が雨露に打たれて、こじきをしていた。信長公はこれを京への上り、下りのたびにご覧になり、あまりにかわいそうに思われ、あるとき、「だいたいこじきというものはその住所が定まらず流れ流れて行くものなのに、この者だけはいつも変わらずこの地にいるのは、どのような事情があるのか」とご不審のあまり、土地の者にお聞きになった。土地の者は、「この山中でその昔常盤《ときわ》御前(源義経の母)を殺した者がおります。その因果によって子孫に、代々不具者がでて、あのようにこじきをするのです。『山中の猿』というのは、この者のことです」とお答え申し上げた。

六月二十六日、信長公は急に京にお上りになった。諸用に紛れてご多忙中にもかかわらず、あの山中の猿のことを思い出されて、木綿を二十反御みずから取り出し、お持ちになって山中の宿に行き、馬を待たせられ、「この町の者は、男女のすべてがここに集まるように。言いたいことがある」とおふれを出された。

人びとはどのようなことをおっしゃられることかと、緊張して御前に出ると、木綿二十反をこじきの猿に与えられた。それをここの者たちで受け取り、「この反物半分でもって、だれかの家の隣に小屋を造ってやり、飢死しないように情をかけてやってほしい」というおことばがあった。その上、「この近郷の者はこのこじきのために、麦の収穫のときにはそれを一度、秋には米を一度、一年に二度ずつ、毎年安心できるように、少しずつこのこじきに与えてくれれば、自分は嬉しい」とおっしゃられた。もったいなさのあまり、こじきの猿はいうまでもなく、この山中の町中の者たちで、ありがたさに涙を流さぬものはなかった。お供の者ももらい泣きしたのである。

さらに信長公は、お伴の人たちにもすべて扶持をご加増になり、そのありがたいおこころざしは、申すこともできないほどすばらしいありさまであった。このようにご慈悲深いなさりようであるから、なおいっそう神々のご加護によって、ご一門が長々に栄えられることと思われる。

六月二十六日、信長公は上京なさる。その日佐和山で少し休息なさってから、速力の早い小型の舟に乗られ、坂本から琵琶湖上をお渡りになった。風が少し吹いていた。お小姓たち五、六人をお連れしていた。六月二十七日、京都にご到着。相国寺を宿となさった。
七月一日、摂家《せっけ》・清華《せいが》の家柄の公家、それに播磨の別所小三郎・別所孫右衛門（重宗）・三好笑岩（康長）・武田孫犬・逸見《へんみ》駿河守・粟屋越中守・熊谷伝左衛門・山県下野守・内藤筑前守・白井・松宮・畑田の諸氏が在京。塩河伯耆守はお馬をちょうだいした。畿内諸国のおもだった人たちが出仕申した。

（6）禁中蹴鞠の会

七月三日、宮中で正親町天皇の皇子誠仁《さねひと》親王が蹴鞠の会を催された。その古式にのっとった儀式のすばらしさはたとえようもない。信長公はお馬回りだけを連れて、蹴鞠の会へ出席された。そして黒戸の御所の御置《お》き縁《えん》までうかがわれた。もったいなくも内侍所で天盃（天皇から賜る酒盃）をちょうだいした。蹴鞠のご見物場所は清涼殿のお庭である。

　御鞠の会次第

天皇は黒戸の御所にご出御。
誠仁親王・御鞠ご参加者について
親王　立烏帽子、御直衣〔色は二藍《ふたあい》（紅《くれない》と藍《あい》とで染めた色）〕、御指貫《さしぬき》（くくり袴）。

天皇は黒戸の御所にお出まし

軒

初（回戦）八（人）　（西）

勧修寺大納言
○飛鳥井中将 雅敦朝臣
○御
三条大納言

藤宰相
○飛鳥井大納言
○五辻為仲朝臣
庭田新大納言

軒

二（回戦）八（人）　（西）

竹内長治朝臣
○甘露寺中納言
○日野輝資
勧修寺左大弁

三条殿御方 宰相中将
○山科左衛門督
○飛鳥井中将
三条侍従 公宣朝臣

（注）○印は庭の四すみに植える木（四本がかり〈松・桜・柳・かえで〉）

軒

三（回戦）八（人）　（西）

藤宰相御方永孝
○中院通勝朝臣
○広橋左少弁兼勝
薄以継

庭田御方 源宰相中将
○万里小路光房
○水無瀬御方 親貞朝臣
五辻御方源宣仲

軒

（西）　晩及（夕方の試合）

藤宰相
○御
○勧修寺大納言
飛鳥井中将

三条大納言
○五辻源為仲朝臣
○飛鳥井大納言
烏丸御方 光宣朝臣

あとでお召し替えになったのは、あらたまった装いの御そばつづきである。色は紅。

ご参会の人びとは、みな烏帽子をつけ、白砂を敷きつめたまり場には猫掻《ねこか》いというむしろをしかれた。

三条大納言殿（実枝）　直衣〔色は白〕、御指貫。

勧修寺大納言殿（晴右）　狩衣《かりぎぬ》〔色は檜《ひ》皮《わだ》（濃い小豆色に黒みのある色）〕、同。

飛鳥井大納言殿（雅教）　上衣（布衣）〔色は紫〕、御くず袴（くずから取った布で織った袴）。

庭田大納言殿（重保）　狩衣〔色はもえ黄（黄と青との中間色の明るい色）〕、同。

甘露寺中納言殿（経元《つねもと》）　上衣〔色は玉虫〕、同。

藤宰相殿（永相）　上衣〔色は紫〕、同。

山科左衛門督殿（言経《ときつね》）　上衣〔色は紫〕、同。

源宰相中将殿（重通）　上衣〔色は紫〕、同。

左大弁宰相殿（晴豊）　上衣〔色はとかげ（緑褐色）〕、同。

三条宰相中将殿（公明）　上衣〔色はもえ黄〕、同。

左頭中将殿（実彦）　御冠、束帯（正装）。

飛鳥井中将殿（雅敦）　上衣〔色は玉虫〕、御くず袴。

烏丸弁殿（光康）　上衣〔色は紫、生地は紋紗《もんしゃ》（模様を織り出したもの）〕、同。

竹内右兵衛佐殿（長治）　上衣〔色はもえ黄〕、同。

中院殿（通勝）　上衣〔色は紫の染め色〕、同。

水無瀬《みなせ》殿（兼成）　上衣〔色はもえ黄、生地は紋紗〕、同。

三条侍従殿（実綱）　上衣〔色は紺地、絵がある〕、同。

日野殿（輝資）　上衣〔色は紫〕、同。

広橋殿（兼勝）　上衣〔色は紺地、生地は紋沙〕、同。

永孝殿　上衣〔生地は、金紗（金糸を織り込み模様を縫い出した紗）〕、同。

権右少弁殿（万里小路《までのこうじ》充房《あつふさ》）　上衣〔黄色、緑青色の絵がある〕、同。

薄《すすき》（以継《ゆきつぐ》）殿　すおう色のかさね。

新蔵人殿　上衣〔柳色〕。

右のような次第であった。

七月三日、信長公に対して「官位を進めるように」と朝廷からの勅命があったが、固く辞してお受けにならない。しかし内々には家臣の官位の昇進についてはお考えになっていらっしゃったのか、ご家老衆のうち、松井友閑は宮内卿の法印に、武井夕庵は二位の法印に任ぜられた。また明智十兵衛は惟任日向守に、簗田《やなだ》左衛門太郎は別喜右近《べっきうこん》に改められ、丹羽五郎左衛門は惟住《これずみ》氏に改められた。もったいないほどのご配慮である。

七月六日、上京・下京の者たちが、上京の妙顕寺《みょうけんじ》で能を演じ、信長公にお目にかけた。

桟敷にいたのは摂家・清華の方々と、夕庵・友閑・長安（楠正虎）・長雲たちだけだった。能は八番演じられ、能楽師は観世与左衛門・観世又三郎であったが、信長公のご希望で特別に大つづみをお聞きいただいた。

七月十五日、ご帰城。

さて、信長公は、宇治川の下流の大橋、勢田《せた》の橋のかけ替えを、山岡美作守・木村次郎左衛門の二人に命じられ、その材木を朽木《くつき》山中から取り寄せた。七月十二日が吉日であるというので、柱立てを行った。橋の広さは四間、長さは百八十間余り。両側に手すりをつけ、「末代に至るまで、人びとが利用できるように、じょうぶにかけておくように」と、信長公からお言葉があった。天下のための工事とは言いながら旅人に御思いやりを示されたのである。

十五日、信長公は常楽寺までお出になり、十六日に垂井にお泊まり。十七日、曽根《そね》にお立ち寄りになった。ここをあずかる稲葉伊予守（良通）は恐縮して、孫たちに能を演じさせてご覧に入れた。そのとき信長公は腰に差しておられた刀一ふりを伊予守の子彦六（貞通）の子息に与えられた。

七月十七日、岐阜にご帰城。

(7) 越前の一向一揆を退治

八月十二日、越前へ向けてご進発。その日垂井に陣を設けられた。十三日、羽柴筑前守の小谷《おたに》の城にご宿泊。このとき、筑前守の所から将兵全員に食糧を配った。十四日、敦賀にお泊まり。武藤宗右衛門の所に陣をとられた。

敵がたてこもっている城々。

一、虎杖《いたどり》の城。当城をじょうぶにこしらえ、下間《しもつま》和泉守が大将となり、加賀・越前の一向一揆の者どもを従えて陣をかまえている。

一、木目峠《きのめ》。石田の西光寺《さいこうじ》を大将として一揆どもを従えて陣をかまえている。

一、鉢伏《はちぶせ》の城。専修寺・阿波賀三郎兄弟が越前衆とたてこもっている。

一、今城・火燧《ひうち》が城。両城をじょうぶに構え、昔のように(寿永《じゅえい》二年四月、平家の追討軍を迎えて、木曽義仲軍がとった守備の模様を指す)、能美《のうみ》川・新道川の二つの川の合流する所をせき止め、水を湛え、下間筑後守が大将となってたてこもっている。

一、大良越《だいらごえ》・杉津《すいつ》の城。大塩の円強寺《えんこうじ》・加賀衆が加勢して、在城している。

一、海岸に新城を築き、若林長門守・子息の甚七郎父子が大将となって、越前衆が厳重に警備している。

一、府中の中に竜門寺を築き、三宅権丞《ごんのじょう》が守護している。このように敵方は防ぎとめ、堅固に足場を構築し、厳重にたてこもっているとのことであった。

八月十五日、思いがけなく雨風の強い日であったが、すべてが出陣した。越前衆・浪人を先陣とし、前波《まえば》九郎兵衛父子・富田弥六・毛屋《けや》猪介・佐久間右衛門尉・柴田修理亮・滝川左近・羽柴筑前守・惟任《これとう》日向守・惟住《これずみ》五郎左衛門・別喜《べつき》右近・長岡兵部大輔（藤孝）・原田備中守（塙九郎左衛門）・蜂屋兵庫頭（頼隆）・荒木摂津守・稲葉伊予守・稲葉彦六・氏家左京亮・伊賀伊賀守・磯野丹波守・阿閉《あつじ》淡路守・阿閉孫五郎・不破河内守・不破彦三・武藤宗右衛門・神戸三七信孝・津田七兵衛信澄・織田上野守・北畠中納言・同伊勢衆をはじめとして三万騎あまりがそれぞれの戦法を争い、大良越へ幾つもの路から乱入した。

海路をとり、若狭から攻める者たちは、粟屋越中守・逸見《へんみ》駿河守・粟屋弥四郎・内藤筑前守・熊谷伝左衛門、山県下野守・白井民部丞・松宮玄蕃充《げんばのじょう》・寺井源左衛門・香川右衛門大夫・畑田修理亮らである。

丹後から攻める者たちは、一色殿（義定）・矢野（藤市）・大島対馬守・桜井豊前守らであって、数百そうの舟を繰り出し、旗頭を立てて越前の浦々・港々に上陸し、あちらこちらに放火をした。

一向一揆の円強寺・若林長門守父子は軍兵をくり出してくる。しかし、惟任日向守・羽柴筑前守の両大将以下はものの数とも思わず追い落とし、二、三百人を討ち取った。円強

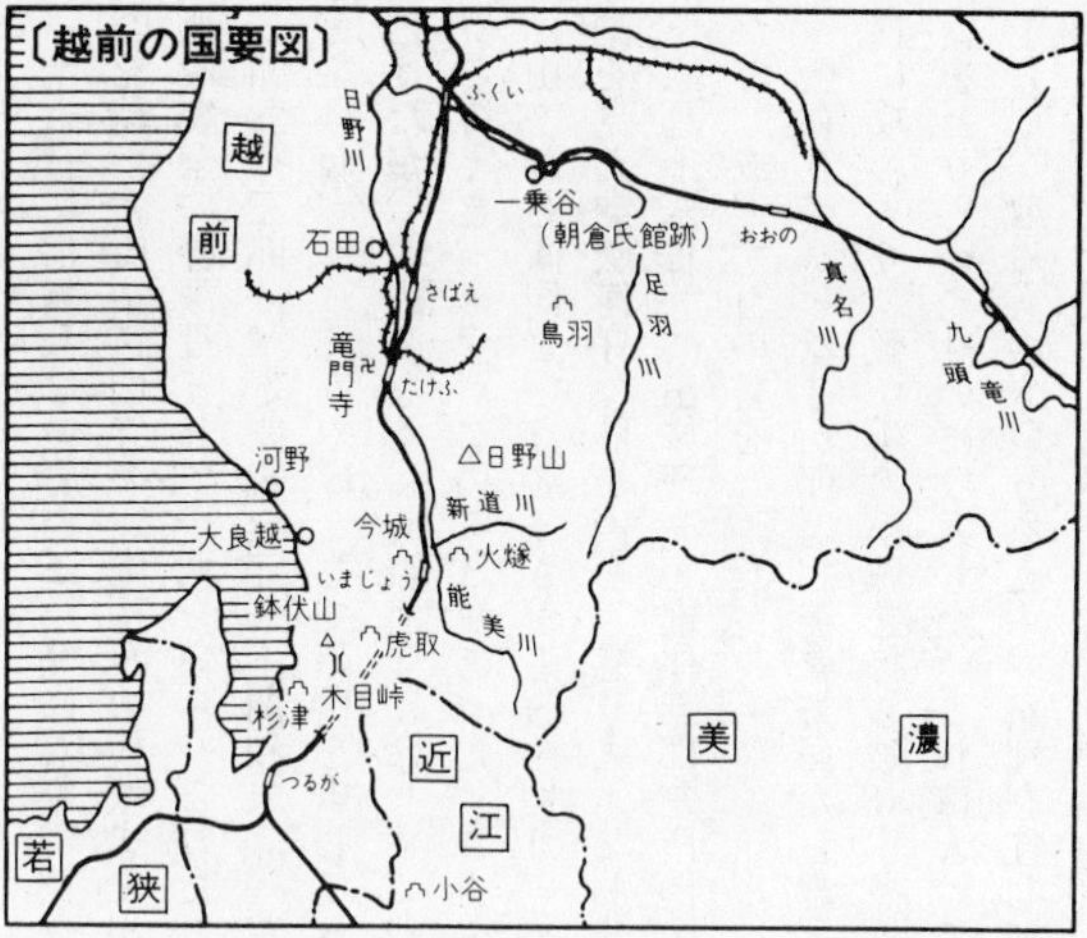

〔越前の国要図〕

寺・若林両氏の居城に乗り込み、焼き払った。

八月十五日に、首を敦賀に送り届け、信長公にもご披露に及んだ。その日の夜に入り、府中竜門寺の三宅権丞がたてこもっている根城に忍び入り、そこを乗っとって近辺に放火した。木目峠・鉢伏・今城・火燧が城に立てこもっている者たちは、その放火のしらせに胆をつぶし、府中をさして退却する。それを羽柴筑前守・惟任日向守二名の率いる兵卒が追い、府中の町で加賀・越前両国の一揆二千余騎を切り捨てた。この間の活躍ぶりのみごとさは言うに及ばない。敵方の阿波賀三郎・阿波賀与三兄弟は信長公にお許しを願い出たのであるが、お聞き届けにならず、原田備中守に命じその命を絶たれてしまった。

十六日、信長公は敦賀をご出発になり、側近のお馬回りのほか、一万余騎を率いて木目峠を越え、府中竜門寺の三宅権丞の根城まで出撃された。ここで福田三河守に命じられて、道中安全の警護役として今城を守らせられた。

朝倉孫三郎は、下間筑後守・下間和泉守・専修寺らが山村に隠れていたのを探し出して首をはね、これをみやげとして降伏を申してきた。朝倉孫三郎はわび言を申し上げ許しを乞うたが、お許しなく、向駿河守《むかい》に命じて、殺害された。

このとき、めずらしいことがあった。以上のようすを見た孫三郎の家来の金子新丞父子と山内源右衛門という者三人が追腹を切り、主人への忠誠を示したのである。これらの行動を見た向駿河守は肝を消し、感じ入ってしまったのである。

八月十八日、柴田修理亮・惟住五郎左衛門・津田七兵衛の三人は、鯖江《さばえ》の鳥羽城に攻めかけ、五、六百の首をとった。

金森五郎八・原彦次郎は、美濃方面から郡上《ぐじょう》方面に戦いをしかけ、根尾・徳山から大野郡に攻め入り、数か所の小城を打ち破り、多くの将卒を切り捨て、もろもろの攻め口と連絡をとり、いっせいに放火した。これによって国じゅうの一揆はほとんどが、うち負け逃走して、取るものも取りあえず、右往左往して山々に逃げ込んでしまった。しかし信長公は、「いどころがわかり次第山林を捜し当て、男女の別なく切り捨てるように」と命令を出された。

八月十五日から十九日にかけて、信長公は敦賀にご滞在。その間、方ぼうから召し取って差し出された敵兵は、合わせて一万二千二百五十余りと記録されたそうである。信長公はこれらをお小姓衆に命じて殺された。

そのほか、諸将の国ぐにに捕らえ帰った男女の数には限りがない。生け捕りと殺された分とを合わせると三、四万にも及んだであろうか。

八月二十三日、一乗の谷へ信長公はご陣営を移された。「先陣の稲葉伊予守父子・惟任日向守・羽柴筑前守・永岡兵部大輔・別喜《べっき》右近らは、加賀まで攻め入った」との報告があった。

八月二十八日、豊原《とよはら》にご陣営を移された。

さて、敵方を裏切った堀江中務丞・小黒の西光寺は、かねがね言いわけを申しあげるのに筋が通っており、お許しをうけたので、そのお礼を申し上げた。加賀の能美《のみ》・江沼《えぬま》の二郡が味方の手に落ちたので、檜屋《ひのや》の城・大聖寺山《たいしょうじやま》の二つの城を作られ、別喜右近・左々権左衛門、それに堀江中務丞をそこに置いた。信長公は十日余りのあいだに加賀と越前の両国を支配された。そのご威光は申しあげてもかえって不十分なくらい、すばらしいものである。

九月二日、豊原から北庄へ信長公が来られ、築城のため縄を張る基礎工事を始められ、要害を築くよう命じられた。この北庄のご普請場で、高島郡打下《うちおろし》の土豪の林与次左衛門が切腹させられている。というのは去る元亀元年（一五七〇）十一月志賀での戦いのとき（巻三（10）参照）、林与次左衛門は浅井・朝倉軍を援軍として誘い出し、早舟で信長公を追って、さび矢を射かけ申した。その無礼を信長公がお恨みになっていたからである。

越前の国、八郡を柴田修理亮に与えられた。ただし大野郡のうち三分の二を金森五郎八に、三分の一を原彦次郎に与えられ、大野郡に在城するように取り決められた。また、越前の国の府中に拠点をおかれ、不破彦三・佐々内蔵助・前田又左衛門の三人に今立・南条の二郡を下され、当地に詰めるよう指示された。

敦賀郡は武藤宗右衛門が在地して領すること。惟任日向守はただちに丹波の国を攻めよとのご意向である。また丹後の国は一色殿（義定）に与えられた。

丹波の国の桑田郡・舟井郡を細川殿（藤孝）へ与えられた。なお荒木摂津守はこれも「越前からただちに播磨の奥の郡に出撃し、人質をとりまとめるように」とのご命令がでた。

九月十四日、信長公は豊原から北庄に馬で移動なさった。滝川左近将監・原田備中守・惟住五郎左衛門の三人に北庄足羽山《あすわ》に陣屋の普請を言いわたされた。お馬回り・御弓衆のめんめんが、信長公の前後を囲み申して進む、そのすばらしさは、またひと味ちがった風情があった。加賀・越前両国の侍たちがはせ集まり、縁者のとりなしで信長公へ帰参することができたお礼を申し上げようと、門前市をなすありさまであった。

加賀の奥の郡の一揆は信長公のご帰陣を聞き及んだのであろうか。またまた軍兵をくり出して来たのである。羽柴筑前守は「天のお与えになった好機である」と、すぐさまかけつけて、一戦に及び、屈強な者の二百五十余の首を討ち取って、それから帰陣した。

信長公は越前の国に、次の法令を下された。

定め

一、国内に不法な課役を申しつけてはならない。ただし、差し当たっての事情があって申しつけなくてはならないときには、われわれ（信長）に相談せよ。それに従って課役を申しつけるべきである。

一、国に警備のために置いてある諸侍を、きままに扱ってはならない。できるだけ親切にする必要がある。だからといって、帯ひもをとくように、気楽にさせてよいわけではない。用心し、あれこれ気づかいしてあげるのが肝心である。領地の支配は、配慮を厳重にしてまかせるべきである。

一、裁判に関しては、道理が根本である。けっして不公平なことをせずに、裁決すべきである。もしまた原告・被告の双方がおのおの正当性を主張して決着がつかない場合は、役人を通じてわれわれに相談の上、落ち着かせるべきである。

一、京都の公家衆の領地については、このたびの争乱以前の知行地は返還せよ。その際信長の朱印状が必要である。ただし、朱印状がなくとも、道理ある者については、別に考慮すべきである。

一、信長支配の国ぐにはいずれもすべての関所を廃止している。それゆえ、越前の国も当然同じ処置にすべきである。

一、越前という大国を預けて置くからには、万事について用心深くすべきであって、油断があってはだめである。それにはまず、武事がだいじである。武具・兵糧を蓄えて、五年や十年は確実に持ちこたえられるように配慮することは当然である。要するに、欲を去り、定まった貢納物をきちんと徴収し、役務をはたす覚悟をすべきである。子どもをかわいがらせて、猿楽や遊びごと・物見遊山《ものみゆさん》などをすることは禁止すべきである。

一、鷹狩りをしてはならない。ただし、要害などを築くにふさわしい地形を探る場合は、かまわない。そうでない限りは、鷹の使用を禁ずる。大名の子供たちの場合には、その限りではない。

一、領内の支給分にくいこむ恐れがあっても、二、三か所は家臣に与えぬ所領を残しておくのがよい。「これは忠節にはげむ者を、それぞれの貢献度に従って扶持する土地である」と知らせて、所有しておく必要がある。武事にはげんでいても、恩賞として与える所領がないと、みなが知れば、勇気も忠義心も浅くなるという人情の道理を、当然わきまえておくべきである。その土地に給付人を付けずにおく間は直轄地とすべきである。

一、新しい事態が生じた場合でも、何事においても信長が申す指図に従って実践する覚悟が肝要である。だからといって、当方の指示に非法があるのを承知しながら、口さきだけのうまいことを申し出てはいけない。そういう場合も、なんとか願い出申せば、道理に気がつくはずで、申し出を聞き届け、それに従うはずである。とにもかくにもわれわれを尊敬し、たとえうしろ影を見たとしても、おろそかに思ってはならない。われわれのいるほうへは足をも向けぬ心がけでいることが肝心である。この心得に徹すれば侍としての恩恵も生じ、息長く仕えることができるであろう。思慮をもっぱらにすべきである。

天正三年九月日

越前の国のことは大部分柴田に任せてある。なお貴公らを柴田の目付役として置き、今立・南条の両郡のことを申し付け、その統治の善悪については、柴田勝家に報告させることにした。たがいに磨き合うように努力し、思慮をもっぱらにすべきである。手加減することは、とがむべきことである。

天正三年九月日

不破河内守殿

佐々内蔵助殿

前田又左衛門殿

以上のように仰せつけになって九月二十三日北庄から府中までおいでになった。二十四日、椿坂《つばきざか》でお泊まり。二十五日、不破の垂井にご陣取り。

九月二十六日、岐阜にご帰城。

（8）伊達輝宗、名馬を献上

十月三日、奥州に取りにやっておられたお鷹五十羽が信長公のもとに届く。そのうち二十三羽を召しあげられ、その他は各人にあずけ置かれた。

十月十日、信長公は京に上られた。今回は、上鷹十四羽、はいたか三羽を連れてのご上洛である。その日、垂井にお泊まり。翌日、柏原まで三条殿（実枝《さねき》）・水無瀬殿（兼成《かねなり》）がお迎えとしてお下りになり、佐和山に泊まられた。

十月十二日、永原にご宿泊。勢田の橋が完成したのでご一見になるため、陸路をおとりになってのご上京であったが、橋のありさまは壮大で、見物の者はみなびっくりした。そして摂家・清華・隣国の大名らが勢田・逢坂・山科・粟田口あたりにぎっしりとお迎えにあがり、信長公への崇敬は一方でなかった。信長公は二条の妙覚寺に至って、宿泊された。

十月十九日、奥州伊達（輝宗）方から名馬、がん石黒・白石鹿毛《かげ》のお馬二頭、ならびに

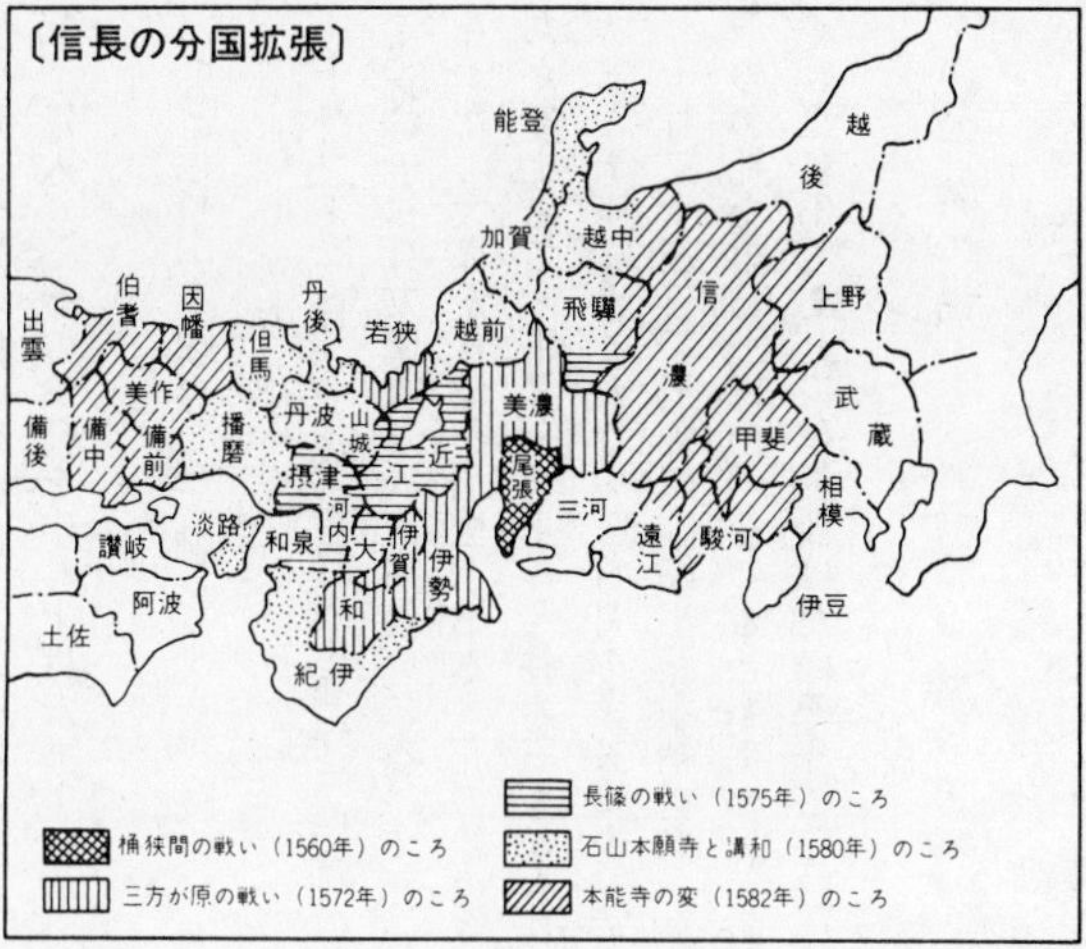

〔信長の分国拡張〕

鶴取り用の鷹を二羽進上された。とりわけ鹿毛のお馬は、奥州でも評判の乗り心地で、比類ない駿馬である。御意にかない、またとなくご秘蔵になった。「この馬は竜の子である」とのことであった。鷹匠として、菅《かんの》小太郎、お馬添いとして、樋口という者が、そえられて参上した。

信長公は、その日清水に参られ、村井長門守に仰せつけられて、右の二名に清水でごちそうなさった。

輝宗へのご返書の記録

虎の皮　五枚。

豹の皮　五枚。

緞子《どんす》　十巻。

しじら　二十枚。　以上

信長公は二人の使者に黄金二枚を下さり両人はお礼を申して帰国した。

十月二十日、播磨の赤松・小寺・別所（小三郎）、その他の大名が参洛、信長公のご支配下に入り、そのお礼を申し上げた。

(9) 石山本願寺、三軸を献上

十月二十一日、大坂（石山本願寺）門跡の件について（当巻（3）参照）、三好笑岩（康長）・松井友閑の二人がお使いに参って、いろいろ申し上げたので、信長公はお許しになった。大坂からは小玉櫊《こぎよくかん》・枯木《かれき》・花の絵の三軸（いずれも茶道具）が献上され、家老たちが参上して、平井・八木・今井の三人がお礼を申し上げた。

また天下にかくれない三日月の葉茶壺を三好笑岩が進上し申した。

十月二十三日、飛騨の国姉小路中納言卿（頼綱）が上洛し、信長公のご配下に入って、そのお礼を申し上げた。そのとき栗毛の馬一頭を進上されたが、これもまたいちだんとすぐれた名馬であり、信長公はたいそうご秘蔵になった。

(10) 茶の湯

十月二十八日、京都・堺の風流人十七名をお招きになって妙覚寺で茶の湯のもてなしをされた。

お座敷の飾り

一、御床に、遠寺晩鐘《ばんしょう》の名画（若芬玉澗筆《じゃくふんぎょくかん》の瀟湘《しょうしょう》八景の一）。三日月という銘のルソンの茶壺。

一、違い棚に、置物、七つの台（梅の台とも称す）に白天目《しろてんもく》（すりばち形の抹茶茶わん）。内側を赤く塗った盆につくもかみ（茶壺）を置く。

一、下には、水こぼしのふたをしたまま置かれ、乙御前《おとごぜ》のお釜がある。

一、松島のお茶壺のお茶。

一、茶の湯をつかさどる茶頭《さどう》は千宗易《そうえき》（利休）。それぞれが生涯の思い出となるような、すばらしい茶会であった。　以上。

（11）信長、昇殿

そうしているうちに、信長公は右大将に任ぜられ、その拝賀の儀式を行われるために、十月初めから木村次郎左衛門を御奉行として、宮中に拝賀の陣座を造られることになり、すぐに完成した。天正三年（一五七五）十一月四日、信長公はご昇殿が許され、大納言のお位に任ぜられた。

同月七日、参内してご拝賀、そのお礼をなさった。正親町天皇は三条大納言殿（実枝）をご名代《みょうだい》としてそれをお受けになった。そのときのご警固として、御弓衆百人が信長公にお供申し上げ、もったいないことに信長公は天皇からお盃をちょうだいした。前代未聞の面目である。信長公のご威光は例がないほどのすばらしいものであった。

この折、信長公は右大将に兼ねて大納言に進まれ、お礼に砂金・巻物をたくさん天皇に献上された。天皇はそれらを公家衆に分配され、領地を差し上げられて、ご名誉をほどこされたのであった。

(12) 武田勝頼、進攻のうわさ

武田四郎は、味方である美濃の岩村に後方から援軍を送るために、甲斐・信濃の土民・百姓までかり集めて引率し、「すでに岩村をめざして向かった」という報告が届けられた。そこで、十一月十四日午後十時すぎ、信長公は京都をご出立になって、夜も昼も休まず急がれ十五日に、岐阜城におつきになった。

去る十日の夜、岩村を攻める織田方が陣を固めている水晶山《すいしょうざん》に、敵方の武田軍から夜討ちがかけられた。河尻与兵衛・毛利河内守・浅野左近・猿荻《さろうぎ》甚太郎らが方々を押さえて織田軍を水晶山から追い払い、武田勢が岩村の城にたてこもり、柵をひき破って、夜討ちの者と一緒になって、織田方をはさみうちにしようとしたのである。

（13）織田信忠、岩村城を討つ

そのとき、信長公の嫡子菅九郎殿（信忠）が、先駆けをなされ、敵の城兵を城に追い入れられたのである。今回のご活躍の評判は、申すまでもない。夜討ちの者は、山々に逃げ散ったが、それを尋ね出し、甲斐・信濃の大将二十一人と、侍、千百余名を切り捨ててしまった。岩村にろう城している者は、精力を使いはたし、「一命をお助けくださるように」と、塚本小大膳を仲に立ててわびてまいったのである。そこで、塚本小大膳を目付に、塙伝三郎にお許しのことをお命じになった。

十一月二十一日、岩村にたてこもっていた秋山（虎繁）・大島・座光寺の三名がお許しのお礼に参上した。それを召し取り、岐阜へ召し寄せられ、この三名を長良の河原にはりつけにしてさらして置かれた。そのほか、岩村の残党を岩村城中の遠山市丞丸へ追い込まれた。時を移さず市丞丸へ切り込んだが、遠山二郎三郎・遠山市丞・遠山三郎四郎・遠山徳林・遠山三右衛門・遠山内膳・遠山藤蔵らも城内から切って出て、さんざんに戦って、織田方を切りくずし、多数の者に傷を負わせ、ついに切腹してはてた。残党はことごとく焼き殺しになさった。

武田四郎はこのことを聞いて、本国にすげなく馬を帰してしまった。織田菅九郎殿は思うままに命令を下され、岩村の城へ、河尻与兵衛を入れ置かれて、十一月二十四日、岐阜にご帰陣になった。

(14) 信忠、秋田城介となる

このたび、菅九郎殿は、抜群のご活躍をされたので、その働きについてもったいなくも正親町天皇からご内勅をいただき、秋田城介にご任命された。おめでたいかぎりである。

(15) 信長、信忠に家督を譲る

十一月二十八日、信長公はご家督を秋田城介殿にお譲りになった。信長公が三十年にわたり粉骨砕身されてお住みになった岐阜城は金銀をちりばめて美しいが、そのお城と星切りのご名刀〔これは曽我五郎所持の太刀である〕、その他に集めて置かれたお道具類や世界的な重宝のありったけを、また尾張の国、美濃の国を共にお与えになった。信長公は茶の湯のお道具だけを手許に残して置かれ、お住まいは佐久間右衛門尉の私宅に移された。御父子ともにご果報の限りである。めでたい、めでたい、大慶至極である。

信長公記　巻八　終

巻九　湖畔にのぞむ安土城（天正四年）

（1）安土山に築城

天正《てんしょう》四年（一五七六）正月中旬から、信長公は近江の安土《あづち》山城のご造営を、惟住《これずみ》五郎左衛門（長秀）に命じられた。二月二十三日、信長公は安土にご居城を移された。城のできぐあいは、信長公のお心にかない、ごほうびとして有名な青磁の珠光《しゅこう》茶わんを五郎左衛門に与えられた。ありがたいことである。お馬回り衆には安土山のふもとにそれぞれお屋敷地を与えられ、屋敷を築くよう言い渡された。

四月一日から、安土山に大石で城郭を築くために、石垣を高く積み上げ、またその中に天守閣を築かせるお心づもりで、尾張・美濃・伊勢・三河・越後・若狭・畿内の諸侍、および京都・奈良・堺の大工やもろもろの職人たちを呼び寄せ、安土に住まわせられた。それにかわら焼きにすぐれた唐人一観《いっかん》を加えて、唐風に構築するようお言い付けになった。観音寺山・長命寺山・長光寺山・伊場山の各地から大石を引きおろし、千人・二千人、と

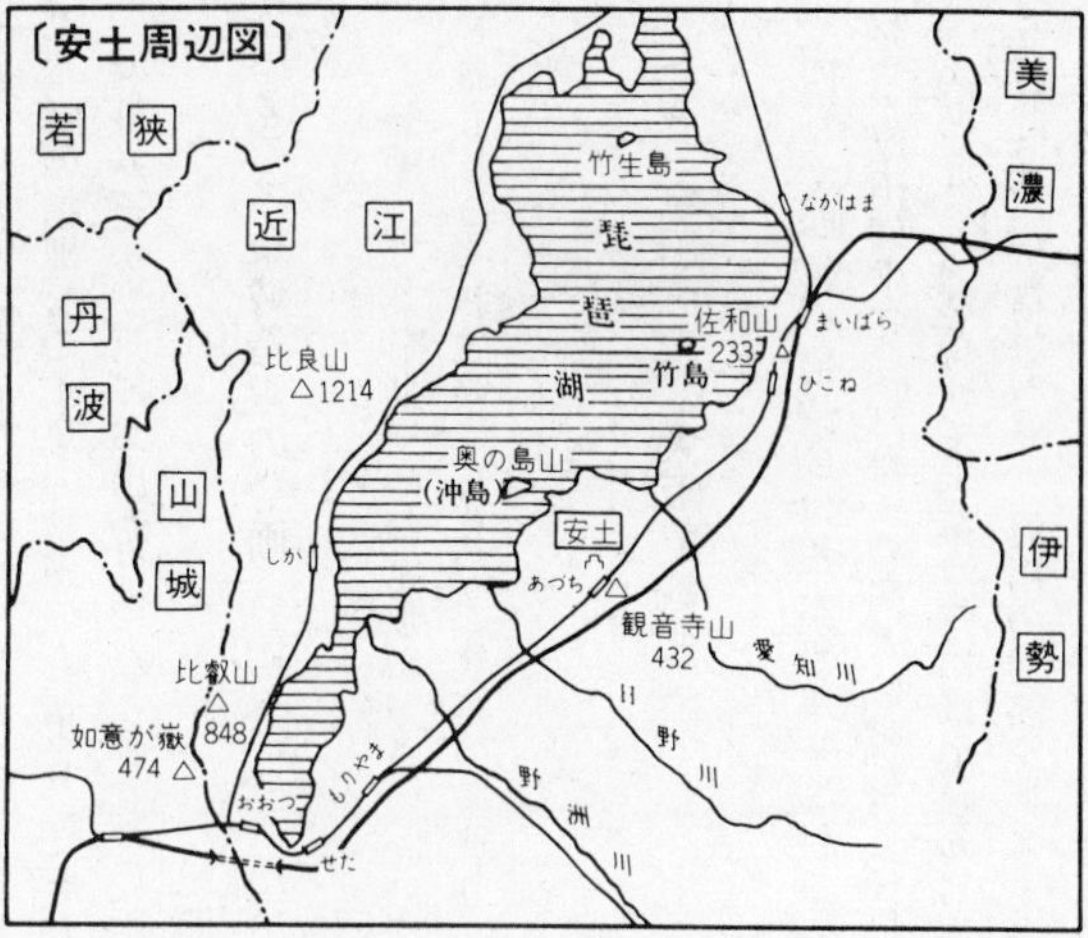

きには三千人の人足に割りあてて、安土山へ引き上げられた。石奉行は西尾小左衛門・小沢六郎三郎・吉田平内・大西である。

小石を取りのけ、大石を選んで運ばれたのであるが、このとき津田坊が大きな石を山のふもとまで運んで来たものの、それが蛇石《じゃいし》という名石でぬきんでた大石であったから、どうしても山へ上げることができなかった。それではと、羽柴筑前守（秀吉）・滝川左近将監（一益《かずます》）・惟住五郎左衛門の三人が力を合わせ、加勢として一万余の人びとを繰り出し、昼夜三日がかりでその石を山に運び上げてしまった。信長公の巧みなはからいで、容易に石を天守閣へ上げることができた。その間は昼といわず夜といわず、山も谷も動くばかりの騒ぎであった。信長公は京都にも御座所の造築を命ぜられるため、安土城ご造営の指揮をご子息の秋田城介信忠公に委ねられる。

四月みそか、京にお出かけになり妙覚寺《みょうかくじ》に宿泊された。

（2）二条城造営の計画

二条殿（二条晴良）のお屋敷が、さいわい空地となっていた。信長公は泉水や庭の眺めをおもしろくお思いになり、ご建築の段取りをあれこれと細かく村井長門守にお話しになられた。

（3）原田直政、大坂で戦死

四月十四日、信長公は荒木摂津守（村重）・長岡兵部大輔（藤孝）・惟任日向守《これとうひゅうがのかみ》（光秀）・原田備中守（直政）の四人に命じ、さらに上方の軍勢を加えて、大坂（石山本願寺）へ兵を進められた。荒木摂津守には尼崎から海上を行かせ、大坂の北野田に三つのとりでを押し並べて構築させ、河川の通路を押さえさせられた。惟任日向守・長岡兵部大輔の両人には、大坂から東南に位置する守口・森河内の二か所にとりでを構築するように命じられた。原田備中守は天王寺に要害を堅固に築いた。

敵は楼《ろう》の岸・木津《きづ》の二か所にとりでを持ち、難波方面からの航路を確保していた。木津を奪えば、敵の通路をいっさい断《た》てるので、「あの村を奪い取れ」と信長公はお命じになる。天王寺とりでには佐久間甚九郎（信栄）・惟任日向守を置き、その上ご検使として猪《いの》子《こ》兵介・大津伝十郎を遣わされた。

五月三日の早朝、先陣に三好笑岩（康長）・根来《ねごろ》・和泉衆、二番手に原田備中守、それに大和・山城衆が協力して、あの木津に攻め寄せたところ、大坂方は楼の岸から打って出て、一万ばかりの軍勢で味方を包囲してきた。そこで数千ちょうの鉄砲でさんざんに撃ち込むと、上方の軍勢はひるんだ。原田備中守はみずからその敵を引き受け、数刻の間戦ったけれども、優勢な敵軍に囲まれ、ついに原田備中守・塙《ばん》喜三郎・塙小七郎・蓑浦《みのうら》無右衛門・丹羽小四郎らは枕を並べて討ち死にした。そのまま一揆どもは天王寺のとりでへほこ先を向け、佐久間甚九郎・惟任日向守・猪子兵介・大津伝十郎・近江衆がたてこもっているのを包囲して攻めたてたのである。ちょうどそのころ、信長公は京都におられた。味方が苦戦という知らせを聞かれると、信長公は出陣の準備をするように、国々へお触れを出された。

（4）信長、大坂へ出陣

五月五日、信長公は天王寺の味方を後方から救援するために、出馬された。ひとえものを着られ、わずかに百騎ほどで若江の陣に着かれた。次の日は滞在して先陣のようすをお聞きになり、軍勢をそろえられたが、とっさのご出陣であったから、うまく態勢を組めなかった。足軽衆・人足以下の者もなかなか追いついてこない。陣に着くのはおもだった者ばかりであった。しかしながら天王寺は、「あと数日間さえ持ちこたえるのはむずかしい」と、たびたび知らせ申して来たので、味方の者がこのまま眼前で攻め殺されては、世間の非難を受けることは必至で、あまりに無念とお思いになった。

五月七日、信長公はお馬を進められ、一万五千ばかりの敵に、わずか三千ほどの軍勢でたち向かわれた。軍勢を三段に配備して住吉方面から攻めかかられる。

先陣の一段は、佐久間右衛門尉・松永弾正・長岡兵部大輔・若江衆である。ここで荒木摂津守（村重）に、信長公は「先陣をつとめよ」と命じられたが、摂津守は「われわれは木津方面の守備を引き受けましょう」と申して、おうけしなかった。信長公はあとになって、「摂津守に先陣をさせなくてよかった」と言われた。

二番手は、滝川左近将監（一益）・蜂屋兵庫頭（頼隆）・羽柴筑前守・惟住五郎左衛門・

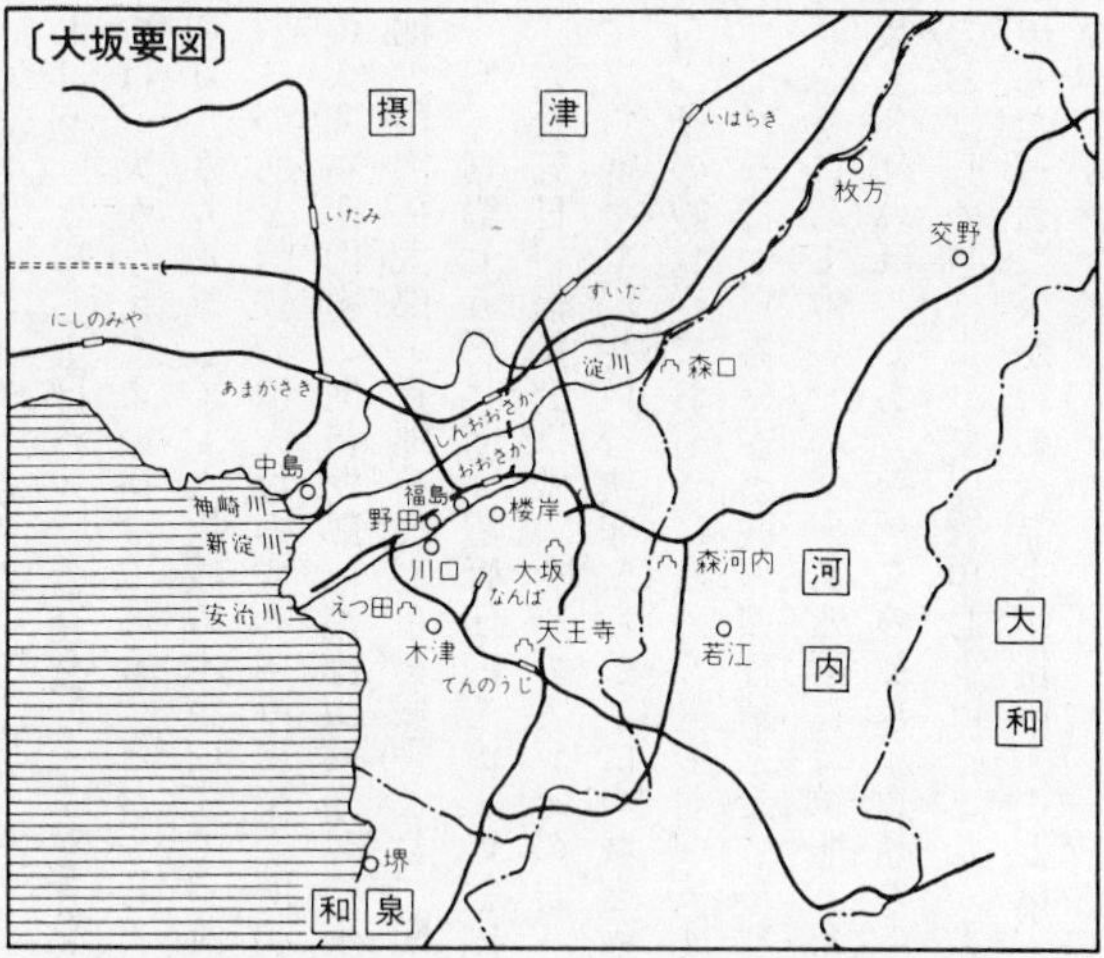

稲葉伊予守・氏家左京亮・伊賀伊賀守（定治《さだはる》）である。

三番手は、お馬回り衆である。

このように命じられ、信長公ご自身は、先手の足軽にまじってかけ回り、「ここだ」「あそこだ」と指揮をとられていたところ、軽傷を負い、足に鉄砲の傷を受けられた。しかし神のご加護のおかげか、なんの支障もなかった。敵は数千ちょうの鉄砲から降る雨のごとく弾丸を撃って、防戦するけれども、どっと突っこんで敵陣を切り崩し、一揆どもを切り捨て、天王寺へ駆け込んで味方と合流した。しかしながら敵は大軍であるから、少しも退かない。備えを立て直して守備を固めているのを、信長公はもう一度、一戦に及ぼうと決意なさった。

このとき、ご家老衆がみな、「お味方は無勢です。いまは合戦を控えられるのが賢明でしょう」と申し上げたが、信長公は、「いま敵がこのようにわれわれにま近く詰め寄ったのは、天が与えたよい機会である」とおっしゃって、二段に軍勢をたてなおし、また敵に切りかかり追撃して、大坂城の木戸口まで追跡して二千七百余りの首を討ち取られた。

このあと信長公は大坂のすみずみに十か所の付城《つけじろ》をつくるように命じられ、天王寺には佐久間右衛門尉・同甚九郎・進藤山城守・松永弾正・松永右衛門佐・水野監物・池田孫次郎・山岡孫太郎・青地千代寿らを城番として配置された。また、住吉の浜辺に要害をこしらえ、真鍋七五三兵衛・沼野伝内を海上の警固のためにつめさせられた。

六月五日、信長公は戦いをやめて、その日、若江にお泊まりになった。次の日、真木島《まきのしま》に立ち寄って、井戸若狭守（良弘）に当城を与えられた。ありがたいことである。それから二条の妙覚寺にお着きになった。翌日、安土の城にお帰りになった。

七月一日から再び安土城のご普請を命じられた。ご造営にたずさわる人びとのだれもが身を粉にして働いたので、ある者には御服、ある者には金銀・唐物を下された。それらは数えきれぬほどであった。このとき、逸品の市絵《いちのえ》（玉澗筆《ぎょくかん》）を惟住五郎左衛門が、信長公のおぼしめしによって保管申し上げ、また、大軸のかけ絵を羽柴筑前守が手元にあずかり申した。お二人がこの逸品を所持申すことは、信長公のご威光によるもので、ありがたいことであった。

（5）安芸の海賊、大坂を救援

七月十五日のことである。中国地方、安芸の国の能島・来島《くるしま》・児玉大夫・粟屋大夫・浦兵部という者が七、八百そうの大船を仕立て、それに乗って、大坂方面の海上に乗りいれ、兵糧を送りこもうと手はずをととのえていた。

これを阻止しようとうち向かった軍勢は、真鍋七五三兵衛・沼野伝内・沼野伊賀守・沼野大隅守・宮崎鎌大夫・宮崎鹿目介《かなめのすけ》・尼崎小畑《あまがさきのこばた》・華熊《はなくま》の野口らで、これらの者も三百そう余りでこぎ出し、木津川の河口を封鎖した。敵は大船八百そうほどである。織田方は敵船に乗り込み戦った。陸では大坂の楼の岸、木津のえつ田の城から一揆らが先をきそって打って出て、住吉の浜の城に足軽をぶつけてくる。天王寺からは佐久間右衛門尉が軍勢を繰り出して側面から攻めかかり、押しつもどしつ、数刻に及ぶ戦いであった。

こうしている間に、海上では、焙烙《ほうろく》（丸い道具に火薬をつめ、点火してそのまま敵中に投じ、爆発・発火させるもの）・火矢などというものをこしらえ、味方の船を立ち往生させて、つぎつぎと投げ込み船を焼き払ってくる。多勢に無勢で、かなわず七五三兵衛・沼野伊賀守・沼野伝内・華熊の野口・尼崎小畑・宮崎鎌大夫・宮崎鹿目介、このほか歴戦の武将たちが討ち死にをとげた。

西国勢はこの戦《いくさ》で勝利をおさめ、大坂へ兵糧を補給し、西国へ軍勢を退却させてしまった。信長公はこの戦闘にご出馬なさるはずであったが、「もはや決着した」と申すので、なんともしがたかった。その後住吉の浜の城番として、保田《やすだ》久六・塩井因幡守・伊知地《いちじ》文太夫・宮崎二郎七を定めて、入れておかれた。

（6）安土の天守閣

安土城天守閣の状況を以下に記す。石蔵の高さは十二間余りである。石蔵の中の下一重（一階）は土蔵にあて、ここから上七層が天守閣である。

二層目は石蔵の上で、広さが南北に二十間、東西に十七間、高さ十六間。真ん中にあるこの階の柱の数は二百四本である。本柱の長さは八間、太さは一尺五寸ないし六寸四方、あるいは一尺三寸四方の木材である。お座敷の中は一面に布を張りつめ、黒漆で塗ってある。西の十二畳敷きのお部屋は、梅の絵を墨絵でもって狩野永徳に命じて描かせられた。城中どこも下から上までお座敷内の絵をかいた所には、すべて金箔が貼ってある。同じお座敷内にご書院がある。ここには遠寺晩鐘を描かせ、その前に盆景をおかれている。隣の四畳敷きのお部屋には、棚に鳩の絵を描かせ、また十二畳敷きのお部屋には鵞鳥《がちょう》を描かせられた。それでここを「鵞鳥の間」と申している。またその隣の八畳敷きのお部屋と奥の四畳敷きのお部屋に雉《きじ》の子を愛す情景を描いたものがある。南もまた十二畳敷きのお部屋である。唐国の儒者たちを描かせられている。また八畳敷きのお部屋もある。東は十二畳敷きのお部屋。隣に三畳敷き、その隣に八畳敷き、こちらはおぜんのしたくをするところである。またその次に八畳敷きがあり、これまた、おぜんのしたくをするところである。次の六畳間はお納戸。また六畳敷きがあり、どこも絵が描いてあり、金箔が施されている。北のほうに御土蔵がある。その隣のお座敷が二十六畳のお納戸である。西側に六畳敷きのお部屋。隣が十畳、またその隣が十畳敷き、同じく十二畳敷き。お納戸は合わせて七つある。この下に金灯ろうを置かれている。

三層め。十二畳敷きのお部屋に花鳥のふすまをはめこんである。そこでここを「花鳥の間」と申す。別に一段高く四畳敷きの御座の間があり、同じく花鳥の絵が描かれている。次に南に八畳敷き。中国古代の賢人、伯夷・叔斉の名をとった「賢人の間」で、ひょうたんから駒の出たところを画題としたものがある。東は麝香《じやこう》鹿を描いたお部屋で、八畳敷き。十二畳敷きのお部屋はご門の上にあたる。隣の八畳敷きのお部屋には唐代の仙人・呂洞賓《りよどうひん》と、傅説《ふえつ》の図がある。北の二十畳敷きのお部屋には、牧馬の風俗画が描いてある。隣は十二畳敷きで、西王母の絵がある。西の間には珍しく絵はない。縁は二段で広縁である。二十四畳の御物置きとして使用するお納戸がある。入口近くに八畳敷きのお座敷がとってある。この階の柱は百四十六本立っている。

四層め。西の十二畳のお部屋には、岩の周囲にさまざまな木を描かせられ、「岩の間」と申すのである。

つづいて、西の八畳敷きのお部屋には竜虎の戦いの図がくり広げられている。南の十二畳の御間には竹がさまざまに描かれていて、「竹の間」と申す。隣の十二畳には松ばかりあれこれ描いて、「松の間」と申している。東の八畳は桐に鳳凰《ほうおう》を描かせられている。隣の八畳には許由が帝位を譲りたいと尭帝《ぎょう》に言われたので汚れた話を聞いたとして耳を潁川《えいせん》に洗った図と、その川水は汚れたといって牛を引いた巣父《そうほ》が渡らずにさけて通る図が描かれ、隠者二人の故郷のありさままで描かれている。次のお小座敷は七畳敷きで、金泥が塗ってあるばかりで、絵は見あたらない。北は十二畳敷き。ここには絵はない。隣に十二畳敷きのお座敷があり、西側の二間《けん》の所に、てまり桜の絵が描いてある。隣の八畳敷きには、庭に置いたかごで鷹を飼う図が描かれており、ここを「鷹の間」と申すのである。この階の柱は九十三本立っている。

五層め。絵はない。南北の切妻形になった下に四畳半のお部屋が一つずつ作ってあり、小屋《こや》の段と申している。

六層め。八角になっていて、お部屋は四間ある。外柱は朱塗り、内柱はみな金箔である。釈迦の十大弟子たちや、釈迦が悟りを開くまでの説法のようすを障壁画にしてあり、ご縁側には餓鬼や鬼どもを描かせられている。ご縁側の端板《はしいた》には、しゃちや飛竜を描かせられ、欄干にはぎぼうしを彫り物にしてある。

上の七層め。三間《げん》四方で、お座敷の内側は金で仕上げてある。外側と同じく金を使ってある。四方の内柱には上《のぼ》り竜、下《くだ》り竜、天井には天人の姿、お座敷の中には、中国古代の三皇・五帝と孔子門下の十哲、商山に隠れ住んだ四賢人・竹林の七賢人を描かせ、飾りものの火《ひ》打金《うちがね》や、宝鐸《ほうちゃく》十二を軒に下げられ、矢や鉄砲を放つために開けた狭間戸《はざまど》は鉄で作ってある。その数は六十余りあり、真っ黒である。お座敷の内側も外側も、柱はすべて漆塗りで、布を巻いた上を黒漆で塗ってある。

最上層の一階の金具は、後藤平四郎の作である。京の者も、地方の職人も、腕によりをかけ申した。

二層めからは京の対阿弥《たいあみ》の金具である。大工の長は岡部又右衛門、塗師頭《ぬりしがしら》は刑部《ぎょうぶ》、白金屋の大工は宮西遊左衛門《ゆざえもん》、かわらは唐人の一観に命じられ、奈良の職人衆が焼き申した。またご普請奉行には、木村二郎左衛門があたった。以上。

(7) 安土城の眺め

そもそもこの安土城は、深山で高だかとしてそびえ立ち、ふもとにはお歴々の邸宅がいらかを並べ軒を接し、その繁栄のありさまはけっこうというよりほかない。西から北は琵琶湖が水を満々とたたえ、舟の出入りがひんぱんで、遠くから帰る舟の影・漁村の夕暮れ・浦うらの漁火《いさりび》の風情など、じつにすばらしい。湖の中には「竹生島《ちくぶしま》」という有名な島がある。また竹島という湖中に高だかとそびえ立つ岩山がある。奥の島山の、長命寺観音の、朝夕の鐘の響きは快く耳に響く。湖の向こうは、比良の高根・比叡の山・如意が岳。南には村々の田畑がひろがり、「近江富士」と呼ばれる三上山の姿も美しい。東に観音寺山があり、そのふもとの街道はひきもきらぬ往来でにぎわい、昼夜それが絶えるということがない。安土山の南は入江が広く、山門が並び、松風の音がしじゅう聞こえる所である。四方に景勝地が多く、御殿は中国風にしつらえ、信長公のお館《やかた》は玉石をとぎ出し、るりを並べ敷き、お城に仕える人びとは快く善美をつくし、花の都をこの湖畔に移した趣である。信長公のご威光、お手柄は申したてようもないほどすばらしかった。

このとき、松花のつぼ・金花のつぼという天下に有名な茶つぼもお手に入って、信長公のご満足はたいへんなものであった。また節《ふし》のない竹製の矢の軸に、わしの尾羽をつけたもので、佐々木左京大夫の家に代々伝わって来たものを、布施三河守が求めて、信長公に献上申した。このように世に二つとないほど珍しいお道具がしぜんと信長公の許に集まって参ったのである。

去る元亀四年（一五七三）、佐和山で建造させられた大船は、その年足利義昭公のご謀反のときに一度用いただけであった。その後は「これほどの大船は不用である」と猪飼野甚介に命じて解体し、船脚の早い十そうの船に作り変えさせられた。

十一月四日、信長公は上洛された。陸路で勢田通りをとられ、二条の妙覚寺にお入りになった。

同月十二日には、赤松（広秀）・別所小三郎（長治）・別所孫右衛門・浦上遠江守・浦上小次郎らが都入りして、信長公に、ご配下になることを許されたお礼を申し上げた。

（8）信長、内大臣に昇任

天正四年（一五七六）十一月二十一日、信長公はさらに内大臣に官位を進められた。またこのたび摂家《せっけ》・清華《せいが》などに、ご領地をさしあげられた。宮中には黄金二百枚・沈香《じんこう》・巻物などいろいろと取りそろえて献上された。そのときにもったいなくも御衣をちょうだいされた。信長公のご名誉はすばらしく、これ以上のもののあるはずがない。ご官位は従来の吉例どおりとし、ただちに石山世尊院に行かれた。

山岡美作守・山岡玉林の兄弟がお祝いのおぜんをしつらえ申し、信長公は石山で二日間お鷹狩りをされて、十一月二十五日、安土におもどりになった。

(9)三河吉良のお鷹狩り

十二月十日、信長公は三河の吉良《きら》でお鷹狩りを催すため、佐和山でご一泊。十一日に、岐阜までおいでになり、翌日、ご滞在、十三日、尾張の清洲《きよす》にお着きになった。二十二日、三河の吉良におちつかれる。三日間のご滞在となった。その間いろいろなことをお命じになった。二十六日、清洲までお帰りになった。

十二月みそか、美濃へ行かれ、岐阜城でご越年することにされた。

信長公記　巻九　終

巻十　茶の湯と討伐と（天正五年）

（1）紀州雑賀へ出陣

天正五年（一五七七）正月二日、信長公は三河吉良《きら》のお鷹野から安土へお帰りになった。

正月十四日、ご上洛、二条妙覚寺《みょうかくじ》へお入りになる。隣国の武将たち、播磨の浦上遠江守（宗景）・別所小三郎（長治）・若狭の武田（義統）らが京に滞在していて、信長公へごあいさつ申し上げた。信長公は天下のことをご命令になった。

正月二十五日、安土へもどられた。

二月二日、紀州雑賀《さいが》衆のうち、三緘《みからみ》の者、ならびに根来《ねごろじ》寺の杉の坊が、お味方となることを約束して、ご出馬をこい申したので、十三日に出動するご意向を国々へおふれになった。

八日に、ご上洛なさるはずであったが、雨が降ったため延期。

九日に、ご上洛。二条の妙覚寺にお泊まりになった。秋田城介信忠公は、尾張・美濃の

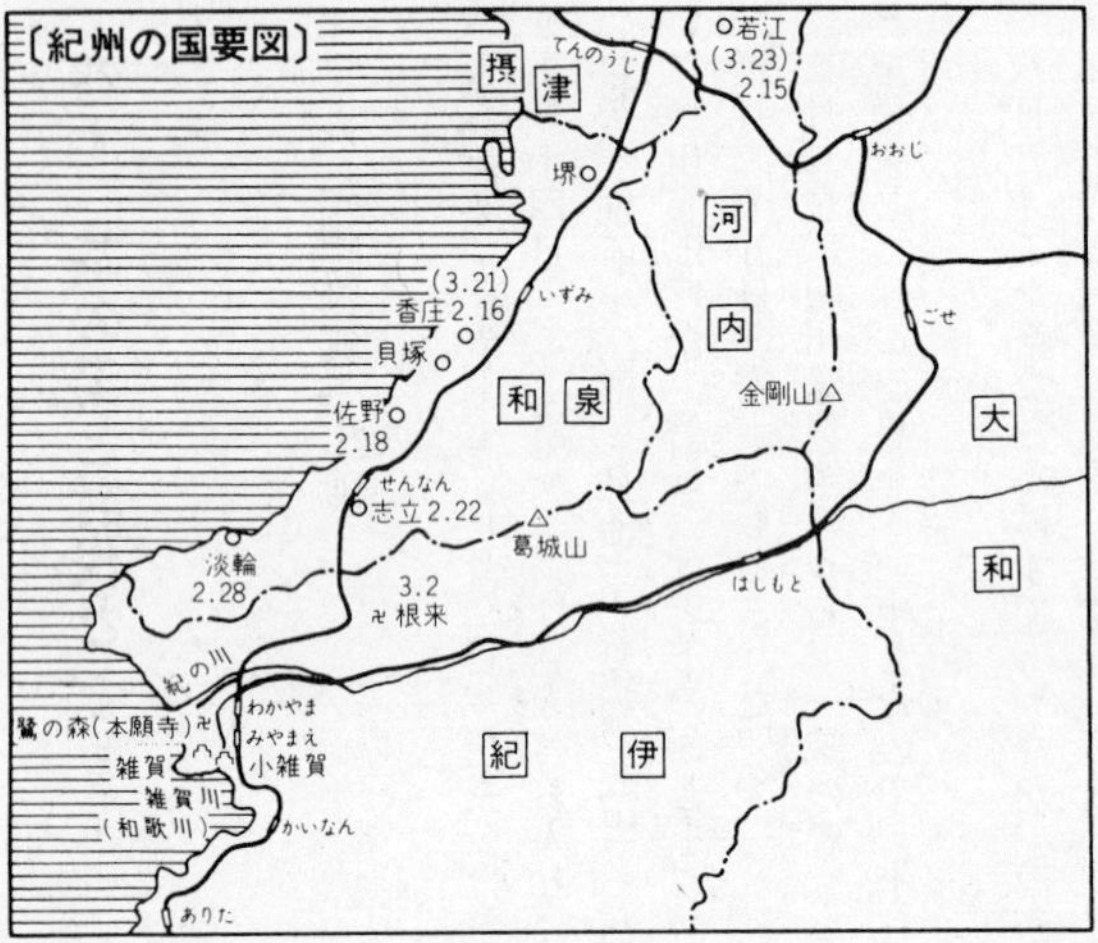

軍勢を引きつれて、九日にご出馬。その日柏原に陣を取られ、十日には蜂屋兵庫頭の肥田《ひだ》の城（彦根市に所在）にお泊まりになった。

十一日、守山に陣を張られた。伊勢の国司北畠中将信雄卿・織田上野守殿・神戸三七信孝殿もそれぞれ軍勢を出された。尾張・美濃・近江・伊勢四か国の軍勢が瀬田・松本・大津に陣を取る。五畿内の衆はいうまでもなく、越前・若狭・丹後・丹波・播磨衆も京方面へ出て、信長公のご出動のお伴をするため待ち受け陣中にいる。

二月十三日、信長公は京都から真っ直ぐ淀川を越えて八幡に陣を取られる。十四日は雨が降ってそのままご滞在。東国の人びとは真《ま》木島《きのしま》・宇治の橋を渡り、先陣の兵は風雨をしのいでみな陣に加わった。

二月十五日、信長公は八幡から若江へご到着。十六日、和泉の香庄《こうのしょう》（岸和田市に所在）に陣を取られる。国中の一向一揆衆は、貝塚という所が海をひかえているので、舟を海浜に用意し、たてこもっている。翌日先陣の者が、貝塚を襲って攻め滅ぼす手はずであったが、夜に入ってから一揆勢は舟に乗って退却した。逃げ遅れたわずかな者を討ち取り、その首を香庄へ持ち帰り、信長公のお目にかける。十七日、根来衆の杉の坊が参って、信長公にごあいさつ申し上げた。信長公は雑賀方面平定のお約束をされた。

二月十八日、佐野の郷（泉佐野市）に陣を移された。二十二日、志立《しだち》へ陣を進め、浜側の二方面に軍勢を分けて遣わされた。山側へは根来の杉の坊・三緘衆を案内者とし、佐久間右衛門尉・羽柴筑前守・荒木摂津守（村重）・別所小三郎（長治）・別所孫右衛門（重棟）・堀久太郎（秀政）が雑賀へ乱入、かたはしから焼き払った。敵は小雑賀《こさいが》川を前にし、川岸に柵を設けて支えている。そこへ堀久太郎の兵がどっと突っこんで、向こうの川岸まで乗り越えたが、岸が高くて馬が上がれない。ここが大事と敵は鉄砲をもって防いだから、堀久太郎は、部下のすぐれた武者数人を討たれて、引き退いた。その後は川を境に追いつめ、対陣した。稲葉伊予守父子・氏家左京亮・飯沼勘平らは、先陣通路の警固役として、紀の川の渡り口に陣をしいた。浜側のほうへ遣わされた将兵は、滝川左近将監・惟任日向守・惟住五郎左衛門・長岡兵部大輔・筒井順慶・大和衆である。

淡輪口《たんのわ》から先は一本道で難所であったから、くじ引きで三手に分け、山・谷かまわず乱入した。中筋は長岡兵部大輔・惟任日向守が突き進んだが、雑賀衆があらわれ防いだので、一戦に及んだ。秋田城介信忠公・北畠中将信雄殿・織田上野守殿・神戸三七信孝殿らは二番筋を押し進まれた。長岡兵部大輔の家来の下津権内は敵と一番槍を合わせ、比類のない活躍をした。以前にも岩成主税大属《ちからさかん》（友通）と組み討ちして手柄を立てた人である。ここでも屈強の敵を討ち取り、ほうぼうを焼き払い、中野の城（和歌山市に所在）を包囲し、攻撃をかけた。

二月二十八日、淡輪まで信長公が陣を進められたので、中野の城はこのために降伏し、城兵は退散する。ただちに秋田城介信忠公が城を受け取り、陣を構えた。

二月みそか、信長公は淡輪を出立された。このとき下津権内を呼び出して対面され、お言葉をかけられた。諸人の中で、権内は面目をほどこし、この上もない名誉であった。その日信長公は野営された。あたりを馬で駆け回り、周囲をご覧になって、状況を把握された。

三月一日、滝川・惟任・蜂屋・長岡・筒井・若狭衆に命じて、鈴木孫一の居城へかかり、竹束で弾丸を防ぎながら攻め寄り、やぐらを建て、日夜はげしく攻めさせられた。また、どの方面へも打って出やすいようにと思案された。

三月二日、信長公は山側・浜側両陣の中間の鳥取郷（大阪府泉南郡）の若宮八幡に陣をお移しになる。堀久太郎・不破河内守・丸毛兵庫頭・武藤惣左衛門・福富平左衛門・中条将監・山岡美作守・牧村長兵衛・福田三河守・丹羽右近・水野大膳・生駒《いこま》市左衛門・生駒三吉、これらの武将を根来口へ派遣し、小雑賀・紀の川からつづいている山側に陣どらせ、そこにお入りになった。

（2）内裏の築地を築く

そうこうしているうちに、京都では雑賀方面の戦いのことが、さまざまに取り沙汰され、ご祈禱などが行われた。一方禁中の修理がめでたく成就したので、村井長門守（貞勝）が町衆の間を奔走して、「内裏の築地《ついじ》（土べい）を洛中の人びとで築かれるのがよい」と話されたところ、町衆一同もっともなことであるとおうけした。そこで村井長門守がその警固にあたった。

三月十二日から、組を編成、受持ち区域ごとに舞台を設けた。児《ちご》や若衆はこのときとばかりに、はなやかに美々しくわれもわれもと飾り立て、笛・太鼓・鳴物の拍子を合わせ、老いも若きも浮き立って舞い踊り、築地を築いたのであった。折から、嵯峨・千本通りの桜も、今をさかりと満開で、花を手折り、袖をふれあわせ、舞台のお香や衣香《いこう》があたりをはらい、四方に漂うなかを、身分の高下の別なく群れ集い見物した。

そもそも、帝・大宮人・女御・更衣たちにとって、これほどおもしろいお見ものはなく、それぞれ詩歌をお作りになり、そのお喜びはひとかたではなかった。こうして、築地はまたたくまにでき上がった。

(3) 茶道具を取り立てる

雑賀では、織田方の大軍が長々と布陣されていた。雑賀衆は、これではやがては滅亡と、途方にくれて、土橋平次・鈴木孫一・岡崎三郎大夫・松田源大夫・宮本兵大夫・島本左衛門大夫・栗本二郎大夫、以上の七人が連署で誓紙《せいし》を差し出し、大坂の石山本願寺攻めでは、お指図どおり尽力する旨、約束申したので、お許しになった。

三月二十一日、信長公は兵を収めて、香庄に陣を取られた。次の日はご滞在。「佐野の村に要害を作れ」とお命じになった。ここに佐久間右衛門尉・惟任日向守・惟住五郎左衛門・羽柴筑前守・荒木摂津守を残し置かれ、要害完成のあかつきには、杉の坊・津田太郎左衛門(織田信張)を城番としてとどめて置かれた。

三月二十三日、若江までお帰りになる。ここで、「化狄《かてき》」という茶入れを天王寺屋の竜雲が所持しているのを、お取り立てになった。また、「開山《かいざん》」というふた置きを今井宗久が献上し、「二銘《ふたつめい》」という茶杓《ちやしやく》も、これもまた、召し上げられた。右三種の代金は、金銀をもって支払われた。

次の日、三月二十四日、八幡にお泊まり、二十五日、ご帰京、二条の妙覚寺にもどられ、お泊まりになった。

三月二十七日、安土にご帰城。

（4）二条城へ移る

七月三日、奥州の伊達氏から信長公のもとへ御鷹が献上された。

うるう七月六日、信長公はご上洛。二条の新造の御所へお移りになった。

（5）近衛信基元服

うるう七月十二日、近衛信基殿（前久《さきひさ》の息）のご元服式を、信長公の新御所であげることを希望された。「昔から、宮中でご祝言をあげるのが例であったから、今度もその例にならうのが適当である」と、信長公は、二度も三度もご辞退なさったけれど、たってのご所望でやむをえず、お髪《ぐし》を整え、ご元服式万端の儀式を調えられた。式には摂家《せっけ》・清華《せいが》の公家方、そのほか隣国の方々、大名・小名のご出席があった。

お祝儀として、信長公は御服、十かさね・御太刀代、万疋・長光作のご短刀・金子、五十枚を差し上げられた。信長公のご名誉であることはいうまでもないことである。信長公は、天下のまつりごとについて指示なされて、うるう七月十三日、京からお下りになった。その日は、瀬田の山岡美作守のもとに泊まられ、次の日、安土城にお帰りになった。

(6) 柴田勝家、加賀へ出陣

八月八日、柴田修理亮を総大将として、北国(加賀)へ軍勢を派遣された。滝川左近将監・羽柴筑前守・惟住五郎左衛門・斎藤新五・氏家左京亮・伊賀伊賀守・稲葉伊予守・不破河内守・前田又左衛門・佐々内蔵助(成政)・原彦二郎・金盛五郎八・若狭衆が加賀へ乱入する。添川《そえ》・手取川《てどり》を越え、小松村・本折村・安宅(以上、いずれも小松市に所在)・富樫《とがし》(金沢市)のあちらこちらを焼き払い、陣をかまえた。このとき、羽柴筑前守は柴田修理亮と仲たがいをして、信長公にお届けも出さずに、無断で陣払いをして引き上げたので、「ふらちである」と信長公はおおいに激怒された。そこで、筑前守は弱ったそうである。

(7) 松永久秀父子の謀反

大坂方面(石山本願寺)にさし向けた付城《つけじろ》の天王寺には、城番として、松永弾正・息右衛門佐を入れ置かれた。ところが八月十七日、謀反を企て、とりでを引き払って、大和の信貴《しぎ》の城へたてこもってしまった。信長公は、「どのような事情があるのか、存分に思うところを申せば、望みをかなえてやろう」と宮内卿法印(松井友閑)を介して、お尋ねになられた。しかし、松永父子は邪心を抱いて出てこない。「この上はいたしかたがない、松永が差し出していた人質を京都で処刑せよ」とのことで、御奉行に矢部善七郎・福富平左衛門を命じられ、永原の佐久間与六郎(家勝)に預けて置かれた松永の子どもを京都へ呼び出された。まだ十二、三にしかならない子供ふたり。どちらも男子で、「早死にする子は器量がよい」というたとえのとおり、姿も容貌も心もやさしく品のよいお子たちであった。村井長門守の宿所にとどめ置き、「あすは宮中へかけ込み、助命をお願い申そう」と言い聞かせ、「あしたは髪を結い、衣装もさっぱりと改めて出られるがよいであろう」と申したところ、「それはもっともなご忠告ですが、とてもご助命はありますまい」と答えた。「ともかくも、親兄弟へ手紙を書いて送りなさい」と申すと、すずりをもとめ筆をぬらして、「こうなっては親へ手紙を出してもしかたがないこと」と言い、「日ごろ佐久間与六郎殿のもとで受けた手あついもてなしをくれぐれもありがたく思っております」とだけ書いて送り、そのまま宿所を出た。上京一条の辻で二人の子供を車に乗せ、六条河原まで引いて行ったが、都のものも、田舎のものも、身分のへだてなく集まって見物をした。二人は顔色も変えず、最後は落ち着いて西に向かい、小さい手を合わせ、ともに高声に念仏をとなえながら処刑された。見る人は肝をつぶし、聞く者は涙をとどめかねた。そのあわれなありさまは、とても見ていられないほどであった。

九月二十七日、秋田城介信忠公が軍勢を繰り出し、その日は近江の肥田《ひだ》の城の蜂屋兵庫頭のもとにお泊まりになった。

九月二十八日、安土の惟住五郎左衛門のもとにご寄宿、翌日はご滞在になった。

九月二十九日、午後八時ごろ、西の方角にまれにしか現れないほうき星が流れ去った。

(8) 片岡城を攻めほす

片岡の城（奈良県王寺町に所在）に、松永弾正一味の森および海老名という者がたてこもった。当城への攻め手は、長岡兵部大輔・惟任日向守・筒井順慶・山城衆らである。

十月一日、信忠公は片岡の城に攻撃をかけられた。兵部大輔の子である長岡与一郎（忠興）・同じく弟頓五郎《とんごろう》（興元《おきもと》）の両人は、兄は十五、弟十三で、まだ若輩の身であったがまっ先に城に乗りこみ、続いて身内の者が飛び入り、またたく間に攻め破って城の天守へつめよった。中からは、鉄砲・矢を射尽くして切って出て来る。火花を散らし、つばを割るすさまじさ、ここが勝負のわかれめと戦って、城主森・海老名両氏をはじめ、百五十余人が討ち死にした。

長岡兵部大輔も部下の者三十余人が討ち死にをとげた。しかし、与一郎・頓五郎兄弟は手柄をたてて評判になった。惟任日向守もまた、さまざまに手段を尽くして、屈強の者二十余人を討ち死にさせた。その力の限りの働きは名誉なことであった。「年もいかない二人の戦いぶりは比類なきものである」と、信長公は感嘆し、もったいなくも感状を与えられた。末代までの面目をほどこしたことであった。

（9）松永久秀父子の最期

十月一日、秋田城介信忠公は安土を発って山岡美作守のもとにご寄宿、翌日真木島に陣を移し、同三日には信貴城へ押し寄せ陣を据え、城下いちめんに火を放たれた。

一方、北国の加賀方面へ派遣された軍勢は、国じゅうの耕作物をすべてなぎ捨て、御幸《ごこう》塚《つか》（小松市に所在）にとりでを堅固にしつらえ、佐久間玄蕃允（盛政）を置き、大聖寺《だいしょうじ》（加賀市に所在）にもとりでの普請を申しつけ、いずれも柴田修理亮の部下を入れて置かれた。

十月三日、北国へ派遣の諸部隊が帰陣した。

十月十日の晩、秋田城介信忠公は、佐久間・羽柴・惟任・惟住の諸将に命じ、信貴の城へ攻めのぼって夜討ちをかけさせられた。城兵はよく防ぎ戦ったが、弓折れ矢尽きて、松永弾正は天守閣に火をつけ、焼け死んだ。

奈良の大仏殿は去る永禄十年（一五六七）十月十日の夜、炎上したのであるが、これはひとえに松永弾正のしわざであって、三国に隠れもない大伽藍が理由もなく灰となってしまった。大仏殿炎上の罪の因果がはっきりあらわれて、鳥獣も立つことができないけわしい高山を、たやすく城介信忠公は鹿の角のお立て物（かぶとにつける飾り）をふり立てふり立て攻められて、日ごろ知恵者と聞こえた松永弾正も、つまらぬことを企て、みずから猛火の中に入って、一族郎党もろともに焼死したのである。ほうき星の出現といい、鹿の角のお立て物で攻められたことといい、松永弾正の滅亡が大仏殿炎上の月日時刻と少しも違わぬことといい、これもひとえに春日明神のなせるところであると、みな舌を巻いて驚いたことである。

(10) 信忠、三位中将に昇進

十月十二日、秋田城介信忠公はご上洛になり、二条の妙覚寺にご寄宿。このたび、松永弾正をすみやかに退治なさったごほうびとして、言葉に出して申すのももったいないことであるが、正親町天皇はみことのりを下されて、信忠公を三位中将に叙せられた。御父子ともどもおほめにあずかり、そのご名誉は申すまでもないことである。

信忠公は三条殿（実枝）に参上し、叙位のお礼に御太刀代として黄金三十枚を、帝へ献上なされた。三条殿へもお礼を差し上げる。

十月十五日、安土へ帰られた。信長公へ松永父子一門ご退治の模様をご報告になって、十月十七日、岐阜へおもどりになった。

十月二十三日、羽柴筑前守秀吉が播磨へ出陣した。

十月二十八日、筑前守秀吉は播磨の国中をことごとく夜も昼も休まずに奔走し、人質をとり固めて、「十一月十日ごろには播磨方面の情勢も落着して、手があくでありましょう」と信長公へ報告申し上げた。すると信長公は「『早ばやと播磨方面を平定して帰国するであろう』とのこと、まことに殊勝に思う」と、かたじけなくもご朱印状で、ご返信になった。しかしながら、羽柴筑前守は、「これくらいの働きでは加賀での失敗を補えるほどのことではない」（当巻（6）参照）と考えられて、ただちに但馬《たじま》の国へ出動、まず山口・岩洲《いわす》の両城（兵庫県朝来市に所在）を攻め落とし、余勢をかって小田垣氏がたてこもる竹田へ攻めかかって、これもまた退散させると、すぐ普請を命じて、弟の木下小一郎（秀長）を城代として入れて置いた。

十一月十三日、信長公がご上洛。二条の新御所へ入られた。

（11）信長、狩り装束で参内

十一月十八日、信長公はお鷹狩りの装いでご参内になった。お伴衆はいずれも思い思いの出で立ちで、趣があった。おもしろい頭巾をかぶり、みな狩り杖などまで金銀泥で彩色し、おしたくのりっぱなことはいうまでもない。

先頭の一隊は、御弓衆が百人ばかり、それぞれ頂いた虎の皮のうつぼ（矢を入れて腰・背に負う用具）を一様に着け、二番隊はお年寄衆で、この中に、お鷹を十四羽とまらせ申した者がいた。信長公もまた、お鷹をとまらせられ、その前後はお小姓衆・お馬回り衆が続き、その服装のあでやかなこと、華美風流を尽くして、われもわれもと一人一人が美しく飾り立て、なんとも形容しがたいおもしろい見ものであった。これを見た京の上下の人びとはみなびっくりした。

さて、ご行列は内裏の日華門《にっかもん》から入り、恐れ多いことであるが、信長公は小御所（清涼殿北東の御殿）のお庭の中までお馬回りだけは召し連れていかれた。そのとき、正親町《おおぎまち》天皇は折箱を御弓衆に与えられた。ありがたくみな頂戴する。お鷹を帝にお目にかけてから、達智門を出られ、ただちに東山でお鷹をおつかいになった。折からにわかに大雪が降って来て、お鷹が風に飛ばされ、大和の国の村里まで飛んで行ってしまった。信長公ご秘蔵の鷹であったから、あちらこちらとお尋ねになった。

次の日、大和の国の越智玄蕃允《げんばのじょう》という者が、そのお鷹を見つけ出し、腕にすえて信長公にお届け申した。たいへんなお喜びようであった。そこで、ごほうびとして玄蕃允に御服を一かさね・ご秘蔵のぶちのお馬を与えられた。その上、長年領していた土地を幕府に没収されて、収入がなかったのを、「望みのことがあるならかなえてやろう」と、お言葉をいただき、右のことを申し上げたところ、これまた、旧領をもとのように与えるとのご朱印状を下され、なんともかたじけない次第であった。「禍福は天にあり」(禍と福とは天が下されたもので、人のよくするところではない)とは、このようなことを言うのであろう。

(12) 羽柴秀吉、播磨上月城を攻め落とす

十一月二十七日、羽柴筑前守秀吉は、熊見川を越え、敵の上月《こうづき》の城(兵庫県佐用郡)に向け軍を進め、近辺に放火、福岡野の城を囲んで、小寺官兵衛(黒田孝高)・竹中半兵衛(重治)の両人に命じて攻めさせた。これに対して宇喜多《うきた》和泉守(直家)が福岡野の城の背後から救援の兵を繰り出した。羽柴筑前守秀吉は宇喜多勢に馳せ向かい、足軽を追い崩

し、数十人を討ち取って引き返し、上月の城を囲んで攻める。七日目に城中の者が、大将の上月十郎の首を切り取り持参して、残党の命を助けてくれるよう嘆願したが、上月城主の首を、すぐさま安土へ送って、信長公のお目にかけ、上月の城にたてこもっていた残党をことごとく引き出して、備前・美作両国の国境ではりつけにかけ、上月の城へは山中鹿之介（幸盛）を入れ置いた。福岡野の城もこれまた攻め破り、敵の首二百五十余りを切り捨て、思い通りに命令を下した。

羽柴筑前守はこのたび北国から無断で帰陣し、信長公の叱責にあってはなはだ当惑したため（当巻（6）参照）、西国でしかるべくその責めをつぐない、これをみやげにしようと考えて、昼も夜も休まずにかけ回ったのである。羽柴筑前守のこのたびの懸命な戦いぶりは、比類のないものであった。

信長公は、天下のまつりごとを取りしきられ、十二月三日、京都から安土へお帰りになられた。

(13) 三河吉良での鷹狩り

十二月十日、信長公は三河の吉良へお鷹狩りに出られた。そのとき、「近日中に羽柴筑前守がもどって来るであろう。このたび、但馬・播磨を平定申したほうびとして、乙御前の釜をやろう」とお釜を取り出して置かれ、「帰り次第、筑前守に渡しなさい」と言い付けられた。ありがたいことである。信長公はその日は、佐和山の惟住五郎左衛門のところに泊まられ、次の日、垂井へ行かれた。十二日岐阜へ移られ、翌日はご滞在になった。十四日は、雨が降っていたが出発され、尾張の清洲へお着きになった。

十二月十五日、三河の吉良までお出かけになって、雁や鶴をたくさん捕られた。

十九日には、美濃の岐阜へおもどりになった。さて、この道中で過失を犯したものがあり、信長公はお手討ちにされた。

十二月二十一日、安土まで一日でお帰りになった。

(14) 信長、信忠へ茶道具を贈る

十二月二十八日、岐阜の中将信忠卿が安土へおいでになった。惟住五郎左衛門のところへお泊まりになる。

信長公からご名物のお道具を信忠卿へ差し上げられた。お使いは寺田善右衛門である。

それらは、初花・松花(葉茶つぼ)・雁の絵・竹子の花入れ・くさり(釜をつる道具)・藤波のおかま・道三所持の茶わん・内赤盆《うちあかぼん》、以上の八種である。

また、次の日も差し上げられた。このときのお使いは宮内卿法印(松井友閑)である。

それらは、周徳茶しゃく・大黒庵所持のひょうたんの炭入れ・古市播州所持の高麗火ばし、以上の三種であった。

信長公記　巻十　終

巻十一　西国制覇の野望（天正六年）

（1）安土城の正月

天正《てんしょう》六年（一五七八）正月一日、五畿内・若狭・越前・尾張・美濃・近江・伊勢などの武将たちは、ご機嫌伺いに安土城に出仕申し、それぞれ年頭のごあいさつを申し上げた。これに対して信長公からは、まず朝のお茶が十二人の武将たちに下された。そのお座敷は、右に六畳敷の水屋（茶室の台所）があり、四尺の縁《えん》が張り出している。この朝、お茶をいただいたのは次の武将の方々であった。中将信忠卿・二位法印・林佐渡守・滝川左近将監（一益）・長岡兵部大輔・惟任《これとう》日向守（明智光秀）・荒木摂津守・長谷川与次・羽柴筑前守（秀吉）・惟住《これずみ》五郎左衛門（長秀）・市橋九郎右衛門・長谷川宗仁、以上。

さて、このお座敷の装飾はというと、床の間には玉澗《ぎょくかん》筆の岸の絵が掛けられており、それにならべて東に松島、西に三日月の絵がある。お道具には四角い盆、万歳大海と呼ばれる茶壺、帰り花と呼ばれる水差し、珠光《しゅこう》茶わんなどが用いられ、いろりには、うば口というお釜をかけ、花入れはくさりでつるした花入れ筒である。おてまえをつとめたのは、宮内卿法印（松井友閑）であった。

お茶が終わると、武将たちはそれぞれ信長公の前に出て、三献の礼をもってお盃を頂戴した。お酌の役は矢部善七郎・大津伝十郎・大塚又一・青山虎がつとめた。そのあと御殿じゅうを信長公の御座所に至るまでみなにお見せになった。狩野永徳に命じて濃絵《だみえ》に描かせた三国の名所図などさまざまの名品がおのずから集まって、そのみごとさは、言葉では言い尽くすことができないほどである。これでもわかるように信長公のご威光のなみなみならぬことはいちいち数えるまでもないのであった。信長公はお座敷へみなをお上げになると、お雑煮や中国風の珍しいお菓子などをいろいろ下された。こうして信長公のご歓待に武将たちはこれを生前のよき思い出、末代までの語り草であるとし、感謝の心は言い尽くせないほどであった。

正月四日には、去年の冬三位中将信忠卿へ献上された名品の茶道具の披露会が万見《まんみ》仙千代の邸で開かれた。この会へ出席したのは九人で、二位法印・宮内卿法印・林佐渡守・滝川左近将監・長谷川与次・市橋九郎右衛門・惟住五郎左衛門・羽柴筑前守・長谷川宗仁の方々であった。

このたび、信長公より市橋九郎右衛門にハスの御絵が下されたので、九郎右衛門はたいそう名誉に思い大得意であった。

（2）よみがえった節会

さて、宮中では節会《せちえ》の催しがすたれて久しく行われなかった。そのころ都に住む者でも、節会の儀式のことなどすっかり忘れていた。ところが信長公の世の中になってからというもの、上を敬い、公卿・殿上人・諸役人にまで封禄《ほうろく》を支給されたので、諸卿たちは内裏に集まり、正月一日朝の八時に二枚の根引きの小松を手に神楽歌を謡い、さまざまに儀式を整えお祝いをした。京都内外の人びとはみな、長い間絶えていた祭事が執り行われたのをありがたく思い、このようなめでたい御代に生まれたことを喜びあった。

正月十日には狩りでとった鶴を、宮中へ献上し、帝（正親町《おおぎまち》天皇）にお見せしようとしたところ、天皇はおへやに飾られた鶴をごらんになって、たいそうご感嘆なされ、ことのほかのお喜びようであった。近衛殿（前久《さきひさ》）へも同じく鶴を献上された。そのご使者は針《しん》阿弥《あみ》がつとめた。翌日そのお礼として、安土へ近衛殿がお出かけになった。信長公は近衛殿が町屋に宿をとられているとお聞きになって、改めて宮内卿法印の邸を宿とされるよう仰せつけられた。近衛殿は御服かみしもいろいろと威儀を整えられて参上し、お礼を申し上げると、次の日朝早くに京へおもどりになった。

正月十三日、信長公は尾張の国清洲《きよす》で鷹狩りをなさろうとして、柏原までお出かけになった。

十四日、岐阜へお下りになって翌日はそこで一日をお過ごしになった。十六日、清洲にお着きになった。

十八日、三河の国の吉良へお出かけになって、雁・鶴などたくさんの獲物をおとりになって、二十二日には尾張へ帰られた。

二十三日、岐阜までもどられて、翌日はそのまま滞在された。

二十五日、安土にご帰城になった。

（3）家来衆の妻子を安土に移す

正月二十九日、御弓衆福田与一宅より出火した。信長公は「これもひとえに妻子を連れて引っ越ししないための火災である」と仰せになって、ただちに菅屋九右衛門を奉行として安土移住の者の内実をお調べになったところ、御弓衆で六十人、お馬回り衆で六十人、計百二十人の者が、妻子を尾張に置いたままであることが分かったので、いっせいにご叱責になった。「御弓衆の内から火を出すなど、もってのほかである」とおっしゃって、岐阜中将信忠公へ使いをやって指示され、岐阜から御奉行を出させ、尾張に妻子を置いたままの御弓衆の私宅すべてに火を放ち、庭の竹木まで伐り倒させた。このため、取る物も取りあえず、百二十人の女房たちが安土へ引き移ったのである。信長公はこのたびの過失の代償として、この者たちに対し城下の南の入江に新道を築かせ、その上でみなの者の罪をお許しになった。

(4) 磯貝新右衛門の首をとる

二月三日、磯野丹波守(員昌)が信長公の意にそむいたため、強くご叱責なされたところ、出奔《しゅっぽん》してしまったので、近江高島郡の丹波守の知行地をそっくり津田七兵衛信澄に仰せ下された。

二月九日、吉野の奥の山中に磯貝新右衛門(足利義昭方の武将)が隠れ潜んでいたのを見つけて、同地の者が首を切って安土の信長公のもとへ持参した。その者へはごほうびとして黄金が下された。このようにひとたび信長公より憎しみをこうむった者に対しては思いどおりその意趣を晴らさぬということはないのであった。

二月二十三日、羽柴筑前守秀吉は播磨の国へ兵を動かし、別所氏の与力加古川の賀須屋《かすや》内膳(武則)の城を借りて手勢を入れると、秀吉みずからは書写山へのぼって要害を構え、陣を据えた。一方別所小三郎(長治)は反意を示して、三木城へたてこもったのである。

（5）安土城内で相撲見物

二月二十九日、信長公は近江の国中から相撲取り三百人を召し集めて、安土城内で相撲をとらせてご覧になった。この中に二十三人のすぐれた力士がいた。この者たちへはひとしく扇を下されたが、日野長光へは特に心をつかわれて、御前へ召すと骨に金銀泥で彩色した扇をさし下された。日野長光は大いに面目を施した次第である。行司は木瀬《きのせ》蔵春庵と木瀬太郎大夫であった。この両人へも御服をくださった。

二十三人の優秀力士とは次の者である。東馬二郎・大藤《だいとう》・日野長光・正権・妙仁・円浄寺・地蔵坊・力円・草山・平蔵・宗永・木村いこ助・周永・荒鹿《あらじし》・づこう・青地孫二郎・山田与兵衛・村田吉五・太田平左衛門・大塚新八・麻生三五・下川弥九郎・助五郎。

三月六日、鷹を使っての山狩りをなさろうと奥の島山（近江八幡市に所在）にのぼり、長命寺の若林坊にお泊まりになった。三日間のお鷹狩りで多くの獲物を得ると、八日には安土へ帰られた。

三月二十三日、ご上洛。二条の新邸へ入られた。

四月四日、大坂表へ兵を出された。三位中将信忠公を御大将として、尾張・美濃・伊勢の軍勢、北畠信雄卿・織田上野守（信包《のぶかね》）・神戸《かんべ》三七信孝・津田七兵衛信澄・滝川左近将監（一益）・惟任日向守（明智光秀）・蜂屋兵庫頭（頼隆）・惟住五郎左衛門（長秀）、それに近江・若狭・五畿内の兵が出動、四月五日、六日の両日、大坂（石山本願寺）へ攻め込み、麦苗をすべてなぎ捨てて、兵を帰された。

四月七日、信長公は越中の神保《じんぼ》殿（長住）を二条の新邸へお召しになって、しばらく対面できなかったわけなどを、二位法印・佐々権左衛門（長秋、また政祐とも）を介して伝えられ、黄金百枚ならびに絹織物百反を差し上げられた。そしてこの三月十三日に越中以下を支配していた輝虎（上杉謙信）が亡くなったので、信長公は飛驒国司（三木自綱《よりつな》、また嗣頼とも）へ神保殿の護衛を命じられ、佐々権左衛門を添えて、越中へ入国させられたのである。

四月十日、滝川・惟任・惟住の三人を丹波へ派遣して、荒木山城守（氏綱）の居城（園部城）を囲み、城中への水路を止めて攻められた。そこで荒木山城守はどうしようもなくなって城を明け渡した。園部城へは惟任日向守の兵を入れて置いて、四月二十六日、京都へ帰陣された。

(6) 播磨の国へ出兵

四月中旬、安芸の国から、「毛利（輝元）・吉川《きつかわ》（元春）・小早川（隆景）・宇喜多《うきた》（直家）をはじめとして、中国の軍兵を集めて出兵し、備前・播磨・美作三か国の国境にある織田方の山中鹿之介の居城、上月城《こうづき》を取り巻いて、大亀山に中国勢が全軍着陣した」との知らせが届いた。すぐさま羽柴筑前守（秀吉）・荒木摂津守（村重）の二人が出陣し、高倉山に拠って、敵に近々と対陣した。しかしながら、高山を下って谷を隔て、間を熊見川が流れているので、上月城を救助する方法がなかった。

四月二十二日、信長公は京都から安土へ下られ、四月二十七日、再びご出京になった。

五月一日、信長公は播磨の国へ出陣し、「東国・西国の兵がたがいに肉薄攻撃をくりかえしても、必ず毛利勢に討ち勝って、関戸（所在未詳）まで出かけて、指揮をとりたい」と仰せられたところが、佐久間・滝川・蜂屋・惟任・惟住の諸将が、「播磨では毛利勢がけわしい地に拠り、難所を幾重にも隔て、要害を堅固に構えて陣をしいていると承っております。そこでまずわれわれが出かけて行って、かの地のようすをよく見分けたうえで、ご報告いたしますから、しばらくご出発はご猶予なされたほうがよいかと存じます」と、信長公のご出発に強く異議をとなえ申した。

四月二十九日、滝川・惟任・惟住の諸将が出陣した。

五月一日、三位中将信忠卿・北畠信雄卿・織田上野守・神戸三七信孝・長岡兵部大輔（藤孝）・佐久間（信盛）の諸将は、尾張・美濃・伊勢三か国の兵を率いて出陣した。その日は郡山に泊まり、翌日は兵庫、六日には播磨の明石に近い大窪という村に陣をすえられた。先陣はさらに、敵の神吉《かんき》・志方《しかた》・高砂の諸城に向かい、加古川の近くに野陣をしいた。

(7) 京都に洪水起こる

五月十三日、信長公がご出陣になる旨を仰せ出されたところ、十一日の午前から雨が強く降り出し、十三日の正午まで夜昼となく雨が激しく降り続いたので、洪水が各所に出た。賀茂川・白川・桂川が一面にあふれ、都の小路はいずれも十二、十三日の両日には水びたしとなり、上京舟橋の町を押し流したため、水におぼれて多くの人びとが死ぬありさまだった。村井長門守がかけたばかりの四条の橋も流れてしまった。このような洪水ではあったが、これまで信長公はご出陣とあれば予定の期日を違えたことがなかったから、舟に乗ってでも出発なさるであろうと、淀・鳥羽・宇治・真木の島・山崎の者たちは、数百そうの舟を用意して五条油小路までろやかいを立ててやって来た。このことを信長公に申し上げたところ、たいへんなお喜びようであった。

五月二十四日、竹中半兵衛（重治）から備前八幡山（岡山市八幡《やはた》）の城主がお味方についた旨の報告があった。信長公はおおいに満足し、羽柴筑前守秀吉へ黄金百枚、ならびに竹中半兵衛に銀子百両を下された。これをありがたく頂戴すると半兵衛は自陣へ帰った。

五月二十七日、信長公は安土の大水のごようすをご覧になるためお下りになった。松本から矢橋《やばせ》（草津市に所在）まで舟を使い、お小姓衆ばかりを連れて琵琶湖をお渡りになった。

六月十日、信長公はご上洛。ふたたび矢橋から舟で松本へのぼられた。

六月十四日は祇園会《ぎおんえ》であった。信長公がご見物になった。「お馬回り、お小姓衆はいずれも弓・槍・長刀・武器などを携帯する必要がない」というご命令なので、所持しなかった。祭をご見物された後、お伴衆を帰し、お小姓衆十人ほどを連れてそのまま鷹野に出られた。雨が少々降った。信長公はその日近衛殿（前久）へ、知行合わせて千五百石を山城の普賢寺（京田辺市に所在）で献上された。

六月十六日、羽柴筑前守が播磨から上京し、信長公のご指示をいちいち仰がれたが、「作戦どおりことが運ばず、長期に陣を張っておってもしかたがないから、まず今の陣を引き払い、神吉・志方の城へ押し寄せ攻め破って、そのうえで、三木・別所の城にかかるのがよい」と仰せになった。神吉城攻めのご検使としては、大津伝十郎・水野九蔵・大塚又一郎・長谷川竹・矢部善七郎・菅屋九右衛門・万見仙千代・祝弥三郎を交替で命じられた。

六月二十一日、信長公は京都から安土に下られた。

(8) 播磨の神吉城を攻める

六月二十六日、滝川・惟任・惟住の軍兵を三日月山(兵庫県佐用町に所在)へ防備のためにのぼらせ、羽柴筑前守・荒木摂津守の高倉山の軍兵を引き払って、書写山へ収容した。次の日神吉城へ攻め寄せた。北から東にかけての山には三位中将信忠卿・神戸三七信孝・林佐渡守・長岡(藤孝)・佐久間らの諸将が前後左右幾重にもびっしりと陣をしき、志方の城へは北畠信雄卿が陣を構えた。惟住五郎左衛門と若狭勢は守備軍として西の山に陣を張っていた。このほかの人びと、滝川・稲葉・蜂屋・筒井順慶・武藤惣右衛門・惟任・伊賀(定治)・氏家・荒木の諸勢は神吉の城へはげしく肉薄し、外郭をたちまち攻め破り、城を裸にしたうえ、本城の堀へ飛び入ってへいを突き崩し、数時間にわたって攻撃した。神戸三七殿は足軽と先を争って手を砕かれ、手負い、死人が数人出た。一度に攻め破ることはむずかしかったので、その日はいったん攻撃を小休止し、翌日はまた銃弾を防ぐための竹束を用意すると、城のへい際まで詰め寄せ、堀を埋めようと埋草《うめくさ》を集めて築山を築いて攻撃した。

羽柴筑前守は但馬《たじま》の国へ出動し、国衆を以前のとおり召し出して忠誠を誓わせると、竹田の城には弟の木下小一郎(秀長)を入城させ、それから兵を書写山へ配置した。

さて神吉の城の攻撃の方法であるが、南のほうが手薄であったから織田上野守が陣を移し、また敵がいっこうに動きを見せないので、西面に守備の兵は不要であると、惟住五郎左衛門、若狭勢が東面を引き受け、まずはじめにやぐらを二つ高々と組み上げ、大砲を打ち込み、堀を埋めさせ築山を築いて攻撃した。滝川左近は南から東へかけて攻撃した。人夫を入れてやぐらを組みあげ、大砲で敵方のへい、やぐらを崩し、やぐらへ火を放って焼き落とした。このほか諸勢がそれぞれにやぐら、築山を築いて日夜攻撃した。さまざまに敵はわび言を申し入れるが、信長公からはご検使役を出して堅く仰せつけられていることであるから、お許しがない。

六月二十九日、信長公から「兵庫と明石の間、明石と高砂の間は遠く離れているから、敵の水軍を警戒する必要がある」と仰せがあり、津田七兵衛に山城勢を加え、万見仙千代を派遣して「しかるべき防衛地を選び置くように」と指示された。そこで防衛に適した山を足がかりとして陣地をこしらえ、仙千代はもどってその模様を信長公に報告した。このほか、道の要所要所には、三位中将信忠卿からの命令で、林佐渡守・市橋九郎右衛門・浅井新八・和田八郎・中島勝太・塚本小大膳・簗田《やなだ》左衛門太郎（別喜右近）が交替で警固に当たった。

さて、七月八日午前十時ごろに、京都の四条道場（金蓮寺《こんれんじ》）の寮舎から出火し、火災の多い季節がまたやって来た。

七月十五日、夜に入ってから、滝川左近将監・惟住五郎左衛門両手の兵が神吉の城の東の丸へ攻め入り、十六日には中の丸へ攻め込んで、神吉民部少輔（則実）を討ち取り、天守閣に火をかけた。敵・味方入り乱れて火花を散らして戦ううちに天守閣は焼け落ち、城兵の過半が焼死した。

西の丸は荒木摂津守の攻め口であった。ここは神吉藤大夫がたてこもっていた。しかし、佐久間右衛門尉・荒木摂津守の二人が藤大夫のわび言をとりついで奔走したので、信長公は藤大夫をお許しになった。藤大夫は近くの志方城へ退いた。落城した神吉の城は羽柴筑前守にまかせ、志方の城へまた総勢で攻めかけたので、ここもまた支えがたいと見て降参し、人質ならびに城を差し出したから、神吉・志方両城は羽柴筑前守がうけ取った。これより、別所小三郎（長治）がたてこもる三木城へ総勢をもって攻撃することとなり、要所要所に近々と付城《つけじろ》の要害を築かせて陣をしいた。

（9）大船の建造

信長公は伊勢の九鬼《くき》右馬允（嘉隆）に命じて大船六そうを建造させ、また滝川左近にも大船一そうを、白船の仕立で作らせられた。順風を見はからって、六月二十六日に熊野浦に船出し、大坂表へ回送したところ、谷《たに》の輪《わ》（泉南郡岬町）の海上で、この大船を阻止しようと、雑賀・谷の輪など浦々の小舟が数知れず漕ぎ寄せ、矢を射かけ鉄砲を放つなどして四方から攻撃をかけてきた。九鬼右馬允は、七そうのその大船に小舟を従え山のように飾り立てていたが、敵船を間近く引きつけ適当にあしらっておいて、大砲をいっせいに放って敵船を多数破壊してしまったから、その後は敵もなかなか近づく手段が見つからず、難なく七月十七日、堺へ着岸することができた。この大船を見た者はみなびっくりした。翌日大坂表へ船を回して、要所要所に船を配し、海上の通路をふさぎ、警固にあたった。

さて話は変わるが、三位中将信忠卿は四羽の鷹をお庭でみごとに飼育された。近来にないご名誉なことであった。七月二十三日、鷹匠の山田・広葉の両名が安土へ持参したところ、信長公は右のうち一羽だけお取りになり、残りは中将信忠卿へお返しになった。「両名の鷹匠は苦労されたであろう」と、銀子五枚ずつに御服をそえて下された。いろいろかたじけない待遇を受けたうえで、両名は岐阜へ帰っていった。

八月五日、奥羽津軽の南部宮内少輔が御鷹を五羽献上申した。

八月十日、信長公は万見仙千代の邸へ南部をお召しになって供応し、そのお礼を言われたのである。

(10) ふたたび安土城中で相撲

八月十五日、信長公は、近江・京都をはじめとして千五百人の相撲取りを安土へお召しになって、お城で午前八時ごろから午後六時ごろまで相撲を取らせてご覧になった。諸将もそれぞれ抱えの相撲取りを召しつれて来た。当日御奉行の人びとは津田七兵衛信澄・堀久太郎・万見仙千代・村井作右衛門・木村源五・青地与右衛門・後藤喜三郎・布施藤九郎・蒲生忠三郎・永田刑部少輔・阿閉《あつじ》孫五郎であり、行事は木瀬蔵春庵・木瀬太郎大夫の両人がつとめた。

小相撲で五人抜きをした人びとは、江南源五（京極の身内）・深尾久兵衛（木村源五の身内）・勘八（布施藤九郎の小者）・地蔵坊（久太郎の身内）・麻生三五（後藤の身内）・藪《やぶの》下《した》（蒲生忠三郎の中間《ちゆうげん》）、であった。

大相撲で三人抜きをした人びとは、木村伊小介（木村源五の身内）・綾井《あやい》二兵衛尉（瓦園の身内）・山田与兵衛（布施藤九郎の身内）・麻生三五（後藤喜三郎の身内）・長光・青地孫次・づこう・東馬二郎・大藤《だいとう》・円浄寺源七・大塚新八・ひし屋、以上であった。

おおかた相撲が終わったころには、すでに薄暮に及んでいた。信長公は、永田刑部少輔・阿閉孫五郎が強力の者であることをかねがね耳にしておられたから、両人の力量をご覧になりたいとお思いになり、御奉行衆の相撲をご所望《しよもう》になった。初め堀久太郎・蒲生忠三郎・万見仙千代・布施藤九郎・後藤喜三郎が相撲を取ったが、後に刑部少輔・阿閉孫五郎が組んでしばらく勝負を試みた。もちろん阿閉のほうがわざもからだつきも勝れており、力の強いことは隠れもないことであったが、運がよかったのか、総じて強かったのか、刑部少輔の勝ち相撲となった。その日は珍しい物をさまざまに取りそろえ、終日取りかえ引きかえ相撲取りに下さった。

たびたびよい相撲をとったとして召し出された人びとは、東馬二郎・大藤《だいとう》・づこう・妙仁・ひし屋・助五郎・水原孫太郎・大塚新八・荒鹿《あらじし》・山田与兵衛・円浄寺源七・村田吉五・麻生三五・青地孫次の十四人であった。

右の相撲取りを召し出されて、いずれものし付きの太刀・脇差・御服のかみしもを賜い、ご領中にそれぞれ百石ずつとそれに私宅まで下され、名誉この上なくかたじけない次第であった。

八月十七日、中将信忠卿が播磨からおもどりになった。

九月九日、信長公は安土のお城で相撲を取らせ、中将信忠卿・北畠信雄卿にお見せになった。

九月十五日、大坂表にあるとりでのご番衆のお目付として、お小姓衆・お馬回り・御弓衆を二十日交替の当番でそれぞれのとりでに割り当てられた。

九月二十三日、信長公ご上洛。瀬田の山岡美作守のもとへお泊まりになり、次の日、二条の新邸へお着きになった。

九月二十四日、斎藤新五（もと美濃斎藤氏の将、利治）は、信長公の命令を受けて越中へ出陣した。越中太田保にある津毛《つも》の城には、敵の椎名小四郎・河田豊前守が城兵を入れていた。しかし尾張・美濃両国の軍兵がうち向かうと聞くやいなや退散したので、ただちに津毛の城へ神保越中守が兵を入れ、斎藤新五はそれから三里ほど進んで陣を取り、あちらこちらへ出撃した。

(11) 堺で大船を見る

九月二十七日、九鬼右馬允の大船をご覧になるため、信長公は京都をたって八幡まで下られた。翌二十八日、若江にご宿泊。二十九日、早朝天王寺へ行かれ、佐久間右衛門尉のもとでしばらく休息し、住吉大社の社家のもとへ移られたが、そのとき天王寺から住吉の間で鷹狩りをなさった。

三十日には、払暁より堺へ出かけられた。近衛殿(前久)・細川殿・一色殿も同行した。九鬼右馬允はかの大船を美しく飾りたて、のぼり・指物《さしもの》・幕をうち回すなどし、また港や浦の浜船も兵具をもってめいめい飾りつけ、堺南北の庄も、御座船《ござぶね》をおびただしい数の唐物を集めて装い、われ劣らじと数限りなく献上物を持参した。堺の僧俗・男女はこのとき信長公をひと目拝もうとりっぱな装いで、香・薫物《たきもの》をぷんぷんあたりに発散させて集まって来た。

信長公はただ一人で九鬼殿の大船へおのぼりになって見物され、それから今井宗久の邸へお寄りになった。今井家にとってはまことにおそれ多いことで、後の代までのご名誉であった。今井邸ではお茶を差し上げられた。帰途、宗陽・宗及・道叱（いずれも堺の商人）の私宅へお立ち寄りになって、住吉大社の社家へご帰宅になった。

信長公は、九鬼右馬允をお召しになって、黄金二十枚、ならびに御服十かさね、菱喰《ひしくい》（カモ科の大形の鳥）入りの折箱二つをご下賜になった。その上、九鬼殿・滝川殿にそれぞれ千人扶持を給され、滝川左近の大白船に上乗《うわの》りした犬飼助三・渡辺左内・伊藤孫大夫の三人にも黄金六枚に御服を添えて下されたので、ありがたく頂戴した。

十月一日、住吉からご帰洛。交野の安見新七郎のもとでしばらくご休息をとられたのち、二条の新邸にお帰りになった。

その翌日、信長公のお留守中に住阿弥の所行がよろしくないということでご成敗になった。また久しく召し使われていたさいという女も、これまた同様ご成敗になられた。

(12) 斎藤新五、越中の陣で活躍

十月四日、斎藤新五は越中の国太田保の本郷に陣を取り、敵の河田豊前守・椎名小四郎がたてこもっていた今和泉《いまいずみ》（富山市今泉）の城下まで寄せて火を放ち、敵が未明に城を退散しようとする、そのあとを追撃した。斎藤新五は敵を難所へ引きつけ、月岡野というところで衝突、一戦に及んで、敵を追い崩し、首三百六十を討ち取った。さらに、この勢いに乗じてかけまわり、あちらこちらで人質を取り固めて、神保越中守に渡し、自陣に帰った。

十月五日、信長公は五畿内・近江の相撲取りを召されて、二条新邸のお庭で相撲をとらせ、摂家、清華の公家衆へお見せになった。

十月六日、信長公は坂本から舟に乗り、安土へ下られた。

十月十四日、長光寺山で鷹狩りをなさり、岐阜のお庭で生育された鷹をお使いになって、ご機嫌がたいへんおよろしかった。

(13) 信長、摂津に攻め込む

十月二十一日、「荒木摂津守が逆心をいだいている」という知らせがあちこちから信長公のもとに寄せられた。事実ではあるまいとお思いになり、「何か不満でもあるのだろうか、考えるところがあるなら聞いてやろう」と、宮内卿法印（松井友閑）・惟任日向守・万見仙千代をやってたずねさせたところ、「少しの野心もございません」とのお答えなので、そのとおりご報告申し上げた。それを聞いた信長公はお喜びになり、また荒木摂津守は人質として母堂を信長のもとへ差し出し申し、「さしつかえなくば出仕されよ」との仰せがあったが、摂津守は心中に謀反心をいだいていたから参上しなかった。もと荒木氏は身分の低い者であったが、先年将軍（足利義昭）が敵になられた折、公に忠節を尽くしたので、その功績によって摂津の国をお任せになったのである。ところが、身のほどをもわきまえずに信長公からの格別な待遇におごりたかぶり、逆心をいだくまでになったのである。

信長公は「この上はいたしかたない」と、安土城の留守居として神戸三七・稲葉伊予守・不破河内守・丸毛《まるも》兵庫頭（長照）をお置きになり、十一月三日出馬されて、二条のご新邸にお入りになった。そしてこの場においても、惟任日向守・羽柴筑前守・宮内卿法印らにいろいろ調停をおさせになったが、荒木摂津守はそれを受け入れ申さなかった。ところで、信長公は大坂（本願寺）にある付城《つけじろ》の目付としてお小姓衆やお馬回りの者たちを遣わしていたが、摂津守がこのたびの謀反にともなって、大坂の顕如《けんによ》への忠節を示すために、「必ずやこの者たちを殺害するであろう」とのとりどりの風聞があった。信長公はこれをお聞きになって、かわいそうなことと思われたが、よい思案もおありでなかった。しかし、これを本人たちがどのように察知したのであろうか、それぞれのご番衆がお小姓衆らを信長公のもとへ送って寄こした。信長公はたいへんお喜びになって、いずれもお召し出しになって、「今度いろいろなうわさがあったが、弱みもみせずに堪えたことは、織田家にとっての名誉であり、またおのおのにとってもあっぱれなことであった」と感服され、それぞれ御服を拝領した。ありがたいことであった。

十一月六日、西国（毛利軍）の船六百余そうが木津方面へ進出してきた。九鬼右馬允が迎え撃つと、これを包囲したまま南に向かって、六日の午前八時ごろから正午ごろまで、海上で船戦《ふないくさ》が行われた。はじめのうち九鬼軍は防ぎがたいように見えたが、六そうの大船には大砲が数多くあった。そこで敵船を間近に寄せつけておいて、大将軍の乗船と思われる船に見当をつけて大砲を発して打ち崩したから、敵船は恐れをなしてそれ以上寄せて来なかった。そのうえ数百そうの敵船を木津浦へ追いこんだので、見物の人びとは「九鬼右馬允の大手柄だ」と感心しない者はなかった。

十一月九日、信長公は摂津表へご出馬、その日山崎に陣をしかれた。次の日、滝川左近・惟任日向守・惟住五郎左衛門・蜂屋兵庫頭・氏家左京亮・伊賀伊賀守・稲葉伊予守らは芥川・糠塚《ぬかづか》・太田村・猟師川のあたりに陣を取り、信長公は敵の茨木城に向けて太田郷の北の山にとりでを作るように言いつけられた。

中将信忠卿・北畠信雄卿・織田上野守・神戸三七信孝・越前衆の不破彦三・前田又左衛門・佐々内蔵助・原彦次郎・金森五郎八・日根野備中守・日根野弥次右衛門の諸将も進発して、摂津の国天神の馬場に陣をしくと、信長公は敵の高槻城に向けて天神山にとりでを作るよう申しつけられた。

信長公は安満《あま》（高槻市に所在）という、山手にあって四方を見下ろすことができる地に陣を据えると、この安満にもつなぎの要害を築くようご命令になった。ところで高槻城主高山右近はキリシタン宗徒であった。信長公は思案をめぐらされ、伴天連《ばてれん》（神父）を召し寄せられて、「右近に忠節を尽くすよう、おまえたちの才覚でとりはからえ。そうすれば、キリスト教の教会を全国どこの地に建てようとも差し許すであろう。おうけできぬというなら、宗門《しゆうもん》を断絶させるであろう」と仰せ出された。伴天連は承知して、佐久間右衛門尉・羽柴筑前守・宮内卿法印・大津伝十郎と一緒に高槻へ行くと、右近にいろいろ教えさとした。もちろん高山右近は荒木方へ人質を出しておいたのであるが、人質を見殺しにしても、小義を捨て大義につくことによってなお仏法の栄えともなるということを知っていたので、信長公に高槻の城を献上のうえ、神父の申すままに承知したのである。信長公のお喜びはひととおりのことではなかった。そうしているうちに茨木城に向けて設けられた付城の太田郷のとりでが出来上がったので、信長公は越前勢の不破・前田・佐々・原・金盛・日根野らを入れ置かれた。

十一月十四日、太田郷のとりでの普請を受け持った滝川・惟任・惟住・蜂屋・武藤・氏家・伊賀・稲葉・羽柴・長岡ら諸将の先陣は伊丹へ攻め込み、まず足軽を出して攻撃をかけた。なかでも武藤宗右衛門の配下の者どもが駆け入ると、馬上で組み討ちして、首四つを討ちとり、本陣の安満へ持参して信長公のお目にかけた。さらに近辺に放火して伊丹を押さえ、刀根山《とね》（豊中市に所在）に近々と陣を構えた。とりでの所在地は、一つは見野の郷（川西市に所在）で、これは通行路の南の山手に要害があって、蜂屋・惟住・蒲生・若狭勢が在陣した。もう一つは、小野原《おのばら》（箕面市に所在）であって、中将信忠・北畠信雄・神戸三七の諸将が陣どっていた。

十一月十五日、信長公は安満から郡山へ陣をお進めになった。

十一月十六日、高山右近が郡山の信長公のもとへ参上してごあいさつ申し上げたところ、信長公はお喜びになって、お肌にめされていた小袖をお脱ぎになって下された上、埴原新衛門進上の秘蔵のお馬をこれまた下賜された。ありがたいご待遇であった。その後すぐにこのたびのごほうびとして右近へ摂津の芥川郡を下され、「今後いっそう自分に忠節をつくすことが肝心である」と、使者を通じておっしゃったのであった。

十一月十八日、信長公は惣持寺《そうじじ》（茨木市内に所在）へおいでになり、津田七兵衛信澄の配下の兵をやって茨木の出入口を押さえさせられた。惣持寺内の要害の守備は越前勢の不破河内守・前田又左衛門・佐々内蔵助・金森五郎八・日根野備中守・日根野弥次右衛門・原彦次郎らにお命じになって、太田郷のとりでを引き払い、敵城間近まで兵をお寄せになった。

十一月二十三日、惣持寺へふたたびお入りになった。次の日二十四日、刀根山のとりでの陣中お見舞いにお年寄衆ばかりを召し連れてお出かけになった。その日は夜十時ごろから雪が降りはじめ、思いのほかに一晩じゅう降ったり止んだりした。敵城茨木には石田伊予守・渡辺勘大夫・中川瀬兵衛（清秀）の三人がたてこもっていた。

十一月二十四日の夜半に、中川瀬兵衛は信長公方に寝返り、信長公の軍兵を引き入れて、石田伊予守・渡辺勘大夫両人とその加勢の者を城中から追い出してしまった。この計略のために奔走したのは、古田左介・福富平左衛門・下石《おろし》彦右衛門・野々村三十郎で、うまくことが運んだのはこの四人の才覚によってであった。信長公はこの四人を茨木城警固役としてお置きになった。かくて摂津表の過半は信長公の意のままとなり、一同これ以上の満足はなかった。

十一月二十六日、黄金三十枚を中川瀬兵衛に下され、その下で働いた家臣の者三人には黄金六枚に、御服を添えて下された。高山右近へもまた金子二十枚を下され、その家老の者二人には金子四枚に御服を添えて下された。

十一月二十七日、信長公は郡山より古池田に陣を移された。その日の朝は風が吹いて寒気はかくべつであった。晩になって、中川瀬兵衛がお礼のため古池田の信長公のもとへ参上した。信長公からは見事な装飾をほどこした太刀と馬に馬具を添えて下された。また三位中将信忠卿からは名刀長光と馬が下された。北畠信雄卿からはご秘蔵のお馬が下された。神戸三七信孝殿からはお馬、津田七兵衛信澄殿からは太刀をいただくなど、中川瀬兵衛はさまざまなものを拝領してありがたいお取り扱いを受けて帰っていった。

十一月二十八日、古屋野（伊丹市昆陽に所在）まで信長公は陣を近くに寄せられ、四方より兵を寄せて、要所要所に陣取りを命ぜられた。さて近在の百姓たちはみな戦いを避け甲山《かぶとやま》（六甲山脈の一峰）に小屋を建てて避難していた。断りもなく土地を離れるのはけしからぬことであると思われたのであろうか、堀久太郎・万見仙千代に命じ、諸隊のりゃく奪をこととする者を加えて山中を捜索させ、あるいは切り捨て、あるいは隠しおいた兵糧やその他の物を、思い思いに取り集めて来させたが、際限がなかった。

信長公は滝川左近・惟住五郎左衛門の両人を遣わし、西宮・茨住吉《いばらすみよし》・芦屋の里・雀が松原・御影《みかげ》の宿・滝山・生田の森に陣を取らせた。敵の荒木志摩守がたてこもっている華熊《はなくま》（神戸市生田区）へは、軍兵を出して動きを押えて置き、山手を通って兵庫へうち入り、僧俗・男女の区別なく、なで切り殺し、堂塔・伽藍・仏像・経巻など、すべてを残さず火を放ってたちまち雲上の煙とし、さらに須磨・一の谷まで進んで、火を放った。

さて、大和田というところが尼崎の近くにある。大坂から尼崎や伊丹への通路にある肝要な地点であった。ここの城主は安部二右衛門という者であった。二右衛門は芝山源内（監物、のち利久）と相談し、信長公にお味方となって忠節を尽くすことを申し上げ、古屋野の陣所へ参上した。

(14) 安部二右衛門、信長に服す

十二月一日の夜、蜂須賀彦右衛門のはからいで安部二右衛門と芝山源内の二人がごあいさつにうかがったので、信長公のご満足はひととおりでなかった。黄金二百枚を下され、両人はありがたく帰ったことであった。

ところが、二右衛門の親および伯父の二人がこのことを聞いて「大坂(石山寺)門跡ならびに荒木殿(村重)に対しこのような不義はよろしくない。父・伯父ともに賛成しがたいことである」と、言って二右衛門の城の天守閣へ上がると動こうとしなかった。二右衛門はこのぶんではうまくゆかぬと考え、「父・伯父お二人の申されるところはもっともである」と二人をなだめておいて、信長公へは、「何ら忠節の働きもなく信長公から黄金をいただくいわれがないから、お返し申す。ふたたび敵方に回りましょう」と、芝山源内を使いとして、いただいた黄金を信長公の古屋野の陣所まで返上された。信長公は「そう言うならしかたあるまい」と仰せになった。そのうえ二右衛門は蜂屋・阿閉の信長方の陣所へ足軽を出し、鉄砲を射込んで、「御敵になり申そう」と申し入れた。

このようななりゆきであったから、親・伯父ともに満足の態であったが、十分にだましておき、二右衛門は伯父を使いとして、「右のような次第で、今後とも気が変わることは

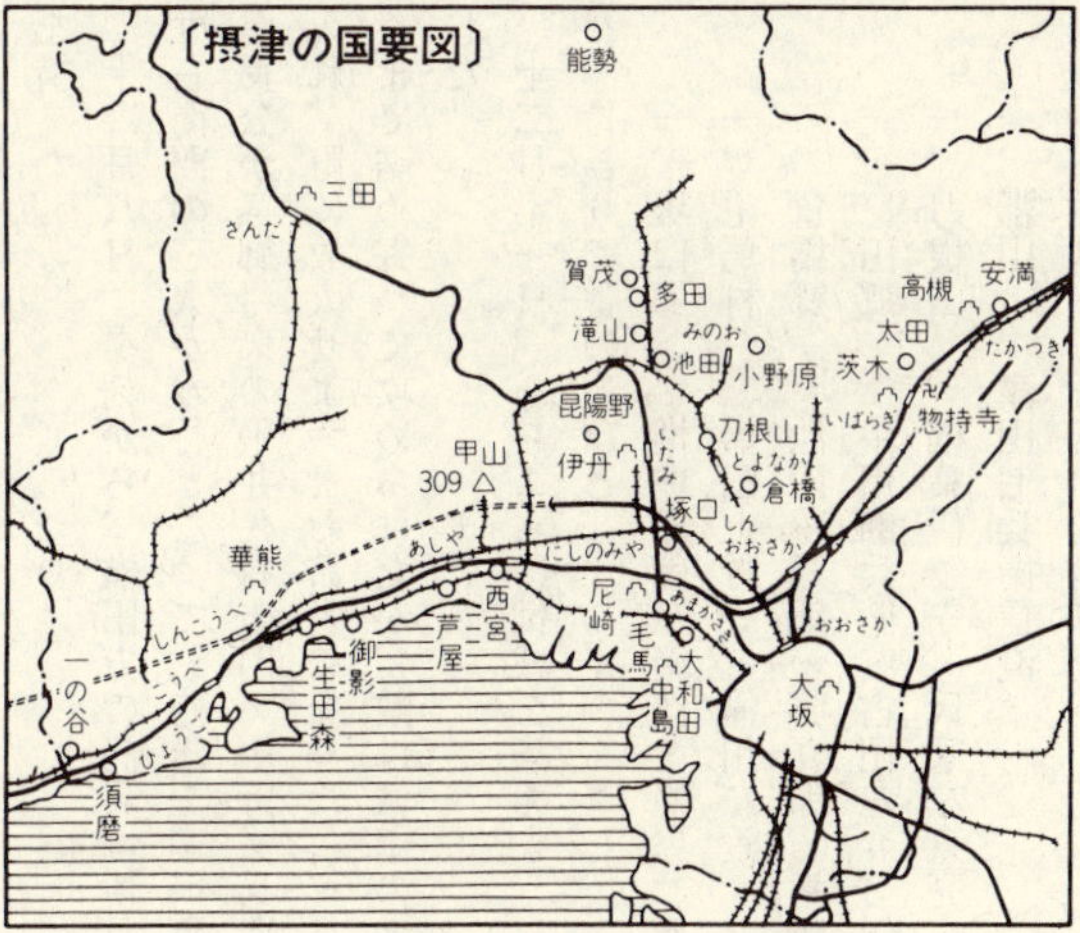

ございません」と、尼崎にいた荒木新五郎ならびに大坂（本願寺）へ申しやった。そこで親も喜んで、天守閣から下りて来たところをとらえて腰刀を取りあげ、ただちに人質として京都へのぼらせ、二右衛門自身十二月三日の夜、古屋野の信長公の陣所へ参上して、右の苦労の次第をいちいち申し上げたところ、信長公は「さきの忠節よりもこのたびの行為はいっそう殊勝である。感じ入ったことである」とおっしゃって、ありがたいことにさしておられたご秘蔵の左文字の脇差とお馬を馬具とともに下された。また御太刀代として黄金二百枚を下され、その上摂津の川辺《かわなべ》郡一切の支配を仰せつけられた。芝山源内もまたお馬を拝領した。

十二月四日、滝川左近・惟住五郎左衛

門は兵庫一の谷を焼き払い、兵を返して、伊丹を押さえ、塚口の郷（尼崎市に所在）に陣を構えた。

十二月八日、夕刻から、織田方の諸兵は伊丹へ押し寄せ、堀久太郎・万見仙千代・菅屋九右衛門の三人が奉行となって鉄砲隊を率い町口へ押しこんで、鉄砲をうたせた。ついで信長公が「御弓衆の平井久右衛門・中野又兵衛・芝山次大夫は三手に分かれて火矢を射ち入れ、町に放火せよ」とお命じになった。夕刻の六時ごろから十時ごろまでの間に城の近くまで詰め寄って攻められたが、敵は城壁のきわで激しく防戦し、万見仙千代が討ち死にした。

十二月十一日、あちこちに付城を築くように指示をし、信長公は古池田に陣を移された。

とりで番の人びと

一、塚口郷　惟住五郎左衛門・蜂屋兵庫頭・蒲生忠三郎・高山右近・神戸三七信孝。

一、毛馬《けま》村　織田上野守・滝川左近・北畠信雄卿・武藤宗右衛門。

一、倉橋郷　池田勝三郎・勝九郎・幸新《こうしん》。

一、原田郷　中川瀬兵衛・古田左介《さすけ》。

一、刀根山　稲葉伊予守・氏家左京亮・伊賀平左衛門・芥川。

一、郡山　津田七兵衛信澄。

一、古池田　塩川伯耆守。

一、賀茂　三位中将信忠卿のご軍兵。

一、高槻の城　城番の軍兵は、大津伝十郎・牧村長兵衛・生駒市左衛門・生駒三吉・湯浅甚介・猪子次左衛門・村井作左衛門・武田左吉。

一、茨木城　城番の軍兵は、福富平左衛門・下石《おろし》彦左衛門・野々村三十郎。

一、中島　中川瀬兵衛（清秀）。

一、一つ屋　高山右近（の軍兵）。

一、大矢田　安部二右衛門。

このように、信長公は各城ごとに、それらを守る将兵を指名された。そして羽柴筑前守には、佐久間・惟任・筒井順慶の諸将を加えて播磨へ派遣し、また一方敵方の有馬郡にある三田《さんだ》の城に対しては、道場河原・三本松の二か所に足がかりのとりでを設けて、羽柴筑前守秀吉の軍勢を入れて守備させた。筑前守はさらに播磨へ進出して、別所氏の居城三木に対する各とりで・城々へ、兵糧《ひょうろう》・鉄砲・弾薬の用意普請などをするように申しつけて帰陣した。

(15) 明智光秀、波多野城を攻撃

惟任日向守（明智光秀）は、ただちに丹波へ兵を進め、波多野（秀治）の館の三里四方を、惟任一手の兵でもって取り巻いた。堀を掘り、へい・柵を幾重にも巡らして、人がはい出るすき間もない。へいぎわには諸卒に命じて町屋風に小屋がけをさせ、その上巡視を強化して、警固を申しつけたので、まことに獣も通らぬほど厳しい御陣地であった。

十二月二十一日、信長公は古池田から京都に至って、凱旋された。その日雪が少々降った。

十二月二十五日、信長公は安土へご帰城になった。

信長公記　巻十一　終

巻十二　落日の播州伊丹城（天正七年）

（1）九鬼嘉隆をねぎらう

天正《てんしよう》七年（一五七九）信長公は近江安土城で年を越された。ご家来衆はそれぞれ摂津・伊丹方面の数か所の付城《つけじろ》の守備を命じられているので、新年のごあいさつに登城することもなかった。

正月五日、九鬼《くき》右馬允（嘉隆）が堺の港から参上して安土城で年頭のごあいさつを申し上げた。すると信長公は、「石山本願寺と和ぼくした今のうちに故郷の伊勢に帰り、妻子にも会い、その上で登城するがよかろう」とありがたいことにお暇を下さったので、九鬼右馬允は喜んで故郷へ帰って行った。

正月八日、お小姓衆・お馬回りの衆・お弓の衆に命じて、近江八幡の馬淵《まぶち》から切り石を三百五十余り運ばせられた。翌日、お鷹狩りの獲物の鷹・鶴などをこれらの人たちに下されたので、一同ありがたく頂戴したことであった。

（2）お鷹狩り

二月十八日、信長公は上京し、二条の新造営の城においでになった。二十一日、東山でお鷹狩りをお楽しみになり、二十八日も、また東山でお鷹狩りをなさった。

三月二日、こんどは賀茂山でお鷹狩りをなさった。

三月四日、中将信忠卿・北畠信雄《のぶかつ》殿・織田上野守殿・織田三七信孝殿がご上洛になった。

（3）信長、摂津の国へ出陣

三月五日、信長公御父子はそろって、摂津の伊丹まで出陣なさって、山崎の地に陣をお構えになった。翌六日には、天神馬場から途中途中で鷹をお楽しみながら、郡山にご陣営を移された。

三月七日、信長公は古池田にご陣営をしかれ、大勢の軍兵は伊丹の周囲に陣をしいた。越前衆の不破光治・前田利家・佐々成政《なりまさ》・原彦次郎・金森長近《ながちか》らもこの陣営に参加した。

岐阜中将信忠卿の御とりでは賀茂岸（兵庫県川西市の最明寺川の岸）と、池の上の二か所で、堅固な要害を作るよう命令し、東西南北四方に出城を構え、前面にはずっと堀を掘り、へいや柵を取り付けた。

三月十三日、高槻の城の警固の当番役として、大津伝十郎を派遣しようとしたところ、病死との知らせが届いたのであった。

三月十四日、信長公は兵庫川西の多田の谷でお鷹狩りをなさった。その際、塩河勘十郎が一献さし上げたところ、信長公から羽織を賜った。ありがたいことであった。

三月みそか、お鷹狩りをなさった。ついでに箕雄《みのお》の滝を見物された。その日、十三羽のお鷹が足を少し痛めるということがあった。すぐれた鷹を多数お使いになり、たいせつになさることこの上なく、毎日のお鷹狩りに信長公のご苦労は並たいていのものではない。いっこうにお疲れのようすもお見せにならず、気力盛んなお姿に、大勢の者が感じ入って、口々に賞賛したことであった。

四月一日、岐阜中将信忠卿のお小姓衆である佐治新太郎と金森甚七郎とが口論をし、甚七郎はさし殺された。新太郎は切腹して両人ともに相はてた。二人の年はまだ二十歳ばかりであった。けんかとはいうものの、なかなかの腕前を見せ、上下の差なく、みな感心したことであった。

四月八日、信長公はお鷹野へお出ましになった。古池田東方の野を利用して徒歩隊と騎馬隊との演習をされた。お馬回りの衆とお小姓衆を馬に乗せられ、御弓衆を身近におおきになって二手に分かれ、騎馬衆が徒歩衆の中へ駆け入ろうと馬をせかす。信長公は徒歩隊とともにおられてそれを防ごうとしばらくは大活躍をなさってお気を晴らし、そこからすぐお鷹狩りにお出かけになった。

同じく八日、播磨へ手兵の者たちをさし向けられた。越前衆の不破・前田・佐々・原・金森・織田七兵衛信澄殿・堀久太郎である。

四月十日には、惟住《これずみ》五郎左衛門・筒井順慶・山城衆が出陣している。

四月十二日には、中将信忠卿・北畠信雄卿・織田上野守殿（信包《のぶかね》）・織田三七信孝殿が出陣された。猪子《いのこ》兵介、飯尾隠岐守の二人を、播磨の国三木方面にこのたび新設されるとりでの検査役として、これらの方々に添えて派遣された。

中将信忠卿が守備するとりでである古屋野・池上の両城の留守番役として、永田刑部少輔・牧村長兵衛・生駒市左衛門の三人が城番を命じられた。

四月十五日、丹波から惟任《これとう》日向守（明智光秀）が「お馬を献上したい」と申し上げたところ、かえって日向守に下さるとのことでお返しになった。

四月十七日、関東は常陸《ひたち》の国の多賀谷《たがや》修理亮（朝宗）が、星河原毛の馬（河原毛にほし、つまり白いはん点のある馬、河原毛とは白で黄赤をおび、背は黒毛のものをいう）で、たけは四寸八分ほどもあって年は七歳、大きくてたくましいりっぱな馬をはるばる献上してきた。三十里の道を人を乗せて往復することのできる忍耐強い馬なのである。信長公は大喜びであった。さっそく青地与右衛門に命じて、調教をなさった。青地には「正宗」の名刀をくだされた。これは佐々木家所持のものを佐々内蔵助が求めて、それに黄金十枚分を延べ板にして鞘にはりつけてから、信長公に進上申した刀である。世間のうわさに違わずたいしたものであった。

信長公から多賀谷修理亮の所へお遣わしになった書状には、お小袖五枚・縮《ちぢみ》三十反、以上をくださるとあり、また銀子五枚を使者に心づけとして下されたのであった。

四月十八日、仁政のほまれ高い塩河伯耆守《ほうきのかみ》へ銀子《ぎんす》百枚をおやりになった。お使いの森蘭丸に中西権兵衛をそえて下された。すぎたお心づかいをかたじけなく思った次第である。

稲葉彦六が守備するとりでの河原口に敵の伊丹城から足軽勢を出してきた。そこで、塩河伯耆守と氏家左京亮とが一緒になって、敵味方でもみ合い、かなりの敵将三人を討ち取ることができた。

播磨の国三木城でも敵は足軽を出してきたので、「中将信忠卿がみずから敵兵の首を十ばかり討ち取り、勝利を得ました」との知らせがとどいた。

四月二十三日、丹波の惟任日向守から隼《はやぶさ》の子のまだ巣にはいっているころの幼鳥を信長公に献上してきた。

（4）京都四条小結町の殺人事件

さて、京都では前代未聞の事件がおこった。下京四条の小結《こゆい》町の糸屋の後家《ごけ》に七十になる老婆がいた。娘一人がおり、母と一緒に暮らしていた。四月二十四日の夜、この娘が母のために上等の酒を求めると、「存分に召しませ」と強いてすすめ、酔って寝たところを土蔵のなかに入れた。娘は夜ふけになって、人が寝静まってから母をさし殺し、自分の手で革張りのしっかりしたかごに入れると、よく縛って、家は法華宗であるのに、浄土宗である誓願寺の住職を頼んで、人にわからぬようにして寺に納めてしまった。一人いた下女には、美しい小袖をやって、「このことは絶対に隠密にするように」と言いふくめておいた。しかしこの下女は、後々のことを恐ろしく思って、村井長門守の所に飛んで行って、この由を告げたのであった。村井長門守はただちにその娘を捕らえてなわをかけ、ことの次第を糾明した上で、四月二十八日上京、一条のつじから車にのせ、都中をさらし者としてひき回し、六条河原で成敗した。

（5）信長、伊丹へ出陣

四月二十六日、古池田に信長公はお出ましになり、お遊びがあった。以前のように、お馬回り衆、お小姓衆が参加し、近衛殿（前久《さきひさ》）と細川右京大夫殿も馬を召されて、以上の人びとが二手に分かれて足軽衆をかけひきに使い、面白く野駆けをなさって、気を晴らされた。

中将信忠卿は、このたび播磨の三木方面で進攻が止まっている所にとりでを設けるよう命令し、小寺藤兵衛政職《まさもと》の城である御着《ごちゃく》城へ兵馬を寄せ、攻め込んで、火を放った。四月二十八日、中将信忠卿は有馬郡まで馬を進め、ここからすぐに野勢郡（大阪府能勢町）を攻略して、耕作地をなぎ捨てにしてしまわれた。

四月二十九日、中将信忠卿は古池田へ帰還された。信長公に播磨方面のようすをご報告すると、信長公からはすぐに帰国するように、という命令があった。そこで中将信忠卿は、その日東福寺まで行かれ、翌日、岐阜城にお帰りになった。

越前衆と惟住五郎左衛門が敵城淡河《おうご》の城（神戸市北区に所在）へ向かい、とりでを設けさせ、古池田に帰陣して敵のようすを報告申した。すると信長公は、越前衆におひまを下されたので帰京した。その他の人びとには伊丹方面の城番を仰せつけられた。その詳細は次のとおりである。

一、塚口郷は、惟住五郎左衛門・蜂屋兵庫頭・蒲生忠三郎。

一、塚口の東の田中は、福富平左衛門・山岡対馬守・山城衆。

一、毛馬《けま》は、長岡兵部大輔・与一郎・頓五郎《とんごろう》。
一、川端とりでは、池田勝三郎父子三人。
一、田中は、中川瀬兵衛・古田左介。
一、四角屋敷は、氏家左京亮。
一、河原とりでは、稲葉彦六・芥川。
一、賀茂岸は、塩河伯耆守・伊賀平左衛門・伊賀七郎。
一、池上は、中将信忠卿の配下の者が交替で担当すること。
一、古屋野城は、滝川左近将監（一益）・武藤宗右衛門。
一、深田は、高山右近。
一、倉橋は、池田勝九郎。　以上。
信長公はこのように四方にとりでを設けさせ、二重にも三重にも堀をつくり、へいや柵を取りつけ、それぞれが自分の担当のとりでをしっかりと守備するように申しつけられた。

（6）二条晴良ら逝去

五月一日、信長公はご帰洛になった。このころ、二条殿（晴良）、烏丸殿（光康）・菊庭殿（正しくは三条西実枝《さねき》）・山科左衛門督殿（正しくは言継《ときつぐ》）・嵯峨の策彦《さくげん》殿（周良《しゅうりょう》）などお歴々の方々が続けて病死なさった。

五月三日、信長公は都を離れ、山中越えで坂本へ向かわれた。お小姓衆ばかりをお連れになって、お舟でそのまま安土城にお入りになった。

五月十一日、よい日であるので、信長公は天守へお渡りになった。

五月二十五日の夜中、羽柴筑前守秀吉は、播磨の海蔵寺のとりでに忍び込んで、これを乗っ取ってしまった。

このため、敵方は翌日にはおうごうの城も明け渡して、退散したのであった。

(7) 法華宗・浄土宗の論争

五月中旬のことであった。関東から浄土宗の霊誉《れいよ》という長老が上ってきて、安土の町で法談をしていた。そのとき法華宗(日蓮宗)の建部紹智《たけべしょうち》・大脇伝介の二人が説法の座に来て、問答をしかけた。長老は、「若くて修行の期間の短い人びとに説法の理を申し開き、説いても、仏法の極致まで理解することはむずかしかろう。そこで、お二人の信仰される法華宗の坊主をお出しになったら、返答いたしましょう」と答えて、七日の予定の法談を十一日まで延期して、法華宗方へ使者を立てた。法華宗のほうでも、それを受けて、「宗論をいたしましょう」と申して、京都から長命寺の日光・常光院・九音院《くおんいん》・妙顕寺の大蔵坊・堺の油屋弟《おとと》坊主・妙国寺不伝など、名のある僧衆が安土に集まり、また都や地方の僧俗の者たちが、安土へ多数集まった。このことが信長公のお耳にも入り、信長公にお仕えしている人びとの中にも法華宗の人がおおぜいいるので、信長公は、「この宗論をことなく収めるのがよかろう」と考えて、菅屋九右衛門・矢部善七郎・堀久太郎・長谷川竹を使者として、その旨を仰せ出された。

浄土宗の側は、「どのようにでも信長公のお心のとおりにいたしましょう」と、そのご調停を承知申したけれども、法華宗のほうは優勢と思うから同意せず、とうとう宗論を行うことになってしまった。そのとき、信長公は、「そういうことであるならば、審判者をつけるから、書面によって勝負を見せ申すように」との命令を出された。そこで京都五山の中でも善知識でいられる、日野の秀（南禅寺の景秀鉄叟《けいしゆうてつそう》）長老を召し上らせた。ちょうど折よく八宗兼学の因果居士《こじ》も参上されたので、このほうも添えて安土の町末の浄土宗の浄厳院仏殿で宗論をすることになった。寺の中の警固役として織田七兵衛信澄殿・菅屋九右衛門・矢部善七郎・堀久太郎・長谷川竹の五人が命じられた。

法華宗のほうはなかなかたいした支度であって、長命寺の日光・常光院・九音院・堺の油屋弟坊主、妙国寺不伝、それに妙顕寺の大蔵坊を記録者として、法華経八軸とすずり・料紙とを持って出席された。一方の浄土宗は墨染めの衣でいかにも質素な支度であって、関東の長老である玉念霊誉・安土町田中の西光寺の住職である聖誉貞安《ていあん》、このお二人もすずり・料紙を持って出てこられた。関東の霊誉長老が、「このたびのことは私が原因となったことなので、まず、申し上げましょう」とおっしゃるのを、田中の貞安が口早に代わって最初の質問を提出し、それからたがいの宗論が始まった。

貞安が、「法華経八巻の中に念仏はあるか」と尋ねる。

法華宗方が、「念仏はもちろんある」と答える。

貞安が、「念仏のことがあるならば、どうして無間地獄に落ちる念仏があるなどと、法華宗では説くのか」（法然の唱導する念仏に対する法華宗の攻撃への批判）と尋ねる。

すると法華宗方からは、「法華宗でいう弥陀と浄土宗でいう弥陀とは同じものか、別のものか」と問い返す。

貞安は、「弥陀はどこにあっても同じ弥陀ですよ」と言う。

また、法華宗方が、「それならば、なぜ浄土宗では『捨閉閣抛《しゃへいかくほう》』（雑行を捨て正行を立てよ、という法然の教え）などと言って、法華経の弥陀を捨てるのか」と、尋ねる。

貞安は、「念仏をそっくり捨てよというのではない。念仏を唱える前に念仏以外の雑行一切を捨てよ、というのである」と答える。

また、法華宗方から、「念仏を唱える前に法華経を捨てよ、などという経文があるだろうか」と、問う。

貞安は、「法華経を捨てよという経文はいくらでもある。たとえば浄土経では『うまく方便をたてて、衆生を導き、さとりへの教えをはっきりと示す』といっており、また『ひたすら阿弥陀仏に向かって念仏せよ』とも言っている。法華経ばかりが真実を伝えているわけではないのである。また、法華経自体の成立もあやしく、法華の無量義経では『方便の力をもって修行したが、四十余年たつ今、いまだに真如が現れないのでさとることができない』とも言っている」と、答えた。

さらに貞安は、「釈迦が仮に四十年余り仏門にあって修行し、今、これ以前の経をすべて方便として、法華経だけが真実の教えだと言われたというなら、あなたは方座第四の『妙』の一字をも捨てるのか、捨てないのか」と、逆襲した。

法華宗方は、「法華経成立以前の四十年余りの修行中における四妙のうち、どの『妙』を言っておられるのか」と尋ねる。

それを聞いて貞安は、「この『妙』こそ法華の『妙』のことですよ。あなたは知らなかったのですか」と言うと、法華宗方は返す言葉もなく閉口してしまった。

貞安が重ねて、「『妙』の一字を捨てるのか、捨てないのか」と尋ねたのに、法華宗方は無言のままであった。

そのとき、判者をはじめとして満座の者が一同にどっと笑って、法華宗方の僧のけさをはぎ取ってしまった。

これは天正七年（一五七九）五月二十七日、午前八時ごろのことで、関東の長老が扇を開いて立って舞いを舞われた。長命寺の日光は、「妙」の一字につまってしまったので、さんざんに打たれ、八巻の経文も見物の者たちがてんでに破り、法華宗の僧侶たちは四方にちりぢりに逃げ去って行った。それを各出口・渡り場まで追っ手をかけ、全員をとらえて少々その場に止めておいた。宗論の勝負を記録した書きつけを、信長公にお目にかけようと準備しているところへ、信長公は、はやくも正午には山をお下りになり、浄厳院に御座をお移しになって、法華宗と浄土宗の人をお召しになり、まず、関東の長老霊誉には扇を差し出され、田中の貞安長老には団扇《うちわ》を下されて、そのおほめの言葉は尋常一通りではなかった。判者の秀長老へは先年、堺の者が進上した東坡のつえをくだされた。

さて、信長公は長老に論争をしかけた大脇伝介を召し出して、「一国一郡を持つ身であっても似合わないようなことであるのに、おまえはまったくの俗人であり、また町人でありながら、塩売りの身として、このたび長老の宿のお世話を務めたのだから、当然、長老のお世話をしなければならないのに、その力添えもしないで、他人にそそのかされて、長老に問答をしかけるなど世間を騒がせたのはふとどきのことである」と、さまざまに仰せになって、まず、この大脇伝介の首をお切らせになった。

また、妙国寺不伝をも召し出して、たびたび近衛殿（前久）と交わしたご雑談の内容をお話しになった。この不伝という僧は、近衛殿が下向されていた九州から、はるばるやって来て、昨年秋から京に滞在している者であった。経典の中にはどこにどの文字があると、そらで言えるほど物知りであった。しかし、宗派はどの宗とも決まってはいないのであった。これまで八宗を学んできたが、その中でも「法華宗はなかなかよい宗派である」と、つねづね口に出して言っていたようである。しかし、このたび信長公に尋ねられたときには、「いずれの宗派にでもなりましょう」と答えている。不伝の行動はというと、「あるときは紅梅がさねの小袖を身につけ、また、あるときには薄絵《はくえ》の衣装などを身につけて、自分が着ている破《やれ》小袖を仏縁であるなどと申して、人に与えている」ということを近衛殿が仰せになった。

のちに、よく調べてごらんになると、感心な行いのように見えるけれども、その小袖とは、かり小袖でまがい物であった。これほど物知りの不伝さえもが感じ入り、「宗旨をかえて法華宗になった」と申したならば、法華宗の信者が多くなり、きっと繁栄するであろうと、法華宗からねんごろに頼まれ、多額の報酬を取って法華宗になったのである。そのずるがしこさは、それほどの老齢になりながら虚言を構えて、その身にふさわしいものではない。

「このたびの法問争いに勝ったならば、一生好きなことができるようにして差し上げましょう」と固く報酬を約束されて法華宗に頼まれ、信長公にお届けも申し上げないで安土を離れたのである。信長公は、「日ごろ申していることと違っており、けしからぬことである」とおっしゃられた。

その上、「不伝は自分で法問を申さないで他の人に宗論を言わせ、勝ち目があれば顔を出そうともくろんで、自分からは口を出さなかったことは、なんとも弱気の振る舞いようでゆるすことはできない」と、信長公は仰せになって、不伝の首をもお切らせになった。

信長公は残ったほかの僧たちへ仰せられるには、「だいたい武士たちはすべて、軍役を日々につとめて、迷惑をするほどに生活を切りつめているのに、寺では堂塔をつくり立て、ぜいたくな生活をしている。その一方、学問をも修めず、このたびの宗論では『妙』の一字につまってしまうとは、まったくけしからぬことである。とはいうものの、法華宗は口の上手な者たちである。後日になると、宗論に負けたなどとは絶対申すまい。そこで宗門を代えて浄土宗の弟子になるか、そうでなければ、今回宗論に負けたからには、今後他の宗派を非難するようなことはしない、という旨の誓紙を出しなさい」と、仰せられたので、法華宗の僧侶たちはさっそくにこれに従い申して、以下の起請文を作成申した。

敬白　左のことがいつわりのないことを誓います。

一、このたび、近江の浄厳院で浄土宗と宗論をしたところ、法華宗が負け申しました。そこで京の坊主不伝と塩屋伝介とが討ちはたされましたこと。

一、今後、法華宗は他の宗派に対して、いっさい迫害しないこと。

一、法華宗の一分の面目を立ててくださったことは、かたじけなく存じております。法華宗の僧たちは、ひとまず寺を出て浪人をいたし、改めて召し直され申しますこと。

天正七年五月二十七日

上様（信長公）・浄土宗　　　　　　　　　　　　法華宗

以上のように誓紙を差し出し申した。ところで、この誓紙に「宗論に負け申し候」と書いて出したが、この「負」の字は、後世になって深い事情も知らない、いやしい女や子供までもが聞き知って笑うであろう。「代わりの言葉がいくらもあろうものを、『負』と書いたのは失敗であった」と、法華宗の名のある僧たちが後悔申したということである。また、これを聞き知った世間の人びとが、のちのちまでも笑いものにしたのであった。

さらに、建部紹智は堺の港まで逃げていったところを、追っ手をかけて捕らえ、このたびは大脇伝介と建部紹智のしわざによって、このような大事件になったのであったから、信長公は、これもまた首をお切らせになった。

（8）丹波の国の波多野兄弟を討つ

さて、丹波の国波多野の八上《やかみ》城を、去年から惟任日向守（明智光秀）が攻め寄せて取り巻き、三里四方に堀を掘らせ、へい・柵を丈夫に幾重にも作らせて兵糧攻めにした。ろう城の者は、すでに餓死者を出すまでになり、はじめは草木の葉を食糧とし、のちには、たいせつな牛馬をも食糧としたが、ついには耐え忍ぶこともできなくなって、城外に出て来たところを、かたはしから切り捨て、波多野三兄弟を策略をもって召し捕ってしまった。

六月四日には、この三兄弟を安土に進上申した。信長公はすぐに、慈恩寺町のはずれでこの三人の者をはりつけにされた。三兄弟は、さすがにあきらめたのか、その間ずっとおとなしくしていたということである。

六月十三日、丹後の松田摂津守が隼《はやぶさ》の巣ごもりの幼鳥を進上して参った。

六月十八日、中将信忠卿が安土城にお見舞いに参上された。

六月二十日、伊丹方面に布陣の滝川・蜂屋・武藤・惟住・福富の五人衆に、鷂《はいたか》（タカ科の鳥。雌を「はいたか」と呼び、雄は小形で「このり」という）三羽・小男鷹《このり》二羽を、青山与三を使者としてお遣わしになったが、これをありがたく拝受した。

六月二十二日、羽柴筑前守が与力としていた竹中半兵衛が、播磨の国のご陣中で病死した。信長公は、その代理として信長公のお馬回りとして仕えていた弟の竹中久作（重矩《しげのり》）を播磨へ遣わされた。

六月二十四日、先年、惟住五郎左衛門が拝領した「周光」という茶わんを、信長公が召し上げられた。その代わりと仰せになって、「かんな切り」という銘刀をくださった。作は備前長光で、特にすぐれた作品で伝来の系図のある名刀である。

七月三日、武藤宗右衛門が伊丹の陣中で病死した。

七月六日、七日の両日、安土ご城内でお相撲があった。

七月十六日、家康公から坂井左衛門尉（忠次）を使者として、お馬が進上された。奥平九八郎（信昌）・坂井左衛門尉のお二人からも、お馬を献上申した。

（9）井戸才介を成敗

七月十九日、信長公は、中将信忠卿にお命じになって、岐阜において津田与八・前田玄以・赤座七郎右衛門の三人に、井戸才介（将元《まさもと》）を殺させられた。それというのも、井戸才介は妻子を安土に住まわせないで、当の自分もあちこちと、他家を渡り歩き、いつもは安土へもご無沙汰の奉公ぶりであった。その上、先年、文書を偽造して深尾和泉守の片棒をかつぐということがあった。重ねがさねのけしからぬことがつもって、ご成敗になったのである。

七月十九日、惟任日向守が丹後へ兵を出したところ、宇津頼重《うつよりしげ》は城を明け渡して逃げ出したので、兵をさし向けて追い討ちをかけ、多数を討ち取ってその首を安土に進上した。日向守はそこから福知山の鬼が城へ攻め寄せ、あたりに火を放つと、鬼が城に対して付城《つけじろ》の要害を設けて、配下の兵を常駐させた。

(10) 明智光秀、播磨の黒井城を攻略

八月九日、惟任日向守は赤井悪右衛門がたてこもっている黒井城（兵庫県丹波市）へ攻めかかり、兵を寄せたところ、赤井のほうからも兵を出して応戦してきた。そこで、すぐにどっとつけ入り、黒井城の外郭まで攻め込んで、屈強の者十人余りを討ち取ったところ、つぎつぎと降参して退いたのであった。惟任は信長公に、以上のようすを逐一ご報告申し上げたところ、信長公からは、「長期間にわたって丹後の国に在国し、粉骨砕身の活躍による名誉は、ほかに比べようもない抜群のものである」という内容の感謝状が、かたじけないことにも下されたのである。惟任日向守にとって、この世の名誉としてこれ以上のものはないと思われた。

(11) 出羽・陸奥から鷹を献上

これより前、七月十八日には、出羽の国の大宝寺から、駿馬をそろえて五頭、ならびに鷹を十羽進上して参った。その中に真っ白な羽の鷹一羽が入っていた。

七月二十五日、奥州の遠野孫次郎と申す者が、信長公へ白い鷹を献上申した。鷹匠とし

て石田主計が日本海沿いを船路で、はるばる風波をしのいで安土まで参上し献上申したのであった。まことに雪のように真っ白で、姿かたちもすぐれたみごとな鷹であったので、見物の人びともびっくりし、信長公が、これを秘蔵されることといったらひととおりでなかった。

また、出羽の国の千福という所の前田薩摩守が、これも同じように鷹をつれて参上し、ごあいさつを述べてその鷹を献上した。

七月二十六日、信長公は石田主計と前田薩摩守の鷹匠二人をお召しになって、堀久太郎の邸でご接待をお命じになった。相伴を津軽の南部宮内少輔がうけた。両人は安土城の天守をも見物して、「このようにみごとな城のつくりようは、古今の例にも聞いたことがない。この世の思い出としてありがたいことよ」と感激いたした。

信長公は遠野孫次郎へ、まずさしあたってのご返礼として、次の品々をくだされた。

一、ご紋服十枚〔いかにも結構なもので、織田家の桐のご紋章がついており、色は十色であった。御裏衣も、これまた十色である〕

一、白熊　二頭分の皮。

一、虎の皮　二枚。

以上の三種のものである。また、御服五枚、ならびに黄金を路銀用として石田主計にくださったので、ありがたく拝受した。

つぎに、御服五枚に黄金を添えて、前田薩摩守にくだされたので、薩摩守はありがたいしあわせ、と感謝して下向した。

八月二日、以前、法華宗と法問をした貞安長老（当巻（7）参照）へ、信長公はつぎのように送り遣わされた。

一、銀子五十枚、貞安へくださる。

一、銀子三十枚、浄厳院の長老へ。

一、銀子十枚、日野秀長老へ。

一、銀子十枚、関東の霊誉長老へ。

以上のとおりそれぞれに送り下され、かたじけない次第であった。

八月六日、近江の国じゅうの相撲取りをお召しになって、安土城内で相撲を取らせご覧になったところ、甲賀の伴正林と申す者が、十八、九歳ででもあろうか、見ごたえのある相撲を七番も取った。翌日もまた、相撲があった。このときもすぐれた相撲をとり、信長公のお気に入ったので、即座に召し抱えられた。ちょうどそのとき、鉄砲屋与四郎がおとがめにあって牢に入れられていた。それで伴正林は、その与四郎の私宅をはじめ、資材・雑具などとともに、知行百石と、のしつきの太刀・脇差大小二振り・小袖・馬と馬具を一緒に拝領した。名誉なことであった。

八月九日、柴田修理亮は加賀の国に兵を出し、阿多賀・本折・小松町口あたりまで焼き払い、その上、稲を刈りとってしまうよう申しつけて帰陣したということである。

八月二十日、信長公のご命令により、中将信忠卿は摂津方面に馬を進められた。その日は柏原に宿泊し、つぎの日、安土にお出ましになった。二十二日、堀久太郎とともに古屋野に到着して陣をすえられた。

（12）荒木摂津守、伊丹城へ脱出

九月二日の夜、荒木摂津守（村重）は五、六人の供を召しつれて、伊丹城を忍び出て、尼崎へ移った。

九月四日、羽柴筑前守は播磨から安土にもどり、「備前の宇喜田（直家）が降参申し、これを許すことにいたしましたので、ご朱印をください」と申し上げた。すると信長公は「自分に伺いも立てずに先に談合ができているということは、けしからぬことである」と、おっしゃって、秀吉をすぐに播磨へ追い帰してしまわれた。

（13）播磨合戦

九月十日、播磨の敵方である御着《ごちやく》・曽禰《そね》・衣笠城の軍兵が一緒になって、同じく敵の三

〔織田主要大名表〕

羽柴秀吉	1574（天正2）	長浜（近江）
	1575（天正3）	姫路（播磨）
柴田勝家	1575（天正3）	北庄（越前）
明智光秀	1572（元亀3）	坂本（近江）
	1575〜9（天正3〜7）	亀山・黒井 八上（丹波）
徳川家康	1562（永禄5）	岡崎（三河）
	1582（天正10）	府中（駿河）
長岡藤孝	1568（永禄11）	勝竜寺（山城）
	1580（天正8）	宮津（丹後）
池田恒興	1579（天正7）	伊丹（摂津）

木城へ兵糧を運び込もうとする策略がめぐらされた。そこで三木城にろう城した兵士たちは、勢いづいて城から討って出て、谷大膳（衛好《もりよし》）の陣所に攻めかかり、大膳は討ち取られてしまった。羽柴筑前守秀吉はころを見て三木勢に切りかかり、ひといくさとなり、戦いの結果、討ち取った武将は、別所甚大夫・別所三大夫・別所左近尉・三枝小太郎・三枝道右・三枝与平次・とをり孫大夫らであった。

　このほか、安芸の国・紀伊の国の侍で名字は不明であるが、数十人を討ち取り、結局は大勝利であった。

　九月十一日、信長公は京にお入りになった。陸路を瀬田経由でお上りになり、逢坂に到着したとき、播磨の三木方面で戦いがあって、敵兵を多数討ち取ったという吉報が届いた。先ごろ安土まで来た羽柴秀吉を、追い帰したことが秀吉を無念に思わせ、そのために秀吉は合戦に励み、勝利を得たのである。

そこで信長公は羽柴筑前守に対して、「この三木城の結着がつくまでは詰め寄せて、手を抜かず、城の出入口の番をはじめとして、油断ないように申しつけておくことが肝心である」と、かたじけなくも書状をしたためて送られた。

このたびは、相模の国の北条氏政の弟にあたる、大石源蔵氏照が、鷹を三羽、京都まで献上して参った。

九月十二日、岐阜中将信忠卿は伊丹方面の軍勢の半分を召しつれて尼崎へ攻め入り、七松の近在にとりでを二か所設けるように命じ、その一か所には塩河伯耆守（国満）と高山右近（重友）とを一組にして、城番として守備させられた。また、もう一か所には中川瀬兵衛・福富平左衛門・山岡対馬の三人を一組として城番を命じると、古屋野に軍勢を連れて帰られた。

（14）座頭衆、常見検校を訴える

九月十四日、京都で座頭衆《ざとうしゆう》（盲目の法師）の中から、信長公に願いごとがあった。それは、つぎのような理由であった。

摂津の国の兵庫に、常見《じようけん》という金持ちがいた。この常見は、「金を貸し付けるたびに損をしていたのでは、しまいには必ず貧乏になってしまうだろう。そこで、一生をらくに、楽しみながら送るにはどうしたらよかろうか、と思案した結果、自分の目は悪くはないが、千貫の金を出して盲人の最上の官職である検校《けんぎよう》の位を買い取り、その上で京に住めばよいのだ」と気づいて、さっそくそのことを検校衆へ話して、千貫の金を積み、「常見検校」と名のって座頭衆から許可料を取ると、思いどおり都で楽々と生活をした。

ところが小座頭たちは、「金持ちの者がこのように金を使って検校になったのでは、今までは法規によって仕事を続けられたものが、これからは金銀で職業を買うようになり、秩序を乱してよろしくない。その上、金を貸すにあたっては、はかりをわざと重くして不正を働き、余計に金を取り上げるので迷惑をしている」ということを、このたび信長公へ訴え申したところ、信長公はこれをお聞き届けになって、検校たちの一つ一つの行為を、「けしからぬこと」と仰せになって、当然、ご成敗なさるはずのところであったが、常見検校は、さまざまにわび言を申し上げて、黄金二百枚を進上してゆるされたのであった。

(15) 信長、宇治橋を架ける

さて、常見検校のお裁きの結果、信長公の元に入った黄金二百枚で信長公は、「宇治川の平等院前に橋を架けるように」と、宮内卿法印（松井友閑）・山口甚介の二人に命じ、「末代までの人助けであるから、丈夫な橋を渡すように」と、指示された。

以前、浄土宗と法華宗とが宗論をした。そのときのお礼として、信長公の元に京の法華寺の僧たちから黄金二百枚が献上された。信長公はこれをそのまま手元に置かれるのもよろしくない、ということで、伊丹方面や、天王寺、それに播磨の三木方面のとりでに、詰め番として粉骨忠誠を誓い奉公している人たちに、五枚、十枚、二十枚、三十枚ずつ下されたのであった。

九月十六日、信長公から滝川左近と惟住五郎左衛門の二人に馬を下された。ありがたいことであった。ご使者には青地与右衛門が当たった。

（16）信長、北畠中将信雄を叱責する

九月十七日、北畠中将信雄《のぶかつ》卿は伊賀の国へ勝手に兵を出し、相手を討とうとされたところ、思いがけずひといくさとなり、柘植《つげ》三郎左衛門が討ち死にをしてしまった。

九月十八日、二条の新御所で摂家・清華の公家衆や、細川右京大夫殿が、けまりを遊ばされたので、信長公はご見物になった。

九月二十一日、信長公は京都から摂津の国、伊丹方面まで馬を進め山崎にお泊まりになった。二十二、二十三日は雨天のためご滞在になった。ここで信長公は北畠中将信雄卿に、「上方に出陣しないで、勝手に伊賀に兵を出すなどということは、あってはならない」という意味のことを書状にして送られた。その書状の内容は次のとおりであった。

このたびおまえが伊賀境《さかい》の戦いにおいて落ちどがあったことについては、まことに天道のおぼしめしも恐ろしく「日月未だ地に落ちず」のことばどおり、天罰というものであろう。というのは上方へ出兵すれば、伊勢の国の武士や民百姓の難儀が多い。だから、とどのつまりは国内で問題があれば他国まで出兵しないですむであろうというわけで、このことをもっともであるとおまえは同意し、伊賀への出陣をとったのか。いや、もっとありていに言えば、おまえは若気のあまりに、そのとおりだと自分から思い込んで、伊賀あたりへ出兵したのではないか。さてもさても無念の極みである。おまえが上方へ出兵することは、第一には天下のためであり、また父である私への奉公にもなり、その上兄である信忠を尊重することにもなる。さらにはおまえのためにも、あれこれのことが現在・将来のために役立つにちがいない。それなのに、柘植三郎左衛門を始めとして、大事な武将たちを討ち死にさせたことは言語道断、けしからぬことである。おまえがそのような心がけでいるのでは、親子の縁も認めるわけにはいかない。

さらに詳しくは使者に直接申させるであろう。

九月二十二日　　　　　　　　　　　　　　信　長

北畠中将殿

九月二十四日、信長公は、山崎から古池田に到着して陣を移された。九月二十七日、信長公は伊丹の周囲のとりでへお見舞いに行かれた。古屋野では滝川左近の所にしばらくご滞在になった。そこから塚口の惟住五郎左衛門の所においでになって休息され、晩になってから池田にお帰りになった。

九月二十八日、京にお帰りになったが、その日はじめて茨木のとりでにお立ち寄りになった。

(17) 人売り女の話

さて、下京場々町の木戸番をしている者の女房は、長年、多くの女をかどわかして、和泉の国堺の町に売りとばしていたという。このたび、この事実を聞きつけて、村井春長軒がこの女房を召し捕らえて糾明したところ、なんと女の身ひとりで「八十人もの女を売った」と申しのべた。さっそく、この女を成敗したのであった。

九月二十九日、加賀の国の一向一揆衆で大坂(石山本願寺)へ連絡をとってきた者を、正親町《おおぎまち》中納言(季秀《すえひで》)が捕縛して、その身柄を信長公へ進上した。信長公のお喜びはひとかたではなかった。信長公はただちにこの一揆の者を成敗された。

(18) 信長、直訴の町人を成敗

十月一日、山崎の町人が先年、惟任日向守と村井春長軒の前で、決着がついた訴訟について文書を偽造して信長公に直訴申した。信長公はこれを春長軒にお尋ねになったところ、春長軒は、右の判決の内容を申し上げた。それを聞いた信長公は町人の直訴を「けしからぬこと」と仰せになって、この町人をご成敗なさった。

十月八日午後八時ごろ、信長公は二条の新邸をお立ちになると一晩中お下りになって、九日の日の出には安土へご帰城になった。

(19) 伊丹城を攻略

十月十五日、滝川左近の策略で、佐治新介が使者となり、敵方の中西新八郎を味方に引きつけた。その中西新八郎の力によって、伊丹城内の足軽大将の星野・山脇・隠岐・宮脇が謀反を起こし、上臈塚のとりでへ滝川左近の軍兵を引き入れて、城外の敵兵を多数切り捨てた。敵方は上を下への大騒ぎとなって伊丹城の中へ逃げ入り、親子兄弟を討たれて泣き悲しむばかりであった。滝川左近は町をなんなく奪取すると、城と町との間にあった侍所に火を放って、城を無防備にしてしまった。

岸のとりでには荒木方の渡辺勘大夫がたてこもっていたが、騒ぎにまぎれて信長公に味方しようと多田の館まで退去したところ、「あらかじめ申し出ていたわけでもなく、けしからぬことだ」と仰せがあって殺されてしまった。

また、ひよどり塚には野村丹後守を大将として、雑賀《さいが》の衆が加わってたてこもっていた。しかし、それらの者もことごとく討ち死にしてしまったので、丹後守がさまざまわび言を申し上げたが、結局は許されず、殺されてその首は安土に進上されたのであった。荒木村重の妹は、野村丹後守の妻であったが、城中でこのことを知ると、「つらさも苦しさもわが身ひとつに集まってしまった」と泣き悲しみ、「この上生きていてもかいのない身ではあるが、この先また、どのようなつらい目に遭うことか」と思い嘆くようすは、はたで見ていられないほど哀れであった。諸将が四方から近々と伊丹城に詰め寄せて来て、やぐらを設け坑夫を入れて攻めたてたので、「命だけは助けていただきたい」とわび言を申したが、許されなかった。

十月二十四日、信長公は惟任日向守に、丹後・丹波の二国を治めるよう申し付けられたので、惟任日向守は安土に参上して、お礼を申し上げた。そのとき、しじら織百反を進上申した。

（20）北条氏政、信長と結んで武田勝頼に対抗

十月二十五日、相模の国の北条氏政は信長公の味方をすることになったので、「軍兵六万ばかりを引き連れて甲斐の国に向かい、木瀬川を隔てて三島に陣をすえた」と報告があった。武田四郎勝頼も甲斐の国の軍兵を出して、富士のすそ野の三枚橋に足がかりをこしらえて対陣した。家康公も北条氏政と結んで、駿河の国に兵を出し、煙塵を上げた。

十月二十九日、神保越中守から信長公に、黒あし毛の馬を献上してきた。

十月みそか、備前の国の宇喜多和泉守（直家）ご赦免の件について（当巻（12）参照）、その名代《みょうだい》として宇喜多与太郎（基家）が摂津の国古屋野まで参上し、中将信忠卿へごあいさつを申し上げた。羽柴筑前守がお取次ぎであった。

（21）信長上洛

十一月三日、信長公がご上洛になった。その日は瀬田の橋のお茶屋でお泊まりになり、ご番衆やお仕えしている人たちへ献上物の白の鷹をお見せになり、翌日ご上京になった。

さて、信長公が二条に新築していた御殿が落成したので、これを宮中へご進上なさろうと

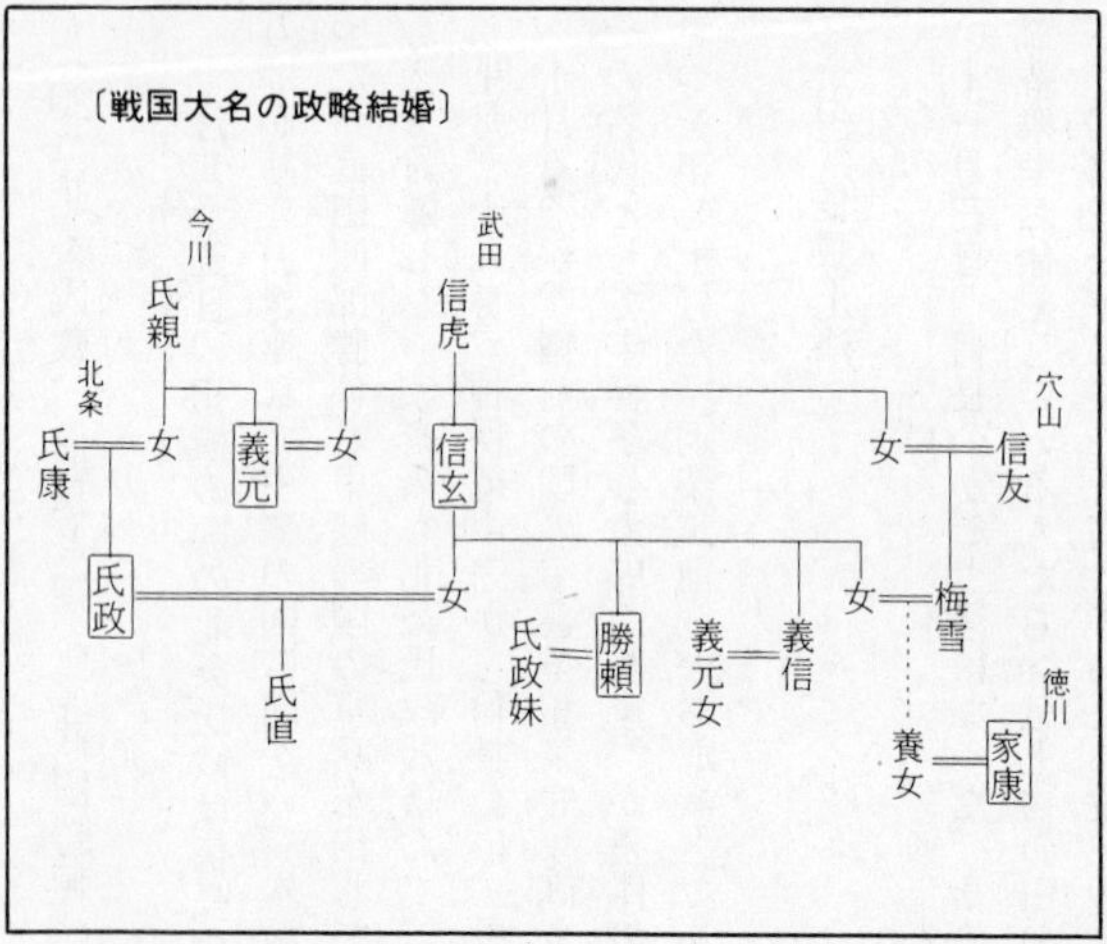

〔戦国大名の政略結婚〕

して、十一月五日にこの旨を正親町天皇に申し上げたところ、すぐに陰陽博士に日取りを選ぶよう仰せになり、吉日なので十一月二十二日に、新しい御所に誠仁《さねひと》親王が行啓なさることが決まり、その準備を始めた。

十一月六日、信長公は白鷹を連れて北野神社の裏あたりで、鶉《うずら》狩りをなされ、十一月八日には、東山から一乗寺まで白鷹をお使いになって初めてこれで獲物をとられた。また、九日、十日の両日も一乗寺・修学寺山でお鷹狩りをなさった。上京の立ち売りの町人が、お酒を一献進上したところ、いちいちお言葉をおかけになり、もったいないことであった。

十一月十六日、夜の十一時ごろ、信長公は二条の新造の御所から妙覚寺へ居所をお移しになった。

（22）伊丹の家臣ら、妻子を残し脱出

十一月十九日、荒木久左衛門とその他の武将たちは、妻子を人質として伊丹城に残しておき、尼《あま》が崎《さき》城へ行った。さっそく荒木摂津守村重に意見を申しのべ、「尼が崎城と華熊城を織田方に進上すれば、その上でおのおのの妻子を助け申そう」という織田方の約束を受け入れ、これを荒木摂津守に承認させようとして、いずれも尼が崎城に移ったのであった。

このとき、荒木久左衛門は歌を一首、

いくたびも毛利を頼みにありをかやけふ思い立つあまの羽衣

（これまで何度も毛利氏の援軍を頼みにして今日までろう城してきたが、ついに今日はそのかいもないので尼が崎に行くことを思い立ったことであるよ）

と詠んだ。

織田七兵衛信澄殿は伊丹城の警固役として配下の者を配置し、やぐらごとにきびしい警視の者をお命じになった。いよいよ残された女どもは人質のかっこうとなり、おたがいに目と目とを見合わせ、余りの悲しさに荒木摂津守の妻のたしが、一首詠んで荒木摂津守の元へ贈った。

霜がれに残りて我は八重むぐらなにはの浦の底の水屑《みくず》に

（この霜枯れの季節にあなたにとり残されたわたしは、八重むぐらのように荒れ果てたこの城中にあって、いっそ難波の海の底の水屑になってしまいたいと思いますよ）

荒木摂津守の返歌は次のようであった。

思いきやあまのかけ橋ふみならしなにはの花も夢ならんとは

（思ったことがあっただろうか、天へのかけ橋をふみとどろかすように、この尼が崎にあって誇っていた難波の栄華も夢になってしまうとは）

娘のあここから母のたしへの歌

ふたり行きなにか苦しきのりの道風は吹くともねさへたへずは

（阿弥陀様にすがって二人で行くならば、どうして苦しいことがあるでしょうか。非情な風が吹いたとしても念仏さえたやさなければ）

お千代が荒木摂津守に贈った歌

このほどの思ひし花は散り行きて形見になるぞ君が面かげ

（これまでのあなたと一緒であった美しい思い出の花は、すっかり散ってしまって、脳裏にうかぶあなたの面かげだけが形見として残されたことですよ）

荒木摂津守の返歌
百年《ももとせ》に思ひしことは夢なれやまた後の代のまた後の世は
（あなたと一緒に百年もと思っていたことは、みな夢だったのでしょうか。今は後の世のそのまた後の世こそは、と思われることですよ）
このようにおたがいに歌を詠み交わしたのであった。

(23)誠仁親王、二条新御所へ行啓

天正七年（一五七九）十一月二十二日、誠仁親王が二条の新御所に移住なさるための行啓《ぎょうけい》の時間は午前六時ごろの予定であったが、午前八時ごろにお出ましになった。その行列の道筋は、一条から室町通りを選んだ。その行列の順序は、次のとおりであった。まず、ご先頭に近衛殿（前久）が参り、次に近衛大納言殿（信基）・関白殿（九条兼孝）・五摂家の一条左府殿（内基《うちもと》）・二条右府殿（昭実）・鷹司少将殿（信房）が輿《こし》で参り、輿の脇には侍衆が幾人も従っていた。介添衆や中間《ちゅうげん》以下の者たちは、輿の後ろから随行した。

ついで大藤《おおとう》左衛門尉・大藤備前守が続いた。つぎにお奉行衆の林越前守・小河亀千代丸が続いた。この行列の伝達をする触口《ふれくち》の者の装束は、折烏帽子をかぶり、素袍《すおう》・袴をつけ、股立《ももだち》をとっている。

つぎに親王の御物が続いた。これは五尺四方ほどの大きさで、みな朱塗りの唐びつ（上下で一組）を台に乗せてあった。雑色《ぞうしき》の服装も折烏帽子で素袍・袴をつけ、股立を取った姿であった。それらの人は、思い思いに金属製の棒を手に持ったり、あるいは刀剣類を持つなどして、行列を見ようと腰を高くしている行儀の悪い者を注意しながら、通って行く。

つぎにお琴を錦の袋に入れたもの〔持ち手は大坂天王寺の楽人。風折烏帽子をつけ、布直垂《ひたたれ》を着用していた〕・御唐かさ・白御笠の袋に入れたもの〔持ち手は仕丁で立烏帽子をつけ、布衣を身につけていた〕がつづく。

一番輿は板輿で、五の宮様と若御局《みつぼね》様とがご一緒にお乗りになっていた。二番目には中山の上臈様と勧修寺《かじゆうじ》の上臈様、三番目には大御めのと様、四番目にはおやや様、五番目には中将殿、六番目には五の宮様の御めのと様、以上、輿は六丁であった。仕丁は十徳《じつとく》を着用し、輿の脇には侍衆が左右につき従った。

お伴の女房衆六十人は衣被《きぬかず》きの服装で、革足袋《たび》に一枚皮の草履をおはきになり、まことに光り輝くようで、衣にたきしめた香があたり一面に香り、その結構なようすは言いようがなかった。それに従う下々の者の中には、衣服を入れる袋などを持っている者もいた。

殿上人・お公家様のお伴は、次のとおりである。

飛鳥井大納言殿・庭田大納言殿・柳原大納言殿・四辻大納言殿・甘露寺大納言殿・持明

院中納言殿・高倉藤中納言殿・山科中納言殿・庭田源中納言殿・勧修寺中納言殿・正親町中納言殿・中山中納言殿・中院中納言殿・烏丸弁殿・日野中納言殿・水無瀬治部卿殿・広橋頭弁殿・吉田右衛門督殿・竹内左兵衛督殿・坊城式部少輔殿・水無瀬中将殿・高倉右衛門佐殿・葉室蔵人弁殿・万里小路《までのこうじ》蔵人右少弁殿・四辻少将殿・四条少将殿・中山少将殿・六条少将殿・飛鳥井少将殿・水無瀬侍従殿・五条大内記殿・中御門権右少弁殿・富小路新蔵人殿・唐橋殿、以上。

それぞれ徒歩でお供申し上げた。そのご装束は、立烏帽子・絹地の直垂でご紋章をいろいろに付け、素足に緒の太い草履をはかれ、風折烏帽子のかけ緒は、紫色の平織りの一本緒をおつけになっていた。飛鳥井大納言殿(雅教《まさのり》)は紫の絹糸四本で編んだかけ緒を、つけておられた。吉田神社の神官、吉田兼和も公家様方に加えられていた。このほうは白絹八本を一本に編んだかけ緒を烏帽子につけておられた。

親王様の御輿添い、ならびに誠仁親王様御輿の輿かきは、立烏帽子をつけ、白張りを着ていた。北面の武士十一人は、折烏帽子に素袍と袴をつけ、足半《あしなか》草履をはいていた。輿の少し後に牛飼い童もお供していた。

清華《せいが》の人びとは、徳大寺大納言殿・西園寺大納言殿・三条中納言殿・大炊御門《おおいのみかど》中納言殿・久我《こが》中納言殿・転法輪《てんぽうりん》三条中納言殿・花山院宰相中将殿、以上の方々である。

この方々は、立烏帽子に絹の直垂の色さまざまなものを着こみ、素足に緒の太い草履をおはきになり、すこし輿から引き下がってお歩きになっていた。お公家衆が召しかかえている侍・中間たちがその後に入り込んで続いていた。その人数は三百人ばかりもいたであろうか。折から輿のみすに朝日がさし込んで、信長公が行列を拝見する場所からたしかに親王を拝むことがおできになった。親王様は眉をくっきり墨で描かれ、立烏帽子に練貫《ねりぬき》の衣装をお召しになり、香色（薄赤く黄ばんだ色）の小直衣に絹の白いはかまをおつけになっておられた。昔もこれから後も、このように真近に親王様を拝み申し上げることはあるはずがなかろう。儀式の整って重々しいことはまったく申し分のないことであった。菊庭内伯中将殿（雅英）と冷泉《れいぜい》中将殿（為満）のお二方は御輿に付き申し上げていた。菊庭内府殿（晴季《はるすえ》）はみすをお上げになる役であった。御剣は中院中納言殿（通勝）がお持ちになっていた。お礼の申しつぎ役は勧修寺中納言殿であった。以上が二条御所行啓の記録である。

十一月二十七日、信長公は北野神社のあたりで鷹をお使いになったが、そのときどうしたことか秘蔵の鷂《はいたか》を一羽失ってしまわれた。ほうぼうお探しになったところ十二月一日になって、丹波の国から鷹匠がついて持参し、進上申した。

さて、伊丹の城内の女たちの警固役として、荒木方で吹田《すいた》七郎・泊々部《ほうかべ》・池田和泉守の三名を残しておいたところそのうちの一人、池田和泉守が、城の成り行きを何と見たのであろうか歌一首を、

露の身の消えても心残り行くなにとかならむみどり子の末

（露のようにはかないわが身はそのことばどおりこの世から消え失せたとしても、ひとつ心残りなものがある。それは幼い子供たちのことであって、この子たちの将来が何とかならないものであろうか）

と詠みおくと、そのあとで鉄砲に火薬をこめ、自分で頭を撃ちくだいて自殺してしまった。

このことがあってからというもの、いよいよ女房たちは不安で落ち着かず、尼が崎からの迎えを今や遅し、「早く早く」と待ちかねて、そのあわれなありさまはまったく言いようもないのであった。

十二月三日、信長公はご家人たちを上下の区別なくすべて妙覚寺にお召しになってしじら織りの反物・巻物・板を入れて巻いた織物など千反余りをお積み上げになってお馬回り衆や諸奉公人にくだされた。

(24) 石清水八幡宮の造営

十二月十日、信長公は山崎に御座をお移しになった。十一、十二の二日間は雨天のため京都山崎の宝積寺にご滞在になった。

さて石清《いわし》水《みず》八幡宮の内陣と下陣との間には昔から木製のといがかかっていたが、それが聞きになると、さっそくご造営なさろうということをお決めになって、代官武田佐吉・林高兵衛・長坂助一をお召しになって「末代までのためであるから六間のといを青銅で五本鋳物《いもの》とするよう」に仰せ付けになった。以前は大工の棟梁・職人らの頭たちが余分にその造営費を受け取り不正に使用していたのでまったくすらすらと工事がはかどらなかった。今回は「必要な費用以外にはむだな費用がすこしもないように」とそれぞれに奉行を申し付けて、「一刻も早く竣工するよう念を入れて申しつける」と、かたく命じられた。かじ・番匠・大のこびき・葺《ふ》き師・鋳物師・かわら焼きらを召し寄せ、大和の国の三輪山から材木を取り寄せ、石清水八幡宮の社僧に斧始《おのはじ》めの吉日をお尋ねになったところ、「これまでは恒例として宮中で日取りを決めていた」とのこと。それを待っていたところ宮中では吉日を選んで、「天正七年(一五七九)十二月十六日午前九時ごろ」という天皇のみことのりをくだされた。

そのころ、八幡の片岡鵜右衛門と申す者が、周光の香炉を所持していた。それを信長公は召し上げられ、代わりに銀子百五十枚をくだされた。

(25) 信長、荒木一族を成敗

このたび、荒木摂津守村重は、尼が崎と華熊城を信長公に進上申しあげず、また荒木久左衛門ら部下の武将たちが妻子・兄弟を捨て、わが身一人だけが助かるということは前代未聞の不始末というべきであった。多くの妻子たちはこのことを聞いて「これは夢であろうか。親子・夫婦の別れの悲しさは今さらたとえようもない。さてどうしたものか」と嘆き悲しみ、その中にはあるいは幼な子を抱き途方にくれる者あり、また懐妊中の婦人もあった。この人びとが心を悩ませ夫を恋いこがれて声も惜しまず泣き悲しむようすは正視できるものではなかった。戦場に出ては戦《いくさ》一筋の武士でもさすが岩木ではなく感情をもっているので涙を流さない者はなかった。このことを信長公もお聞きになりふびんにお思いになったが、心の曲がった荒木摂津守や同久左衛門をこらしめるために人質すべての成敗の手順をご滞在の山崎で詳細に仰せ出された。

「荒木一族の者を都で成敗するように」というご命令で、十二月十二日の晩方から夜通し京に召し上らせ、妙顕寺に大きなろう屋をこしらえ三十人余りの女子を入れ、泊々部・吹田・荒木久左衛門の息子の自念の三人は、村井春長軒の所でろう屋に入れられた。この他信長公は「摂津の国では頭目となるくらいの武将の妻子たちを選び出し、滝川左近・蜂屋兵庫頭・惟住五郎左衛門の三人が受け取り、はりつけにかけるように」とご命令になった。このとき、荒木五郎左衛門という男は日ごろは女房との間がそれほどしっくりいっていたわけでもないが、「このたび妻女を捨ておいたことは本意ではない」と申し立て、惟任日向守のもとに走り込み、「女房の命に代わりたい」と嘆き、さまざまに懇望したがなかなか聞き届けられず、結局夫婦そろって成敗される結果になった。哀れなことであるが、どうしようもないのであった。みな親子・兄弟のもとへ思い思いに最後のたよりを涙とともに書き置いたのであった。

十二月十三日の午前八時ごろに、「百二十二人を尼が崎の近くの七松という所ではりつけにする」と定め、それぞれの婦女子を引き出した。さすがに名のある武士の妻女たちであるから美々しい衣装で最後を飾り、かなわぬ運命とすっかり悟っておられた。これら美しい女房たちの並んでいる所をさも荒々しい武士たちが連れ出し幼児はその母親に抱かせたまま引き上げてはりつけにかけ鉄砲でもってつぎつぎと撃ち殺し、槍・長刀でもって刺し殺したので、百二十二人の女房たちが一どきに悲しみ叫ぶ声は天にも響くばかりであって、見る人の目もかすみ心も消え入って恐ろしさに涙にむせんだことであった。この光景を見た人はその後二十日、三十日の間はその面影が目について忘れることができなかった。

このほか処刑される女は、三百八十八人いて、これは雑用をする武士の妻子とその付き人であった。男のほうは、百二十四人いてこれは上級武士の女房たちに付いて諸用をつとめた若党たち以下の者であった。合わせて五百人余りの数である。信長公は矢部善七郎にご検使役を命じ、これらの人びとを四つの家の中に押しこめ周囲に草を積んで焼き殺してしまわれた。風のまわるに従って魚ののけぞるように上を下へと波のように動き、焦熱《しょうねつ》・

大焦熱地獄そのままに炎にむせんで躍り上がり、飛び上がった。その悲しみの声は煙とともに空に響き、焦熱地獄の獄卒の責めを目に見るようである。人びとはすっかり肝をつぶしてしまい、目をおおい二度と見ようとする人はいなかった。その哀れなことは語り尽くせるものではない。

さて伊丹の城については、お小姓衆を二十日交替の城番として命じられた。

十二月十四日、信長公は山崎から京都妙覚寺にお帰りになった。

十二月十六日、「荒木一族の者たちを都でご成敗なさる」ということを仰せ出された。

さてこの荒木一族の来し方、行く末の物語を聞くにつけ、哀れなことは申すばかりもない。去年十月下旬に荒木村重は天罰を被り、信長公に敵対することになった。ほどなく十一月三日に信長公は京へお上りになると、九日には馬を天神馬場に出されて、そこにとりでを設けるよう仰せつけられた。しかしながら荒木方の高槻城・茨木城のとりでは堅固な構えであったから、いくら信長公でも一度に思うようにはできまいと荒木摂津守もその配下の武将も考えていたところ、思いがけないことにつえとも柱とも頼む中川瀬兵衛（清秀）と高山右近が信長公の味方についてしまった。このときも摂津守もまさかこれほどのことになろうとは考えてもみなかったが、信長公は軽々と古屋野に陣をお寄せになって、すき間もないほどに伊丹城をとり巻くと、配下の武将に陣を構えるようご命令になった。

十二月一日の夜、荒木方の安部二右衛門がこれも変心して信長公につき、尼が崎から伊丹への通路をさえぎってしまった。ここに至って荒木方は二つの城の間の連絡に苦労することになった。しかし安芸の毛利から、「二月十五日過ぎたならば必ず兵馬を出して、西国の越水《こしみず》あたりに大将の陣を構え、吉川・小早川・宇喜多氏を尼が崎に移し、雑賀や大坂の者共に先陣を申しつけて、両方から織田方へ切りかかり、信長公の陣を追い払い、その後は荒木氏の思うように支配できると思っている」と、いかにももっともらしく誓紙に書いて寄こしたので、荒木氏は自身も配下の者も神仏へ祈りをかけてこれを頼りにしていたのである。

ところがまた、二月十八日に信長公がご上洛になり、三月三日には兵馬を寄せられて池田に陣をお構えになった。そして中将信忠卿に命じて伊丹城のごく近くの賀茂にとりでを設けさせ、伊丹城の四方に堀を掘らせ、へい・柵を二重、三重と厳重に作らせ、城内の敵軍をかごの鳥のようにしてしまったのである。城の中の者はこれからはどうなることであろうかと不安であったが、「春・夏のうちに毛利氏が援軍をお出しになればきっと決着がつくであろう」と待ち暮らしていた。

「どのような森林でも春になると桜花が咲くままに百花咲き乱れる季節を迎え、国内も戦いがすんでおだやかになるだろう」と明け暮れそれのみ待っていたが、ほどなく春も暮れ、やまもも・桃・すももの花も咲き散って、木々のこずえに青葉が茂る衣更えの季節となった。そして卯の花・郭公の季節を迎え、まもなく梅雨に入って五月雨を眺めつつさまざまな物思いに心がふさぎ、と、このようにして月日が過ぎて行った。その間たびたびの戦いで親を討たれ、子を失い、どの人も一方ならぬ嘆きはたとえようもなかった。それにしてもまたどうなっているのであろうかと、中国の毛利氏のもとへ数回の使者を立てたところ、「兵馬の糧食が整った七月中には出発しましょう」と出兵の延期を申してきた。また八月に入っての催促には「国内に問題が起こった」ということを申してきた。

こうして今ははや木々も落葉し、森もしだいに枯木となって、援軍の頼みも薄れてきたので、気力を落とし戦意の失せていくのはどうしようもなかった。けれども荒木摂津守は、「さきごろ波多野兄弟がはりつけにかかったように、むざむざと討たれるわけにはゆかない。糧食が底をついてきたならば、それ以前に防衛隊の軍兵を出して古屋野・塚口へさし向けて合戦をさせ、その間に伊丹城内の三千の者を三つに分け婦女子を囲って退出すれば、なんの不都合があろうか。もしこの計画がうまくゆかないならば尼崎城と華熊城とを信長公に明け渡して助命を請うことにしよう」と言って、みなの者に力をつけた。

ところが、九月二日の夜に入ってから、荒木摂津守は五、六人の者を召し連れて伊丹城を忍び出て、そのまま尼崎へと移って行った。残った城中の者はいよいよ力をおとし、だれもが「これからどうなることやら」と行く末を案じ暮らしていた。そこへ十月十五日、星野・山脇・隠岐など、これら足軽の大将三人が謀反をおこした。摂津守は日ごろは、謀反を防ぐために伊丹城で頭《かしら》をつとめるような武将たちの妻子を人質として夜は城中に入れておいた。しかるに運が尽きたしるしであろうか、ある日、夜が明けないうちに、人質を帰してしまったのである。そこですぐに星野・山脇・隠岐など謀反をおこした者たちは、上臈塚のとりでに織田方の兵を引き入れ、城外の荒木方の兵を多数切り捨てた。そこで織田方は町をやすやすと手に入れ、城と町との間に侍町があったが、これに火をかけて伊丹城をはだか城にしてしまったのである。

渡辺勘大夫は、岸のとりでから多田の館まで退去したところを殺され、また鵯塚《ひよどりづか》のとりでには野村丹後守が大将としてたてこもっていた。こちらも降参したが、ゆるされず腹を切らされた。そこで惟任日向守は伊丹城の家臣らに「尼崎城・華熊城を進上して命を助かりたいと申すのならそれももっともなことで、認めてやってもよい」と告げたので、一同これをありがたく思い、尼崎の荒木方へこの意向を申し送ったけれど、摂津守からは何の返事もない。そこで、伊丹の家臣たちは日向守に「妻子を人質として残しておき、城あけ渡しの道理を荒木摂津守に申し聞かせて、両城を進呈いたしたく思います。もし摂津守の同意がなければ、相当の軍兵を当てていただき、私どもが先陣を担当して、この両城に攻め入るつもりです」と答えて、その提案をたしかにうけ入れた。それで泊々部・吹田和泉守を伊丹の婦女子の警固のためにおいて、十一月十九日に尼崎へ、主だった家臣たちが出向いた。

このような悪い事態に立ち至ったのを見るにおよんで、池田和泉守は鉄砲に火薬をつめみずから自分の頭を打ち抜いて死んでしまった。世の中に命ほどはかないものはない。きのうまでは口やかましく仁義を説いていた侍たちが、妻子・兄弟をおいてわが身一つが助かりますようにと言ってよこす。この上はとてものがれることのできぬ運命になったので、死後のために坊さまを頼もうと思い思いの寺の僧に礼をし、数珠・経《きょう》かたびら（死人に着せる衣）の準備を申しうけ、戒律を守って、僧侶へのお布施には金銀を出す人もあった。また着用していた衣裳をそのまま進呈する人もいる。昔の綾羅錦繡《りょうらきんしゅう》といった上等の衣類よりも、今の経かたびらのほうがありがたいのである。平生は耳にするのも不吉だった経かたびらを身につけ、戒名をさずかり、安心するのであった。

「千年も万年も」と契った夫婦・親子・兄弟の仲をもさかれ、予想外にも、都で人びとに恥をさらし命を落とすことになってしまった。荒木の妻たしは、この上は夫の荒木をも恨まず、前世からの約束ごととあきらめて、和歌を多く詠み残したのであった。

　消ゆる身は惜しむべきにもなきものを母の思ひぞさはりとはなる　　たし

（消えて行くこの身は惜しいはずのものでも無いが、母としての子どもへの思いが死出の旅への障害となることだ）

　残し置くそのみどり子の心こそ思ひやられて悲しかりけり

（この世に残して行くわが子の気持ちが思いやられて、実に悲しいことである）

たし

木末《こずえ》よりあだに散りにし桜花さかりもなくて嵐こそ吹け

（こずえからむなしく散ってしまった桜花は、盛りも迎えないうちに、嵐が吹いて散らされたのだ。わが盛りも知らずに戦いの中で命を失ってしまうことである）

たし

みがくべき心の月の曇らねば光とともに西へこそ行く

（磨いているはずの自分の心は、澄んだ月のように、曇っていないので死を恐れることもなく月の光とともに西方浄土へ行くであろう）

おちい〔たしの女房の「京殿」〕

世の中の憂き迷ひをばかき捨てて弥陀《みだ》の誓ひに会ふぞうれしき

（世の中のいとわしい迷いを捨てて、阿弥陀如来が約束したさとりの世界に会えるのはうれしい）

隼人の妻〔荒木の娘〕の歌

露の身の消え残りても何かせん南無阿弥陀仏に助かりぞする

（露のようなはかないこの私が生き残ったとして、なんになろう。来世で南無阿弥陀仏にめぐり会い、救われるのである）

おほて〔荒木の娘〕の歌

もえいづる花はふたたび咲かめやと頼みをかけて有明の月

（芽を出しはじめた花が再び咲くようにと、この若い私の命の花も再び咲いて欲しいと、頼みをかけて西の空にかかる有明の月を眺めることであるよ）

同じく荒木の娘のぬし

嘆くべき弥陀の教への誓ひこそ光とともに西へとぞいく

（身の不運を嘆くべきであろうか。弥陀の約束した教えにすがりつつ、光ともあぐ弥陀とともに西方浄土に行くことだ）

荒木与兵衛の妻〔村田因幡守の娘〕

頼めただ弥陀の教への曇らねば心のうちは有明の月

（阿弥陀如来を頼みにしなさい。阿弥陀の教えは曇りなくはっきりとしているから、死を前にしても、わが心の中は有明の月のように澄んでいることである）

さい

先だちしこの身が露も惜からじ母の思ひぞさはりとはなる

（先立って命を終わるわが身は少しも惜しいと思わないが、母としての子どもへの思いが、死出の旅への障害となることだ）

だれもだれもが思い思いに、和歌をたよりの中に書き残した。さて十二月十六日の午前八時ごろ、車一両に二人ずつ乗せて、京の市中を引き回された。その順序は、次のとおりである。

一番（二十歳ほど）吹田〔荒木の弟〕、（十七歳）野村丹後守の後家〔荒木の妹〕。

二番（十五歳）荒木の娘〔隼人の女房で懐妊中〕、（二十一歳）たし。

三番（十三歳）荒木の娘のだご〔隼人の妻の妹〕、（十六歳）吹田の妻〔吹田因幡守の娘〕。

四番（二十一歳）渡辺四郎〔これは荒木志摩守の兄のむすこである。渡辺勘大夫の娘と結婚し、養子になった者である〕、（十九歳）荒木新丞〔四郎の弟〕。

五番（三十五歳）宗察の娘〔伊丹源内の「こと」を言うのである。伊丹安大夫の女房。その子松千代は八歳〕、（十七歳）瓦林《かわらばやし》越後守の娘〔北河原与作の女房〕。

六番（十八歳）荒木与兵衛の女房〔村田因幡守の娘である〕、（二十八歳）池田和泉守の妻。

七番（十三歳）荒木越中守の妻〔たしの妹〕、（十五歳）牧左兵衛の女房〔たしの妹〕。

八番（五十歳ほど）泊々部、（十四歳）荒木久左衛門の息子の自念。

このほかに三両の車には、子供にそれぞれ乳母を添えて七、八人ずつ乗せられ、上京一条の辻から室町通りに至る市中を引かせ六条河原まで引っぱり出されたのである。

成敗の御奉行に、越前衆の不破河内守・前田又左衛門・佐々内蔵助・原彦次郎・金盛五郎八の五人がなり、このほかの役人として、触口《ふれくち》〔触れ知らせる人〕・雑色・青屋・河原者など数百人の者が具足をつけ、かぶとをかぶり、太刀・長刀を抜いて持ち、弓には矢をさしはさみ、なんともすさまじい服装で、車の前後を警固した。

女房たちはいずれもが経かたびらを身につけ、上には色のよい小袖を美しく着こなしているが、れっきとした武将の妻室たちであるから、逃れられぬ道と知って、少しも取り乱さず神妙な態度であった。荒木摂津守の妻のたしは評判の美人である。以前であったなら、かりにもこのように見も知らぬ大勢の者に顔を見られることもなかったのに、時勢に従うのがこの世のならいというわけで、あんなにもあらあらしい、雑色どもの手にかかり、ひじをつかんで車に乗せられたのである。最期のときも、このたしと申す女は、車から下りるときに帯をしめ直し、髪も高々と結い直して小袖の衿を後ろに引いて開け、落ちついてりっぱに切られている。

このたしをはじめとして、これらの女性たちはいずれもその最後がりっぱであった。けれども下女や召使いの女たちは、人目もはばからず、身をもだえ死ぬのをいやがり、泣いて悲しみ、哀れであった。荒木久左衛門のむすこの自念と伊丹安大夫のむすこは八歳であったが、この二人は落ち着いて、「最期の所はここか」と尋ねて、敷き皮に居ずまいを正してすわり、首を高々と伸ばして切られたのは、上下を問わず、ほめぬ者はなかった。「梅檀《せんだん》は双葉より香し」とはこのことで、荒木摂津守一人のしわざで、一門・親類・上下の者が数え切れないほど、親子の別れに悲しい涙を流したのであった。人びとは「これらの人たちの恨みが恐ろしい」と、舌をまいて驚き入ったのである。

かねて頼んでおいた寺々から僧たちがかけつけ、死後の供養を行い申した。この数多いご成敗は上古《じょうこ》以来はじめてのことである。

十二月十八日、夜に入って、信長公は二条の御所にご参内。金銀・巻物などおびただしい数の貢ぎ物を献上され、翌十九日、ご帰城の途につかれた。途中終日雨に降り込められたが、無事安土にご帰城になった。めでたい。めでたい。

信長公記　巻十二　終

巻十三　石山本願寺との和平成る（天正八年）

（1）別所一族の滅亡

天正《てんしょう》八年（一五八〇）正月一日は終日雪であった。近年諸将は摂津方面にあって、それぞれの城の守備に骨身をけずっていたから、年頭のごあいさつについては、旧冬から信長公のお触れで免除されていた。そこで諸将のご出仕はなかった。

正月六日、播磨の三木方面の別所彦進（友之）がたてこもる宮の上のとりでを羽柴筑前守が乗っ取り軍勢をさらに近々と寄せられたので、別所彦進は一戦もしないで本丸へ退き、別所小三郎（長治）の軍と合流した。

正月十一日、羽柴筑前守は宮の上から状況を察して、別所山城（吉親《よしちか》）の居城である鷹の尾の山下へ兵を配置された。守備しがたいと考え、山城もまた本丸へ兵を入れた。筑前守はそれにつけいり、ただちに攻め込んだところ、本丸から心ある侍どもが出て防戦したので、後方から兵をくり出しくり出しして攻め入った。こうしているうちに本丸に火が放

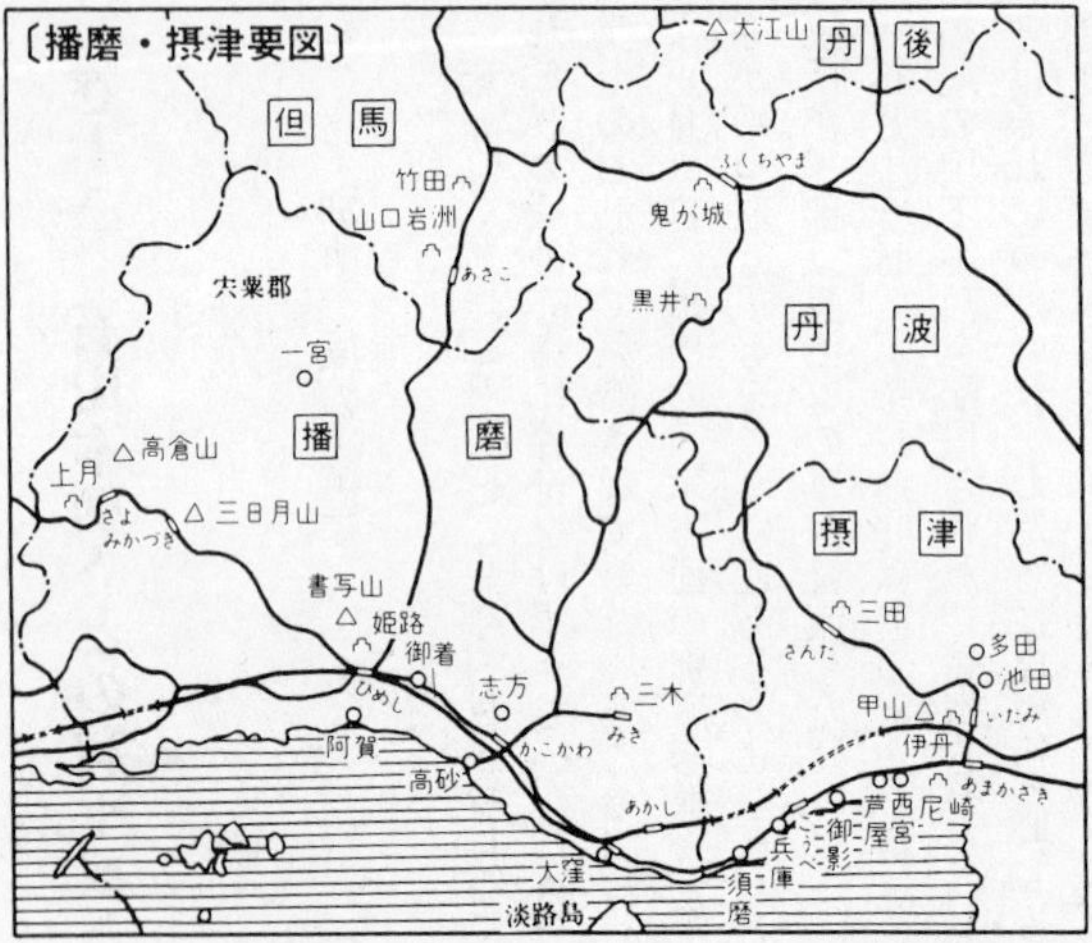

たれて、城が焼けた。

正月十五日、羽柴筑前守の与力、別所孫右衛門（重棟《しげむね》）は城内から小森与三左衛門という者を呼び出し、小三郎・山城・彦進の三人に書状をおくり、「摂津の荒木や丹波の波多野のような最期を遂げては末代まで世のあざけりの種となり、くやしいことでしょう。潔く腹を切られるのがよろしいでしょう」と申しつかわしたところ、「三人ともに腹を切りましょうから、そのほかの城兵の生命は助けてくれますように」と小森を使者として懇ろに嘆願してきた。その書状にはこう書かれてあった。

「これから申し上げますところは、一昨年来長期にわたって敵対し、いためつけられていたのですから、謹んでお断りするつもりでしたが、はからずも内輪の者たちが考えを変えたのでいたし方がございません。しかし、今になって、これまで長い間忠節を尽くしてくれた者たちをみな殺しにするのは気の毒なことです。ご慈悲を以て助けくださるならば、われわれ三人は腹を切ろうと心を定めました。この旨相違ないよう羽柴殿にご披露ください。

恐々謹言。

正月十五日　別所彦進友之

浅野弥兵衛殿　別所山城吉親

孫右衛門殿　別所小三郎長治」

右の書状をお見せしたところ、羽柴筑前守も感嘆し、「諸士の命は助けるであろう」とご返事があって、樽酒二、三荷を城中へ送られた。別所も満足に思い、妻子・兄弟・家老たちを呼び集めて、「正月十七日に腹を切る」旨を女房・子供たちにも言い聞かせ、たがいに盃を取りかわして今生のいとまごいを告げた。気の毒なことといったら何とも言いようがなかった。小三郎から山城方へ、「十七日夕刻に腹を切るように」ということを申しつかわしたところ、山城は、「腹を切ったら、きっとわれわれの首を取り、大路をさらしものにして安土へ差し出すであろう。そうなっては世の人の口もうるさく無念であるから、城内に火をかけ焼死して遺体をかくしてしまおう」と考えた。そして家に火がかけられたところを見すまし、諸士がおおいかぶさるようにして山城を殺害した。

正月十七日夕刻、別所小三郎は三歳の幼児を膝の上にのせ涙をおさえて刺し殺し、また女房を引き寄せ、子と同じ枕のもとに殺害したのであった。別所彦進も同じようにして女房を刺し殺した。死体が散乱したありさまは目も当てられない。その後別所兄弟は手に手を取って広縁に出、いつもの居場所に座るとみなを呼び出し、「このたびのろう城は兵糧も尽きて牛馬を食べるありさまであったが、よく虎口《ここう》を固めてろう城をなし遂げた。その志は、前代未聞の行為である。そのご恩は言葉では言い尽くせない。しかしながらわれらが死んで、諸士を助けることができるのは、われらにとってこれ以上の喜びはない」と述べて、小三郎は切腹し、三宅肥前守入道が介錯をした。そのとき入道が言うには、「これまでご高恩に預かった人はたくさんいるであろうが、殿のお伴をいたそうという人はあるまい。私はなまじい家老の家に生まれながら、政務に預かることがまったくなかった。思えば言いたいことは身に余るほどあるけれども、いまは殿のお伴をいたす。三宅肥前守入道の最期を見よや」と言って、十文字に腹を切り、はらわたをたぐり出して死んだ。

さて、彦進も長年召し使っていた者たちを呼び集め、太刀・刀・脇差・衣装を形見として与え、兄の小三郎が腹を切った脇差を手に取り、これもまたりっぱに腹を切った。小三郎は二十六歳、彦進は二十五歳であった。まことに惜しむべき人たちであった。

またここに世にもまれな誉めるべきことがあった。山城の女房は畠山総州の娘であったが、自害の覚悟をし、男の子二人、女の子一人を左右に並べて置いて、気丈にも一人ずつ

二月二十四日、信長公は一乗寺・修学寺・松が崎山で終日白鷹をおつかいになり、獲物をたくさんお取りになった。

二月二十六日、本能寺へ居所をお移しになる旨仰せになって、本能寺へお出かけになり、ご普請のことなどを村井春長軒にご命令なされた。

二月二十七日、山崎へお出かけになった。ここで津田七兵衛信澄・塩河伯耆守・惟住五郎左衛門の三人に、「兵庫華熊《はなくま》方面へ出動し、敵城華熊に向けて手ごろな地を選んで堅固なとりでをしつらえ、池田勝三郎父子三人を入れ置いて帰陣せよ」とご命令になった。

二月二十八日、終日雨が降ったので、山崎にご滞在になった。根来寺の岩室坊が参上して、ごあいさつ申し上げたところ、御馬ならびにご道服を下されたので、岩室坊はありがたく頂戴して帰った。

二月二十九日、三十日の両日は、山崎の西山で白鷹をおつかいになり、三月一日、郡山へお出かけになった。天神馬場・大田を通りつつ道々鷹をおつかいになった。

正親町《おおぎまち》天皇から大坂(石山本願寺)へ信長公との講和をすすめるご勅使として、近衛殿(前久《さきひさ》)・勧修寺殿(晴豊)・庭田殿(重通)が下られた。信長公からはお目付役として宮内卿法印・佐久間右衛門尉が勅使に添えて遣わされた。

このたび郡山の御鷹野で、賀藤彦左衛門は佐目毛《さめげ》のお馬(両眼が白く、赤みがかったあし毛馬)を信長公に進上された。

三月三日に、信長公は伊丹城へ居を移され、荒木摂津守居城のようすをご覧になって、それから兵庫方面をお見回りなさるつもりであったが、とりでの普請が早くも出来上がって、前記の三人が引き上げるというので、三月七日、信長公もそのまま伊丹から山崎までお帰りになった。道々北山で鷹をおつかいになって、三月八日、京へお帰りになり、妙覚寺に入られた。

(2) 北条氏政の献上品

三月九日、北条氏政からお鷹十三羽が献上された。それらは次のとおりである。
一、こうどり(こうのとりを捕える鷹)　一、鶴取《つるとり》(鶴を捕える鷹)
一、真鶴取　一、乱取《らんどり》(何でも捕える鷹)　一、お馬　五頭　以上
これらは洛中の本能寺において献上された。相模の鷹匠がそれらの鷹を、鷹をすえる架《ほこ》につないだのであった。このときのお取次は滝川左近将監である。
三月十日、信長公は北条氏政のお使い衆にごあいさつにでられた。氏政から献上の御太刀・折紙(進上物の目録)をご披露されたのは、佐久間右衛門尉であった。
　氏政からの献上の物
白鳥　二十　熨斗《のし》　一箱

あわび　三百　いり海鼠《なまこ》　一箱

江川酒　三種二荷　以上

氏政からの使者は笠原越前守。氏政の弟、氏直の使者は間宮若狭守、同じく下使いは原和泉守であった。

朝廷へのご報告の役は滝川左近将監、同じく下使いは牧庵であった。

関東衆が言上されるご趣意を承る信長公のお使い衆は二位法印（武井夕庵）・滝川左近将監・佐久間右衛門尉であった。この三使によってたがいのお礼がすみ、氏政の使者たちは、「関東八州のご領国（相模）に帰参する」とのことである。

さて、御太刀・折紙を信長公に献上して、笠原越前守が北条氏政からのごあいさつをする。北条氏直からのごあいさつは間宮若狭守が申し上げた。重ねて右の両人がそれぞれご自分のごあいさつを申し上げた。同じく下使い、原和泉守がごあいさつを申し上げた。

北条氏方の使者がそれぞれ退出なさってからそれらの方々へ伝えられた信長公の仰せはまことに結構なことであった。「滝川左近将監を案内者として京都をゆっくりと見物し、やがて安土へ下って参られよ」とおっしゃられて、その日のうちに信長公は京都から安土へお下りになった。途中大津の松が崎あたりで白鷹をおつかいになり、日が暮れてからお舟に乗られて矢橋に上陸し、安土へご帰城になった。

三月十三日、矢部善七郎を御使いとして金銀百枚を北条氏政からの使者、笠原・間宮の両人に下され、「京都で田舎への土産を調えられよ」というお言葉を伝えられた。

三月十五日、奥の島山（近江八幡市に所在）でお鷹狩りをなさろうと舟に乗られ、長命寺善林坊にいらっしゃった。

三月十九日まで、五日間ご滞在になり、白鷹をたいへん愛好された。「羽ぶりが殊《こと》にすぐれており、めったにいない鷹である」ということを耳にして、ほうぼうから御鷹野の見物の衆が集まってきた。乱取《らんどり》という鷹は特にすぐれた飛びざまで、たくさんの獲物を挙げられ、十九日に安土へご帰城になった。

（3）売僧無辺を成敗

三月二十日、無辺《むへん》という諸国行脚の客僧が、石馬寺《いしばじ》栄螺坊《さざえぼう》のもとにしばらくの間居住していた。「つぎつぎと奇特不思議な行いをする」ということを、下々の者が聞き及んで、それぞれ身分に応じた志を無辺にささげ、「午前二時ごろの大事な秘法をさずかろう」と言いながら、昼夜男女の者が群集し、門前を立ち去らずにいるということであった。

信長公は無辺のことをつぎつぎとお聞きになってその人物をご覧になりたいと仰せになったので、栄螺坊は無辺を連れて安土城へ参上した。そこで信長公はうまやにお出になって、無辺をつくづくご覧になり、ご思案の態であった。

まず信長公が「客僧の生国はどこか」とお尋ねになると、無辺は「どこでもありません」と答え申した。また「では唐人かそれともインド人か」と尋ねられると、無辺はただ「修行者です」と申す。信長公は「人間の生国が日本・中国・インドの三国のほかにあるというのはおかしい。さてはばけ物に違いない。それなら焼き殺してしまおう、火の準備をせよ」とおっしゃられたところ、この一言に追いつめられて、無辺はしかたなく、「出羽の羽黒の者です」と申し上げた。

無辺はただの売僧《まいす》に過ぎなかった。生まれた所もなく、住む家もなく、「ただただ仏法をひろめるのが趣意」と言いふらして、どんな物でも人の与える物はみずから取らずにその宿の者に差し出してしまい、いかにも無欲のようであるが、何度もその宿へ立ちもどって泊まるのでは、かえって無欲とはならない。しかしながら、「奇特の行いをする」と耳にしていらっしゃったので、信長公は、「奇特を見せよ、見せよ」と命じられたが、いっこうにそのしるしもなかった。そこで信長公は「すべて奇特不思議の行いをする者は、容貌から眼の色、さらには人物も他の人にまさって尊いものである。おまえのいやしいことはきこりにも劣っている。女・こどもをだまし、国土のむだ使いをさせるのはけしからぬことである。この上は無辺にはずかしめを与えよ」とご命令になって、俗家の頭をしていたのをところどころそり落とし、裸にしたうえなわをかけ、町中をさらしものにして、追放させられた。

また、のちによくよく聞いたところでは、「午前二時ごろに秘法を伝授する」とか言って、不妊の女や病気の女などに、へそくらべということを行ったということである。信長公は「これからのこともあるから」とおっしゃって、全ご領国じゅうへ、また各国主へ命じて追っ手をかけ、召し捕えて糾明の上、無辺を成敗された。

信長公が「栄螺坊のような無頼な者をどういうわけで城の近くに置いておったのか」とお尋ねになったところ、「石馬寺の御堂の雨漏りを直したいために、勧進僧としてしばらくの間泊め置いたのです」と申し上げたので、それではその費用にと銀子《ぎんす》三十枚を下された。

三月二十一日、相模の国の北条氏政へ遣わされた御目録には、

虎皮　二十枚
縮羅《しじら》　三百反、ただし三箱
猩々皮　十五枚　以上

とあり、これらは笠原越前守がお受け取りになった。

また北条氏直へは、

緞子《どんす》　二箱　以上

を贈られ、間宮若狭守がお受け取りになった。

三月二十五日、奥の島へ狩猟のため泊まりがけでお出かけになって、三月二十八日まで

鷹狩りをされた。ここで「たいへん世話になった」と仰せになって、永田刑部少輔にあし毛の馬を下され、池田孫次郎には青毛の馬を下された。

三月二十八日、安土にご帰城になった。

うるう三月一日、伊丹城のご城番を三十日交替で命じられ、矢部善七郎を遣わされた。

うるう三月二日、敵城華熊から池田勝三郎（恒興《つねおき》）のとりでへ向かって城兵を繰り出したので、足軽たちの攻め合いとなった。そのとき、池田勝九郎（元助《もとすけ》）・池田幸新（照政）兄弟は年十五、六の若年であったが、がむしゃらに敵勢に駆けこみ、火花を散らして一戦に及んだ。父の池田勝三郎も駆けつけ、槍先で屈強の兵士五、六人を討ちとるなど、兄弟ともに比類のない高名の活躍をしたのであった。

（4）大坂石山本願寺、退城に同意

さて、大坂石山本願寺門跡顕如光佐《けんにょこうさ》に対して「大坂から退城するように」とおそれ多くも宮中から勅使を出され、「門跡・北の方・年寄どもはこの点についてどうなさるつもりなのか、信長公を恐れずに、心の中で思うところをはばかりなく申し出るがよい」と尋ねられた。すると、下間《しもつま》丹後守・平井越後守・矢木駿河守・井上・藤井左衛門尉をはじめとして相談の結果、ろう城にあき疲れたためか、または世の大勢をよく見きわめたためであろうか、このたびは上下の者がみな「和平を結ぶことが道理にかなっている」と申した。門跡は「ここで天皇の仰せにそむき申しては、天道への恐れもいかがであろう。その上、信長公はご出陣になって、荒木・波多野・別所を征伐されたように、根を断ち葉を枯らすまで徹底して攻撃を止めないであろう。近年大坂の端城《はじろ》（本城のほかに築いた出城）として五十一か所も抱え、苦労した将兵たちに賞禄を与えることもできなかったが、せめてその恩に報いるためにかれらの命を助けよう」と考えて、来たる七月二十日までに大坂を退散することときめて、ご勅使の近衛殿・勧修寺殿・庭田殿ならびに宮内卿法印・佐久間右衛門尉らに承知したというご返事を申し上げ、誓紙のご検使役を派遣するよう請われた。このことを安土へ申し上げたところ、信長公はただちに青山虎をご検使役に仰せ付けられた。

うるう三月六日、ご検使の青山虎は、安土から天王寺へその日のうちに参着し、翌うるう三月七日、誓紙の署名に立ち合って、その署名をたしかに見届けた。誓紙に署名した下間筑後の子少進法橋に対し黄金十五枚、下間刑部卿法橋に対し同じく十五枚、按察使《あぜち》法橋に同じく十五枚、北の方に同じく十五枚、門跡に添状をつけられて同じく三十枚を進上された。

（5）柴田勝家、加賀の一向一揆を討つ

うるう三月九日、柴田修理亮（勝家）は加賀の国へ乱入し、添川・手取川を越え、宮の腰に陣取ってあちこちに火を放った。一向一揆勢は野の市という所に、川を前にしてたてこもった。柴田修理亮は野の市の一揆を追い払い、多くの者を切り捨てると、数百そうの舟に兵糧米を徴発して、それから奥へ奥へと焼き払いながら進攻し、越中の国へ入った。安養寺越《ごえ》（石川県白山市）のあたりまで攻め入ると、安養寺坂を右に見て、白山のふもと、能登境の谷々へ入ってことごとく放火し、光徳寺（金沢市木越町に所在）の大坊主がたてこもっていた木越《きごし》の寺域を攻め破り、一揆の者を多数切り捨て、さらに能登の末盛《すえのもり》の土肥但馬守のとりでに取りかかって、兵糧攻めにした。

ここでも名のある武者数人を討ち取って、陣を構えているところへ長九郎左衛門（連竜《つらたつ》）が飯《いい》の山に陣取り、柴田修理亮と一緒になって、あちこちに火を放った。

柴田勝家画像

（6）宇都宮貞林の使者参上

うるう三月十日、宇都宮の貞林《ていりん》が立川三左衛門を使いとして、馬をひいてのぼらせ、信長公に献上申した。太くたくましい駿馬で、たいそう信長公は気に入られ、乗り心地もこのうえなく、ひとしお大切になされた。お返しとして次の品々を遣わされた。

御目録

縮羅《しじら》　三十反　豹・虎皮　十枚　金らん　二十反　御服　一重ね

黄金　三枚　以上

これらを立川三左衛門にお渡しになったので、ありがたく頂戴して国へ下っていった。

（7）安土城下に下屋敷を築造

うるう三月十六日から、菅屋九右衛門・堀久太郎・長谷川竹の三人を奉行として、安土城の南、新道の北に入江を掘らせ、田を埋めて、その地を伴天連《ばてれん》（神父）にお屋敷地として下された。

このたび蒲生右兵衛大輔（賢秀）の家臣布施藤九郎をお馬回り衆に召し加えられ、この者にもまた入江を埋めさせ、お屋敷地を下された。この上なく名誉なことであった。

信長公はお馬回り・お小姓衆にまでご普請をお命じになって、鳥打の下の入江を埋めて町を造らせ、琵琶湖の西北口に舟入《ふないり》をところどころに掘らせられた。そしてお与えになった屋敷地のそれぞれに木竹を植えさせ、そのうえ入江や堀を埋めさせて、お屋敷まで下さったのである。お屋敷をいただいた人びとは、稲葉刑部・高山右近・日禰野《ひねの》六郎左衛門・日禰野弥次右衛門・日禰野半左衛門・日禰野勘右衛門・日禰野五右衛門・水野監物・中西権兵衛・与語久兵衛・平松助十郎・野々村主水《もんど》・河尻与兵衛であった。

このようにご命令になって、信長公は毎日毎日御弓衆を勢子《せこ》に使って、お鷹狩りをなさった。

四月一日、伊丹城守備のお当番役として矢部善七郎の代わりに村井作右衛門が当番となった。

四月十一日、長光寺山で鷹をおつかいになるつもりでお出かけになったところ、百々《どど》の橋で、神保越中守（長住）の使者が参上して、御馬を二頭献上された。

四月二十四日、伊庭《いば》山の御鷹野へお出かけになったところ、丹羽右近（氏勝）の配下の者が普請の最中で山から大石を信長公がお通りになるすぐ先へ落下させてしまった。この件につき「不行届ききわまりない」と仰せになり、そのなかの主だった家臣を召し出し、責任者として一人お手討ちにされたのである。

（8）羽柴秀吉、播磨・但馬両国を平定

四月二十四日、播磨の宍粟《しそう》郡に宇野民部大輔がたてこもった。民部の父・伯父のたてこもる城郭に羽柴筑前守秀吉が攻め寄せ、これを乗っ取って、二百五十余人を討ち取り、そこから宇野下野守の居城へ攻め寄せてこれもまた攻め破り、ここでも多数の敵を切り捨てた。

その後宇野民部大輔の城へ向かったが、ここは高い山の上にあり、要害の地であったから、ふもとを焼き払って要所要所にとりでを三つ構築させ、軍兵を入れて厳重に守らせて置き、勢いに乗じて、ただちに阿賀（姫路市飾磨区英賀）へ攻め寄せたところ、安芸《あき》の国（毛利氏）へ人質を出しておいた者たちは舟で城から逃れていった。このため一戦もすることなく阿賀の寺内へ進攻した。羽柴筑前守はこの方面の情勢を判断して、御堂へ兵を入れて置くとともに百姓たちを呼び出し、知行地の明細の報告などを命じて姫路に兵をおさめた。

姫路は西国へ通ずる街道の拠点であった。その上、敵宇野民部大輔の居城にも近く、どちらから見ても、重要な場所であった。羽柴筑前守秀吉は姫路に在城するのがよいと判断し、城普請を申し付けると、弟の木下小一郎（秀長）に兵を加えて但馬の国へ乱入させ、

「すぐに但馬の国を平定せよ」と申し付けた。木下小一郎は小田垣に居城を構え、配下の者をよりすぐってところどころに配置し、播磨・但馬の両国を平定した。信長公のご威光まことに恐れ多いことであった。しかしながら、これも羽柴筑前守秀吉がご自身の心がまえによって両国をとどこおりなく平定なさったのであって、この世のほまれ、のちのちまでのご名誉としてこれ以上のものはなかった。

北国方面では、加賀の国に柴田修理亮が長期にわたって在陣していた。この方面のことを信長公は心もとなくお思いになり、木下助左衛門・魚住隼人の二人の使者を送って「そちらの情勢を報告せよ」と申しつけたところ、能登・加賀の両国がひととおり平定した模様を、両人が立ちもどってくわしく申し上げたので、信長公はお喜びになって、両使に対し遠路辛労のごほうびとして御服に御かたびらを添えて下された。両人はありがたく頂戴した。その上、信長公の意をうけたかたじけないお使いであるからとて、柴田修理亮からも木下・魚住の両人に馬を差し上げたのであった。

五月三日、中将信忠卿・北畠信雄《のぶかつ》卿が安土へお出ましになった。ご自分方のお住まいのご普請を仰せ付けられたのである。

（9）相撲見物

五月五日、安土城でお相撲の催しがあった。ご一門の方々がご見物になった。

五月七日、掘割・舟着場・道路の普請がいずれもできあがった。これを担当した惟住《これずみ》五郎左衛門尉長秀・織田七兵衛信澄に対し、長い間苦労をしたからというのでおひまを下され、「両人ともに故郷へ参って用事を申しつけてすぐに立ちもどられよ」とのありがたいおぼしめしがあり、七兵衛信澄は高島へ、五郎左衛門は佐和山へ帰ったのであった。

五月十七日、国じゅうの相撲取りを呼び集められて、安土城で相撲の催しがあった。お馬回り衆が見物した。日野の長光・正林・荒鹿《あらじし》がみごとな相撲を取って勝ったので、ごほうびとして銀子五枚を長光に下され、ありがたく頂戴した。

甲賀谷から相撲取りが三十人参上していた。信長公は「ご苦労であった」と仰せになって、黄金五枚を下された。ありがたいことであった。布施藤九郎の与力で布施五介という者がすぐれた相撲取りであるというので、お召し出しになり、知行百石をお与えになられた。当日の相撲で、荒鹿・吉五・正林がすぐれた相撲を取って勝ったので、ごほうびとして米五十石ずつを下された。みなありがたく拝領した。

(10) 本願寺門跡顕如光佐、大坂退城

四月九日、石山本願寺の大坂城退出の件については、信長公に、「門跡(顕如光佐)から新門跡(教如光寿《きょうにょこうじゅ》)へ城を渡して、大坂を離れる」というお届けがあった。ところが近年間道を通って運びこまれる大坂城の兵糧によって妻子を養っていた雑賀《さいが》・淡路島の一向宗徒たちが、ここから自分たちが離れては迷惑と考え、新門跡を立てようとして、「まず本門跡と北の方を城から出し申して、自分たちはひとまず大坂城にこもるのがよい」と、さまざまに申すので、新門跡(教如)もこれに賛成し、そのように返事をされた。そこで本門跡・北の方・下間・平井・矢木らは御勅使にお礼を申し上げ、雑賀からの迎えの舟を求めて、四月九日に大坂を退出された。

(11) 石清水八幡宮造営

さて石清水《いわしみず》八幡宮ご造営の奉行として、武田佐吉・林高兵衛・長坂助一の三人が命じられ、去年の十二月十六日に起工式があった。ところで内陣と外陣の間に木のといがあったが、くさりはて雨漏りがし損壊寸前であった。そこで信長公は「こんどは後世にまで残る

ように」と、「唐金《からかね》（青銅）の鋳物に直し、長さ六間のところを五つの鋳物で継ぎ合わせるように」と仰せつけられた。

今春三月、仮遷宮があって、ほどなく社頭・神殿の屋根をふき終え、築地・楼門の工事もすみ、金ぱくでもって飾りたてたから、神前はいよいよ光明を増し、神意奉拝の社壇は、七宝をちりばめ、高く堂々と荘厳をきわめ、五月二十六日に正遷宮がつつしんで行われたのであった。まことに「神は人の敬いによって威を増す」（『御成敗式目』第一条）とはこのことを言うのであろうか。この造営によって信長公のご武運はますます長久であり、ご家門がいっそう繁栄する基となったのであった。参詣の人びとは、身分の高下をとわず群れ集まって、いよいよ尊敬の念を増し、拝礼をささげたことであった。八月中旬までかかって九か月で、ご造営をすべて終えられたのである。

（12）羽柴秀吉、因幡・伯耆両国を平定

播州宍粟《しそう》郡にたてこもっていた宇野民部大輔は、六月五日の夜中ひそかに退散した。木下平太輔・蜂須賀小六がこれを追いかけたが、心ある侍たちは立ちもどり立ちもどり、ここかしこでの戦いとなって、りっぱな武者数十人を討ち取った。

翌六月六日、この勢いに乗って因幡・伯耆両国の国境に進出して、ところどころに戦いの煙をあげたが、「東国の兵が大挙して進攻してくる」と聞いて、敵対の意志はまったくなく、国境の城主たちはそれぞれ縁者を頼って降参を申し入れ、「人質を差し出してごあいさつ申し上げる」とのことで、これを報告申したところ、信長公のお喜びはひとかたでなかった。「羽柴筑前守秀吉の数々の功績は実にみごとである」と、信長公は感服なさった。

六月十三日、相撲取り円浄寺源七は、ふとどきのことをして、信長公のお怒りを受け、安土城を退出した。

六月二十四日、国中の相撲取りをお召しになって、安土城でお相撲の催しがあった。夜明けから行われて夜にいたり、提灯《ちょうちん》の灯のもとで続行された。麻生三五は勝ち続けて六人抜きをする。蒲生忠三郎の家来で小一という者はみごとな相撲を取ったので信長公からお言葉をかけられる。大野弥五郎という者もまた巧みな相撲をたびたびしたので、このたび召し出され、面目をほどこした次第である。

伊丹で荒木久左衛門が謀反の際、忠節を尽くし申した中西新八郎・星野左衛門・宮脇又兵衛・隠岐土佐守・山脇勘左衛門の五人を、池田勝三郎の与力に仰せ付けられた。

六月二十六日、土佐の国を補佐させられた長宗我部土佐守（元親）から、惟任《これとう》日向守の取次で、ごあいさつがわりに鷹十六羽ならびに砂糖三千斤が献上された。そこでお馬回り衆へその砂糖を下されたのであった。

六月三十日、中将信忠卿が安土へおいでになった。

(13) 本願寺新門跡教如、大坂退散

大坂の本門跡(顕如)が紀伊の雑賀へ退出されて後、藤井藤左衛門・矢木駿河守・平井越後守の三人が使者として、七月二日安土へあいさつに見えられた。御勅使の近衛殿・勧修寺殿・庭田殿といった人たちがこれらの使者たちを召し連れて参上し、このときのお取次は宮内卿法印・佐久間右衛門尉であった。進物のお太刀代として銀子百枚を献上された。中将信忠卿へお礼を申し上げた。信長公はお会いになられなかった。

信長公から門跡の北の方へ書状を遣わされたが、そのときのご進物の目録を写しておいた。それには、「黄金三十枚、門跡へ。黄金二十枚、北の方へ。黄金十五枚、按察使法橋へ。同十五枚、下間刑部卿法橋へ。同十五枚、下間筑後の子少進法橋へ」とあった。そのほか黄金二十五枚を、このたび使者として参上した、右の五人へ下された。翌日、「ありがたいことです」とお礼を申し上げて、使者の衆は帰っていった。

そうこうするうち、新門跡も大坂を明け渡しになることを承知された。

天正八年(一五八〇)八月二日、新門跡が大坂を退出した次第は次のとおりである。御勅使として、近衛殿・勧修寺殿・庭田殿。右の方々の下使いとして荒屋善左衛門。信

長公から加えられた御使いとして宮内卿法印・佐久間右衛門尉、大坂城うけ取りのご検使役として矢部善七郎が命じられた。

そもそも大坂は日本一の土地である。というのは、奈良・堺・京都に近く、特に淀・鳥羽から大坂の城戸口まで舟が直接通じており、四方に要害をかかえている。北は賀茂川・白川・桂川・淀川・宇治川といった大河が幾筋ともなく流れ、二里、三里の内には、中津川・吹田川・江口川・神崎川が流れており、東南は尼上が嶽・立田山・生駒山・飯盛山の景色を遠く眺め、すぐ下を道明寺川・大和川の流れに新しく開いた掘割がめぐって、立田の谷水が合流している。大坂城のふもとまで三里、四里の間は掘割と川とが通じてはてしなく水がめぐり、西は大坂湾の青海原が海水を満々とたたえ、日本内地は言うまでもなく、唐土・高麗《こま》・南蛮の舟が海上を出入り、五畿内七道の人びとが集まって売買の利潤をあげ、まことに富貴な港である。

隣国の浄土真宗（一向宗）の宗徒がここに馳せ集まり、加賀の国からは城作りを召し寄せて、八町四方の構えとして、中央のいちだん高くなった土地に、水上の御堂と見まごう一派の本寺を高だかと建立したのであった。水をたたえた前の池には一蓮托生のめでたい蓮が生じ、うしろには弥陀弘誓の船が浮かんでいるというありさまで、仏前にはあかあかと光明が輝き、利剣即是《りけんそくぜ》の名号（阿弥陀仏）はさとりの怨敵たる煩悩を消滅してしまう。このような仏法繁昌の霊地に在家の家々が建てられ、いらかが立ち並び、軒を接し、裕福な家の炊煙《すいえん》も濃く、ひとえにこの法をあがめ奉って、遠国からはるばると日夜・朝暮となく参詣の人びとがあとをたたない。

このようにして家門長久《かもんちようきゆう》と思われたところに、意外にも天魔のなすところか、信長公が先年、野田・福島を攻めたとき、同所が落城するようでは、自分たち石山本願寺もいずれ攻め込まれるであろうと考え、僧侶の身でありながら、一揆を蜂起させた。そのために信長公は進路を妨げられて、野田・福島への兵を引き上げられた。このときの遺恨をお忘れにならなかったためか、すでに五か年前の夏、本願寺参詣の衆を押しとどめ、おまけに敵同様に見なして引っ捕らえ、大坂の諸入口を固めて、天王寺に原田備中守（直政）に命じ付城を築かせられた。しかしその普請が完成せぬうちにと考えた大坂方は、ただちに一揆を起こし、天王寺に向けて戦《いくさ》を仕かけ、原田備中守・塙喜三郎・塙小七郎・蓑浦《みのうら》無右衛門をはじめそうそうたる武将を討ち取り、勢いに乗じて天王寺を取り巻いたが、そのとき信長公は後方から攻めようとして小人数の兵で出陣されていた。その日二度合戦をしたが、二度とも石山本願寺方は合戦に敗れ、多数の者を討ち死にさせた。大軍をもっていながら小敵のとりことなっては無念と思われたほどの戦いのありさまであった。

しかしながら、阿修羅が怒りを発して闘争に及ぶという末法の時節が到来したのか、力が足りないながらも石山本願寺方においては、高津・丸山・広芝・正山を始め端城《はじろ》五十一か所を設けてたてこもり、領内において五万石の年貢を徴収し、運を天にまかせて、五か

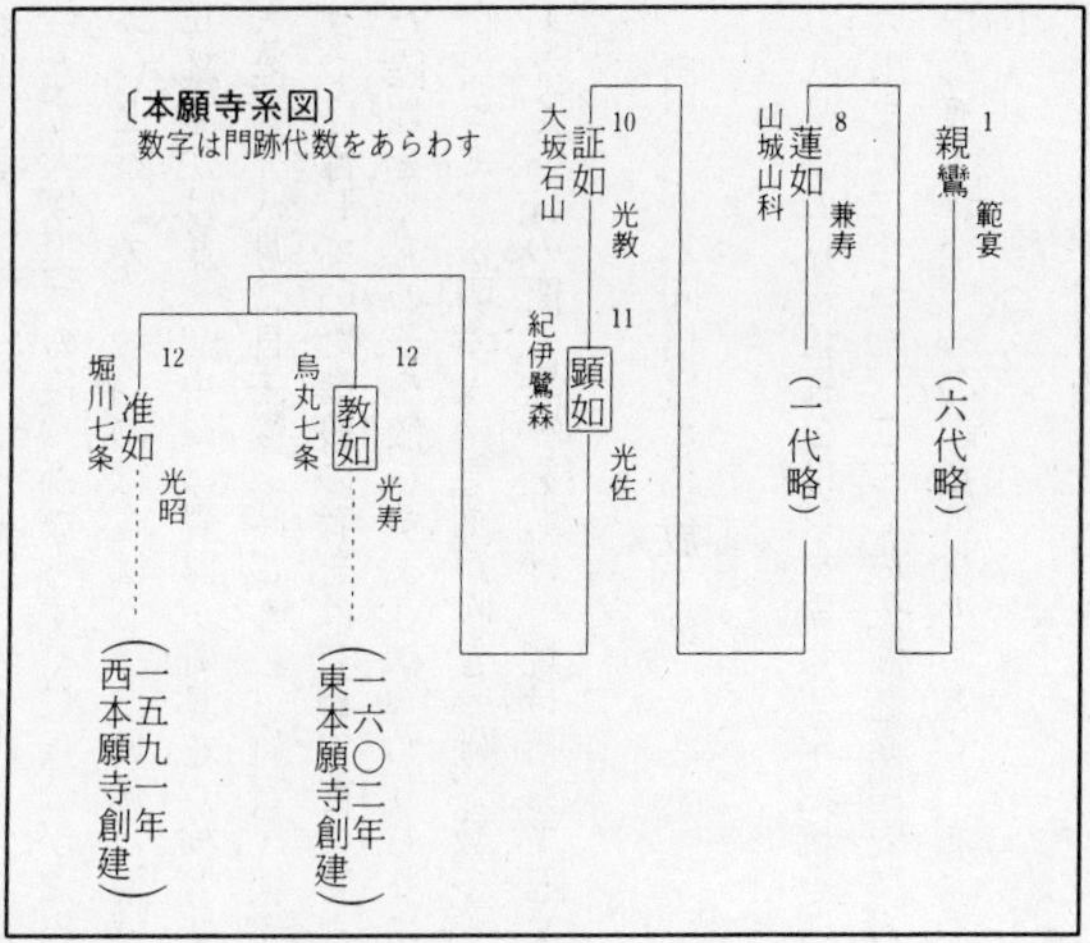

年の間守り通したのであるが、日々に味方が減り、策謀もうまくととのわなかった。しかも信長公のご威光は盛んであって、諸国七道もことなきを得ている。この上は勅命が出たことといい、道理にそむくわけにもゆかず、ついに大坂から退散することを承知したのである。

　大坂に本願寺が移されてからこのかた、ここに四十九年の年月を送っているが、かえりみるときのうの夢のごとく、ひそかに世の移ろいを観ずれば、生死の去来・有為転変のありさまはまさに電光・朝露のごとく一瞬にしてはかなく、ただ一心に弥陀の名号を念ずることの利益を信じ、この功徳によって生滅なきさとりの世界に入るに及ぶものはないのであった。しかし、いま故郷を去って離散するの思いに、上下ともども紅涙をしぼって嘆き沈んでいる。

さて大坂退城の後、かならずや信長公がお出でになって、ここをご見物なさるにちがいないと察して、城内のはしばしまで整備・清掃を申し付けて、表には弓・槍・鉄砲などの兵具をかけ並べ、中には資財・雑具を点検してきちんと飾り置き、御勅使・御奉行衆へ引き渡し、八月二日午後二時ごろに、雑賀・淡路から数百そうの迎え船を呼びよせ、先ごろまで守備していた端城の者をはじめ宗徒の者たちは、それぞれに縁者を頼み、海上を、また陸地をくもの子を散らすように、ちりぢりに別れていった。ところがいよいよそのときになって、松明《たいまつ》の火に悪風が吹きかけ、数多くあった伽藍は一宇をも残さず、夜となく昼となく三日の間、黒雲をあげて焼け落ちてしまった。

(14) 佐久間信盛を追放

八月十二日、信長公は京を発ち、宇治橋をご覧になって、舟に乗られ、まっすぐ大坂へお出ましになった。ここで佐久間右衛門尉に対してのご折檻の条々をご自筆でしたためて、申し渡された。その趣意は次のごとくであった。

記

一、父子（信盛・信栄《のぶひで》）ともに五か年天王寺に在城している間、よい武勲が一つもなかった。このことについて世の中の人が不審に思うのも当然である。それについて自分も思いあたることがあるが、その無念さは何とも言いようがないことである。

一、なんじらの気持ちを推量してみるに、大坂（石山本願寺）を大敵と考えてか、武力に訴えることもせず、謀略を用いるでもなく、ただただとりでを堅く守って、幾年か経つうちには、相手は僧侶のことであるし、ゆくゆくは信長の威光を恐れて退城するにちがいないというので、遠慮をしていたのか。しかし武辺に携わる者の道は別である。このような状況のもとにあっては、よく勝敗の機を察して一戦に及ぶなら、一つには信長のため、また一つにはなんじら父子自身のためにもなり、軍兵も長期にわたる労苦をまぬがれ、まことに意にかなうことである。それなのにいちずに持久戦に固執し続けたのは、思慮もなく、未練がましいことは疑いもないことである。

一、丹波の国における惟任日向守のめざましい働きは、よく天下の面目をほどこした。ついで羽柴藤吉郎の数か国にわたる活躍も比類のないものであった。さらに池田勝三郎は小身でありながら、たちまちに華熊城をおとしいれて、これまた天下に名を挙げた。これを以てしても、なんじらはみずから発憤して、ひとかどの働きをしてもよいところである。

一、柴田修理亮も、めいめいの活躍を聞いて、一国（越前）を支配しておりながらも世間の評判はいかがあろうかと気づかって、この春には加賀へ進軍し、当国を平定したことである。
一、武事に未熟であるなら、他の者に託してでも謀略をめぐらし、それでも不十分であれば、この信長に報告し、意見を聞くなりしてすますべきである。それなのに、五か年の間一度もそういうことがなかったのは、怠慢でけしからぬことである。
一、なんじの与力、保田（知宗《ともむね》）から以前書面による注進があり、「あの一揆（石山本願寺）を攻め崩してさえしまえば、残った小城などはおおかた退散してしまうであろう」と書いてあって、それになんじら父子が連判していた。しかし先に一度もそうした届けもなく、ふいにこのような書面を寄こすなどというのは、自分自身の活躍がなくて困っていることを免れようと、他にかこつけて、あれこれ勝手なことを申しているのであろうか。
一、なんじは信長の家中にあっても、格別な待遇を与えられていたのではないか。なんじは三河にも与力《よりき》（家来）・尾張にも与力・近江にも与力・大和にも与力・河内にも与力・和泉にも与力の衆を持っており、根来の僧兵にも与力を命じてあったから、紀州にも与力がおり、わずかずつではあるが七か国の与力を握っていた。これらの与力に、さらに自分の部下を加えて働いたならば、どのように戦おうとも、こうは失敗することはないはずであった。
一、小河苅屋の水野信元の後任を申し付けておいたのだから、以前より家臣の数もふえているであろうと思っていたのに、そうしたこともなく、かえって水野の旧臣たちを多数追い出してしまった。しかし追放した旧臣たちの跡目を補充しておくならば前と同じ数の家臣は確保できるはずである。しかるに、新しい家臣を一人も召し抱えようとしなかったのなら、旧臣たちの知行地を自分のもとに収めて金銀に替えているわけで、言語道断なことである。

一、山崎（京都と大坂の間にあった要地）を治めさせておいたのに、信長が言葉をかけておいた者を、なんじは間もなく追放してしまった。これも以前の小河苅屋の処置と思い合わされることである。

一、以前から召し抱えていた代々仕えている家臣に加増もし、相応した与力を付けてやり、また新規に家臣を召し抱えなどするなら、これほどのおちどはなかったであろう。しかるにけちくさく貯めこむことばかりを本意とするから、今度のように天下の面目を失うような仕儀となったのであって、このことは唐土・高麗・南蛮の国まで隠れもないであろう。

一、先年（天正元年）朝倉勢を打ち破ったとき、戦機をのがしたことを、「けしからぬ」と余が申したところ、恐縮するどころか、とどのつまりは自分の正当性を吹聴し、あまつさえ座敷をけって出た。これによって面目を失った。しかるにその口ほどもなく、長らくこの天王寺に在陣している。そのひきょうな行為は前代未聞のことである。

一、甚九郎（信栄）の心ばえのよろしくないことは、一つ一つ数えあげてみても、とても書ききれぬほどである。

一、おおよそのところを挙げてみると、第一に欲が深い。気むずかしく、よい人物を召し抱えようとしない。そのうえ、いいかげんに物事を処理するというのだから、とどのつまり父子ともに武士の道に欠けているのであって、それゆえこのようになったのである。

一、自分に付けられた与力をもっぱら使役し、だれか他の者の攻撃に備える際には、その与力たちに軍役を務めさせ、自分の侍を召し抱えようとせず、所領のあがりをむだにして、ひきょうなまねをしている。

一、右衛門の与力や被官たちまでが遠慮しているのは、ほかでもない。自分がわけ知りであるかのように吹聴し、やさしいふりをして実際には綿の中に針を隠し立て、恐ろしい扱いをしたので、このようなことになったのである。

一、信長の代になってから、三十年も奉公している間に、佐久間右衛門尉が比類のない働きをしたと称されるようなことは、ただの一度もなかったであろう。

一、信長一代のうちには勝利を失うようなことはなかったが、先年（元亀三年の三方が原合戦のとき）遠江へ軍兵を遣わしたときには、敵・味方の勝負がはっきりしなかった。しかし家康から救援を求める使いがあったのだから、おくれるにしても、兄弟を討ち死にさせるか、しかるべき身内の者でも討ち死にさせていれば、まあ時の運によって主人は死を免れたかと、他人も納得してくれようが、身内の者は一人も死なさず逃げ帰り、そのうえ平手（汎秀）を見捨てて死なせ、平気な顔をしている。こうして一つ一つ挙げてみればすじの通らないことは疑いもないことである。

一、この上はどこかの敵を平らげ、会稽《かいけい》の恥をそそいで、もう一度帰参するか、または敵と戦って討ち死にするしかあるまい。

一、父子ともに髪をそり、高野山《こうやさん》に住み遂げ、これからずっと許しを乞うのが当然ではないか。

右のごとく数年に及んで一かどの武勲もなく、未練の子細はこのたびの保田のことで思いあたった。そもそも天下を支配している信長に対して口答えをする者どもは、天正元年（一五七三）の信盛から始まったのであるから、その償いに終わりの二か条を実行してみよ。承知しなければ二度と天下が許すことはないであろう。

天正八年八月　日

このように自筆でしたため、佐久間右衛門尉父子のもとへ、楠木長安・宮内卿法印・中野又兵衛の三人をやって、遠国へ退出すべき旨仰せ出されたので、右衛門尉父子は取る物も取りあえず、高野山へのぼったのであった。しかし、さらに「高野の住まいも許さぬ」との仰せがあって、父子は高野を発ち、紀伊熊野の奥へ、足にまかせて逐電《ちくでん》した。こうして代々仕えて来た下人にも見捨てられ、はだしで歩き、ぞうりの世話を自分でやくような状態になって、見るも哀れなありさまであった。八月十七日、信長公は大坂から京に出られた。京都において、ご家老の林佐渡守・安藤伊賀守・丹羽右近を遠国へ追放された。そのわけは、去る弘治二年（一五五六）五月に林美作守宅で信長公が窮境に立たれたとき（首巻（18）参照）、この者たちが逆心を抱かれたというのであった。

（15）加賀の一揆を退治

十一月十七日、柴田修理亮の謀略によって、加賀一揆の主だった者を、あちこちで手分けをして討ちとり、その首を安土へ進上申した。安土ではそれらの首を松原町の西にかけならべて置かれた。

首の名は、若林長門守・その子若林雅楽助・同じく若林甚八郎・宇津呂丹波・その子宇津呂藤六郎・岸田常徳・その子岸田新四郎・鈴木出羽守・その子鈴木右京進・同じく鈴木次郎右衛門・同じく鈴木太郎・鈴木采女《うねめ》・窪田大炊《おおい》頭・坪坂新五郎・長山九郎兵衛・荒川市介・徳田小次郎・三林善四郎・黒瀬左近、以上十九人であった。信長公のご満足はひとしおであった。

（16）徳川家康、高天神の城を取り囲む

遠江高天神《たかてんじん》の城は、武田四郎が軍兵を入れて守備させていた。しかるに、家康公はここへ攻め寄せ、城のまわりに鹿垣を結いめぐらし、城兵をとじこめておいて、家康公みずからご在陣になった。

信長公記　巻十三　終

巻十四　北へ西へと広がる分国（天正九年）

（1）安土に城を築く

天正《てんしょう》九年（一五八一）正月一日、信長公は「年賀の儀式は、他国の諸大名には略す」とのご通達を出された。その代わり、安土にいるお馬回りの者たちだけを西の門から東の門へお通しになり、ご覧になりたいとのご上意があって、お馬回りの者たちもその覚悟でいたところ、夜中から午前十時ごろまで雨が降り続いたため、信長公のお出ましはなかった。

しかし信長公は、安土城の北側、松原町の西方から琵琶湖の端にかけて、御馬場を築くように命じられ、元旦から菅屋《すがや》九右衛門（長頼）・堀久太郎（秀政）・長谷川竹《たけ》（秀一）の三人を奉行に任じて、建築にとりかかられた。

（2）武田勝頼出兵の風聞

正月二日、信長公は安土の城内の町人たちに、お鷹狩りで取った雁や鶴などを数多く下賜された。町人たちはありがたいことと感じ、常楽寺の沙々貴《ささき》神社で祝儀の能を演じ、それから頂戴申した。

正月三日、武田四郎勝頼が、遠江《とおとうみ》の国の高天神の城を後方からの支えとして甲斐・信濃に一揆を起こして、出兵したとの風聞が伝わって来た。そこで、岐阜中将信忠卿が出馬されて、尾張の清洲城に陣取られた。

正月四日、高天神城の南部の横須賀の城の守備のために、水野監物・水野宗兵衛・大野衆の三首領が派遣された。

（3）爆竹の日

正月八日、信長公はお馬回りの者たちに、「十五日の左義長《さぎちょう》（どんど焼）の行事に、爆竹を用意し、頭巾をつけ正装をして、めいめいが準備して臨むように」と命じられた。信長公が仰せつけになった爆竹担当の近江衆は、北方東一番には平野土佐守・多賀新左衛門・後藤喜三郎・蒲生忠三郎・京極小法師・山崎源太左衛門・山岡孫太郎・小河孫一郎が奉仕し、南方には、山岡対馬守・池田孫次郎・久徳左近・永田刑部少輔・青地千代寿・阿閉《あつじ》淡路守・近藤山城守、以上が奉仕することになった。

十五日、当日の馬場入りの順序は、先頭がお小姓たち、次が信長公。黒の南蛮笠をかぶり、眉をそって、赤の頬あてをつけ、唐織りの錦の袖なし陣羽織を召され、虎の皮のむかばき（腰から脚にかけたおおい）を腰から下げられている。馬はあし毛で足の早い駿馬、飛ぶ鳥のような早さの名馬である。信長公は、関東からうかがって仕え申している矢代勝介という騎手にも、乗馬させられた。

近衛殿（信基）・伊勢兵庫頭（貞景）ならびに織田衆ご一族の北畠中将信雄・織田上野守信包《のぶかね》・織田三七信孝・織田源五（長益《ながます》）・織田七兵衛信澄殿、このほか、身分の高い武将の美しい御出立ちは、思い思いの頭巾に、さまざまの衣装を身につけ、結構なことであった。

その人たちが、早馬十騎ずつ、また二十騎ずつと編隊を組んで、その後ろから爆竹を鳴らしながら、どっとはやし声をあげて馬場を駆け抜け、そのまま繰り出していき、それから御馬をもとにもどされるのである。

この日の見物人は群れをなし、信長公主催の左義長の大がかりなようすに、だれもが驚きほめたたえたのであった。

正月二十三日、信長公は惟任《これとう》日向守に命じられ、「京都で馬ぞろえをするので、各自はできるかぎり美装をこらし、参集するように」と、ご朱印状をもって、各国へおふれを出された。

二月十九日、北畠中将信雄卿・中将信忠卿が上洛なさった。二条の妙覚寺にお泊まりになる。

二月二十日、信長公が、京都を出られ本能寺にお泊まりになった。

二月二十三日、キリシタン国から黒坊主が参上した。年のころは二十六、七歳でもあろうか、全身の黒いことは牛のようである。見るからにたくましく、みごとな体格である。その上、力の強さは十人力以上である。伴天連《ばてれん》（ヴァリニャーノら）がこの男を召し連れて参上し、信長公に、布教のご許可にたいしてお礼を申しあげた。まことに、信長公ほどのご威光は今も昔もうかがったこともなく、日本はもとよりインド・中国にもめずらしい異人どもを、親しく拝見できるのも、めったにないできごとである。

二月二十四日、北国の越前から柴田修理亮（勝家）・柴田伊賀守（勝豊）・柴田三左衛門尉（勝成）が安土に参上して、いろいろ手に入れがたい珍しい品々を信長公に献上申して、越前の国拝領のお礼を申し上げた。

（4）お馬ぞろえ

お馬ぞろえのために、二月二十八日、信長公は大和・山城・摂津・河内・和泉の五畿内、隣国の大名・小名・ご家人を召し出されて、駿馬を天下から集め、お馬をそろえて、天皇のご覧を仰ぐのにそなえられた。上京《かみぎょう》の内裏の東側の北から南へかけての八町ばかりに馬場を設け、高さ八尺の柱を馬場の両端に立てて、それを毛織の布でつつみ、柵を造られた。

いったん宮中の東門の築地の外に、仮の桟敷を造営されたが、かりそめの桟敷とは申しながら、金銀をちりばめて、まことにりっぱなものであった。清涼殿から正親町《おおぎまち》天皇・雲客《うんかく》・卿相・殿上人らが、その衣装にたきこめた香をあたり一面に漂わせ、華やかな色とりどりのご装束で、この桟敷にお出ましになった。

御所の周囲には、摂家衆・大臣衆の貴族の邸宅が競うように立ち並び、皇居を守り申しあげ、その邸宅の左右に桟敷を臨時にしつらえ、その規模の大きさ、美しさは、筆にも言葉にも尽くされぬほど、どの一つをとっても、晴れがましくないものはなかった。

信長公は下京《しもぎょう》の本能寺を、午前八時ころにお出ましになって、室町通りを北にのぼり、一条通りを東にお進みになった。御馬場に乗り入れの順序は、一番に惟住五郎左衛門長秀、ならびに摂州衆・若狭衆、西岡の河島であり、二番は蜂屋兵庫頭（頼隆）ならびに河内衆・和泉衆・根来寺《ねごろじ》の中の大が塚・佐野衆である。

三番は、惟任日向守ならびに大和・上山城衆であり、四番は、村井作右衛門、根来および上山城衆である。

ご兄弟方は、中将信忠卿、馬乗り八十騎、美濃衆・尾張衆。北畠中将信雄卿、馬乗り三十騎、伊勢衆。織田上野守信包殿、馬乗り十騎。織田三七信孝殿、馬乗り十騎。織田七兵衛信澄殿、馬乗り十騎。織田源五・織田又十郎・織田勘七郎・織田中根・織田竹千代・織田周防守・織田孫十郎殿である。

公家衆は、近衛殿（信基）・正親町中納言殿（実彦）・烏丸中納言殿（光宣）・日野中納言殿（輝資《てるすけ》）・高倉藤右衛門佐殿（永孝）・細川右京大夫殿（信吉）・細川右馬頭殿（藤賢）・伊勢兵庫頭殿（貞為）・一色左京権大夫殿（義定）・小笠原殿（長時）である。

お馬回り・お小姓衆は、いずれも十五騎ずつ組になるように命じられた。つづいて、越前衆の柴田修理亮・柴田伊賀守・柴田三右衛門・不破河内守（彦三）・前田又左衛門（利家）・金盛五郎八・原彦次郎。

御弓衆は、百人。やがて先頭を平井久右衛門・中野又兵衛の二人が乗って、二手に分かれ、二集団で進んできた。これらの人たちはすべて手投げの矢を腰にさして持っていた。

お馬を引いた次第は次のとおりである。うまや別当の青地右衛門が奉行である。左は、先頭がひしゃく持ちのみちげ・草桶持ち・のぼり旗ざしの順。お馬は一番が「鬼あしげ」。右は先頭が水桶持ち・のぼり旗ざし・ひしゃく持ちの今若の順。鞍の上の敷物は唐織物、馬の両脇にある泥よごれを防ぐための「あおり」も同じく唐織物で柄は雲形の紅の金襴である。二番は「小鹿毛《こかげ》」、三番は「大あし毛」、四番は「遠江鹿毛《とおとうみかげ》」、五番は「こひばり」、六番は「かわらげ」。

これらの馬は奥州津軽から日本国じゅうに至るまで、大名・小名を問わず名馬という名馬をわれもわれもとはるばる手綱を引いて上洛し、信長公に進上申したものである。たくさんの名馬の中でも、とりわけすぐれたお馬である。国じゅう尋ね歩いても、これを越えるものは、まずないほどの名馬である。馬具一式がみごとなことは申すに及ばないし、何から何までも非のうちどころのない結構さであった。

お中間《ちゆうげん》方の服装は、立烏帽子《たてえぼし》、黄色の水干《すいかん》、白い袴、素足に草履をはいている。七番は、武井夕庵が能の山姥の姿で列に加わり、ほかに坊主衆の長安・長雲・友閑が、その先を歩いた。八番は椅子持ちの四人。奉行は市若、その装束は、金地で雲に浪の図柄である。

信長公に近侍いたす者は、左がお先小姓で杖持ちの北若、御長刀持ちのひしゃ、御小人《こびと》(走り使い)五人、御むかばき持ちの小市若。信長公は真ん中でお馬「大黒」に乗られて、御小人は総勢二十七人。

右は、お先小姓で御むかばき持ちの小駒若、御小人六人、御太刀持ちの糸若、御長刀持ちの大藤《だいとう》の順。

信長公の御むかばきは、金地で虎の斑《ふ》をぬい取りにしてあり、鞍重ね・あおり・手綱・腹帯・馬の尾をつつむ尾袋まで、みな同じぬい取りがしてあった。また紅色のふさのついたしりがい（馬の頭から胸・尾にかけて巻く緒）にはようらく（垂れ飾り）をお付けになっていた。御小人は、赤い小袖に厚地の白の肩衣《かたぎぬ》、それに黒皮の袴を一同そろって着けていた。

信長公のご装束は、顔のつくりは眉を描かれ、金紗の頰あてを着けておられる。このたび、京都・奈良・堺で珍しい唐織物をお探しになられて、それぞれ親族一同の方々のご装束にしたいと仰せられたところ、隣国の者からも自分も劣るまいと唐綾・唐錦・唐のぬい取りなどのありったけをお目にかけようと、献上申したことであった。

この金紗と申すのは、昔中国かインドで、皇帝・帝王の御用に織ったものと見えて、四方に、織り止めがあり、真ん中に人形をものの見ごとに織り出してあった。今また天下が治まって、天皇・上皇へご奉公してお役に立つようにと、献上申したのである。わざわざそのためにあつらえたようで、その御頰あてが似合い申すのであった。古い時代の名物を目のあたりに拝見して、ありがたいご時勢である。

お頭巾は唐冠《とうかんむり》で、後方に花を立てておられる。能の「高砂」の大夫の出立ちか、それとも『和漢朗詠集』にいう「梅の花を折って首に挿《さ》すと、二月の雪が衣に落ちる」といった風情であろうか。

お召しになっているお小袖は、紅梅に白の大きな段縞《だんじま》のくり返しに、なお桐に唐草という段模様。その上に重ねて舶来の蜀江《しょっこう》の錦地のお小袖を着ておられたが、そのお袖口は金糸をよりあわせて、ふちどりがしてあった。

この布地は、昔隣の大国の中国から日本に渡ってきた三巻のうちの、一巻を使用したものであった。長岡与一郎（細川忠興《ただおき》）が、都で探し求めてきて、進上した逸品である。古今の名物がすべて集まり参った信長公のご名誉は、この上ないものであった。

小袖の上に召されたお肩衣《かたぎぬ》は、紅色の緞子地に桐に唐草がまつわった柄で、お袴も同様の生地が用いられている。お腰には牡丹の造花をさされていたが、これは宮中からの頂戴物ということであった。ご乗馬用のお腰蓑《こしみの》は白熊の皮、御太刀の鞘は金の延板飾り付き、それに添えてさされている鞘巻き（つばのない短刀）は同じく金の延板飾り付きであった。また、お腰に鞭《むち》をさされ、弓を射るための革手袋は、白革に桐のご紋が付いている。おくつは猩々の皮で作られたもの。その上部の立て上げ（くつの上縁のおおい）は唐錦を用いたものであった。

この信長公の華麗な御出立ち、御馬場入りの儀式は、まるで住吉明神のご来現もかくやと思われ、人びとは心をときめかせ、みな神の霊に通じ申したかのように感じ入った。そこで隣国からどっと参集した武将たちも、晴れがましい場所であるにつけても、ここが肝心と、めいめい思い思いの頭巾をかぶり、その出立ちは、「自分は劣るまい」と、ありとあるかぎりの善美をたいそう尽くしたのであった。それぞれの武将たちの衣装は、目立つ頭巾に工夫をこらし、下にはあらかたが紅梅色や紅色の筋が入ったのを着て、上着としては、薄く描いた絵のある唐織物・金襴・唐綾・模様入りの織物などでできた小袖をつけ、重ねて着る袖無しの上衣や袴も同様のりっぱな織物でできており、腰に短い蓑をそれぞれが付けていた。

金色の細長い布地、あるいは紅色の糸で刺しゅうをほどこした布を指物《さしもの》というのぼりにしたてた人もいた。馬具および馬に付けるおもがい・むねがい・しりがいの緒、三尺の手綱はそれぞれ上等な紅色の糸を組んで大ふさに仕立て、かつ金襴緞子で編んだ大ふさに金色の幣《ぬさ》や紅色の糸を付けたものもある。また五色の糸で組んだしりがいもある。たび・草履にいたるまで、五色の糸で作り、太刀はあらかたのし付き（鞘に金銀類の延板をつけたもの）である。おびただしく飾り立て、「すばらしい」の一語では表しきれないものがあった。数百人の人びとなので、それをいちいち記すことは不可能である。

はじめ信長公が、「一組に十五騎ずつ」と、命じられたけれども、それでは広い馬場に貧相なので、三組、四組ずつ一緒になり、入れ替わり立ち替わりして、とぎれることがなかった。しかし前進する馬に行き当たらないように、柵のまわりを右から左へ乗りまわし、午前八時ごろから午後二時ごろまでつづけさせられた。どれも駿馬で、これもいちいち記すことができないのは無論のことである。信長公はお乗りになる馬をひんぱんにお替えになって、そのごようすは飛ぶ鳥のような素早さであった。信長公は、関東から伺候している矢代勝介にも、お馬に乗せられた。

岐阜中将信忠卿のあし毛のお馬はすぐれて足の早い馬である。信忠卿のご装束はことにすぐれて華やかであった。北畠中将信雄卿は河原毛《かわらげ》のお馬に乗られ、織田三七信孝殿の粕《かす》毛《げ》の御馬は目立って足のきく早馬で、そのすばらしさは較べるものがない。このほかいずれも劣らぬ名馬ぞろいで、どれをどうとも言いがたかった。それに加えて似合い似合いのご装束もまた見ごたえのあるものであった。

最後には、お馬どもを駆け足にさせられ、天皇にお目にかけられたが、どれもこれも、手綱さばきの上手といい、華麗なご装束といい、日本ではもちろんのこと、外国にもこれほどの豪華な例はあるはずがない。上下を問わず参集した人びとは、このようなめでたい御世にめぐり会い、天下は泰平であり、かまどの煙もにぎわう繁栄の中にあって、生涯のよい思い出となり感激した次第である。じつに見ものであった。

こうしてお馬ぞろえの半ばに及んだとき、正親町天皇は十二人の勅使をもって、「これほどおもしろいお馬ぞろえを拝見して、まことにうれしく存じている」とのお言葉を、かたじけなくも信長公に伝えられた。それにつけても信長公のご名誉は、とても申しつくせない。

夕方に及んで、お馬を馬屋に入れられ、本能寺に帰宅なさった。信長公ばんざい。めでたい。めでたい。

三月五日、禁中からご所望があって、再びお馬に乗られた。このときは、お馬ぞろえに出場した名馬五百騎を選び出された。どの騎士もご装束は黒塗りの笠に御頬あてを付け、黒の道服《どうふく》に裁着《たつつけ》（すそ細の袴）をはき、腰蓑をつけていた。

正親町天皇をはじめとして、廷臣の方々・女御・更衣ら多数が美しい御装いで、お出ましになり、ご覧になった。天皇はたいそう楽しまれ、お喜びになった。

「信長公のご威勢で一天万乗（天下を統治する）の君をもったいなくも、おそれ多くも、おそば近くで拝顔できるのは、ありがたい御世である」と、上下を問わず、参集した人びとはみな手を合わせて感謝いたしたことであった。

三月六日、神保越中守・佐々内蔵助（成政）ならびに在地の武将らは上京し、国をあけていた。また加賀の国・越前の国・越中の国の大名衆もこのたびのお馬ぞろえで、それぞれ在京していた。そのすきに、信長公の御敵の河田豊前守は軍兵を出撃させようと企てて、誉れある名刀を作った松倉という所にたてこもり、策略で越後から長尾喜平次（上杉景勝）を呼び寄せて、これを大将とし一揆を起こした。

佐々内蔵助が軍兵に守らせていた小井手の城を三月九日に厳しく攻めつけた。また柴田修理亮が、加賀の国白山のふもとの二曲《ふとうげ》に少しばかりの足がかりをこしらえ、軍兵三百人ほどを入れて守らせ、近辺の所領からの収益を納めておいたところへ、加賀の国の一向一揆が長島勢と組んで、いっせいに立ち上がった。一揆は二曲へうってかかり、攻め破って、修理亮が入れて置いた者をことごとく討ち果たしてしまった。

しかし、このたびのお馬ぞろえにあたって、柴田修理亮は当国の警固のために、佐久間玄蕃允《げんばのじよう》（盛政）を残して置いた。そこでこの佐久間玄蕃允は二曲にとって返して攻めのぼり、一揆ども多数を切り捨てた。その手柄の評判は較べるものがないほどであった。

三月九日、信長公は堀久太郎に「和泉の国中の検地を行い、農民数を報告するように」と命じられて、和泉へ派遣された。

三月十日、信長公は京都から安土にご帰城。

三月十二日、神保越中守と当国の武将らが安土に伺候して、お馬九頭を国もとから進上。佐々内蔵助も、馬の鞍・あぶみ・くつわ・黒鎧を進上した。

三月十五日朝、信長公は松原町の御馬場で、お馬を召されてご覧になる。越中の者たちがいずれも、ごあいさつを申し上げたところ、信長公はいちいちお言葉をかけられ、かたじけない次第であった。そこへ「長尾喜平次が越中へ出兵し、小井手の城を取りまいている」由の情報が入ったので、信長公は「時を移さず、先発として越前衆・不破（光治）・前田・原・金森・柴田修理亮の軍兵が出撃いたすように」と命じられ、めいめいにお別れのあいさつをされた。そこでそれぞれ昼も夜も休まずに進軍しつづけて、越中に至って着陣した。

三月二十四日、佐々内蔵助は神通川・六道寺川を越え、中郡の中田へ駆けつけたところ、敵の長尾喜平次・河田豊前守は「京都から織田方の軍兵が参陣した」との由を聞き及び、同日午前六時ごろ、陣払いをいたし、小井手方面を引き払ってしまった。敵方が放った火の手の煙を三里ほど向こうに見かけ、佐々内蔵助は成願寺《じようがんじ》川・小井手川を渡って多数で駆けつけたが、もはや敵方はすべて引き上げてしまったので、どうしようもなかった。しかし、城にたてこもっていた味方の者たちは運が開けて、助かった。

さて、去る天正五年（一五七七）長岡兵部大輔（藤孝）・与一郎・頓五郎の父子三人はたびたび忠節を尽くし申したので（巻十（1）（8））、信長公は天正八年（一五八〇年）八月に丹後の国を下された。そこで、長岡兵部大輔はこれまで住んでいた青竜寺の城を信長公にさし上げ申した。これによって、信長公は三月二十五日、当城警固のために城代として矢部善七郎・猪子兵介の二人を、この寺にさし向けられ、長岡兵部大輔の知行分を改めて「この両人が城にとどまるように」命じられたのであった。

（5）徳川家康、高天神を攻め落とす

三月二十五日、夜十時ごろに、遠江の国の高天神でろう城していた武田方が兵糧不足で大半の者が餓死したので、その残党がこらえきれずに、城をあけてうって出てきた。ここかしこで合戦し、徳川家康公の軍兵が討ち取った首は、次のとおりである。

百三十八、鈴木善二郎・鈴木越中守。十五、水野国松。十八、本田作左衛門。七つ、内藤三左衛門。六つ、菅沼次郎右衛門。五つ、三宅宗右衛門。二十一、本田庄左衛門。四十二、酒井左衛門尉。十六、石川長門守。百七十七、大須賀五郎左衛門。四十、石川伯耆守。十、松平上野守。二十二、本田平八郎。六つ、上林庄右衛門。六十四、大久保七郎右衛門。四十一、榊原小平太。十九、鳥井彦右衛門。十三、松平督。一つ、松平玄蕃允。一つ、久野三郎左衛門。一つ、牧野菅八郎。一つ、岩瀬清介。二つ、近藤平右衛門。頭数はすべてで六百八十八。

前記のうち、敵方の部隊長格にあたる総頭《そうがしら》の首は、駿河の先陣の者たちでは、岡部丹波守（真行）・三浦右近・森川備前守・朶石《はらみいし》（孕石か）和泉守・朝比奈弥六郎・進藤与兵衛・油比可兵衛・由比藤大夫・岡部帯刀・松尾若狭守・名郷源太・武藤刑部丞・六笠彦三郎・神応《かんのう》但馬守・安西平右衛門・安西八郎兵衛・三浦雅楽助。

栗田の左右の者・信濃衆では、栗田刑部丞・栗田彦兵衛、同じく弟二人、勝俣主税助・櫛木庄左衛門・水島・山上備後守・和根川雅楽助。

大戸の家老たちでは、大戸丹後守・浦野右衛門・江戸右馬丞。

横田の家老たちでは、土橋五郎兵衛尉・福島木目助。

与田能登守の家老たちでは、与田美濃守・与田木工左衛門・与田部兵衛・大子原・川三蔵。江戸力助、以上の者たちである。

武田四郎は当方のご武威に恐れ、眼前に甲斐・信濃・駿河の三か国で歴代の勇士多数を討ち死にさせ、また高天神で餓死させ、援軍も送れなかったので天下の面目を失った。信長公のご威光とはいいながら、これは家康公のご勝利のゆえでもある。家康公は壮年にも達しておられなかった以前に、三河の国の端に土呂・佐座喜・大浜・鷲塚という、海沿いの申し分のない要害の地があり、そこは経済的に豊かな住民の多い港町であった。そこに大坂（石山本願寺）から代理の僧を入れ置き、このため門徒がふえつづけて、この国の過半数が一向宗門徒になってしまったのである。そこで家康公は徹底的にこの一揆をおさえ込もうという決意で臨み、歳月を送って、へこたれるということなく、ここかしこでみずから数度の戦いをし、勇名をたびたびとどろかせたことは、数えきれないほどである。一度も戦いに敗れることなく、ついに一揆退治の目的を達し、国内は平らに治まったのである。その長年の苦労と名誉とは、とても数えあげることができない。この後家康公は、遠江の国三方が原では武田信玄とあい対し、合戦をした。また武田四郎（勝頼）と長篠で合戦をしたが、いずれも勝ち戦で、その手柄はめざましいものがあった。しかも武・徳の両道にすぐれ、神のご加護は申しあげられないほどすぐれていたのである。

三月二十八日、菅屋九右衛門（長頼）は能登の国七尾の城代としてさし遣わされた。

四月十日、信長公はお小姓衆五、六人をお連れになって、竹生島にご参詣になった。長浜の羽柴筑前守（秀吉）の所までお馬に乗られ、そこから海上五里をお船で渡ってご参社。海路・陸路合わせて片道十五里のところを一日のうちに往復三十里を上がり下がりされてご帰城になった。まれに見る強行軍である。しかもご気力も人にすぐれ、お元気なごようすでいらっしゃったので、人びとはみな驚嘆申しあげた。安土城では、「遠路であるから、きょうは長浜にお泊まりになるであろう」と、だれもが考えていたところ、その日のうちに信長公はお帰りになった。信長公がご城内をご覧になってみると、女房たちは二の丸まで出掛けていたり、あるいは桑実《くわのみ》寺に参詣に行っている者もいた。ご城内では意外なことにあわてふためき、取り乱してあせり、その驚きといったらなかった。遊びほうけていた者はくくり縛って罰し、また桑実寺に「うかがっている女房を出しなさい」とお使いを遣わされたところ、長老が、「お慈悲ですから、お助けください」と、おわび申し上げたが、その長老をも同時に成敗されたのであった。

四月十三日、信長公は長谷川竹・野々村三十郎の両名にご知行を過分にくだされた。おそれ多いこととは申しながら、たいそう面目をほどこしたことであった。

四月十六日、若狭の国の逸見駿河守が病死した。その領内の知行は八千石である。このうち駿河守が新しく領有した分で、武藤上野介のあと、および粟屋《あわや》右京亮のあとを受けついだ三千石は、武田孫八郎にくだされた。残った駿河守のもとからの領地の五千石は惟住五郎左衛門（長秀）が幼少から召し使っていた溝口竹（金右衛門）と申す者を召し出して、逸見駿河守の職務をすべて継がせて、その五千石を下された上、国の目付として取り立てられ、「若狭の国にあって善悪を聞き知り、判断して報告申すように」とご朱印状をお下しになった。そこで溝口竹はそれを拝領。後代までの栄誉として、これ以上のものはなかった。

四月十九日、武田孫八郎と溝口金右衛門は岐阜へ参り、知行拝領のお礼を申しあげた。

（6）和泉の国槇尾寺、破壊

さて、信長公は和泉の国のご領内の差出《さしだし》（土地の面積・年貢などの明細報告）のことを堀久太郎に命じ、槇尾寺《まきのお》（大阪府和泉市に所在）領をもまた検閲、調査させられたところ、没収とあい決まった。それを、「無念のことである」と嘆いて、寺中の悪僧どもが、寺下の村々を守りあって、これを承知しなかった。この事態を信長公はお知りになって、「謝罪申すのが当然であるのに、あまつさえ、私の命令に背くのは、けしからぬ。急ぎ寺を攻め破り、一人残らず首をはねて、焼き払ってしまえ」と命じられた。

そもそも槇尾寺と申すのは、高山が険しくそびえ立ち、その深山にはうっそうとした樹木がはえ茂り、急な山道を登ると、右手に十丈ばかりもある大滝の水がどっと落ちている。水はみなぎり落ち、ごうごうという音をたてて、岩石にあたって飛び散り、なかなかの難所である。その地形であるからひとまず当寺を守ろうと企てた。

そこで堀久太郎は軍兵をととのえ、ふもとの一帯を取りおさえたところ、不服の者たちは寺を守りがたいと考えた。山上の槇尾寺の僧たちは寺を捨てて他に移る覚悟で資材、諸道具を方々の縁者のもとにあずけて、退散してしまった。

いったい、槇尾寺のご本尊は、西国三十三所のうちの四番目にあたる順礼観音であり、霊験あらたかであった。当寺は大伽藍を構え、信者でにぎわい、富み栄えており、高野山の境内に入っていた。空海（弘法大師）がご幼少の折に、岩淵の権枢僧正から教法のすべてをお習いになったお寺である。空海は一字を知って十字も、千字にも理解なさり、十二歳のとき岩淵権枢僧正を御戒の師として槇尾寺でご出家になった。たいへんな仏道心を発揮して全国の霊地をたずねて、修行された。中でも阿波の国（徳島県）の大竜寺山では五穀（米・麦・粟・豆・ひえ）を断って求聞持《ぐもんじ》の秘法（虚空蔵菩薩を念じ、記憶力の強化を求める修法《ずほう》）を行いなさった。その結願の早朝、明星が天空から飛来して、お大師のお口の中に入って、その後は「八万四千聖教」と言われる多数の仏典・遺文をすべてお悟りになった。

信長公のご威光に恐れ、濁りきった末代となって、観世音菩薩の力も尽き果てた。当寺が狐や狼のすみかとなることを、わずかの間は嘆いたけれども、どうしようもない。

四月二十日、夜に入って、寺に住む老若の僧たち七、八百人は、武具で身をかため、相戦う意志を固めて、それぞれ観音堂に入り、ご本尊に別れを告げた。ふるさとからの離散を悲しんで、「どっ」と一度に叫ぶ声は、どの伽藍にも反響し、まるで雷鳴がとどろいたようであった。その後、寺僧たちは足もともおぼつかなく、力のない足どりで漂うように、涙を流しながら槇尾寺を出て、縁者を頼って散り散りに出ていったのであった。その哀れなありさまは、目もあてられぬほどであった。承和二年（八三五）三月二十一日、午前四時半ごろに、御歳六十二歳で弘法大師がお亡くなりになってから、今年で七百四十七年になる今日まで、永い年月が流れたが、今月二十一日をもって槇尾寺から僧たちが下山してしまった。これに伴って本山の高野山もきっと破滅される、その前ぶれではなかろうか。

(7) 安土城の相撲大会

四月二十一日、安土城で相撲があった。大塚新八が勝ち残り、ごほうびとして、ご領地百石を下さった。二番に大藤《だいとう》がよい相撲を取り申した。三番には、永田刑部少輔のかかえている「うめ」と申す者が、おもしろい相撲を取り申した。これまたたびたびおほめの言葉を加えられ、ありがたいことであった。

四月二十五日、溝口金右衛門が高麗鷹を六羽進上した。近来鷹の進上がなかったので信長公はたいへん喜ばれ、ご秘蔵になり、大事にすることが一方ならなかった。

五月十日、和泉の国の槇尾寺の坊舎の件であるが、織田七兵衛信澄・蜂屋兵庫頭（頼隆）・堀久太郎・宮内卿法印（松井友閑）・惟住《これずみ》五郎左衛門長秀らが、それぞれ良家の土地の検分・没収を行い、少々取り壊したものもあった。その他は堂塔伽藍・寺庵・僧坊・経巻に至るまで一つも残さず、堀久太郎がご検使となって焼き払ってしまった。

（8）河田長親、病死

五月二十四日、越中の国の松倉と申す所にたてこもっていた御敵河田豊前守（長親）が病死した。信長公から憎まれ申した者は、すべておのずと死んでゆくのである。

六月五日、相模の国の北条氏政から馬三頭がはるばる引かれて献納された。滝川左近（一益《かずます》）がお取次をした。

六月十一日、わけがあって、越中の国の寺崎民部左衛門・その子息の喜六郎の父子を召し寄せ、両人をお尋ねになった。その身柄は佐和山の惟住五郎左衛門に預け、とじ込めておかれた。

(9) 七尾城家老遊佐続光ら、自害

六月二十七日、能登の国七尾城の家老の遊佐《ゆさ》美作守《みまさかのかみ》(続光《つぐみつ》)・その弟の伊丹孫三郎・家老の三人が裏で引き続き上杉方に味方して反逆を企てた。そこで菅屋九右衛門に命じられて、能登で彼らを自害させた。これをみて温井《ぬくい》備前守、弟の三宅備後守らも同じ処分はまぬがれないと考えて、逐電してしまった。

(10) 因幡の国鳥取城を攻略

六月二十五日、羽柴筑前守秀吉は二万余騎をひきいて中国へ出陣した。備前・美作両国を越え、但馬口から因幡の国に乱入した。敵方の吉川《きっかわ》式部少輔(経家《つねいえ》)のたてこもる鳥取城は、四方が人家から離れた険しい山城である。因幡の国は北から西は青い海がはてしなく広がっている。鳥取と西のほうの海側との間は二十五町ほど隔たっているが、その真ん中に、西から東南の町ぎわに添って流れる大河がある。この川は橋がなく、渡し舟を用いている。鳥取へ二十町ほど隔てた川ぎわに鳥取の本城とのつなぎの出城《でじろ》がある。またもう一つ、海に流れ入る所にもつなぎの出城がある。安芸方面から味方の毛利軍を入れるために、この二か所の出城を用意してあったのである。

鳥取城の東には七、八町隔ててありふれた高山がある。羽柴筑前守はその山に登り、四方をながめ、検討してこの山を総大将の自分の居城と定めて準備した。すぐに鳥取の城を取り巻かせ、やがてまた二つの出城を切り離して孤立させ、これまた鹿垣《ししがき》を結いめぐらし、城兵をとじこめた。五、六町ごとに、あるいは七、八町ごとに各部隊を城に接近させて攻撃させ、堀を掘っては柵を造り、また堀を掘ってはへいを付け、築地を高だかと築きあげた。すき間なくその上にやぐらを二重、三重に構築させた。軍兵を数多くかかえている部隊の陣地にもやぐらをじょうぶに築かせ、後ろからの攻撃に備えて、後陣のほうにも堀を掘って、へいや柵を設けさせた。馬を乗り回しても、撃ち込んでくるのに当たらぬように周囲二里の範囲の前後に高々と築地を造り、陣屋を市街の町屋のように作らせ、夜は陣地の前々に、かがり火をたかせたので、白昼のように明るかった。回り番を厳しく申しつけ、海上には警戒の船をおいて、浦々の家を焼き払い、丹後・但馬から海上を自由に航行して兵糧を届けさせ、このあたり一帯には、何年でも在陣できるような準備をおびただしく行っていた。

筑前守は、「安芸の国から援軍が参ったら二万余騎の手兵のうち、数千人の弓、鉄砲の者を選び出して、まず矢戦《やいくさ》をしかけよう。それから、構えにかかって来たところで手を焼かせ、『どっ』と切りかかってことごとく討ち果たし、中国勢をいっぺんに撃破しよう」と、しっかりと準備した。

（11）越中の国木舟城主石黒左近ら、自害

七月六日、越中の国木舟の城主石黒左近・家老石黒与左衛門・伊藤次右衛門・水巻采女《うねめの》佐《すけ》らは、一門三十騎ほどで国から上京した。途中佐和山で信長公が彼らを殺害するように、惟住五郎左衛門（長秀）に命じられたところ、長浜まで来て石黒左近らはそのようすを察し、それ以上進まなかった。そこで惟住五郎左衛門は長浜に参って、石黒左近が民家にいるのを取り巻き、屋内で主だった者十七名を自害させた。惟住の部下も、武芸の達人二、三人が討ち死にした。

七月十一日、越前から柴田修理亮が、黄鷹六羽を献上して参った。また適当な形、大きさに切った石を数百、あわせて献上申し上げた。

七月十五日、信長公は安土城のご天守閣ならびに惣見寺に提灯《ちょうちん》を数多くつるさせ、お馬回りの人びとが、新道・江堀に船を浮かべ、手に手に松明《たいまつ》をともし申した。城も城の下も輝き、水に映って何とも表現しようのない風情のあるありさまで、見物の者が多数集まっ

たのであった。

七月十七日、信長公は岐阜中将信忠卿にご秘蔵のひばり毛のお馬を一頭お下げ渡しになった。天下に隠れない名馬である。そのお使いに寺田善右衛門をお召しになってお遣わしになった。

七月十七日、佐和山にお預けになっていた寺崎民部左衛門・子息の喜六郎父子に切腹するよう命じられた。子息の喜六郎はまだ十七歳、顔かたち、姿が人並みすぐれて美しく成長した少年であった。最後のあいさつは哀れをさそったものである。「しきたりがあって、親が先に腹を切るのが道義である」と言って、父寺崎民部左衛門が切腹し、従者の若い者が介錯を申し上げた。そのあと、喜六郎は父の腹から流れ出る血潮を手に受けてなめて、「お伴します」と申して、みずから切腹した。較べようもないりっぱな振る舞いは、まことにみごとであった。

七月二十日、出羽大宝寺城の城主武藤氏からお鷹とお馬を献上申した。翌日返礼に小袖・巻き物などをお遣わしになった。

七月二十一日、同国秋田の館の下国殿（安東愛季《ちかすえ》）からお便りがあった。取次は神藤《しんどう》右衛門である。黄鷹五羽、生き白鳥三羽を献上に及んだ。黄鷹五羽のうちに巣にまだこもっているひながふくまれていた。信長公は一方ならぬ愛情を示され、ご秘蔵になった。下国殿へご返書とともに、お小袖十枚〔ご紋入りである〕、緞子十巻とを遣わされた。

また黄金二枚を小野木と申す者に下されたということであった。

七月二十五日、岐阜中将信忠卿が安土城にお越しになった。信長公は御脇差をお三人(信忠・信雄・信孝)へ差し上げられた。お使いは森乱(蘭丸)である。

(12) 八月一日のお馬ぞろえ

八月一日、五畿内およびその隣国の武将は、安土にあってお馬ぞろえをした。信長公は白いご装束である。御笠をつけられ、御頬《ほほ》おおいをされ、虎の皮の御むかばきをつけて、あし毛のお馬に乗られた。近衛殿をはじめ、ご一門の方々のご出立ち姿は、下には白のかたびらをお召しになり、その上には絹地のかたびらをつけたり、また辻が花染め(大きな絞り花や縫いとりのある絵模様染め)のかたびらをつけて、右の肩袖を脱いでたらす着付けをしている者もあった。袴は金襴・緞子《どんす》・縫いとりのあるもの・うるしを使った染めのものなどさまざまであった。御笠も思い思いのをつけ、御頬おおいをして、お馬に乗っている。見物衆の数はおびただしいものであった。

八月六日、陸奥の国会津の館の蘆名《あしな》盛隆からお便りが届いた。愛相ぶちのお馬一頭、これは奥州でだれ知らぬ者のいない珍しい名馬であるとのことであった。

八月十二日、中将信忠卿は尾張の国と美濃の国の侍衆を岐阜にお召しになって、長良川の河原に御馬場を築かせ、前後に高い築地を造り、左右には高さ八尺の柵を造らせられて、毎日お馬に乗られた。

(13) 毛利軍、鳥取城を救援

八月十三日、「因幡の国の鳥取方面において、安芸の国から毛利・吉川・小早川《こばやかわ》氏が鳥取城を後方から救援するために出陣するであろう」という風説があった。そこで信長公は、「先陣として詰める在国の将兵たちは、一度命令が発せられたならば、昼も夜も休まずに急いで参陣いたす準備をととのえ、少しの油断もあってはならない」と命令を出された。

信長公は丹後の国では長岡兵部大輔(藤孝)父子三人を、丹波の国では、惟任日向守(明智光秀)を、摂津の国では池田勝三郎をそれぞれ大将とし、また高山右近・中川瀬兵衛・安部二右衛門・塩河吉大夫らにまず出兵の準備を命じられた。この他に信長公は「隣国の将兵たち、お馬回りは申すに及ばず、すべて出陣の用意をいたして、待機するように。このたび毛利家の軍兵が鳥取城を後方から救援するために出陣するならば、信長みずからが出馬し、東国と西国の軍兵が相対して一戦を遂げ、ことごとく敵方を討ちはたして、全国をとどこおりなく自由に支配いたしたい」という決意を表明された。

そこで一同はこれに従い、その覚悟を決めたのであった。

さっそく長岡兵部大輔・惟任日向守の両名は大船に兵糧を積ませ、兵部大輔の船の責任者として松井甚介を命じ、惟任日向守の船にも責任者をつけて、因幡の国鳥取城の中に停泊させておいた。

八月十四日、信長公はご秘蔵のお馬三頭を羽柴筑前守の許《もと》に遣わされた。お使いは高山右近である。「鳥取方面の状況を詳しく見て帰城し、報告するように」とのご上意で、お馬を引いて鳥取の陣まで行ったのである。羽柴筑前守は面目きわまりなく、身に余る光栄と感謝申したのであった。

(14) 信長、高野聖を成敗

八月十七日、信長公は高野聖《こうやひじり》を尋ね捜し、からめとって数百人を全国から安土に召し寄せられ、全員を殺された。というのは、このごろ荒木摂津守村重の残党である伊丹城の浪人どもを、高野山でかくまって置いたのである。その浪人の中から一、二名を呼び出したい人物があったので、ご朱印状をもってこれを命じられた。しかるにそれに対して何のご返事も申し上げず、その上お使いに立った者十人ほどを討ち殺してしまったのである。信長公のお怒りにふれた敵方の者をかくまうという過失を犯して、このようなことになったのである。

信長公は前田又左衛門利家には、能登の四郡（能登・羽咋《はくい》・鳳至《ふげし》・珠洲《すず》）を下された。ありがたい次第である。

（15）能登・越中の諸城を廃す

このたび信長公は能登・越中の城々を菅屋九右衛門を奉行として、すべて取り壊すように申し付けられた。九右衛門はこれを果たし、安土へ帰参した。

（16）北畠信雄、伊賀の国退治

九月三日、三介《さんすけ》北畠信雄《のぶかつ》殿を伊賀の国にさし向けられた。ご先陣の兵は次のとおりである。

甲賀口からの攻撃は、甲賀衆・滝川左近将監・蒲生忠三郎・惟住五郎左衛門・京極小法師・多賀新左衛門・山崎源太左衛門・阿閉《あつじ》淡路守・阿閉孫五郎・三介北畠信雄。

信楽《しがらき》口からは、堀久太郎・永田刑部少輔・進藤山城守・池田孫次郎・山岡孫三郎・青地千代寿・山岡対馬守・不破彦三・丸岡民部少輔・青木玄蕃允・多羅尾彦一。

加太《かぶと》口からは、滝川三郎兵衛を大将として伊勢衆・織田上野守信包。

大和口からは、筒井順慶・大和衆。

以上のように諸方からいっせいに乱入した。柘植《つげ》の福地にはお許しが出て、その条件として人質をとり、その上不破彦三を警固役として、当城に入れておかれた。

阿山《あやま》の川合（三重県に所在）の田屋と申す者が、名物の「山桜」の茶つぼと、「きんこう」の茶つぼとを進上し、降参申した。信長公は「きんこう」の茶つぼはおもどしになって、「山桜」のほうだけを手許にお置きになり、田屋を滝川左近にあずけ置かれた。

九月六日、信楽口と甲賀口とが協力し、一つになって、敵の壬生野《みぶの》の城・佐野具《さなご》・嶺《みね》おろしなどに向かって発進した。三介信雄殿は御台《みだい》河原に陣を据えて、滝川左近・惟住五郎左衛門・堀久太郎・近江・若狭衆がこれにつづいて陣をかまえた。

九月八日、賀藤与十郎・万見仙千代・猪子《いのこ》・安西ら四人をお召しになって、新たに領地を下さった。ありがたいおぼしめしであった。また職人の主だった者たちに小袖を下さった。

狩野永徳とその子息の右京亮・木村次郎左衛門・木村源五・岡辺又右衛門とその子息・遊左衛門とその子息・竹尾源七・松村・後藤平四郎・刑部・新七・奈良の大工らである。それらは、みな小袖を多数拝領して、いずれもいずれも、ありがたく思ったことであった。

九月十日、伊賀の国佐野具・嶺おろしに、ほうぼうの隊が一緒になって攻めかかり、伊賀の国の寺々、一の宮である敢国《あえくに》神社をはじめ、ことごとく焼き払ったところに、佐野具の城から足軽を城外に出して来た。滝川左近・堀久太郎の二人は時勢を見計らって、馬を乗り込まれ、屈強の侍十余騎を討ち取り、その日はそれぞれの陣所に引き帰った。

九月十一日、佐野具の城を攻め破る手はずであったが、敵兵は夜中に退散してしまった。佐野具へは三介信雄殿がお入りになった。他の軍勢は奥の郡に攻撃し、ほうぼうの攻め口から将卒を入れ合わせた。その結果、織田軍は各郡をうけとり、自由自在に成敗し、その上城々の取り壊しを申しつけたのであった。

阿加郡は三介信雄殿の担当で始末をつけた。山田郡は上野守信包殿の責任で始末する。名張郡は惟住五郎左衛門・筒井順慶・蒲生兵衛大輔・多賀新左衛門・京極小法師・若狭の国の衆の手で成敗した。

右の武将たちがあちこちで討ち取った首を、記録でみると、小波多父子兄弟三人・東田原の高畠四郎兄弟二人・西田原の城主・吉原の城主吉原次郎、以上であった。

阿閉《あや》郡は滝川左近・堀久太郎・永田刑部少輔・阿閉《あつじ》淡路守・不破河内守（光治）・山岡美作守・池田孫次郎・多羅尾・青木・青地千代寿・甲賀衆が押し寄せた。

以上の人たちがあちこちで討ち取った首は、記録によると、河合の城主田屋、岡本・国府（一宮の所在地）の高屋父子三人・壬生野《みぶの》の城主荒木野・竹野屋左近、木興《きこ》の城は兵糧攻めにし、なで切りにした。上の服部党・下の服部党である。以上の外に多数の者を切り捨てた。

このほかに徒党を組んだ一揆が大和の国境の春日山方面（山辺郡山添村あたり）に逃げ込んだのを、筒井順慶は山々に分け入り、尋ね捜して大将格の者七十五人、その他数を知らぬほどに切り捨てたのであった。

伊賀四郡のうち、三郡は三介信雄殿のご知行地となり、残る一郡は織田上野守信包殿のご領地となった。この件は以上のとおりである。

中国の因幡の国鳥取から高山右近が帰り、鳥取城の本陣の堅固なようすを絵図面をもって、詳細に報告申し上げた。これまた、信長公からおほめにあずかった。

十月五日、稲葉刑部・高橋虎松・祝弥三郎の三人に領地を下さった。

十月七日、白のお鷹がはじめて鳥屋を出、巣立つことになった。そこで信長公は朝方愛知《ち》川のあたりで鷹を放って獲物をとり、お帰りに桑実寺からすぐに新町通りに出られ、伴天連の詰め所に寄られた。ここで伴天連のための家の普請の状況をご覧になり、あれこれ指図をなさった。

(17) 信長、伊賀の国へ向かう

十月九日、信長公は平定した伊賀の国をご見物のため、岐阜中将信忠卿・織田七兵衛信澄殿を同行して、その日甲賀郡水口にある飯道寺《はんどうじ》にお登りになった。ここから国内の状況をご覧になって、当寺にご一泊になった。

十月十日、伊賀一宮《いちのみや》にご到着になった。しばらくの休憩もお取りにならずに、この宮の上に「国見山」という高山があるのに、お登りになって、まず国内のようすをご覧になって調べられた。信長公の御座所の御殿は滝川左近将監が、申し分なく建ておき申した。中将信忠卿の御座所や、その他の上下の者の宿所もすっかり設けておき、珍貴な名物をととのえて、お膳を用意し豪華なご馳走を出し申した。

三介信雄殿・堀久太郎・惟住五郎左衛門の武将たちも、御殿・御座所を人に負けじと、みがきにみがいて造り申した。お食事を差し上げる用意も、たいへんなものであった。なお、「ご道中のご一献をめいめい差し上げたい」とそれぞれご崇敬申し上げる。信長公のご果報はたいしたものであり、人びとがそのご威光に恐れるありさまは、筆舌に尽くしがたいほどであった。

十月十一日、雨が降り、ご滞在になった。

十月十二日、信長公は三介信雄殿の御陣所、つづいて筒井順慶・惟住五郎左衛門の陣所、奥の郡の小波田《おばた》（名張市に所在）と申す所まで、お供にご家老衆十人ばかりを召し連れて、お見舞いになった。そうしてすみずみの要害を必要とする所々をご指摘になり、その建造を命じられた。

十月十三日、伊賀の国一宮から安土城におもどりになった。

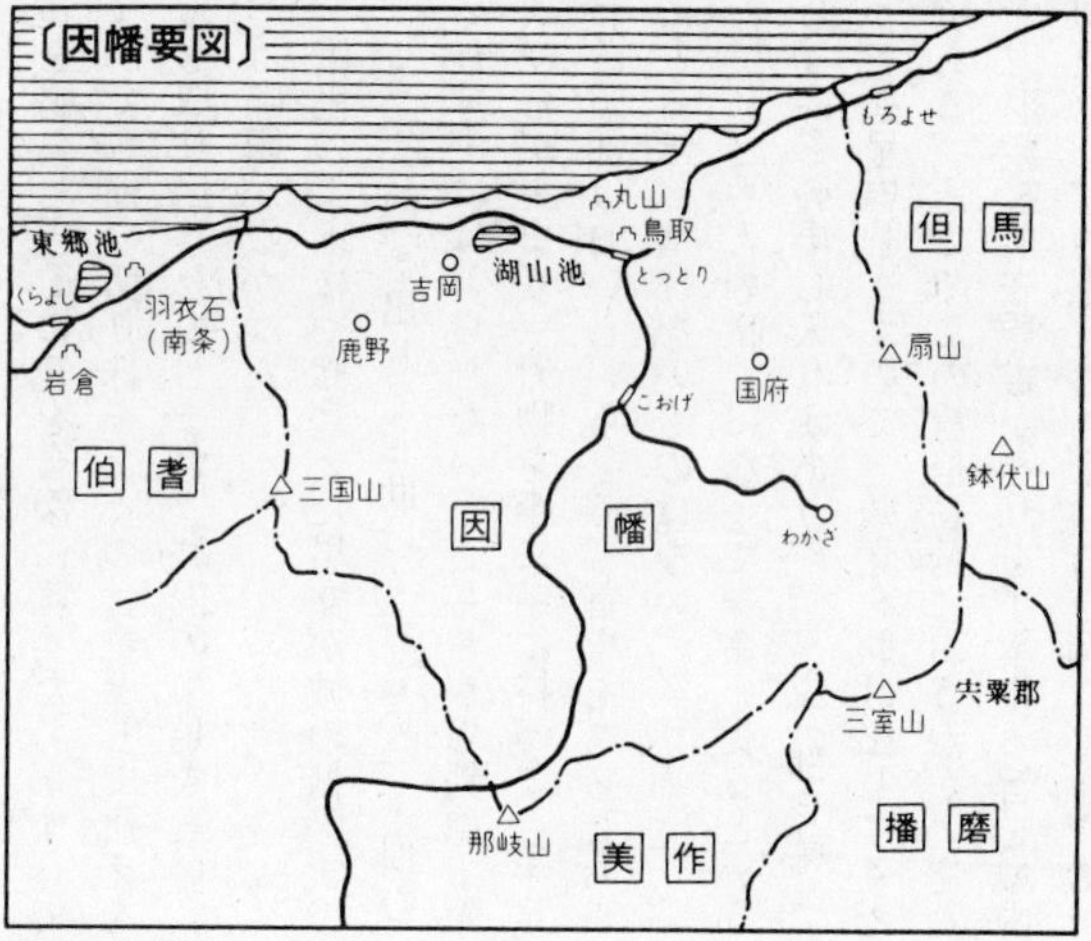

十月十七日、長光寺山でお鷹をお使いになった。伊賀の国中が平定され、派遣されていた軍兵たちは、みな帰陣の途に着いた。

十月二十日、信長公は「伴天連の住宅を北から南へ二筋、新町・鳥打へ続けて立てさせよう」とお考えになった。それでお小姓衆・お馬回り衆へ命じられて、足入沼《あしいりぬま》をうずめさせ、町屋敷を築かせることになって、その工事が行われた。

(18) 因幡の国鳥取城、陥落

鳥取城には、因幡の国鳥取郡の男女がすべて城中に逃げ込み、たてこもっていた。しかし、下々の者、百姓以下の者たちは、長期のろう城に耐える覚悟もなかったから、たちまち、餓死してしまった。はじめのうちは五日に一度、または三日に一度、鐘を鳴らし、その鐘を合図に雑兵たちがすべて柵際まで出て来て、草木の葉を取り集め、なかでも稲の切り株を上々の食物として飢えをしのいでいた。けれども、のちには、これらも取り尽くしてしまい、城内の牛馬を食い、霜露にうたれて、体の弱い者で餓死するものは際限がなかった。

餓鬼のようにやせ衰えた男女が城の柵際までにじり寄り、飢えにもだえて耐えきれず、「ここから引き出してお助けください」と叫び、わめく声の悲しく哀れなありさまは目をそむけずにはいられない。こちらから鉄砲で撃ち倒すと、息も絶えだえのその者の所へ、人びとが集まり、刃物を手に手に持って、手足の関節を離し、肉を取る。体の中でもとりわけ頭部はおいしいらしく、首をあちらこちらと奪い合い、逃げ回っている。とにもかくにも命ほど情けないものはない。

けれども人の犠牲になって一命を失うという、この世のならわしも大切である。城中から、降参の申し入れがあり、「吉川《きつかわ》式部少輔（経家）・森下道祐・日本介の三大将の首を切って進呈申しますので、残党を助け出してくださいますように」と、わびを入れてきたのである。そこでこの旨信長公におうかがいをたてたところ、ご異存はないということなので、羽柴筑前守秀吉がそれを了承する旨を城内に返答した。すると、時を移さず三大将は切腹をし、約束どおりその首を届けてきたのであった。

十月二十五日、鳥取城にこもっていた者が助け出された。羽柴筑前守が、あまりに気の毒に思い、彼らに食物を与えたところ、酔うほどに過食して、半数以上の者がそのために急死してしまった。ほんとうに餓鬼のようにやせ衰えて、つくづく哀れなありさまであった。鳥取の城はすっかり陥落し、城内の破損個所の修理・掃除を申し付けて、城代に宮部善祥坊（継潤《けいじゅん》）を入れ置いたのであった。

(19) 伯耆の国羽衣石城を救援

十月二十六日、伯耆の国の南条勘兵衛（元続《もとつぐ》）・小鴨《おがも》左衛門尉の兄弟二人が、信長公のお身方として城を守っていたところ、「毛利方の吉川元春が出兵して、南条の居城の羽衣《うえ》石《し》城を取り巻き攻めている」との報告が参った。羽柴筑前守は、「目の前で味方の者を攻め殺させては、人びとの非難をあびることは必定で、残念である」と言って、後方からの攻撃に出陣し、東国と西国の軍兵が相対して、一戦に及ぼうという段取りにして、十月二十六日に、先陣を派遣した。

十月二十八日、羽柴筑前守秀吉が出陣。因幡の国と伯耆の国との国境には山中鹿之介の弟亀井新十郎（真矩）がお味方として城を守っているので、ここまで羽柴筑前守は参陣した。ここから伯耆の国の羽衣石城までは山中で谷間《たにあい》ばかりのひどく難儀な個所である。しかし筑前守は即刻、南条の居城のまわりにいる吉川軍に後ろから攻めかかり、羽衣石城の南条勘兵衛を味方として支えることができた。同じく兄の小鴨左衛門尉は岩倉（倉吉市）という所に居城し、この両人がともに信長公に忠節を全う申す筋目正しい武将であった。しかるにそこへ吉川元春が出兵し、この両城へさし向かって、三十町ばかり隔たった馬之山という所に陣を張った。

十月二十九日、越中から、黒部育ちのお馬の当歳駒と二歳馬をはじめとした十九頭を佐々内蔵助（成政）が引いて、安土まで参上し、進呈申した。

十一月一日、関東の下野の国蜷川《にながわ》郷の長沼山城守（広照）が、名馬三頭を進上した。根来寺の智積院は、山城守の伯父である。この者もまた、使者を供に参上し、堀久太郎がお取次をした。信長公はご返書を遣わされ、かつご返礼の物として、縮羅《しじら》百反、紅五十斤、虎の皮五枚、以上をお贈りになった。また黄金一枚を使者として参上した関口石見守に下された。

伯耆表では羽柴筑前守秀吉が羽衣石の近辺に七日間滞在して、国中に軍兵を遣わして兵糧を取り集め、蜂須賀小六・木下平大夫の二人を防備役として、馬之山へさし向けた。二人は羽衣石・岩倉の二つの城にたどり着いて、軍兵を多数配備し、兵糧・鉄砲用の火薬を十分に蓄え、「来春合戦することにしよう」と申し合わせた。

十一月八日、羽柴筑前守は播磨の姫路に帰城した。吉川元春もなにも手を打てずに、軍兵をさしもどしたのであった。

(20) 淡路を平定

十一月十七日、羽柴筑前守秀吉と池田勝九郎の二人は、淡路島へ軍兵を率いて渡り、岩屋を攻めたところ、「降参いたす」との懇望を筋を通して申し入れて来たので、池田勝九郎の部下に岩屋の城をあずけ渡して、「変わったことのないように注意せよ」と申し付けた。

十一月二十日、羽柴筑前守は姫路に帰陣した。池田勝九郎も同時に軍兵を収めた。信長公は、淡路島の知行者をまだだれにもお命じにならなかった。

(21) 信長、末子津田勝長と対面

十一月二十四日、犬山のお坊殿(織田信房)がはじめて安土に参り、信長公にごあいさつになった。この方は先年武田信玄とお親しかった折に、信玄公から「信長公の末子を自分の養子にいたしたい」と申し入れがあって、甲斐の国においでになったが、ついに武田家とは和平がととのわず、武田方から送り帰し申したのである。信長公はそのお坊殿を犬山の城主としてお迎えになったのである。

信長公はお坊殿にお小袖・お腰物・お鷹・お馬・お持ち槍（大将の印《しるし》として持つ槍）、このほかいろいろと取りそろえて下され、また下々のご家人らにまでそれぞれ相応のものを下された。

(22) つつもたせ事件

十二月五日、近江の国永原の並びの野尻の郷に延念《えんねん》という徳のある坊主がいた。ところが蜂屋の郷の八という男がつつもたせを企て、その寺へ若い女を用意して、雨の降る夕刻駆け込ませ、しばらくの間宿を借りさせた。延念は「迷惑である」と申したのに、この女は庭の隅で火をたいてあたっていた。そこへ、あとから男どもが押し入って「若い女をとめておくのは、出家の身として不謹慎である」と言って、坊主に「わび銭を出しなさい」と言い掛かりをつけた。延念が「とんでもない」とさからうと、こんどは両人は延念をからかったのである。お代官の野々村三十郎と長谷川竹の二人はこの二人を捕りおさえ、その行為を糺明して男女二人ともにお斬りになった。みずからの企みで自滅したのであるが、哀れなありさまであった。

(23) 歳暮のあいさつ

さて、十二月の月末には、隣国・遠国の大名・小名ご一門の方々が安土へ駆けつけ集まって、歳暮のご祝儀として、金銀・舶来品・御服・ご紋付で、並々でないすばらしい物を、人に負けまいと、門前市をなすにぎわいの中で、信長公にいろいろの重宝を献上申し上げた。その数はとても多くて数えきれない。

信長公をあがめまつる人びとの崇敬の念はひとかたならぬものであった。そのご果報のたいへんなありさまは、日本の国で二人とないことである。ご威光は言いようもないほどたいしたものであった。羽柴筑前守は歳暮のごあいさつに播磨から安土に参上し、お小袖を数にして二百献上し申した。その他女房衆へはそれぞれに歳暮の品々を差し上げたが、このようなすばらしいたいへんな数量の配り物は古今にその例もなく、だれもがみな驚嘆した次第である。羽柴筑前守は、信長公から「このたびの因幡の国鳥取の城の攻撃にあたっては、堅固な名城であることといい、大敵を向こうにまわしたことといい、たいへんな苦労であったのに、身を捨てる覚悟で当国を平定申したことは、武勇のほまれであり、前代未聞のことである」という感状を頂戴した。その面目のすばらしさは、申しようもないほどである。信長公は満足なされ、ごほうびとして茶の湯の道具十二種のご名物を、十二月二十二日に羽柴筑前守に下さった。筑前守はこれを拝領して、播磨の姫路に帰国したのであった。

信長公記　巻十四　終

巻十五　天下統一の夢はむなしく（天正十年）

（1）華麗な安土城

天正《てんしょう》十年（一五八二）、正月ついたち、隣国の大名や信長公のご兄弟の方々はそれぞれ安土にいて、新年のごあいさつにうかがった。出仕の者たちは百々《どど》の橋から惣見寺《そうけんじ》へお上がりになったのであるが、たいへんな人出のため、高く積み上げた石垣を踏みくずし、石と人とがいっしょになってくずれ落ちて死者も出た。負傷者は数知れずあった。刀持ちの若い従者などは主人の刀を失って、困っている者も多かった。

年賀のごあいさつの順番は、一番はご一門の方々、二番目は他国衆、三番目は安土居住の人びとである。このたびは、「大名・小名に限らずお祝い銭を百文ずつ各自で持参するように」と、堀久太郎・長谷川竹の二人を通じておふれがあった。惣見寺毘沙門堂の舞台を見物し、表ご門から三つのご門の中へ通り、天守の下の白洲《しらす》まで参上すると、信長公はそこでみなにお言葉をかけられた。前例に従って、まず三位中将信忠卿・北畠中将信雄《のぶかつ》卿・織田源五殿（長益《ながます》）・織田上野守信包《のぶかね》殿、このほかご一門の方々である。その次は他国衆である。それぞれ階段をあがり、お座敷の中へ召されて、おそれ多くも御幸《みゆき》の間（天皇の行幸を迎えるためにしつらえた座敷）を拝見させてくださったのである。お馬回り・甲賀衆（滋賀県甲賀郡の地侍）などは白洲へ呼ばれしばらくそこにいたが、「白洲では冷えるだろうから、南殿へあがって江雲寺御殿（六角定頼を祀ったところ）を見物しなさい」との仰せで、おのおの拝見したのであった。

お座敷はすべて金をちりばめ、どのお座敷にも狩野永徳に命じていろいろなあちらこちらの名所の写絵《うつしえ》を描かせられていた。その四方《よも》の景色にすぐれ、山海・田園・村里などの風景のおもしろいことは、言葉に出しては言いようもないほどであった。そこからご廊下続きに行くと、「御幸の間を拝見するように」との仰せで、申すのも恐れ多い一天万乗の帝の御座である御殿へ召されて拝覧できたことはまことにありがたく、この世の思い出となるものであった。

ご廊下から御幸の間は、はじめから屋根が檜皮《ひわだ》ぶきであり、装飾の金物が日にきらめき、殿中はすべて金がちりばめられていた。どこも周囲の壁には絵が張りつけられており、地に金ぱくが押されていた。金具はすべて黄金で斜粉《ななこ》（彫金法の一つ、細かい凹凸をうかせる技法）をつかせ、地金には唐草模様を彫り、天井は格天井《ごうてんじょう》で、上も輝き下も輝くといったありさまで、そのすばらしさは何とも言い表しようがない。お畳は備後産の表《おもて》で上に青い織目があり、縁《へり》は高麗縁や雲絹縁《うんげんべり》である。

正面から二間奥に、天皇の御座と思われる、みすの中に一段と高くなったところがあり、そこは金で美しく飾られて光りかがやくばかり。薫香があたり一面によい香りをただよわせ、まことに結構な所であった。東に続いてお座敷がいく間もあった。ここは絵が張りつけられ、総金の上に彩色の絵がさまざまにかかれてあった。

御幸の間を拝見してから元の白洲へもどったところ、「お台所口へ参れ」との仰せがあって参ると、信長公はおうまやの入口にお立ちになって、百文ずつのお祝い銭をかたじけないことに直接お受け取りになって、うしろへ投げられた。他国衆は、金銀・唐物、その他さまざまに珍しいものを信長公のお目にかけられた。その数のおびただしいありさまは言い表すことができないほどであった。

(2) 信長、爆竹に興じる

正月十五日、御爆竹（左義長《さぎちょう》）の行事を近江衆へ仰せ付けられた。この役目の方々は、北方東一番が平野土佐守・多賀新左衛門・後藤喜三郎・山岡孫太郎・蒲生忠三郎・京極小法師・山崎源太左衛門・十河孫一郎であり、南方が山岡対馬守・池田孫次郎・久徳《きゅうとく》左近（弓徳）・永田刑部少輔・青地千代寿・阿閉《あつじ》淡路守・進藤山城守、以上の方々であった。

一番に御馬場入りしたのは、菅屋九右衛門・堀久太郎・長谷川竹・矢部善七郎・お小姓衆・お馬回り衆であった。二番目は五畿内衆・隣国の大名・小名方であった。つづいて三位中将信忠卿・北畠中将信雄卿・織田源五殿・織田上野守信包殿、このほかご一門の方々がお入りになった。

四番目に信長公がお出ましになった。軽々とお召しになったご装束は京染めの小袖に頭巾をお着けになって、お笠はややたて長の四角いものであった。お腰蓑《こしみの》には白熊《はぐま》を用い小太刀を差し、むかばきは赤地の金襴で裏は紅梅、お沓《くつ》は猩々皮《しょうじょうひ》であった。馬は仁田殿が進上の矢庭鹿毛《やばかげ》・奥州から参ったぶちの馬・遠江鹿毛で、どれもご秘蔵の馬ばかり三頭を取りかえ取りかえお乗りになり、関東から参上の屋代勝介にもお馬へ乗せられた。その日は雪が降り、風もあってひとしお寒さが身にしみた。それにもかかわらず信長公は午前八時ごろから午後二時ごろまでお馬をお召しになったので、群れ集まった見物の人びとの耳目を驚かしたことであった。暗くなってからお馬を納められた。まずはおめでたいことであった。

正月十六日、去る天正八年（一五八〇）に佐久間右衛門尉父子は信長公のご勘当を受けて（巻十三（14）参照）、他国に流浪《るろう》していたが、その右衛門尉が紀伊の国熊野の奥で病死した。信長公はかわいそうにお思いになったのであろうか、子息の甚九郎に旧領を保障してやり、お許しになると仰せ出されたので、甚九郎は美濃の岐阜まで参上して、三位中将信忠卿へお礼を申し上げられたのであった。

正月二十一日、備前の国の宇喜多《うきた》和泉守（直家）も同じく病死した。羽柴筑前守はその家老たちを召し連れ、安土へ参上して宇喜多和泉守病死の模様などを報告し、宇喜多家から信長公へ黄金百枚を進上してごあいさつ申し上げた。信長公は「跡目《あとめ》を子の秀家が継いでもさしつかえない」とのご意向を示され、家老たち一人一人にお馬を下された。宇喜多家の老臣たちはありがたく頂戴して国へもどったことであった。

（3）伊勢大神宮の遷宮を援助

正月二十五日、伊勢大神宮では正遷宮《しょうせんぐう》が三百年このかた中絶し、とり行われることがなかったので、「今の帝の御世に、信長公のおぼしめしをいただき、当宮を再興いたしたい」ということを、神宮の上部《うわべ》大夫（貞永《さだなが》）から、堀久太郎（秀政）を通じて信長公に申し上げられた。信長公が「どれほどの費用が入り用なのか」とお尋ねになったところ、「千貫ございましたならば、その他は寄付によってまかないます」とお答え申し上げた。そのとき信長公は、「一昨年石清水《いわしみず》八幡宮の造営を命じたところ、三百貫入り用とのことであったが、実際は千貫余もかかった。だからそうは言っても千貫ではできないであろう。民百姓に迷惑をかけるようなことになってはよろしくない」とおっしゃり、まず三千貫をお与えになり、「このほか入り用とあらばいつでもつかわすであろう」とつけ加えられて、平井久右衛門を御奉行に命じ、上部大夫に添えられたのであった。

正月二十六日、森乱（蘭丸）を使者として美濃の岐阜城に遣わし、「美濃の岐阜城の土蔵には先年穴あき銭一万六千貫を納めておいた。きっと縄も腐っているであろうから、三位中将信忠から担当者に命じ銭をつなぎ直して、正遷宮に入り用とあり次第、渡すように」とのご命令を出された。

（4）紀州雑賀に出兵

正月二十七日、紀州雑賀《さいが》の鈴木孫一が同地の土橋平次を殺害した。というのはこうである。鈴木孫一の継父を去年土橋平次が討ち殺した。鈴木孫一はそれをうらんで、うちうちに信長公のお許しをえた上で、このたびその平次を殺害し、土橋の館を押し囲んだのであった。その経過を信長公に注進申し上げたところ、信長公は後援として、織田左兵衛佐（信張《のぶはる》）を大将として、根来《ねごろ》・和泉勢を派遣された。かくして土橋平次の子息たちは根来寺の千職坊に逃げこんで、兄弟一緒にたてこもったのである。

（5）信忠、武田勝頼と対決

二月一日、苗木久兵衛が三位中将信忠卿のもとへ使者を送り、「信濃の木曽義政（義昌とも）が信長公の味方に加わり、武田勝頼へ敵対申しましたので、ご出兵くださるように」と、申して来た。そこで三位中将信忠卿はすぐに平野勘右衛門を派遣して、信長公へ右のことをご報告になった。しかし信長公は、「まず手近な国境に兵を派遣して人質を確保し、その上で自分が出陣いたす」とおっしゃられた。そこでただちに苗木久兵衛父子が、木曽義政と交渉して、義政の弟上松《あげまつ》蔵人をまず人質として差し出させた。信長公はたいへんお喜びになり、上松蔵人を菅屋九右衛門に預けてお置きになった。

二月二日、武田四郎父子（勝頼・信勝）・左馬助信豊らは、木曽義政の謀反を聞いて、甲斐の新府《しんぷ》の城（韮崎《にらさき》市に所在）から出馬し、一万五千ばかりの兵を率いて諏訪の上原に陣をすえ、諸方面の手わけを申しつけた。

二月三日、信長公は「諸方面からいっせいに進攻せよ」とのご命令を下し、「駿河口からは家康公、関東口からは北条氏政、飛驒口からは金森五郎八を大将として出兵させ、伊那口からは信長公と三位中将信忠卿とが二手に分かれて乱入するように」と命じられた。

同日、三位中将信忠卿は森勝蔵・団平八を先陣として、尾張・美濃の兵を木曽口・岩村口の二手に出動させられた。敵は伊那口の要所をかかえ、滝が沢に要害を構えて、下条伊豆守を入れて置いたのであるが、家老の下条九兵衛が謀反を企て、二月六日に伊豆守を城から追い出し、岩村口から河尻与兵衛の兵を引き入れ、信長公の味方に加わり申した。

一方これは紀州の雑賀方面のことであるが、信長公は野々村三十郎（正成《まさなり》）に命じて紀州雑賀の土橋平次の城攻めのご検使として派遣された。もちろん油断なく攻め寄せられたので、敵はとうてい支えがたく思ってか、千職坊が三十騎ばかりで脱出するところを斎藤六大夫が追いかけ、千職坊の首を討ち取った。二月八日、安土へ千職坊の首を持参して信長公にお目にかけたところ、森乱をお使いとして、小袖と馬とをごほうびとして斎藤六大夫に下された。六大夫は面目をほどこしたことである。信長公はただちに安土城の百々橋《どどばし》の橋詰に千職坊の首をかけ置かれたので、人びとはこれを見物した。

同じく八日、土橋平次の城とりでを攻め落とし、残党を討ちはたしたうえで、信長公は城の修理とあと始末を申し付け、織田左兵衛佐（信張）を城代として入れて置かれた。

二月九日、信長公が信濃の国にご出陣されるにあたって、ご指令を出された。それを書き出すと、次のとおりである。

一、信長出陣につき、大和の軍兵が出動するに際しては、筒井（順慶）が率いて出発するように、ないないに用意して置くように。ただし高野山方面の諸将は少し居残って、吉野口（金剛峯寺の僧兵らに対する処置）を警固するように申し付ける。

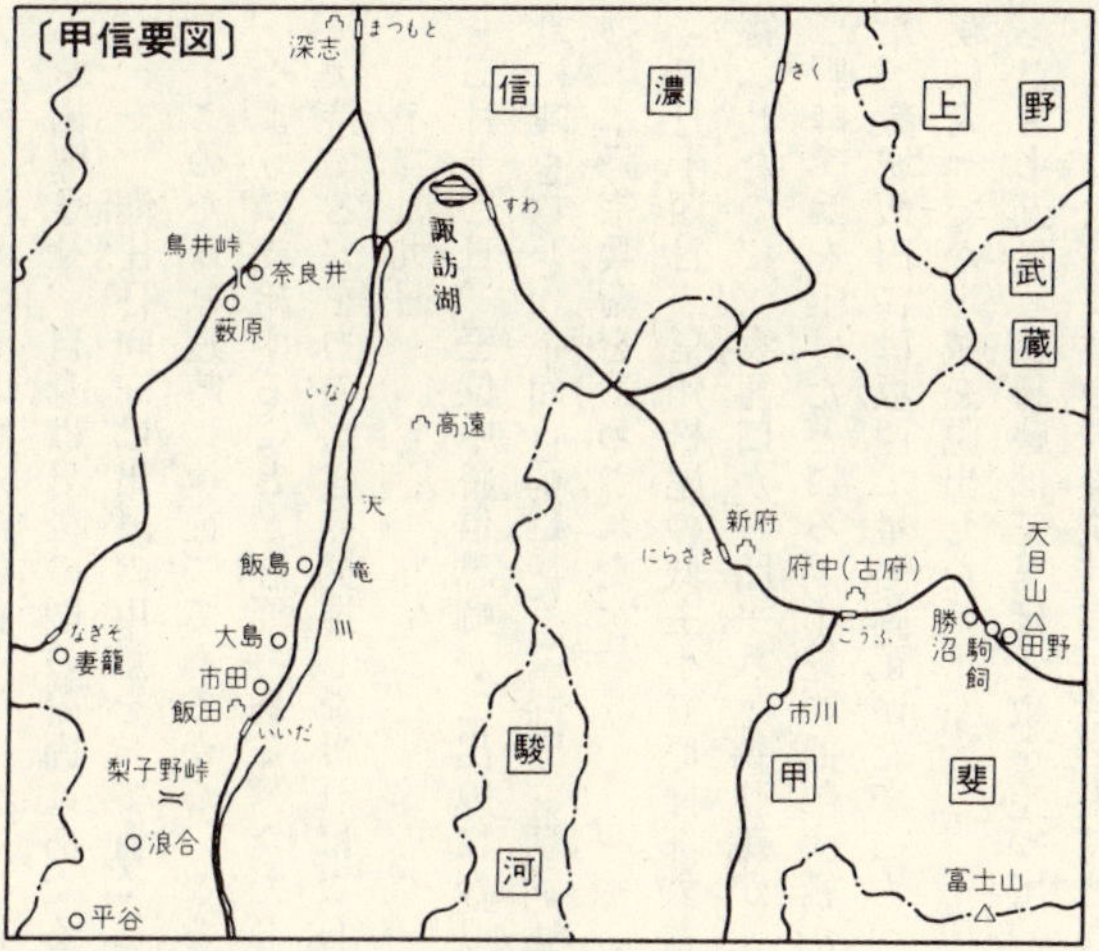

一、河内の国の同盟諸将・地侍衆は、高野・雑賀方面の警固に当たらせること。

一、和泉一国の軍勢は、紀州方面の防備にむけること。

一、三好山城守（康長）は四国へ、出陣すること。

一、摂津の国は、父の勝三郎（池田恒興）が留守居をし、二人の子供（元助・幸親《ゆきちか》〈輝政〉）が兵を率いて出陣すること。

一、中川瀬兵衛尉は出陣すること。

一、多田も出陣すること。

一、上《かみ》山城の者は出陣の用意を油断なくしておくこと。

一、藤吉郎は中国全域の経営にあたること。

一、長岡兵部大輔（細川藤孝）については息子の与一郎（忠興）と一色五郎（義有）を出陣させ、自身は丹後の国の警固にあたること。

一、惟任《これとう》日向守は出陣の用意をして置くこと。

このたびは遠陣（遠征）であるから、なるべく軍兵は少なく伴い、在陣中も兵糧が続くように支給することが肝要である。ただし、少ない軍勢も多く見えるよう、一人一人が持てる力を力のかぎり発揮しなければならない。

二月九日　　　　　　　　　　　　　朱印

二月十二日、三位中将信忠卿がご出陣になり、その日、土田《どた》に陣取られた。十三日、高《こう》野《の》に陣を移し、十四日岩村にご着陣。滝川左近将監・河尻与兵衛・毛利河内守・水野監物・水野宗兵衛を遣わされた。

二月十四日、信州松尾の城主小笠原掃部大輔が信長公に「忠節を尽くし申す」と申して寄こしたので、妻籠《つまご》口から団平八・森勝蔵が先陣として清内寺《せいないじ》に進攻し、木曽峠を越え梨《な》子《し》野《の》峠へ兵を上げたところ、小笠原掃部大輔がそれにあわせてあちらこちらに煙火をあげた。敵城飯田には坂西《ばんざい》・星名弾正がたてこもっていたが、支えがたく思い、二月十四日、夜に入ってから城を脱出した。

二月十五日、森勝蔵は三里ほど敵を追って、市田で逃げ遅れた者十騎ほどを討ち取った。

二月十六日、敵の今福筑前守が武者大将となって藪原《やぶはら》から鳥居峠に足軽勢を出して防備にあたった。織田方は木曽義政方の兵に苗木久兵衛父子が加わって、奈良井坂から攻めのぼり、鳥居峠で敵と衝突すると一戦に及んで、そこで討ち取った首の主たるものは、跡部治部丞・有賀備後守・笠井・笠原など、以上四十余りあった。屈強の者を討ち取ったのである。

木曽口にご加勢の人びとは、織田源五・織田赤千代・織田孫十郎・稲葉彦六・梶原平次郎・塚本小大膳・水野藤次郎・簗田彦四郎・丹羽勘介、以上の人たちであった。

右の人びとは、木曽義政と一手になって鳥居峠の守備にあたった。敵将馬場美濃守（信春）の子息は深志《ふかし》（松本市）の城にたてこもり、鳥居峠と向かいあって対陣した。

三位中将信忠卿は岩村からけわしい要害の地を越えられ、平谷《ひらや》（下伊那郡平谷村）に陣を構えられた。次の日、飯田に陣を移された。大島（下伊那郡松川町に所在）には敵の日向玄徳斎（宗英）がたてこもり、多くの財物を所有していた。ここに小原丹後守・逍遥軒（武田信廉《のぶかど》）・関東の安中《あんなか》氏といった人たちが城番に加わって大島を守備していた。中将信忠卿が兵を寄せて攻撃したところ、運を開くことはむずかしいと思ってか、夜中に逃亡してしまった。そこで三位中将信忠卿は大島にお入りになりご在城になった。ここへは河尻与兵衛・毛利河内守を入れておき、さらに先陣は飯島へ進出された。森勝蔵・団平八・松尾の城主小笠原掃部大輔らが先陣を命じられると、進むさきざきから百姓どもが自分の家に火をかけては味方に加わってきた。これというのも近年武田四郎（勝頼）が新規の課役を申し付けたり、新たに関所を設けたりして民百姓の悩みは尽きるときなく、重罪の者にはわいろを取って罪をゆるし、軽い罪人には「こらしめのためである」といって、あるいははりつけにかけ、あるいは討ち殺すなどした。そのためにみな嘆き悲しんで貴賤上下にかかわらず武田氏を忌み嫌い、心の中では信長公のご領国になりたいとだれもが願っていたときであったから、このときを幸いと上下力を合わせ信長公の味方として忠節を尽くしたのであった。したがって「木曽口・伊那口御陣のようすを親しく見て報告せよ」とのお使いとして、信長公から聟《むこ》・犬両人の小者を信州の御陣に遣わされたが、この者たちは、「三位中将信忠卿が大島までお馬を進ませられ特に異状のない」由を立ち返って報告申し上げたのである。

さて、穴山玄蕃《げんば》（梅雪《ばいせつ》）は近年遠江方面の押えとして、武田方が駿河の国江尻（静岡市清水区）に要害をこしらえて入れ置いた者である。このたび「信長公の味方として忠節を尽くすように」と信長公からご意向が伝えられたところ、すぐさま承知申して、二月二十五日、甲斐の国の府中（甲府市）に人質として置いていた妻子を雨夜に紛れてぬすみ出した。

二月二十八日、穴山謀反との知らせを受けると、武田四郎勝頼父子、左馬助（信豊）は館《たち》を確保する考えから、諏訪の上原を引き払って、新府の館に兵を撤収したのであった。

(6) 信忠、信州高遠城を攻略

三月一日、三位中将信忠卿は飯島より兵をくり出して天竜川を渡り、貝沼原に陣立てをされた。それから松尾の城主小笠原掃部大輔(信嶺《のぶみね》)を案内者とし河尻与兵衛・毛利河内守・団平八・森勝蔵、それに足軽を先にお遣わしになって、ご自身は騎馬武者十人ばかりを召し連れて、仁科五郎(武田盛信)のたてこもっている高遠《たかとう》の城からは川を隔てた、こちら側の山の上へおのぼりになり、そこから敵城内の動きやようすなどを見下ろして、その日は貝沼原に陣取られた。

高遠の城は三方がけわしい山城で、後方は尾根つづきになっている。城のふもとには、西から北へ富士川の急流が流れており、城の作りは特に堅固である。城へ達するまでの三町ほどの道は、下方は大河であり上方は大きな山のがけづたいの道で、一騎打ちがやっとできるくらいの難所である。ところが川下に浅瀬があった。そこを夜の間に松尾の小笠原掃部大輔を案内者として森勝蔵・団平八・河尻与兵衛・毛利河内守などの配下の者が馬に乗って渡り、大手口の川向こうに取りついて攻撃した。星名弾正という者は飯田の城主であったが、飯田城を立ち退いた後、高遠城にたてこもっており、「ここで城中に火をかけ、信長公に忠節を尽くし申そう」と、松尾掃部(小笠原)のもとへ夜中に言って来たが、信忠卿に申し上げる余裕もなく、三月二日夜明けに城へ向けて兵を寄せて攻撃を始められた。

中将信忠卿は尾根続きのからめ手口へ攻め寄せ、大手口へは森勝蔵・団平八・毛利河内守・河尻与兵衛・松尾掃部大輔らが切って出て、数刻の間たがいに戦い多くの敵を討ち取ったので、残りの者は城内へ逃げ込んでしまった。こうした中で中将信忠卿ご自身が武具をお持ちになり、先を争ってへいぎわへ取り付き、柵を引き破ってへいの上へのぼり、「いっせいに乗り入れよ」と命令された。そこで「われ劣らじ」とお小姓衆やお馬回り衆が城内へ乗り入れ、大手・からめ手から乱入し火花を散らして戦った。それぞれが手きずを受け、討ち死にした者は算木を乱したようにうち倒れているというありさまであった。主だった城兵らは、夫人や子供を一人一人引き寄せて刺し殺すと、切って出て働いたことは言うまでもない。その中にも諏訪勝右衛門の女房は刀を抜きはなって立ちまわり、比類のない働きをしたが、このようなことは前代未聞のことであった。また十五、六のうつくしい若衆一人は、弓を持つと台所のすみから多くの者を射倒し、矢を射尽くした後は刀を抜いて切って回り、ついには討ち死にをした。手負い、死人の数は混乱していたのでどれほどであったか分からなかった。

討ち取った首の明細は、仁科五郎・原隼人・春日河内守・渡辺金大夫・畑野源左衛門・飛志越後守・神林十兵衛・今福又左衛門・小山田《おやまだ》備中守〔この人は仁科五郎の脇大将であった〕・小山田大学・小幡因幡守・小幡五郎兵衛・小幡清左衛門・諏訪勝右衛門・飯島民部丞・飯島小太郎・今福筑前守、以上をはじめとして首数は四百余りもあった。

仁科五郎の首は信長公のもとへお持たせになり進上された。このたび三位中将信忠卿はけわしい要害の地を越え、東国において精強とうたわれた武田四郎に立ち向かい、武田四郎がここをかなめと思って、屈強の侍たちを入れて守備していた名城の誉れある高遠の城へいっせいに乗り込んでこれを攻め破られた。その結果、東国・西国にその名をあげられ、信長公のご相続者としての実力を示されたのである。代々のご名誉、子々孫々にいたるまでかがみとなるべきことであった。

三月三日、中将信忠卿は上諏訪方面まで進攻し、あちらこちらに火を放たれた。そもそも当地の諏訪大明神は、日本に二つとない霊験《れいげん》ことにすぐれた七不思議・神秘の明神であった。このたび信忠卿が神殿をはじめとして、諸伽藍ことごとくを一時の煙とされたのは、神のご威光があるにしてもなおやむをえぬことであった。

関東の安中景繁《かげしげ》は大島を退いてから、諏訪湖のはずれにある高島という小城へたてこもっていた。しかし「ここもまた支えがたい」と知って、当城を津田源三郎殿（勝長）へ引き渡して退城した。

木曽口の鳥居峠にいた軍兵も深志方面へ進出して攻撃した。敵城深志は馬場美濃守が守っていたが、「これ以上城にいることはむずかしい」と判断し、降参すると、城を織田源五殿（長益）へ渡して、退散したのであった。

（7）家康、甲斐の国へ出兵

家康公は穴山玄蕃を案内者として伴い、駿河の河内《かわうち》口（甲斐の八代・巨摩の二郡）から甲斐の国の文珠《もんじゅ》堂（西八代郡市川三郷町）のふもとの市川口へ乱入された。

（8）武田勝頼、敗走

武田四郎勝頼は高遠城でひとまず支えることができると思っていたところ、思いのほかに早ばやと城が落ちて、「すでに三位中将信忠卿が新府へ向かった」と人びとがとりどりに申してきた。しかし新府にいる一門の人びとや家老衆には作戦の名案はまったくなく、それぞれ婦女・子供をほかへ移すあわただしさに取りまぎれて、まったくうろたえてしまい、さしあたって、四郎勝頼の旗本には一部隊もいなかった。左馬助（信豊）もここで勝頼と別れ、信州佐久郡の小諸にたてこもってひとまず同地で防戦する覚悟で、下曽根覚雲軒を頼って小諸へのがれていった。四郎勝頼はそのために攻撃を一手に引き受けることとなったのである。

三月三日午前六時ごろ、武田四郎勝頼は新府の館に火をかけた。ここには近辺諸国より差し出されたたくさんの人質がいたが、その人びとを城中に焼きこめにして城を立ち退いた。人質の者たちがどっと泣き悲しむ声は天に響くばかりで、その哀れなありさまは言うまでもないことであった。去年十二月二十四日に、古府から新府の今の城へ勝頼・夫人方・一門が引き移ったときには、金銀をちりばめ、こし車・馬・くらを美しく飾り、隣国の諸侍に騎馬で付き添わせ、人びとのこの上ない崇敬のまとであった。見物の人びとも群れをなして集まったのであった。日ごろ栄華を誇り、いつもは簾中《れんちゅう》深くこもって、仮にも人に顔を見せることなく、たいせつに育てられ寵愛されてきた夫人たちも、それからいくほどもたたないのに、うって変わったこのありさま。勝頼の夫人(北条氏政妹)・第一側室の高畠のおあい・勝頼伯母の大方・信玄の末娘(武田お松・のち信松尼)・信虎が京出身の夫人に生ませた娘、このほか一門・親類の身分の高い婦人、またはお付きの女房など、二百余人の中で、馬に乗ることができた者はわずか二十人ほどに過ぎなかった。主だった者の夫人や子供たちは、踏みなれない山道をかちはだしで足を血に染め、落人《おちうど》の哀れさとはこうもあろうかとまことに目も当てられないありさまであった。

名残を惜しみながらも住みなれた甲府をよそ目に見て、真っ直ぐ小山田信茂をたのみにして勝沼というところから山中に入り、こがっこ(甲州市の駒飼という)という山家へのがれた。ようやく小山田の館も近くなったところ、小山田はうちうちに承知をして呼び寄せておきながら、ここで無情にも突き放し、守護しがたい旨を申して来たから、はたと万

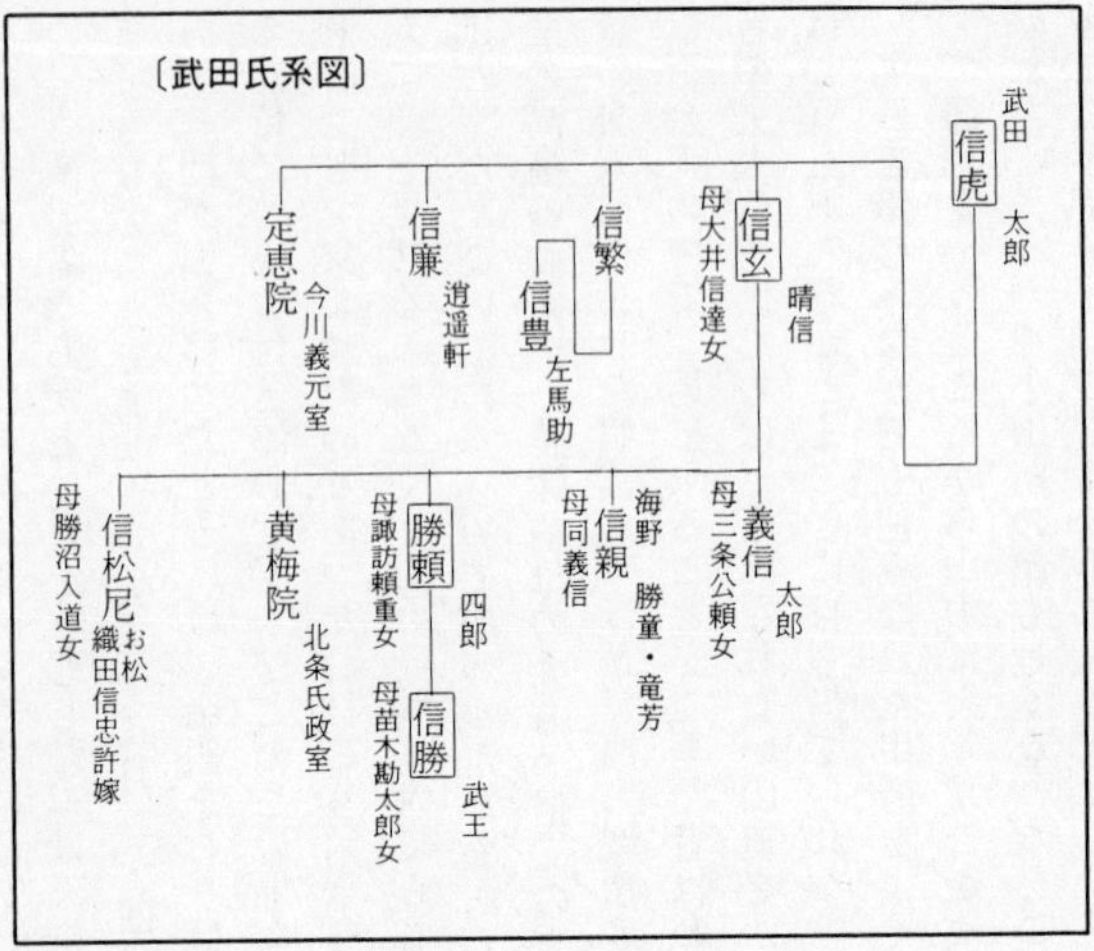

策もつき、だれもが困りはててしまった。新府を出発したときは武者が五、六百人もいたのだが、途中しだいに散ってしまい、今は去りがたい縁につながる者がわずかに四十一人となってしまった。

　田野《たの》という所の平屋敷に応急の柵を設けて陣所とし足を休めた。さて勝頼が左右を見ると、多くの女房たちが自分一人を頼りにしてみな居並んで控えている。おのれの覚悟次第といいながら、あれこれと思い乱れてどうしようもない。それならばいっそのことうち殺してと思いつつも、凡夫のわが身にはなしえないことである。

　国主に生まれた者は他国を奪い取ろうと欲するから、戦いで人を殺すことは常の習いである。信虎から信玄、信玄から

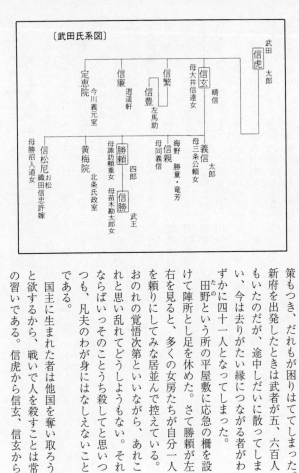

勝頼まで三代の間に人を殺したのは何千人であるかわからない。世間の盛衰、時節の転変を押しとどめることはできることではない。ここにまで追いつめられ、進退きわまって、因果歴然とはこういうときを言うのであろう。天を恨みに思うこともできず、他人をとがめることもできず、真っ暗な闇の道に迷い、苦しみの中に沈むばかり。ああお気の毒な勝頼であることよ。

(9) 信長、信濃へ出馬

三月五日、信長公は隣国の兵を率いて出立なされ、その日近江の柏原の上菩提院にお泊まり。翌日、仁科五郎の首を持って参上したので、それをろくの渡し(穂積町にある揖斐川の渡し)でご覧になり、そのまま岐阜へ持っていって長良川の河原にかけて置かれた。上下の人びとがこれを見物した。七日は雨が降ったので岐阜にご滞在になった。

三月七日、三位中将信忠卿は、上諏訪から甲府へ入られた。一条蔵人の私宅に陣を設けられ、武田四郎勝頼の一門・親類・家老の者を捜索して捕え、ことごとく成敗された。殺害された人びとは、一条右衛門大輔・清野《きよの》美作守・朝比奈摂津守・諏訪越中守・武田上総介・今福筑前守・小山田出羽守・逍遥軒(武田信廉《のぶちか》)・山県三郎兵衛の子・隆宝《りゅうほう》〔これはお聖道《しょうどう》のことである〕(信玄の二男の信親、半僧半俗で聖道様とよばれた)であった。

これらの人たちをみなご成敗になった。

信長公は織田源三郎・団平八・森勝蔵に足軽衆を付けて、上野の国へ遣わされたところ、小幡（信真《のぶざね》）は人質を進上して来たので、この方面も別条がなかった。駿河・甲斐・信濃・上野四か国の諸侍も、それぞれ縁をたよって帰参の挨拶に参ったから、門前市を成すありさまであった。

三月八日、信長公は岐阜から大山へお成りになり、九日は兼山へお泊まり。十日は高野《こうの》に陣を取り、十一日、岩村に着陣された。

（10）武田勝頼の最期

三月十一日滝川左近は、武田四郎父子（勝頼・信勝）・夫人など一門の人びとが駒飼の山中に引きこもっているということを聞いて、けわしい要害の山中へ分け入り捜させたところ、田野というところの平屋敷にしばらく柵を設け、陣をすえていることが分かった。すぐさま先陣として滝川儀大夫・篠岡平右衛門に命じて屋敷を取り巻いたところ、武田四郎勝頼はのがれがたいと知って、あわれ花を折るにひとしく、美しい一門の夫人・子供たちを一人一人引き寄せ、四十余人をことごとく刺し殺し、その他の者はちりぢりとなって切って出て討ち死にをした。武田四郎勝頼の若衆土屋右衛門尉は弓を取り、矢をさしかえ

さしかえ、さんざんに射尽くして、すぐれた武者多数を射倒したのち、主君のあとを追って切腹してはてた。較べるもののない活躍であった。

武田太郎（信勝）はまだ十六歳であったが、さすがによい家柄のことであるから、顔はうるわしく、膚は雪のように白く、そのうつくしいことは他のだれよりもまさっており、見る者のだれもが「あっ」と思い、心を打たれない者はなかった。しかし会者定離の悲しさで、年老いた者をあとに残し、若い者が先立つのが世の習いというものである。まことにその生涯は朝顔が夕べを待たずにしおれるように、かげろうのごとき短いものであった。この太郎もまた武田の家の名を惜しみ、堂々と切ってまわって討ち死にをし、自分の名をのちの世に残したことは、この上なく名誉なことであった。

主・従ともども討ち死にした主な人びとは、武田勝頼・武田太郎信勝・長坂釣竿・秋山紀伊守・小原《おばら》下総守・小原丹後守・跡部尾張守・同子息・安部加賀守・土屋右衛門尉・麟《りん》岳《がく》長老である。これらの人びとがなかでも比類のない活躍をした。以上をはじめとして、四十一人の首が侍分、五十人のそれは夫人方の分である。

三月十一日午後十時ごろ、それぞれが主君の後を追って討ち死にしたのである。武田四郎父子の首は滝川左近（将監）から三位中将信忠卿のお目にかけられたところ、信忠卿はさらに関可平次・桑原助六の二人にそれを持たせ、信長公へ進上された。

(11) 越中富山の乱を平定

ところで、越中の国富山の城には神保越中守（長住）が居城していた。しかるに信長公は、「このたび信長公御父子が信州方面にご出陣になったところ、武田四郎が自然の要害を利用して織田方と一戦を交えことごとく織田方を討ち果たしてしまったから、この勢いをもって越中の国においても一揆を蜂起させ、当国を思いのままに支配されよ」と、まことしやかに越中の敵方へ偽り知らされた。越中ではこれをほんとうのことと心得て、小島六郎左衛門・加老戸《かろと》式部の二人が一揆の大将となって、神保越中守を城中へ閉じこめ、三月十一日、富山の城を城兵ともども奪い取って、近辺に火を放った。そこで、時を移さずに柴田修理亮・佐々内蔵助・前田又左衛門・佐久間玄蕃頭らの軍兵が富山城の一揆を取り巻いたので、「落城するのもまもないことでしょう」と、信長公のもとへ注進して参った。

これに対する信長公のご返書の内容は次のとおりであった。

武田四郎勝頼・武田太郎信勝・武田左馬助・小山田（出羽守）・長坂釣竿をはじめとして、武田の家老どもをことごとく討ち果たし、駿河・甲斐・信濃三国をとどこおりなく平定したから、当方のことは心配するには及ばない。そちらからの飛脚便を見たので、申し送るのである。その方面のことは貴公らが、もちろん存分になすべきである。

三月十三日

柴田修理亮殿

佐々内蔵助殿

前田又左衛門殿

不破彦三殿

三月十三日、信長公は岩村から禰羽根《ねばね》(下伊那郡に所在)まで陣を移された。

三月十四日には、平谷を越え、浪合《なみあい》(下伊那郡に所在)に陣取られた。ここで武田四郎父子の首を関与兵衛・桑原介六(助六)が持って参上し、信長公のお目にかけられた。信長公はすぐさま矢部善七郎に命じて、その首を飯田へとどけさせられた。

十五日、正午ごろから雨が強く降ったが、信長公はその日のうちに飯田に陣を移し、四郎父子の首を飯田においてかけさせられたので、上下の人びとがこれを見物した。

(12) 武田信豊の最期

三月十六日、信長公はそのまま飯田にご滞在になった。さて信州佐久郡の小諸には下曽根覚雲軒がたてこもっていた。武田左馬助はその下曽根を頼って、わずか二十騎ほどで小諸へやって来た。下曽根は左馬助の受け入れを承知して二の丸まで招き入れ、そこで情けなくも心をひるがえすと、館を包囲して火をかけた。そのとき、左馬助の若衆に朝比奈弥四郎という者がいた。「このたびはきっと討ち死にすることになろう」と見定めたので、上原《うえのはら》に在陣のとき、諏訪の要明寺の長老を導師にたのんで戒を受け、道号をつけてもらって、それを首にかけ最後まで敵を切って回り、主君左馬助の介錯をすると、あとを追って切腹してはてた。言いようもなく名誉ある行為であった。左馬助の姪の聟《むこ》で、百井《ももい》という侍もまた一緒に腹を切って死んだ。覚雲軒は侍分の者十一人を自害させ、左馬助の首を信長公への忠節のしるしとして飯田までうかがって信長公へと進上申した。そこでそれを長谷川与次が受け取って信長公のもとへ持参申しあげた。

同じく十六日、飯田ご滞在のときに、左馬助の首を信長公のお目にかけた。また仁科五郎が乗っていた秘蔵のあし毛馬や、武田四郎の乗馬の大鹿毛《おおかげ》、これらもまた信長公へ進上されたが、信長公は大鹿毛を三位中将信忠卿へ下された。武田四郎勝頼が最後にさしていた刀は滝川左近将監から信長公のもとへ献上された。使いに参った稲田九蔵にはお小袖を下され、ありがたいことであった。

「武田四郎・同太郎（信勝）・武田左馬助・仁科五郎の四人の首は、京都へ送って獄門にかけよ」とのことで、長谷川宗仁に命じて京へ持たせて、上らせられたのであった。

三月十七日、信長公は飯田から大島を通り、飯島に陣を移された。

(13) 信長、高遠から上諏訪へ

三月十七日、御次《おつぎ》公（信長四男秀勝）の御初陣の戦いとあって、羽柴筑前守秀吉がお伴をし、備前の児島に敵城が一か所残っていたので、この方面に出動し、攻撃された由、信長公のもとへご報告があった。

三月十八日、信長公は高遠城へ陣を移され、三月十九日には上諏訪の法花寺に陣をすえられた。そこで、各方面の陣のそなえをあれこれと仰せつけられたのであった。

(14) 信長、軍兵を整える

お近くに陣を取らせられた軍兵は、織田七兵衛信澄・菅屋九右衛門・矢部善七郎・堀久太郎・長谷川竹・福富平左衛門・氏家源六・竹中久作・原彦次郎・武藤助（十郎）・蒲生忠三郎・長岡与一郎・池田勝九郎・蜂屋兵庫頭（頼隆）・阿閉淡路守・不破彦三・高山右近・中川瀬兵衛・惟任日向守・惟住五郎左衛門・筒井順慶であった。このほかお馬回り衆のご陣取りも、またつぎつぎと命じられた。

(15) 信長、木曽義政・穴山梅雪と会う

三月二十日、木曽義政が出仕して、信長公に馬二頭を進上申した。お取次は菅屋九右衛門であった。その場のお奏者は滝川左近将監がつとめた。義政が信長公から拝領申した刀剣は、梨地の蒔絵《まきえ》作りで金具の部分には焼きつけメッキが施してあり、目貫《めぬき》(刀剣類のつかにすえる飾り金物)や、笄《こうがい》(鞘にはさむへらに似たもの)の金具には十二神将像が地彫りされていた。後藤源四郎の彫りであった。信長公は義政にさらに黄金百枚と、新しい所領として信州の内二郡(筑摩《つかま》・安曇《あずみ》)を賜い、信長公みずからご縁側までお送りになった。まことにありがたいことであった。

三月二十日の晩に、穴山梅雪(信君)がお礼に参上し、お馬を進上申した。拝領の脇差は梨地の蒔絵作りで、金具は焼きつけメッキが施されて、地彫りがされていた。また小刀はつかまで梨地の蒔絵作りで、よく似合う由仰せになった。信長公はこれらにさげ鞘、火打ち袋を添えて下さり、甲斐・駿河にある所領の支配を承認されたのであった。

松尾掃部大輔もお礼にぶちのお馬を進上申した。信長公はこの馬がたいそう気に入ってご秘蔵になった。松尾掃部大輔のこのたびの忠節は比類ないものとおぼしめされて、本領安堵のご朱印を、矢部善七郎・森乱の両人を使者として下された。まことにありがたいこ

とであった。

三月二十一日、北条氏政から端山《はやま》大膳大夫と申す者が使者として参り、信長公にお馬ならびに江川の酒・白鳥などいろいろ進上された。これは滝川左近のお取次であった。

(16) 滝川左近、上野の国を拝領

三月二十三日、信長公は滝川左近将監をお召しになって、上野の国ならびに信濃の内の二郡(佐久・小県《ちいさがた》)を下された。年をとってから遠国へ遣わすのは気の毒であると思われたが、関東八州の警固を申し付け、「老後の名誉をあげるため、上野の国に在国し、東国に関することの取次をあれこれ申し付ける」とのことで、ありがたいことに信長公ご秘蔵のえび鹿毛のお馬を下さり、「この馬に乗って入国されよ」と仰せになった。まことにもって面目をほどこしたことである。

(17) 軍兵に扶持米を配る

三月二十四日、信長公は「各隊とも長らく在陣しているので、兵糧などに困っているであろう」と仰せになって、菅屋九右衛門を奉行として各部隊の到着を記帳させ、兵卒の人数にしたがってご扶持米を信濃の深志で渡された。ありがたいことであった。

三月二十五日、上野の国の小幡（信真）が甲府へ参上し、三位中将信忠卿へ帰参のごあいさつを申し上げた。おいとまをいただくと滝川左近将監と同道して帰国した。

三月二十六日、北条氏政から馬の飼料として米千俵が諏訪まで届けられ、信長公へ進上された。

三位中将信忠卿へは、このたびの戦いで高遠の名城を攻め落とし、手柄をたてられたごほうびとして、信長公から梨地蒔絵のご刀剣を下された。その上、「天下のご支配権をも譲り与えるであろう」と仰せになった。

（18）軍兵、帰陣

三月二十八日、三位中将信忠卿は、東国も当面手数のかかることはないからと、先のお礼のために、甲府から諏訪まで馬で参上された。この日は時節ちがいの時雨で、風もありひととおりの寒さではなかった。多数の者が凍え死んだ。信長公は諏訪から富士の裾野をご見物になり、駿河・遠江を回ってご帰洛の予定であったから、「諸侍はここから帰して、頭《かしら》たちだけがお伴をするように」と命じられた。軍兵たちには諏訪からおひまを出された。

三月二十九日、軍兵たちは木曽口・伊那口とも、思い思いに帰国をはじめた。

(19) 恩賞と新法と

三月二十九日、ご所領の割りあてを仰せ出された。以下はその覚え書きである。

記

甲斐の国、河尻与兵衛に下さる。ただし穴山(梅雪)のもとからの所領は除く。

駿河の国、家康卿へ下さる。

上野の国、滝川左近将監へ下さる。

信濃の国、高井・水内《みのち》・更科《さらしな》・埴科《はにしな》の四郡は森勝蔵(長可)に下さる〔森勝蔵は川中島に在城。このたび先陣としておおいに活躍したので仰せ付けられたもので、この上ない名誉である〕。

同じく、木曽谷の二郡は木曽義政のもとからの所領であり、これをご承認。

同じく、安曇、筑摩の二郡は新しい所領として木曽義政に下さる。

同じく、伊那一郡は毛利河内守(秀頼)に下さる。

同じく、諏訪一郡は河尻肥後守(秀隆)に下さる。甲斐の肥後守の所領(西郡)を穴山梅雪に与えられた替地《かえち》として下さる。

同じく、小県・佐久二郡は滝川左近に下さる。以上十二郡である。

なお、美濃の国岩村の城は、団平八がこのたび大活躍をしたので下さる。岩村のうち、兼山と米田島《よねだ》は、森乱に下さる。これは兄の森勝蔵にとってありがたいことであった。

この日、信長公は甲斐、信濃両国へご法令を下された。

国の定め

一、関役所・駒口《こまのくち》（馬匹やその貨物に対し税を課す関所）において税を徴収してはならない。

一、百姓前（農民）からは本年貢を徴収する以外に、過分の税を課してはならない。

一、忠節をつくす者を取り立てるほかは、相変わらず抵抗する侍は自害させ、あるいは追放しなければならない。

一、訴訟等に関しては、よくよく念を入れて糾明し、解決しなければならない。

一、国侍たちに対しては丁重に取り扱うべきであるが、そうはいっても油断のないように気をつかうべきである。

一、支配者が一人で欲ばるために諸人が不満に思うのであるから、所領を引きつぐ際には、これをみなに分かち与え、また分に応じて家臣を召し抱えること。

一、本国（美濃・尾張など）の者で奉公を望む者があったら、よく身元をたしかめ、その者を以前抱えていた主家へ届け、その上で使用すること。

一、各城とも普請は堅固にすること。

一、鉄砲、弾丸・兵糧を蓄えておくこと。
一、各自が支配する所領単位で、責任をもって道路の普請をすること。
一、所領の境界が入り組んで、少しく領有問題の争論となっても、たがいに憎しみを持ってはならない。
右の定めのほかに、もし不都合な扱いがあったら、参上して直接訴訟申したらよい。

天正十年（一五八二）三月　日

信長公がご帰陣になってからは、信濃の諏訪に三位中将信忠卿を残し置かれることにし、信長公ご自身は「甲斐から富士の裾野をご覧になり、駿河・遠江を回ってご帰洛なさる」と仰せになった。

四月二日、雨が降り、時雨もようであったが、かねてからおっしゃられていたことであるから、諏訪から台《だい》が原に陣を移された。御座所の普請・賄いなどは、滝川左近将監に申しつけ、将兵数百人分の小屋を設けて、そのおもてなしはひとかたでなかった。

北条氏政が武蔵野で追鳥狩《おいとりがり》をし、捕えたきじ五百余羽を進上してきた。そこで、菅屋九右衛門・矢部善七郎・福富平左衛門・長谷川竹・堀久太郎の五人を奉行として、お馬回り衆を召し寄せ、その到着を記帳させられてから、かの遠国の珍物を下された。ありがたい信長公のご威光というべきであった。

四月三日、台が原をおたちになって五町ほど進まれると、山の間からこれこそ名山と思われる富士山が見えた。山上には真っ白に雪がつもり、まことにすぐれておもしろい景色なのでこれを見た者はみな驚嘆したことである。信長公は勝頼の居城であった甲州新府の焼け跡をご覧になり、それから進んで古府に到着された。武田信玄の館跡に、三位中将信忠卿が普請をりっぱに命じ、仮の御殿を美しくおしつらえになった。そこへ信長公は陣をすえられた。ここで惟住五郎左衛門・堀久太郎・多賀新左衛門におひまを下されたので、この者たちは草津へ湯治に行ったのであった。

(20) 恵林寺を焼き滅ぼす

ところで、このたび恵林寺(甲州市に所在)では佐々木次郎(承禎《じょうてい》の変名)をかくまっていた。そこで、この罪をただすために、三位中将信忠卿は、恵林寺僧衆成敗のお奉行役を織田九郎次郎・長谷川与次・関十郎右衛門・赤座七郎右衛門尉、以上の人びとに命じられた。

右の奉行衆は恵林寺へ行くと、寺中の老若の者を一人も残さず山門の上へのぼらせ、廊門から山門にいたるまでわらを積みあげさせ、それに火を付けた。はじめは黒煙が立ちのぼってこの者たちのようすが分からなかった。そのうちしだいに煙がおさまり炎がのぼって、人の形も見えるようになったが、快川《かいせん》長老(紹喜《じょうき》)は少しもあわてることなく、端座して身動きもしなかった。そのほかの老若の僧・稚児・若衆たちは、炎の中で躍り上がり、跳び上がり、たがいに抱きつきもだえ苦しんで、かの焦熱《しょうねつ》地獄・大焦熱地獄のようなほのおにむせび、地獄の苦しみを嘆き悲しむありさまにも似て、まことに目も当てられなかった。長老だけでも十一人が死んだ。その中で分かっている者は、宝泉寺の雪岑《せっしん》長老・東光寺の藍田《らんでん》長老・高山の長禅寺の長老・大覚和尚長老・長円寺の長老・快川長老らであった。なかでも快川長老は隠れもないりっぱな僧であった。それゆえ去年内裏においてかたじけなくも円常国師という国師号を頂戴申したのであった。近来、国師号を賜るということは、たいへん名誉なことである。都にかぎらず地方にまで、この上ない面目をほどこされたことであった。

四月三日、恵林寺は滅亡した。老若上下にかかわらず百五十余人が焼き殺された。そのほか各所で成敗を受けたのは、諏訪刑部・諏訪采女《うねめ》・段嶺《だみね》・長篠といった人たちで、彼らは百姓らに殺され、首を進上されたものであった。百姓たちへはすぐさまごほうびとして黄金が下された。これを見たほかの百姓たちは、後世まで名を残すほどの武田方の実力者を尋ね捜しては、首を持って参ったのであった。

（21）飯羽間右衛門尉を成敗

このたび、飯羽間《いいばさま》右衛門尉を生け捕りにして信長公に進上申した。この右衛門尉は去る天正二年（一五七四）美濃の明智の城で謀反を起こし、そのとき坂井越中守の親類の者を多数討ち殺したので（巻七（3）参照）、今度は坂井越中守に命じて成敗されたのである。

秋山万可・秋山摂津守（いずれも美濃衆）は、信長公が長谷川竹に命じて成敗された。

北条氏政から馬十三頭、ならびに鷹三羽を進上して参った。この中に鶴取りの鷹があったということである。お使いとして玉林斎《ぎょくりんさい》が伺候したのであるが、いずれもお気にめさず、そのままお返しになった。

（22）川中島の反乱

四月五日、森勝蔵（長一）が川中島海津に在城し、稲葉彦六（貞通）が飯山に陣を張っていたところ、「一揆が蜂起して、飯山を取り巻いた」との知らせがあった。信長公はただちに稲葉勘右衛門・稲葉刑部・稲葉彦一・国枝らを加勢として飯山へ遣わされ、さらに三位中将信忠卿からは同じく団平八が差し遣わされた。しかし敵は山の中へ引きこもって大蔵（長野市に所在）の古城を修築し、そこへいも川（親正）という者が一揆の大将となってたてこもっている。

四月七日、敵は長沼口へ八千ばかりの軍勢で攻撃をかけてきた。ただちに森勝蔵が駆けつけ、機を見てどっと切りかかり、七、八里の間敵を追って、千二百人余りを討ち取り、大蔵の古城では女・子供千余人を切り捨てた。以上首数にして二千四百五十余もあった。こういう事情であったから、飯山を取り巻いていた敵兵はもちろん引き払ったので、飯山を接収し、森勝蔵が部下の兵を入れた。稲葉彦六は本陣の諏訪へ帰参。稲葉勘右衛門・稲葉刑部・稲葉彦一・国枝らは近江の安土へ帰陣して、右の模様を信長公に報告申した。

森勝蔵は毎日山中へ攻め込み、あちこちで人質を取り固めて、百姓たちへは各自の在所へもどるよう命ずるなど、その全力を尽くしての活躍ぶりはたいへんなものであった。

(23) 信長、安土に帰る

四月十日、信長公は東国の政務を命じ、甲府をおたちになる。ここに笛吹川という、善光寺から流れ出る川がある。この川に橋をかけて、歩行者を渡し、お馬どもを乗り越えさせて、右左口《うばぐち》にその日陣を取られた。家康公は念を入れて、道筋を鉄砲隊が竹木を伐り払って道を広くし、道の左右にはびっしりとすき間もなく警固の兵を配置し、じゃまな石を取りのけ、打水をされた。お泊まりのご陣屋にはりっぱな普請を申し付け、陣屋の周囲には二重、三重の柵を設けさせられた。その上、軍兵用の千軒に余る小屋を、行くさきざきお泊まりお泊まりの館の四方に作って置き、その朝夕の賄いを、沿道の下々《しもじも》の者ことごとくにお申し付けになった。信長公は殊勝なことと感心なされたのであった。

四月十一日の朝方、右左口から女坂《おんなざか》へお上りになったが、家康公は谷あいにはお茶屋・うまやをりっぱにしつらえ、信長公に一献さし上げられた。かしわ坂もまた高い山の中で木の茂りはひととおりでなかった。左右の大木を伐り倒して道を作り、石を取り除き、山やま・峰みねにすき間もなく警固の兵を配置した。かしわ坂の峠にお茶屋をりっぱに設けて、一献さし上げられた。その日は本栖《もとす》に陣所を移されたのであるが、本栖にも信長公の御座所を美しくりっぱに建て、二重、三重に柵を設け、その上、軍兵の小屋千軒余りを御殿の四方に作り、その賄いを一切とりしきられた。家康公のお世話ぶりはたいへんなものであった。

四月十二日、本栖を未明にたたれた。その朝の寒気は、真冬のようであった。富士のすそ野の、かみのが原・井手野《いでの》（富士宮市に所在）などでは、信長公はお小姓衆のみなに命じて、しきりにむちをあてて馬を走らせられた。富士山をご覧になると、山頂に雪が積もって白雲のようであった。まことにめったにない名山である。同じく富士のすそ野にある人穴《ひとあな》をご見物になった。家康公はここにも茶屋を建てておき、一献さしあげられた。大宮

（浅間神社）の神官・僧侶が総出で参道の清掃にあたり、ごあいさつ申しあげる。昔頼朝公が狩りをされたとき、宿所を建てられたという上井手の丸山という所があった。西の山には白糸の滝という名所があった。信長公はこの辺のことをくわしくお尋ねになり、浮島が原（沼津市原）でしばらく馬を乗り回して、大宮にお入りになった。

このたびの戦いに、北条氏政は助勢のために、興国寺《こうこくじ》・かちょうめん（鐘突免）に馬を立て、遅ればせに出兵し、中道を通って駿河路で活躍して、味方の土地である大宮の諸伽藍をはじめとして、本栖にいたる間、あらゆるところに火を放ったのである。

大宮はしかるべき要害の地であったから、家康公は社内に御座所を設け、たとえ一夜の陣所であっても、装飾には金銀をちりばめ、それぞれに美しく念入りにご普請を命じられた。また四方には軍兵の小屋を建て置き、その接待ぶりもひととおりではなかった。信長公はここで家康公に、吉光作の御脇差・一文字作の御長刀・黒ぶちのお馬、以上のものを、差し上げられた。いずれも信長公ご秘蔵のお道具であった。

四月十三日、信長公は大宮を朝方におたちになり、浮島が原より足高山を左手にご覧になって、富士川を馬で渡られた。家康公は神原《かんばら》に茶屋をしつらえて、一献差し上げられた。信長公はしばらく馬をとどめて、案内者に、吹上げの松・六本松・和歌の宮のいわれなどをお尋ねになる。海を隔てた向こうは、伊豆浦・妻良《めら》が崎のあたりで、かねがね話に聞いて知っておられた。興国寺・吉原・三枚橋（沼津）・かちょうめん・天神川・伊豆と相模の国境にある深沢城（御殿場市）などにつき、いずれもお尋ねになり、神原の浜辺を行くと、由比《ゆい》の浜であり、磯辺の波にそでをぬらして、興津（「沖つ」をかける）の白波の立ちさわぐ清見《きよみ》が関やら田子《たご》の浦・三保が崎、いずれをもご覧になって、三保の松原にいたると、ここはあの名高い羽衣の松のあるところ、波も静かで、国内は治まり、のどかな風光や名所名所に目をとめられ、江尻の南山を越して、久能《くのう》の城（現在久能山東照宮がある）をお尋ねになり、その日は江尻の城にお泊まりになった。

四月十四日、信長公は江尻を夜のうちにおたちになったが、家康公は駿河府中の町の入口に、茶屋を設けて、一献差し上げられた。ここで、今川氏の古跡や千本桜のいわれをくわしくお聞きになったのち、安倍川を越えられた。この川の川下、右の山側に、かつて武田四郎勝頼が持っていたとりでの持舟《もちふね》（用宗）という城があった。また勝頼は山中の道筋にある丸子《まりこ》の川岸に山城を築き、防ぎの城としていた。

家康公はあの名高い宇津谷峠の入口に館を建て、信長公に一献差し上げられる。宇津谷の坂を登り越すと田中はほど近く、藤枝の宿の入口に「偽之橋《いつわりのはし》」というちょっとした名所があった。街道からは左手、田中の城の東にある山の尾根が落ちるあたりに、海側に取りつく花沢（焼津市に所在）という古い城がある。昔ここに小原肥前守（鎮実）がたてこもっていたとき、武田信玄がこの城を攻めて失敗し、多数の軍兵を死なせて敗退したという城である。また同所の山崎には堂目《どうもく》（焼津市浜当目あたりの古称）の虚空蔵が祀られていた。信長公はそれをくわしくお聞きになって、その日は田中の城にお泊まりになった。

四月十五日、田中を未明に出発される。藤枝の宿をお通りになるとき、家康公は瀬戸川の川原にお茶屋を建てておき、ここで一献さしあげられた。瀬戸川を越えると、「瀬戸の染飯《そめいい》」といって、街道では知られた名物があった。島田の町、ここはまた音に聞こえた刀作りが住んでいる所である。信長公は大井川を馬で渡られた。家康公は川中に多数の水泳の名手を立ち並べて、徒歩で渡る軍兵にまちがいの起こらぬようにして、川を渡し申されたのであった。牧野原の城を右に見て、諏訪の原を下り、菊川を通り、あがったところが、小夜《さよ》の中山である。家康公はここにしゃれたお茶屋を設けて、信長公に一献差し上げられた。ここから日坂《にっさか》を越えられ、掛川にお泊まりであった。

四月十六日、掛川を朝方に出立されたが、見付の国府跡の上にある、鎌田が原・三か野《みの》の坂（磐田市に所在）にお茶屋を建てておいて、信長公に一献差し上げられた。ここからさらに、馬伏塚《まむし》・高天神・小山など手に取るほど近くに見ながら、お通りになって、池田の宿を過ぎ、天竜川へ到着された。家康公はここには舟橋を架けておき、奉行人として小栗二右衛門（吉忠）・浅井六介（道忠）・大橋の三人を申し付けてあった。

そもそもこの天竜川は、甲斐・信濃の河川が集まって、流れ出てきた大河であって、水はみなぎり下り瀬音も高く、川岸はすさまじく広々として、たやすく舟橋を架けられるところではなかった。上古からこのかたはじめての架橋であった。国中の人びとを動員し、大綱数百本を張り、多数の舟を寄せ並べたのであるが、馬を渡さねばならなかったから、すばらしくがんじょうに、ことにみごとな舟橋を架け申したのである。川岸および前後に、厳重に番兵を配するなど、奉行人の苦労は言い尽くせぬほどであった。この橋の架設だけでも、どれほど費用がかかったかわからない。家康公は遠国各地にまで道を作らせ、河川には舟橋の架設を命じ、道中のご警固を申しつけ、お泊まりごとの館を建設し、また道の辻々にびっしりとお茶屋・おうまやの用意をすばらしくりっぱに設け申された。またお食事の用意のためには京都・堺へ人を遣わし、諸国の珍奇な品々を調えるなど、信長公に対するご崇敬はひととおりのものではなかった。そのほかご家来衆の賄いもまた数日をかけてお命じになり、千五百軒ずつの小屋を、行かれるさきざきに建てておき申されるなど、家康公のよろずのお心配り、ひとかたならぬご苦労は、いつはてるともなかった。しかしながら、いずれをとっても家康公のまごころは、だれしもが感服なさることで、ご名誉であることはことばに尽くせないほどである。信長公のお喜びは言うまでもない。

大天竜は舟橋を渡って通り、小天竜は馬に乗って越し、浜松に至ってお泊まりになった。ここで、お小姓衆・お馬回り衆のすべてにおひまを下さったので、みな思い思いに、本坂《ほんざか》越え（遠江三河の境の山道）をしたり、今切《いまぎれ》の渡しを越え（浜名湖と海を結ぶ湖口の渡し）たりして、信長公よりも先に帰陣することになった。御弓衆・お鉄砲衆だけが残って信長公のお伴をする。

信長公は先年、西尾小左衛門に命じ、黄金五十枚で兵糧米八千余俵を調達させておかれた。それは、このような合戦のときに役立てるためであった。しかし「これからはもう必要あるまい」と仰せになって、家康公の家臣たちへご分配になった。それぞれありがたく頂戴して、お礼を申し上げたことである。

四月十七日、浜松を朝方に出られ、今切の渡しでは、家康公が御座船《ござぶね》を美しく飾って、船の中で一献差し上げられる。お伴衆の船も多数寄り添い、前後に船奉行を付けて、油断なく渡られた。船を上がり、七、八町行くと、右手に「浜名の橋」といってちょっとしたところがあるが、ここは名にしおう名所である。家康公のご家来の渡辺弥一郎と申す者が、たくみに浜名の橋や今切の由来、舟方衆の生活など、いろいろ申し上げられたので、信長公は興味深くお聞きになって、お礼として黄金を下された。自分の才能によってたいへん面目を施したことである。汐見坂にお茶屋、おうまやをそれぞれ建てて置き、一献差し上げられた。晩方になり、雨が降り吉田にお泊まりになった。

四月十八日、吉田川を越えられる。家康公は御油《ごゆ》に美しいお茶屋を建てておき、その入口にはりっぱな橋をかけ、お風呂を新しくつくり、珍品を用意して、一献差し上げられた。並々ならぬごちそうであった。本坂・長沢の街道は山の中で、総じて岩石のあらわな悪路であった。このたび信長公が通られるにあたって、鉄棒で岩を突き砕き、石を取りのけて道を平らにするように命じられた。山中の法蔵寺にお茶屋をりっぱにしつらえ、寺僧・喝《かっ》食《じき》（有髪の侍童）・老若総出でごあいさつ申す。正田の町から大平川を越えられ、岡崎城の下を流れるむつ田川・矢作《やはぎ》川にもまた工事を命じて橋をかけ、徒歩の者を渡し、お馬の者はそのまま渡り越えさせ申された。矢作の宿を過ぎ、池鯉鮒《ちりゅう》にお泊まりになった。水野宗兵衛（忠重）が館を建て、信長公のおもてなしにあたり申した。

四月十九日、信長公は清洲まで行かれ、四月二十日、岐阜へお泊まりになった。

四月二十一日、美濃岐阜から安土へご帰陣になられる途中呂久《ろく》の渡しで、御座船を飾り立て、稲葉伊予守が信長公に一献差し上げ申した。垂井《たるい》では御坊殿《ごぼう》（織田信房）が館を建てて置かれ、一献差し上げられる。今須（関ケ原町）にお茶屋を建て、不破彦三が一献差し上げ申した。柏原にもお茶屋をこしらえ、菅屋九右衛門が一献差し上げ申した。佐和山にもお茶屋を建て、惟住五郎左衛門（長秀）が一献を進上。山崎にもお茶屋を建てて置き、山崎源太左衛門が一献差し上げる。

このたび、信長公のご帰陣とあって、京都・堺・五畿内、隣国の武将たちがはるばる下り、ご戦勝のお祝いを申し上げる人びとで門前市をなすにぎわいとなった。ご帰城の途中で、いろいろのご進物が数えきれないほどに献上された。まことに信長公のご威光は申し尽くしがたいほどのすばらしさである。

(24) 信孝、阿波出陣の準備

四月二十一日、信長公は安土にお着きになった。

さてこのたび、四国の阿波を神戸三七信孝殿へ信長公が進呈されたので、三七殿は四国を平定するために兵を集められた。

五月十一日、三七殿は住吉にお着きになって、四国渡海の船のしたくなどを指図され、その準備の最中であった。

(25) 徳川家康・穴山梅雪、上洛

信長公はこの春東国へ出陣され、武田四郎勝頼・同太郎信勝・武田左馬助など一族の主だった者たちを討ちはたし、ご本意をお達しになり、駿河・遠江の両国を家康公へ進呈なさった。そのお礼に、このたび徳川家康公および穴山梅雪が領国から参上することになった。信長公は「ひときわ心をこめておもてなしせよ」、「まず街道を整備し、お泊まりごとに、国持ち・郡持ちの大名が出て参って、できるだけりっぱに接待せよ」と、命令された。

五月十四日、近江の番場《ばんば》まで、家康公および穴山梅雪がおいでになった。惟住五郎左衛

門は、番場に仮の館を建て、酒・さかなを用意して、一夜おもてなしをいたした。また同日、三位中将信忠卿もご上洛の途につかれ、番場にお立ち寄りになって、しばらく休息になられた。そこで信忠卿にも惟住五郎左衛門が一献さし上げ申した。信忠卿はその日、安土まで行かれた。

五月十五日、家康公は番場を発ち、安土に参着された。「お宿は大宝坊がよかろう」との信長公の仰せがあり、接待役を惟任日向守に命じられた。日向守は京都・堺において珍物をととのえ、たいへんすばらしいおもてなしをいたした。それは十五日から十七日まで三日にわたったことである。

(26) 羽柴秀吉、備中の国を攻める

羽柴筑前守（秀吉）は中国の備中へ攻め入り、宿面塚《すくも》の城（岡山市に所在）にはげしくつめ寄ってこれを攻め落とし、数多くの敵兵を討ち取った。つづいてえつ田城へ攻めかけたところ、城兵は降参して退城し、高松の城（岡山市に所在）へ入ってともにたてこもった。そこで筑前守はまた高松城へ攻め寄せ、地勢を見て判断、くも津川・えつ田川両河のせきを切って水をたたえ入れ、水攻めにすることを命じた。安芸からは毛利（輝元）・吉《きっ》川《かわ》（元春）・小早川（隆景）の諸将が兵を率いて出陣し、秀吉軍と対陣した。信長公はこ

れらの状況をお聞きになって、「このたびこのように敵と間近く接したのは、天の与えたよい機会であるから、みずから出兵して、中国の有力な大名どもを討ちはたし、九州まで一気に平定してしまう」とのお考えを持ち、堀久太郎（秀政）を使者として、羽柴筑前守のもとへこまごまとした指示を申し送られた。そして、「惟任日向守・長岡与一郎・池田勝三郎・塩河吉大夫・高山右近・中川瀬兵衛らが、まず先陣として出動するように」と命じられた。そこでこれらの武将たちに、ただちにおいとまを下された。

五月十七日、惟任日向守は安土から坂本に帰城し、その他の人びとも同じく本国に帰って、中国出陣の準備にかかった。

(27) 幸若大夫と梅若大夫

五月十九日、信長公は安土城下の惣見寺で、幸若八郎九郎大夫に舞いを舞わせてご覧になった。次の日は、「四座の能は珍しくない。丹波猿楽の梅若大夫に能を演じさせ、家康公がこのたび召しつれて参った人びとに見せ申して、道中の辛労をなぐさめ申すように」というご意向であった。お桟敷には近衛殿（前久《さきひさ》）・信長公・家康公・穴山梅雪・長安・長雲・松井有閑・夕庵が入り、お芝居（舞台と桟敷との中間の土間）にはお小姓衆・お馬回り・お年寄衆、それに家康公のご家臣衆だけがすわった。はじめの舞いは「大職冠《たいしょかん》」、二番は「田歌《たうた》」であった。舞いがよくできたので、信長公のご機嫌はたいへんよろしかった。「お能は翌日演じさせよう」とおっしゃっていたが、まだ日が高いうちに舞いが終わったので、その日梅若大夫が能を演じ申した。しかしそのときの能はふできで見苦しかったので、信長公は梅若大夫をひどくおしかりになり、たいへんなお腹立ちであった。それで幸若八郎九郎大夫のいる楽屋へ、菅屋九右衛門・長谷川竹の二人を使者に立て、かたじけなくも、「能のあとで舞いをすることは本式ではないが、もう一番舞いを所望する」と仰せ出されたのである。このとき幸若大夫は「和田酒盛《わださかもり》」を舞い申した。これもまた前日同様たいへんすぐれたできで、信長公のご機嫌もなおり、森乱がお使いとなって、幸若大夫を御前へ召し出され、ごほうびとして大夫へ黄金十枚を下された。当人の名誉であることはいうまでもなく、外聞もまことにすばらしく、ありがたく頂戴申したことである。

次に梅若大夫に対しては、能のできの悪かったことを、「けしからん」と思いになったが、黄金の出し惜しみのようにとられては世間の評判もいかがとお考え直しになって、右の趣をよくさとされて、その後梅若大夫にも金子十枚を下された。過分なお取り扱いでかたじけないことであった。

五月二十日、信長公は惟住五郎左衛門・堀久太郎・長谷川竹・菅屋九右衛門の四人に、徳川家康公ご接待のしたくを命じられた。お座敷は高雲寺御殿で、お客は家康公・穴山梅雪・石川伯耆守（数正）・坂井左衛門尉（忠次）このほか家老衆にもお食事を賜い、もったいなくも信長公ご自身お膳をおすえになるなど、ご崇敬は並みひととおりではなかった。お食事が終わると、家康公およびお伴の衆をみな残らず安土のお城へお召しになって、かたびらを下され、たいそうごちそうなさった。

(28) 家康、奈良・堺を見物

五月二十一日、家康公は上洛なさった。「このたびは、京都・大坂・奈良・堺をごゆっくり見物なさるがよい」とのご上意で、案内者として長谷川竹を添えられ、「織田七兵衛信澄・惟住五郎左衛門の両名は、大坂で家康公をおもてなしせよ」と命ぜられた。それで二人はさっそくに大坂へ到着して、その準備をいたした。

(29) 明智光秀、愛宕山で連歌

五月二十六日、惟任日向守(明智光秀)は中国へ出陣のため、坂本をたって、丹波の亀山の居城へ到着した。翌二十七日には、亀山から愛宕《あたご》山へ行き、一夜参ろういたし、思うところあってか、神前に参り、太郎坊の社前で二度、三度とおみくじを引いたということである。二十八日、西坊で連歌を興行した。発句《ほっく》は惟任日向守。

ときは今あめが下知る五月哉　光秀

（時は今である。雨が世に降る五月であることよ。土岐の一族である自分が天下を支配すべき五月となったのだ）

水上《みなかみ》まさる庭のまつ山　西坊

（五月雨が降りつづき、川上の水音がいちだんと高く響く庭には、松山が見えることだ）

花落つる流れの末をせきとめて　紹巴《じょうは》

（花が落ちつもったことだ。遣り水の流れの先をせきとめて〈ご謀反をおとどめしたい〉）

このように百韻を詠んで、神前に納め、五月二十八日、丹波の亀山へ帰城した。

(30) 信長、上洛

五月二十九日、信長公はご上洛になった。安土本城のお留守居衆は、津田源十郎（信益）・賀藤兵庫頭・野々村又右衛門・遠山新九郎・世木《せぎ》弥左衛門・市橋源八・櫛田忠兵衛らを命じられた。

二の丸のお番衆には、蒲生右兵衛大輔・木村次郎左衛門・雲林院《うじい》出羽守・鳴海助右衛門・祖父江五郎右衛門・佐久間与六郎・蓑浦次郎右衛門・福田三河守・千福遠江守・松本為足・丸毛兵庫頭・鵜飼・前波弥五郎・山岡対馬守らを命じられ、お小姓衆二、三十人を召し連れて上洛された。ただちに中国へご出発する予定であったが、国にもどって「出陣の用意をととのえ、おふれのあり次第、出立するように」と命じられていたので、このたびはお伴の軍兵がいなかった。

(31) 明智光秀、謀反

さてここに、不慮の事件がもちあがった。六月一日、夜に入って、丹波の亀山において惟任日向守光秀は信長公への謀反を企て、明智左馬助(秀満)・明智次右衛門・藤田伝五・斎藤内蔵助(利三)らと相談して、「信長を討ち果たして、天下の主となろう」と謀りごとを企てた。亀山から中国地方へ出るには三草《みくさ》越えをするところであるが、途中から引き返して、馬首を東に向け変え、「老の山(丹波から京都の鷹が峰に越える坂)へ登り、山崎を経て摂津の国へ出兵したい」と軍兵たちへ触れおいて、先に相談した部将たちに、京都進撃の先陣を命じた。

六月一日、夜になって、明智一行は老の山へのぼった。右へ行く道は山崎の天神馬場であり、摂津街道である。左へ下れば京へ出る道である。光秀らは道を左へ下って、桂川を越えたところで、ようやく夜も明け方となった。

（32）信長、本能寺で自害

光秀らは、はやくも信長公の御座所である本能寺を取り巻き、その軍兵が四方から乱入してきた。信長公もお小姓衆も、はじめその場かぎりのけんかを下々の者がしでかしたものと思われたが、いっこうにそうではなく、敵勢はときの声をあげ、御殿に向かって鉄砲を撃ち入れてきた。信長公が「さては謀反か、いかなる者のしわざか」とお尋ねになったところ、森乱（蘭丸〈長定〉）が、「明智の手の者と思われます」と申し上げると、「やむをえない」と覚悟なされる。敵勢は間を置かずに、つぎつぎと御殿に進入して来るので、表御堂のご番衆も退いて、御殿の人びとと一手になった。おうまやからは矢代勝介・伴太郎左衛門・伴正林・村田吉五らが切って出て討ち死にした。このほかお中間衆の藤九郎・藤八・岩・新六・彦一・弥六・熊・小駒若・虎若・その子の小虎若をはじめとして、二十四人がおうまやにおいて討ち死にした。

明智光秀画像

また御殿の中で討ち死にした人びとは、森乱・森力（力丸〈長氏〉）・森坊（坊丸〈長

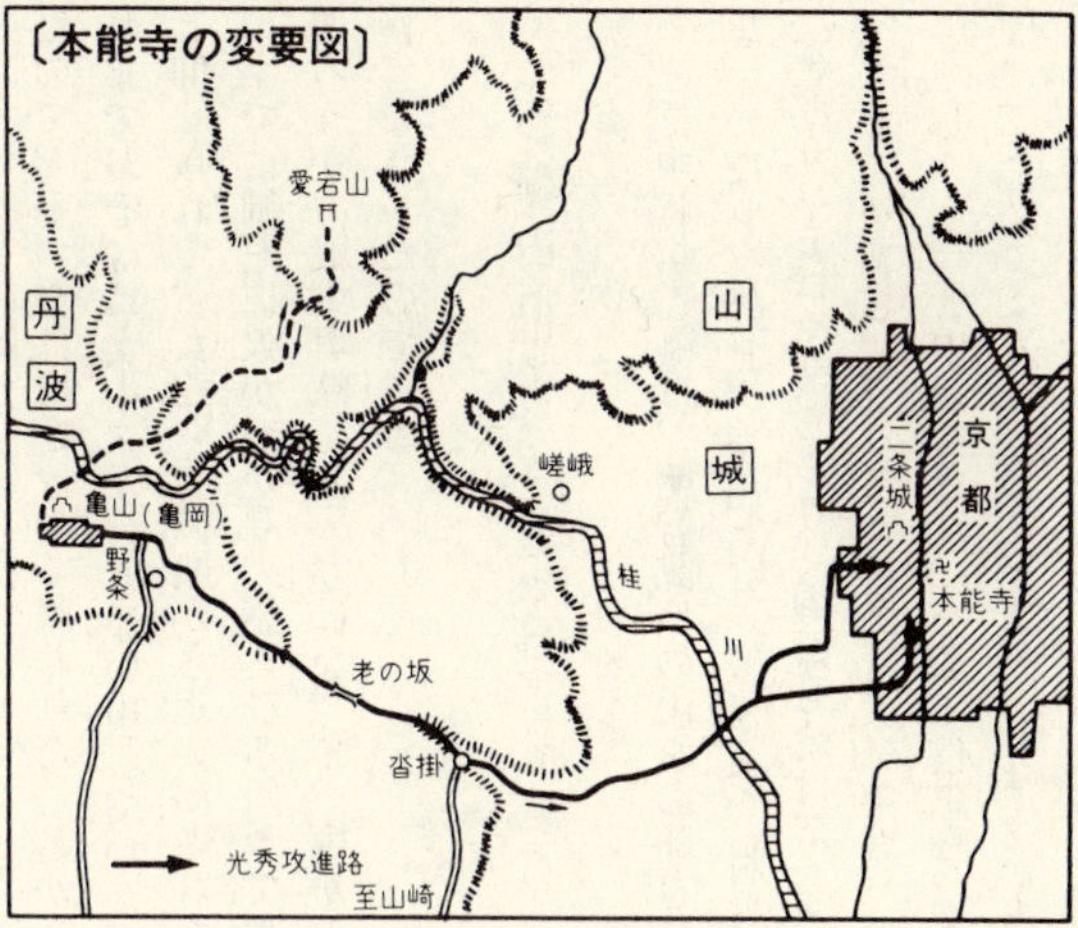

隆〉）の兄弟三人、小河愛平・高橋虎松・金森義入・菅屋角蔵・魚住勝七・武田喜太郎・大塚又一郎・狩野又九郎・薄田与五郎・今川孫二郎・落合小八郎・伊藤彦作・久々利亀・種田亀・山田弥太郎・飯河宮松・祖父江孫・柏原鍋兄弟・針阿弥・平尾久助・大塚孫三・湯浅甚介・小倉《おぐら》松寿、以上である。

これらのお小姓衆は敵勢に立ち向かい、渡りあって討ち死にしたのである。湯浅甚介と小倉松寿の両人は、町の宿でこのことを聞き、敵の中に紛れて本能寺へ駆け込み、討ち死にをした。お台所の入口では高橋虎松が、しばらくの間敵の進入を防いで戦い、比類なき活躍ぶりであった。

信長公ははじめ弓を取って、二つ三つ

ととりかえひきかえ、矢を放たれたが、いずれも時が経つうちに、弓の絃《つる》が切れてしまったので、その後は槍を取って戦われた。しかし御ひじに槍傷を受けて、引き退かれる。それまでおそばに女中衆が付き添い申していたが、「女たちはかまわぬ、急いで脱出せよ」と仰せられて、女たちを御殿から追い出されたのであった。

すでに御殿に火がかかり、燃えひろがって来た。最期のお姿を見せまいと思われたのであろうか、殿中奥深くお入りになって、中からお納戸《なんど》の戸口にカギをかけ、あわれにもご自害なさったのである。

(33) 織田信忠ら、二条で自害

三位中将信忠卿は、明智謀反の由をお聞きになるや、信長公と一手になって戦おうとお思いになり、妙覚寺を出られたところ、村井春長軒父子三人が走り寄って、信忠卿へ、「本能寺はもはや落ち去り、御殿も焼け落ちてしまいました。敵はきっとこちらへ攻めかけてまいりましょう。二条新御所(二条城)は構えも堅固です。たてこもるのに都合がよいでしょう」と申し上げた。そこで信忠卿はただちに二条御所へお入りになった。信忠卿は、「まもなくここも戦場となるでしょうから、親王様(誠仁《さねひと》)・若宮様(和仁)はここを出られて、禁中へお入りになるのがよろしいでしょう」と申しあげられた。信忠卿はやむなく両宮においとまごいをされて、親王がたを内裏へお入れ申し上げた。

その後、評議はまちまちであった。「ひとまず安土へお引きとりください」と申し上げる者もあった。しかし、三位中将信忠卿は、「このような謀反を起こすほどであるから、敵はまさかやすやすと逃がしはしないであろう。雑兵の手にかかって死んでは、のちのちまでとやかく言われるであろうし、それも無念である。ここで腹を切ろう」とおっしゃられた。けなげなるお振る舞いは、なんとも哀れなことである。

そうこうしているうちに、はやくも明智日向守の軍兵が攻め込み始めて来た。そこで猪子兵介・福富平左衛門・野々村三十郎・篠川兵庫・下石《おろし》彦右衛門・毛利新介・赤座七郎右衛門・団平八・坂井越中守・桜木伝七・逆川甚五郎・服部小藤太・小沢六郎三郎・服部六兵衛・水野九蔵・山口半四郎・塙伝三郎・斎藤新五・河野善四郎・寺田善右衛門らをはじめとして、このほかの人びとも、それぞれつぎつぎと討って出て、切り殺し切り殺されしながら負けじ劣らじと戦った。たがいに相手を知っている同士の戦いであったから、刀の切っ先から火花を散らし、さながら張良《ちょうりょう》(漢の名将)の手練、樊噲《はんかい》(漢の功臣)の威勢にも劣らぬほどの激戦であった。各人それぞれの活躍をしたことであった。

ところで、小沢六郎三郎はこのとき、烏帽子屋の町に寄宿していた。「信長公ご自害」と聞いて、六郎三郎は「この上は三位中将信忠卿の御座所へ参り、信忠卿のお伴をしよう」と申した。それを聞いた宿の主人をはじめ隣家の者たちが馳せ集まって来て、「二条の御所も、はや包囲されてしまったので、ご一手に加わることはできません。なんとか最後までおかくまいしてお助けしますから、まずここはお引きなさい」といろいろ意見をしたが、同意せず、明智方のように装って、槍をかつぎ、町通りを二条へ上って行った。宿の主人や隣家の人びとは、名残惜しく思い、そのあとを慕って見送っていったところ、無事二条の御所内へ走り込んだ。六郎三郎は中将信忠卿へお目にかかり、そののち表のご門の守りについて、みなと協力し、つぎつぎと切って出ては戦った。この人たちの活躍ぶりは、はなはだすばらしいものであった。

そうこうしているうちに、敵は近衛殿（前久《さきひさ》）の御殿の屋根にあがり、御所の構内を見下ろし、そこから弓・鉄砲を撃ちこんでくる。そのため手負い・死人が多数続出し、しだいしだいに無人となり、ついに敵は御所内へ侵入して、火を放った。三位中将信忠卿は、「私が腹を切ったら、縁の板を引きはがしてその中に私を入れ、死骸を隠すように」とお命じになり、介錯を鎌田新介に命じられた。ご一門の方々、主だった家の子・郎党らは枕を並べて討ち死にした、死体が散乱しているありさまをご覧になって、信忠卿はなんともかわいそうにお思いになる。御殿まぢかに火が燃え移ってきたので、このとき、ご切腹になり、恐れ多いことではあるが、鎌田新介が御首を打ち落とし申した。それから仰せのとおりに死骸を隠しおいて、その後火葬し申したことである。その哀れなごようすは、見るにしのびないほどであった。

このとき討ち死にした人びとは、津田又十郎・津田源三郎・津田勘七・津田九郎二郎・津田小藤次・菅屋九右衛門・菅屋勝次郎・猪子兵介・村井春長軒・村井清次・村井作右衛門・服部小藤太・永井新太郎・野々村三十郎・篠川兵庫頭・下石彦右衛門・下方弥三郎・春日源八郎・団平八・桜木伝七・寺田善右衛門・塙伝三郎・種村《たなむら》彦次郎・毛利新介・毛利岩・斎藤新五・坂井越中・赤座七郎右衛門・桑原助六・桑原九蔵・逆川甚五郎・山口小弁・河野善四郎・村瀬虎・佐々清蔵・福富平左衛門・小沢六郎三郎・土方次郎兵衛・石田孫左衛門・宮田彦次郎・浅井清蔵・高橋藤・小河源四郎・神戸二郎作・大脇喜八・犬飼孫三・石黒彦二郎・越智小十郎・平野新左衛門・平野勘右衛門・水野宗介・井上又蔵・松野平介・飯尾毛介・賀藤辰・山口半四郎・竹中彦八郎・河崎与介・村井新右衛門・服部六兵衛・水野九蔵らである。

先年、安藤伊賀守（守就《もりなり》）はふとどきなことがあって追放された。そのとき伊賀守の家来に、松野平介という者がいた。才知すぐれた勇士である由を、信長公はお聞きになって、お召し出しになり、相応の所領を下された。平介はたいへん面目をほどこしたのであった。このたび松野平介は遠く離れたところにいたため、戦いがすんでから妙顕寺（京都市上京区に所在）に駆けつけて来た。明智方の、斎藤内蔵助（利三）はこの平介と以前からの知り合いであったから、内蔵助のほうから妙顕寺へ使者を寄こし、「早く参って明智日向守殿にごあいさつ申しなさい。なにも遠慮なさるに及びません」と言ってきた。しかし平介は、信長公へ召し出された先のなりゆきを、寺僧たちにこまごまと語って聞かせ、「かたじけなくも過分の所領を頂き、だいじなとき御用に立たなかった。この上敵に降参申し、明智殿を主君として敬わねばならぬとは無念である」と申し、内蔵助の許へ書状を書き置いて、信長卿のあとを追って切腹した。「命は義によって軽し」という言葉は、このようなことをいうのである。

ここにまた土方次郎兵衛という譜代のご家人がいた。信長公ご自害の折、上京の柳原にいて遅くなり、ご自害のことを聞いて、「その場にあってお伴できなかったのは残念である。あとを追って切腹いたそう」といって、知人の許へ文を書いて送り、召し使っていた下人たちに、武具・腰刀・衣装を形見として取らせ、りっぱにあと追い切腹をし申した。名誉なことは申すまでもないことである。

(34) 安土城の混乱

六月二日午前八時ごろ、信長公御父子・ご一門・ご高臣らを討ち果たした明智日向守は、「落人《おちうど》があるであろうから、家々を捜索せよ」と命じたので、兵卒たちが洛中の町屋へ踏み込んで、落人を捜すそのありさまは目もあてられぬ騒ぎであった。都の騒動はひととおりのことではなかった。その後、日向守は、近江の軍勢が京へ攻めのぼって来るのではないかと考え、その日のうちに京から勢田へ乗り込み、勢田城主山岡美作守（景隆）、山岡対馬守（景佐《かげすけ》）の兄弟に対し、「人質を出して、光秀に協力されよ」と申し入れた。すると山岡は「信長公のご厚恩は浅くはなかった。ありがたいことではあるが、とてもご同意できかねる」と答えて、勢田の橋を焼き落とすとともに、居城に火をかけ、山中へ引き退いた。明智日向守は、ここで味方に加わると思っていた兵力を失い、しかたなく勢田の橋ぎわに足がかりを作って、警固の軍兵を入れておき、自分は坂本へ帰っていった。

同日、午前十時ごろ、安土には、風の吹くようにどこからともなく、「明智日向守の謀反によって、信長公・中将信忠卿父子、ご一門、そのほかご高臣の方々がご切腹になった」とのうわさが伝わってきた。上下一同このうわさを聞いたけれども、言葉に出すのもはばかられて、はじめのうちは目と目を見合わせてだまっていたが、しだいにたいへんな騒ぎとなった。そのうち京から下男衆が逃げ帰ってきたので、謀反はいよいよ確かなことと決まった。自分自身の進退に取り紛れて、信長公・信忠卿のご自害を泣き悲しむ者もないようなありさまであった。日ごろ蓄え置いた重宝の道具類もそのままに、家々を捨て、妻子だけを引き連れて、美濃・尾張の人びとはそれぞれ本国をめざし、思い思いに逃れていった。

当日の夜になって、山崎源太左衛門はみずからわが家に火を放ち、安土を捨てて居城の山崎へ引き退いたので、ますます騒ぎは大きくなって、正気を失ったかのようであった。

蒲生右兵衛大輔（賢秀）は、「この上は信長公の夫人方や・お子様たちを、まず日野谷へお移ししよう」と話し合った末、子息の蒲生忠三郎（氏卿）を日野から腰越までお迎えのために呼び寄せるとともに、それに必要な牛馬・人足などをも日野から呼び集めた。

六月三日午後二時ごろ、「お立ち退きください」と申し上げる。信長公の夫人方は「安土を捨てて立ち退くからには、天守にある金銀・太刀・刀を持ち出し、それから火をかけて立ち去られるように」と仰せられるのであったが、蒲生右兵衛大輔は世にも珍しい無欲な心の持ち主であった。「信長公が年来、お心を尽くして、金銀をちりばめ、天下無双のお城を作られたのに、私ひとりの考えによって焼き払い、空しく焦土としてしまうのは恐れ多いことであります。その上さらに、金銀・ご名物の品々を、勝手に取ったとあっては、世間のあざけりもいかがなものでしょうか」と申し、安土のお城を木村次郎左衛門に渡し、諸兵それぞれにご夫人方の警固を申し付けて、立ち退かせ申したのであった。はしたのお女中衆などははき物もなく、はだし歩き、足は血で赤く染まって、その気の毒なようすは見るにしのびないほどであった。

（35）徳川家康、急ぎ帰国

徳川家康公・穴山梅雪・長谷川竹の一行は、和泉の堺で信長公御父子ご自害のことを知り、取る物も取りあえず、宇治田原越えで立ち退いたのであるが、途中一揆に出合い、穴山梅雪は殺害されてしまった。徳川公・長谷川竹は、桑名から船にお乗りになって、無事熱田の港へお着きになった。

信長公記　巻十五　終

訳者解説　『信長公記』の世界

『信長公記』と太田牛一

『信長公記《しんちょうこうき》』（「のぶながこうき」とも読む）は、織田・豊臣両家に仕えていた戦国末期の武将、太田和泉守牛一《ぎゅういち》（あるいは「うしかず」）が、江戸時代初期の慶長十五年（一六一〇）ごろに著した織田信長一代記である。

その構成は、大きく二つに分かれ、「首巻」には、信長の誕生から、永禄十一年（一五六八）、足利義昭を奉じて京都に入るまでの事跡が記され、つづいて第一巻から第十五巻が、上洛から天正《てんしょう》十年（一五八二）、本能寺の変に斃《たお》れるまでの十五年間の波乱に満ちた年代記となっている。

太田牛一は、大永《だいえい》七年（一五二七）、尾張の国春日井郡山田庄安食村に生まれ、通称を又助といった。はじめ信長の足軽となったが、弓にすぐれていたため、弓三人、槍三人の六人の親衛隊の一人に取り立てられる。永禄八年（一五六五）、信長が美濃の斎藤義龍方の長井隼人正《はやとのかみ》を堂洞砦《どうほらとりで》（岐阜県加茂郡内にある）に攻めたとき、又助はただ一人、とりでの正面の高い家に登って、一本のむだ矢もなく射つづけた。信長は彼に三度も使いを送って、「胸のすくような働き」と賞め、加増をしている（本文、首巻（43））。

牛一は無学な田舎侍の出身ではあったが、ひじょうな努力家だったらしく、独学で学問を修め、のちには信長、秀吉の側近に仕える身分となって、山城や近江の秀吉直轄領の代官や、肥前名護屋城の築城の一部を担当、また明国からの使節の接待を務めるなど、行政官僚として活躍している。当時の禅僧、西笑承兌《さいしょうじょうたい》の日記『日用集《にちようしゅう》』天正十七年十一月二十二日の項に「夕刻、太田又助殿が来られ、『蒙求《もうぎゅう》』（中国の歴史書）について質問されたので、五、六人の事跡についてお話しした」とある。天正十七年といえば牛一はすでに六十歳を越えている。彼の篤学ぶりをものがたるエピソードといえよう。

牛一の主著とされる『信長公記』『大かうさまくんきのうち』（秀吉の一代記）は、こうした勤務の合い間に丹念につづられた日記をもとにまとめられたものであり、その史料的価値はきわめて高く評価されている。

彼の性格は、一本気で、かなり頑固なところもあったらしく、伝記作者としてはライバルの小瀬甫庵《おぜほあん》は、その『太閤記』の前書きの中で、「この書物は太田和泉守が記したもの（『大かうさまくんきのうち』を指す）を参考に作ったが、彼は生まれつき愚直で、はじめ聞いたことだけを真実と思い、のちに、その場に居合わせた人が違うと言っても耳に入れない」などと批判している。

だが、『信長公記』の価値は、まさに牛一のこの愚直さのたまものにほかならない。

池田家文庫本第十三帖にある牛一自筆の奥書きには「わが寿命はすでに尽きようとしているが、かすむ眼をこすりつつ書きつづけた。この書物はかつて記しておいたものが、おのずと集まったもので、断じて主観による作品や評論ではない。あったことを除かず、無かったことはつけ加えていない。もし一か所でも虚偽があるならば、天は許し給わぬであろう」(大意)と、堂々の自負が述べられている。この「奥書き」原文中の「老眼の通路を尋ね」は、謡曲『実盛《さねもり》』の文句によるもので、白ひげを黒く染めて必死の戦場に赴いた斎藤別当実盛の心意気に、みずからを比したのであろう。

その没年は定かではないが、慶長十五年八月二十三日　八十四歳と明記した自筆奥書き(『今度之公家双帋《このたびのくげのそうし》』太田家蔵)が残っているから、当時としてはひじょうな長寿者であった。

なお、彼は信長の祐筆《ゆうひつ》(秘書官)であったと各種辞典等に出ているが、桑田忠親氏の『豊太閤伝記物語の研究』、石田善人氏の『岡山大学蔵池田家文庫「信長記」別冊』等の詳細な考証によって、これに根拠がないことが明らかになっている。

つぎに、本書とよく混同される書物に、上記の小瀬甫庵が著した『信長記《しんちょうき》』があるので両者の関係を明らかにしておきたい。

甫庵の『信長記』は、ちょうど『大かうさまくんきのうち』をもとに『太閤記』が作られたように、『信長公記』を下敷きとした、評論的、教訓的色彩の強い甫庵版信長一代記である。したがって、信長の生涯に対する、甫庵の儒教的倫理観による評価、分析には興味があるが、史料的価値からすれば、『信長公記』には及ばぬとされている。

ところで、牛一の著作が『信長公記』と称されるようになったのは、明治十四年、町田久成という人が所蔵していた古写本をもとに発刊された「我自刊我」本が最初で、それ以前は、牛一作も甫庵作も、ともに『信長記』と呼ばれていたのである。

しかも、甫庵の『信長記』は、牛一の『信長記』より後に書かれたにもかかわらず、早くから刊行されて多くの人の目に触れていた。大久保彦左衛門忠教《ただたか》が、その『三河物語』で「信長記を見るに、いつわり多し。三分の一はあること、三分の一は似たこともあり、三分の一はあとかたもなきことなり」とこきおろしているのも、甫庵『信長記』のことだという。

「我自刊我」本が〝公〟の字を入れたのは、このような両者の混同を避けるためであったろう。そして、これ以後、『信長記』は甫庵、『信長公記』は牛一の著作というのが通念のようになってしまった。

しかし、牛一の自筆部分を多く含んで最良の原本とされている岡山大学蔵、池田家文庫本（国指定重要文化財）はもとより、明治以前の古写本も、すべて『信長記』なのだから、先主権のあるこの書名を、後からできた甫庵本に譲ってしまうのは筋が通らない。牛一の著書は『信長記』と呼び、甫庵のものは『甫庵信長記』とでもすべきであろうとの主張（石田善人氏）もある。

本書では、底本を上記の「我自刊我」本にもとづく諸本にとったため、一般に通りのよい『信長公記』の書名としたが、学問的には石田氏らのご意見を尊重すべきものと考える。

各巻のあらまし

大うつけから天下人へ

首巻（天文三年〜永禄十一年　一五三四〜六八）

首巻はその前書きに「これは信長ご入洛なき以前の双紙なり」と記されているとおり、信長の誕生から、その青少年時代、今川義元を桶狭間に討って尾張を制し、上洛を企てるまでの記録である。

信長の父、備後守信秀（一五一〇〜五一）は尾張西部を支配する織田大和守家の三奉行の一人だったが、その勢いは主家をしのぐ新興大名に成長しつつあった。信長はその嫡男として天文三年（一五三四）、父の居城である那古野《なごや》城で生まれ、幼名を吉法師とよばれる。その気性があまりに激しかったため、母は信長をうとみ、優等生タイプの弟（のちに信長に殺された勘十郎信行）を偏愛したという。

十六、七歳のころの信長は、ゆかたの片袖をはずし、半袴に朱ざやの太刀、腰には火打ち袋やひょうたんをぶらさげ、町中で人目もかまわず柿や瓜にかぶりつくというありさまで、世間からは、「大うつけとより外《ほか》に申さず候」であった。その反逆児ぶりは、父の葬儀に例の異様なスタイルで現れ、香をわしづかみにして仏前に投げつけるという奇行で頂点に達した。

だが、この無軌道時代、彼は渡来後数年しかたっていない鉄砲を師について稽古するなど、持ち前の好奇心と先見性を発揮して他日に備えていた。

隣国美濃の〝まむし殿〟こと斎藤道三との会見でそのど肝を抜き、「残念ながらわしの子供は、あのたわけの内外に馬をつなぐ（家来となる）だろう」と嘆かせたエピソードは名高い。二十七歳の夏、桶狭間の合戦で大敵今川義元を討ち、三十四歳の年には斎藤道三の孫、龍興の稲葉山城を奪ってここに移り、岐阜と名づける。

この地名は、信長の学問の師であった禅僧、沢彦宗恩《たくげんそうおん》が選んだもので、古代中国の周王朝の祖、古公亶父《ここうたんぽ》が、今の陝西《せんせい》省岐山県に依って国を興し、天下を平定したという伝説にもとづいている。つまり天下平定の基地という意味である。

また信長は、このころから有名な「天下布武《てんかふぶ》」（武力による天下統一）の印を使うようになったが、これも沢彦の献策によるものだという。

岐阜城の壮麗さは、訪れたポルトガルの宣教師、ルイス・フロイスを感嘆させたが、後年の安土城の原型は、天下制覇の構想とともに、すでに信長の胸中に熟しつつあったのであろう。

足利義昭を奉じて上洛

巻一〜二（永禄十一〜十二年　一五六八〜六九）

だが、伝統的権威を重んじるこの国の風土にあっては、さすがの信長も、なんの大義名分もなしに上洛して天下に号令することはむずかしかった。ここで大きな役割を果たしたのが、足利幕府最後の将軍となった義昭（はじめ義秋）である。

永禄八年（一五六五）五月、三好義継、松永久秀らは、十三代将軍義輝を襲って殺し、阿波から傍流の足利義栄《よしひで》をつれてきて十四代将軍にすえた。

義輝の弟、義昭は、当時出家して奈良一乗院の門主となり覚慶と称していたが、三好勢の監視をのがれ脱出、還俗《げんぞく》して諸方を転々としたのち、信長を頼って幕府再興を命じた。このかつぎ出しを演出したのが義昭方では長岡藤孝（細川幽斎）、信長方では明智光秀である。

信長は上洛を阻む伊勢、近江方面の反対勢力を一掃、永禄十一年、義昭を奉じて入京、彼を十五代将軍にすえた。義昭ははじめ、信長を「御父織田弾正忠殿」と呼ぶほど感激していたが、現実に権力を握っているのは信長で、自分は飾り物の扱いしか受けていないことに気づくにつれて急速に反信長へと傾斜していくのだった。

強まる反信長包囲陣

巻三～五（元亀元～三年　一五七〇～七二）

義昭を利用した信長の鮮やかな上洛劇は、各地で天下を目ざしていた群雄を刺激、結束させ、本願寺や比叡山延暦寺などの宗教勢力をも含めた反信長包囲陣が着々と形成されてゆく。年号が元亀《げんき》と改まり、天正を迎えるまでの三年間は、信長の大志がしばしば挫折の危機に陥る試練の連続であった。

元亀元年正月、まず越前の朝倉義景《よしかげ》が信長の上京命令を無視して反抗の姿勢を明らかにする。これを討つため春とともに若狭、越前に侵入した信長軍は、かねて妹のお市の方をめあわせて同盟を結んでいた近江の浅井長政の寝返りによって、はさみ討ちの危機に見舞われ、ほうほうのていで撤退した。このとき敦賀の金が崎城を守って全軍の殿《しんがり》をつとめた木下藤吉郎の武勲は名高い。

岐阜にもどった信長は、慎重な軍備のもとに再度出撃、浅井・朝倉の連合軍と姉川で戦ったが、勝負を決するには至らなかった。

京を追われていた三好勢は、信長の苦境に乗じて巻き返しをはかり、大坂石山城を本拠とする本願寺光佐（顕如上人《けんにょ》）と同盟して摂津に進出した。

これに力を得た浅井・朝倉勢は延暦寺と結んで近江から京都の東・北部一帯に侵入、信長は南北から封じこめられて、本拠地尾張の小江木城（現・弥富市）が伊勢長島の一向一揆に襲われて、弟の信興が殺されても手も足も出せぬ状態となった。

この手づまりを一挙に打開しようと断行されたのが、元亀二年九月の比叡山焼きうちである。悲惨をきわめたみな殺し作戦によって浅井・朝倉は京都進出の足場を失ったが、信長に対する道義的非難は高まり、より大きな反信長連合が結ばれていった。その触媒的役割を果したのが、信長に対する不満をますます募らせている義昭であった。

甲斐の武田信玄は、それまでの信長との同盟を破って西上することを決意、元亀三年夏、近江に侵入した織田軍を浅井・朝倉にくぎづけにさせ、諸国の同盟勢力のいっせいの蜂起の中で一気に上洛、信長の息の根を止めようとした。だが、朝倉義景の不決断により、この大包囲陣の一角が崩れ、信長は最大の危機を免れる。

反対勢力を各個撃破

巻六～十（天正元～五年　一五七三～七七）

前年の暮れ、破竹の勢いで進撃を開始、三方が原で家康軍を蹴散らした信玄は、なぜかそのまま軍をとどめて越年、春が来ても西上の動きを見せない。やがて、信玄は四月、雄図むなしく病没したとの報が入った。

最大の敵対勢力から解放された信長は、息もつかせぬ各個撃破作戦を展開、まず、信長の窮地に乗じて挙兵した義昭を追放、足利幕府を事実上解体した。続いて北に進んで宿敵の浅井・朝倉を滅ぼし、とって返して畿内を平定する。

翌天正二年には伊勢長島の一向一揆を攻めて空前の大虐殺により一掃した。三年五月には、武田勝頼率いる武田の精鋭軍団を長篠城外に迎えうち再起不能の打撃を加える。四年二月には安土城を築いて岐阜から移っていよいよ全国制圧を軌道に乗せた。

北方、東方の脅威を除いた信長の次の目標は、中国地方をおさえる大勢力、毛利一族であった。五年、最も信頼する秀吉の軍を播磨に派遣したのはその第一着手である。

ついに本願寺を降す

巻十一〜十三（天正六〜八年　一五七八〜八〇）

大坂石山城にこもる本願寺は、毛利水軍による海上からの補給のもとに持久戦を続けていた。信長はこの毛利水軍に天正四年に海戦を挑んだが、こっぴどく叩かれ、依然として制海権を手にすることができなかった。

これを打開したのが、新造の鉄甲軍船による六年十一月の海戦の勝利だった。糧道を断たれた本願寺は、八年夏までは持ちこたえたがついに降伏、大坂を撤退したのである。七年五月、壮麗をきわめる安土城天守閣が完成、ヨーロッパのカテドラルに範をとったといわれる吹抜き構造は従来の日本の建造物には例をみぬものだった。

甲信平定、本能寺の変

巻十四〜十五(天正九〜十年 一五八一〜八二)

九年二月、京都で催された馬揃えは、いまや天下布武を目前にした信長の一大デモンストレーションであった。信長は能楽の神体の華麗ないでたちで現れ、牛一も「さながら住吉明神のご出現もこのようであろうかと感じぬものはなかった」と述べているとおり、明らかに自己の神格化を演出したのである。

さて、東国では信玄の死と長篠の敗戦以後、武田一族の結束は崩れ、家康・信長方への内応が相ついだ。

運命の天正十年二月、信長・信忠父子は大軍を率いて木曽路から甲州に進み、勝頼とその一族を追いつめて根絶やしにした。

勝ち誇った織田軍は、信玄の菩提寺である恵林寺に火をかけて快川《かいせん》長老をはじめ多数を焼き殺す。帰途は家康の丁重な警固と案内のもとに富士を眺めつつ、ゆるゆると東海道をのぼって安土に帰還した。

このころ、中国では秀吉の高松城水攻めが成功を収めつつあった。武田絶滅の余勢をかって、一挙に毛利を攻略しようとする信長は、みずから総指揮にあたるため、六月一日、京都に入るとわずかな側近だけを従えて本能寺に宿る。その夜、丹波亀山城を一万三千の兵を率いた明智光秀が出撃したことを、信長は夢にも知らなかったのである。

時代を先取りした合理思考の勝利

桶狭間決戦にみる捨て身の奇襲作戦があまりにも劇的な成功を収めたことから、少数をもって大敵を討つのが信長得意の戦法であるかのように思う人も少なくないが、これはまったくの誤解にすぎない。

桶狭間の奇襲は、絶体絶命に追いこまれたなかでの窮鼠《きゅうそ》猫を咬む反撃であり、けっして望んで仕かけた戦いではなかった。そして信長の偉さは、桶狭間であれだけの成功を収めながら、これに味をしめて冒険を繰り返すことは二度とせず、戦うときはつねに万全の準備を整えて敵を圧倒する正攻法に徹したことである。また、彼は戦況が不利となれば、外聞にこだわらずにさっさと退き、不必要な消耗を避けて再起を期している。

この態度が典型的に示されたのが、宿敵の武田氏に再起不能の打撃を与えた長篠の合戦であった。

亡父信玄の遺志を継ぎ、西上を図って進撃してくる勝頼の大軍に家康は窮地に追いつめられ、懸命に救援を求めてきたが信長は容易に腰をあげない。『甲陽軍鑑』によれば、家康はついには「もし援軍を出してくださらなければ、やむをえず勝頼の先手となって信長公を攻めることとなりましょう」とまで書き送ったという。

そして、いよいよ出陣となると、信長・家康連合軍三万八千は、一万二千の武田軍団の進路に二キロ半にもわたる柵を構えて騎馬隊の前進を阻み、鉄砲隊三千を三段に分け、交替で弾丸をこめては射撃することで機関銃なみの効果をあげたのである。

石山城（現在の大阪城本丸付近）にこもった本願寺に対する八年間にも及ぶ包囲作戦も一般に持たれている信長のイメージとは異なる気の長さである。畿内のどまんなかに敵の本拠地が残っているというかっこうの悪さにこだわらず、犠牲の大きい力攻めを避けた信長は、伊勢大湊《おおみなと》（現在の伊勢市内）で鉄板に装甲し、大鉄砲を備えた巨大な戦艦を建造、石山城に兵糧を運ぶ毛利水軍の船団を撃破して大坂湾の制海権を握る。こうして補給路を断たれた本願寺は、やむなく大坂を退去したのである。

もともと畿内に近い先進地帯である尾張地方の将兵は、たとえば甲斐の武田武士や三河の徳川軍団のような精鋭とはいえない。信長はその弱点を十分に心得た上で、動員兵力と鉄砲を中心とする装備と、システムの力によって敵を圧倒した。その思考には太平洋戦争における米軍の戦略に共通する近代性が感じられる。

信長の近代性は、その支配地における行政、経済政策においても傑出していた。

戦国時代後半、富国強兵を目ざす諸国の有力大名は、治山治水、新田や鉱山の開発などにつとめて生産力の増強につとめていたが、諸国間の経済流通は、社寺と結んだ特権的な〃座〃、高額な関銭《せきせん》(通行税)を取り立てる多くの関所、そして道路網の不備によって妨げられていた。自国の安全を第一とする戦国大名にとって、これはむしろ望ましい状態だったのである。

だが、信長は武力だけでなく経済力でも全国統一を目ざしていたから、これらの障害を大胆に打破して、もの、ひと、かねの全国的流通を進めていった。関所・関銭の撤廃、楽市・楽座による商業自由化、貨幣制度の整備などは教科書にも記されているが、天正三年(一五七五)に行われた中山道磨針《すりはり》峠(滋賀県彦根市)の大改修もその一環である。京都と東海を結ぶ街道上のこの難所を、信長は人夫二万人を動員、火薬で岩石を砕いて幅五・四メートルに切り開き、美濃・京都間の距離を一二キロメートルも短縮した。この工事が軍事と経済の両面であげた効果はきわめて大きいものがあったという。

その旗印に、当時、広く通用していた貨幣、永楽通宝のデザインを用いた信長の経済・商業重視の感覚は、〃一所懸命〃でひたすら領地の確保だけに没頭していた中世武士たちをはるかに越えていたのである。

行政面で最も注目されるのは、検地の実施と大名に対する朱印状の発行である。戦国時代の検地は、秀吉の〝太閤検地〟以後のように直接、農地を実測したわけではなく、指出《さしだし》(土地面積と収穫高の申告)により年貢高を定めるもので、有力大名はそれぞれの領国内でこれを実施していた。だが信長は、新しい占領地を手に入れるごとに検地を行って、その面積、収穫高を掌握し、朱印状を発行してこれを家臣、同盟者に与えて大名とした。つまり、日本の国土のすべては織田政権が朝廷から委託され統治するものであり、これを諸大名に分割するという いき方で、中世的な守護支配や荘園制度の残りかすの一掃を図ったものだった。これを受けついで徹底させたのが太閤検地であり、徳川幕藩体制であることはいうまでもない。

信長はまた、学問、思想の面でも古い価値観にとらわれぬ自由な発想と理解力の持ち主だった。天正八年(一五八〇)に信長に会見したイタリア人宣教師オルガンティノは、信長に地球儀を示して地球の形と日本への航路について説明したところ、坊主どもと違って、そのすべてをただちに理解したと報告している。

以上述べたような信長の合理主義と革新性、周到な計画性と果敢な行動力は、わが国の歴史的発展にきわめて大きな役割を果たした。

近年、複雑困難な企業環境に悩む経営者、ビジネスマンの中で信長の事跡への関心が高まり、経営雑誌『プレジデント』が〝織田信長の研究〟を特集(七九年三月号)したりするのも理由のあることである。

だが、私たちは信長のもう一つの側面、日本史上の数々の支配者たちにも類を見ない独裁ぶり、残虐性、執念深さといった暗黒面からも目をそむけるわけにはいかない。

〝高ころび〟を招いた力の支配

平和な時代に生きる私たちは、戦国時代といえばいたるところで、食うか食われるかの死闘が続いていたかのように考えがちだが、現実はもう少し違っていたらしい。甫庵の『太閤記』によれば、永禄のころ、複雑な権力争奪が繰り返されていた堺などでは、合戦の合間には敵味方の将士が一緒になって酒をくみかわしていたという。

もっと大規模で本格的な戦闘の場合も、降伏した将兵の大部分は、勝者の陣に繰り入れられ、先陣をつとめることを条件として助命されるのがふつうであった。ヨーロッパや中国の戦史にみる、敗軍は一兵残らずみな殺しという例は、わが国にはきわめて稀である。

余談だが、将棋はインドを源流として世界各地に広まり、さまざまなルールが生まれたが、敵の駒を生かして使うのは日本将棋だけで、他は例外なしに取り捨てだという。

ところが、わが国には例の少ない、この〝取り捨て〟的みな殺しを徹底的に実行したのがほかならぬ信長であった。

比叡山の焼きうちでは僧俗老幼の別なく数千人が惨殺され、伊勢長島に敗れた一向一揆は降伏を申し出たが「男女ことごとく撫切りに申しつけ候」（信長の書状）となり、最後は二万人の男女が幾重にも柵で囲まれた中で焼き殺された。

天正三年（一五七五）の越前一向一揆平定の陣から村井貞勝に送った信長の書信には「府中町（現在の越前市）は死がいばかりで隙間もない。見せてやりたいものだ。今日は山々谷々を探して残らず討ち果たすであろう」と得意げに記されている。

戦争とは、しょせんそんなものだという見方があるかもしれない。だが、信長にそむいた荒木村重の家臣、女房、召使い、五百十二人を四軒の家にとじこめ、まわりに乾草を積んで焼き殺した上、一族の数十人の男女を洛中引き回しの上、六条河原で処刑したことや、浅井・朝倉を滅ぼすと、長政の嫡子でわずか十歳の万福丸をはりつけにかけ、浅井久政・長政父子と朝倉義景の頭がい骨は漆で固め金泥を塗って、正月の祝宴の席に「珍奇の御肴」として並べられたことなどはどうであろうか。その人間離れした残忍ぶりは、信玄から「天魔変化」とののしられてもやむをえないものといえよう。家臣たちに対する絶対者としての酷薄さもその権力の増大とともにはなはだしくなっていく。

織田家譜代の重臣で武勇の誉れ高い柴田勝家に越前を任せたときの掟書に「とにもかくにも信長を崇拝して、足も向けぬようにせよ」と命じた（巻八）ことは有名である。

天正九年（一五八一）、伊賀を平定して国中を巡察する信長に対して、これを接待する滝川一益、堀秀政、丹羽長秀ら重臣の態度は「いみじくおじ恐るる有様、筆にも詞《ことば》にも述べがたき様体《ようたい》」（巻十四）であったという。戦勝の後だというのに、君臣の親しみはなく、ただ恐怖の感情だけが支配していたのだ。

この抗することのできない絶対者に対する恐怖と怨恨は、信長の支配が強化されればされるほど、人びとの心の中に、より広く、より深く累積されていったに違いない。荒木村重や明智光秀の反逆も、一昔前にひん発した主君にとってかわろうとする下剋上とは異質の、積もり積もった恐怖とうらみの爆発による絶望的な賭けとみるべきであろう。

本能寺の変を十年もさかのぼる天正元年（一五七三）、毛利家の外交僧として、毛利・織田両者の交渉にあたった安国寺恵瓊《えけい》（のち秀吉に仕え、関が原では西軍に属し敗戦、家康に斬られた）は、吉川《きっかわ》・小早川両家宛の長文の報告書の中で「信長の代は、三年ないし五年は続くでありましょう。明年あたりは公家に任官するかとも思われます。そしてその後、高ころびに、あおむけにころぶものと見られます。また、藤吉郎はなかなかの者でございます」と述べている。

諸国の情報に通じ、人を見る目にすぐれていた恵瓊は、信長の力量とともに、その強権支配にひそむ本質的なもろさを見抜いていた。そして秀吉が、信長から徹底的に学びつつも、人間の心をつかみ、その可能性を発揮させる上では、はるかにすぐれていたことまで感じとっていたのであろう。

幸若舞の敦盛の一節「人間五十年、下天のうちを比ぶれば、夢幻のごとくなり」を愛唱していたという信長は、その五十年にも満たぬ四十九歳で生涯を終えた。

本能寺の変の直接の引き金は、うち続く勝利におごって身辺の警備をおろそかにした一瞬の油断であった。だが、かりに本能寺の変が起こらなかったとしても、しょせん、畳の上で死ぬことは許されぬ業《ごう》を彼は重ねていたのである。

燃えさかる炎の中での信長の最期は、彼自身がえがき、演じてきた華麗で残酷なドラマに最もふさわしいフィナーレであったといえよう。

文庫版解説 『信長公記』と作者太田牛一

金子 拓

本書は『明智光秀』『毛利元就』といった歴史小説で知られる作家榊山潤氏による『信長公記』の現代語訳である。

作者太田牛一について、また『信長公記』の特色については訳者解説でも触れられているから再説を要さないのだが、本書元版が刊行された一九八〇年（昭和五十五）以降、牛一やその子孫、そして『信長公記』自体の研究が大きく進展し、様々なことがわかってきている。そこで、以下ではそれらの点にとくに注意を払い、太田牛一の事跡や『信長公記』の史料的性格を述べ、最後に現代語訳のあり方について言及したい。

1 作者太田牛一について

『信長公記』の作者太田牛一は、大永七年（一五二七）、尾張国春日井郡山田庄安食《あじき》（現愛知県名古屋市北区・同春日井市・西春日井郡付近）に生まれた。自筆本の一本岡山大学附属図書館池田家文庫本に書かれた慶長十五年（一六一〇）の奥書に、生年は丁亥年、八十四歳とあるからである。

尾張政秀寺《せいしゅうじ》の記録（成立年代不明）には、牛一は同国の天台宗寺院常観寺《じょうがんじ》に育ち、成長してから還俗《げんぞく》（僧籍に入った者が俗人に戻ること）し信長に仕えたとある。通称は最初又助（介）、のち和泉守の受領名を名乗り、後年ふたたび又助と名乗った史料もある。諱《いみな》は信定・牛一が知られる。牛一は「ウシカツ（もしくはウシカズ）」とでも読ませるのかもしれないが、読みが明らかにわかる同時代史料がなく、その場合の通例として、音読みで「ギュウイチ」とも呼ばれる。

牛一自身『信長公記』には「首巻」に三度登場する。この点すでに訳者解説にて指摘されているとおりである。若い頃は弓三人の衆（弓衆）として信長に仕えていたことがわかるが、信長が永禄十一年（一五六八）に上洛して以降の具体的な立場は不明である。信長の右筆《ゆうひつ》ともされていたが、現在では否定されている。

ただ明らかなのは、信長家臣丹羽（惟住）長秀の配下として活動していたことである。賀茂別雷《わけいかづち》神社文書からは、長秀の書状を執筆していた（長秀の右筆だった）ことも指摘されている。信長家臣ではあるが、長秀に付属させられたいわゆる与力《よりき》であった。賀茂別雷神社（上賀茂神社）と信長との間の取次役であった長秀とともに、神社から贈り物が届けられたりしている。天正二年（一五七四）に開催され、信長の愛馬も出走した賀茂競馬の奉行を担当していたらしい。『信長公記』巻七にこのときの競馬の記事はあるものの、牛一自身は登場しない。他の史料からわかる事実である。このあたりの牛一の記録意識は興味深い。

記録意識という言葉が出たついでに、ここで牛一が『信長公記』をいかに執筆したのかについて簡単に触れておく。『信長公記』は厳密な意味での日記ではない。牛一がおりに触れて書きためておいた日付のある記事がいわば一枚一枚の「資料カード」となり、それらを後年整理編集して筆録したものと考えられている。

したがってまれに誤記や年代の誤りも見られるが、書かれていることがらについては他の同時代史料によって裏づけられるものが多く、とりわけ天正三年(巻八)以降はきわめて正確であり、牛一はこの頃から、将来信長の事跡を記述するため備忘録を意識的に整備しはじめたのではないかと指摘されている。

さて牛一の話に戻ろう。天正十年(一五八二)の本能寺の変の当時も長秀のもとにあったとおぼしく、信長の死により一時丹羽家の所領加賀松任《まっとう》に隠棲していた。しかし羽柴(豊臣)秀吉の要請により復帰して秀吉に仕え、彼の没後は子の秀頼に仕えた。秀吉家臣時代は『大かうさまくんきのうち』や「太閤御代度々御進発の記」といった秀吉の記録を執筆した。

秀吉没後も関ヶ原の戦いの顚末を記した『関ヶ原御合戦双紙』(内府公軍記)、慶長九年(一六〇四)八月に開催された豊国祭の記録『豊国大明神臨時御祭礼記録』、同十四年(一六〇九）に起きた禁裏女房と公家との密通事件を題材にした『今度之公家双紙』（猪熊物語）などを執筆し、これらの自筆本も残っている。『信長公記』自筆本を含め、年記がわかる自筆本の多くが八十三歳から八十四歳にかけて執筆（浄書）されており、晩年における旺盛な執筆活動がうかがえる。

没年は慶長十八年（一六一三）とされる（ただし同時代史料では裏づけられない）。享年八十七。没後、太田家は彼の二人の子小又助某と又七（郎）牛次の二家に分かれ、前者は江戸時代加賀藩前田家に仕え、後者は摂津麻田藩青木家に仕えた。子孫たちが仕えた先の家の祖もまた、それぞれ信長・秀吉に仕えた人物（前田利家・青木重直）である。牛一の没年は、加賀の太田家が作成した系図より判明する。

2 『信長公記』の成立について

『信長公記』は、信長が上洛した永禄十一年から、本能寺の変で没した天正十年までの十五年を一年一巻（冊）、計十五巻（冊）にまとめた書物である。これらのほか、俗に「首巻」と呼ばれる上洛以前の時期の記録がある。

十五巻本は自筆本が二点伝来しているが、「首巻」の自筆本は現在確認されておらず、写本のみが知られている。自筆本としては、ほかに、巻一にあたる永禄十一年の記事のみを巻子一巻に仕立てた『永禄十一年記』（尊経閣文庫所蔵）、おもに大坂本願寺との戦いに関する記事を編集した『別本御代々軍記』(『太田牛一旧記』とも。織田裕美子氏所蔵)が伝えられている。

十五巻本の自筆本二点とは、池田家文庫本(池田家本)と、信長を祀る京都建勲《たけいさお》神社が所蔵する本(建勲神社本)である。いずれも現在国指定重要文化財となっている。池田家本には先に触れた奥書があるのに対し、建勲神社本には奥書がなく、執筆年代はわからない。内容などを比較するかぎりでは、池田家本が先に書かれ、その後建勲神社本が作成されたと推測される。

ただし池田家本には、建勲神社本に記載がある情報が追記されるなど補訂の痕跡が見られることもあり、単純な前後関係で両者を語ることはできない。池田家本は牛一が長く手もとにおき、機会あるたびに修正を加えていった、いわゆる手沢本である可能性があるからだ。

くわえて池田家本には、最終的な献呈先と目される池田輝政や彼の父恒興・兄元助に関わる補訂(修正・加筆)が見られることなどから、牛一は贈り先に合わせて本文を改変していたことがわかっている。牛一が献呈先を意識して執筆・補訂をおこなっていたことは、他の著作においても明らかにされているところである。

本現代語訳の底本我自刊我本《がじかんが》は、右の自筆本のうち建勲神社本の系統に位置づけられる。明治十四年(一八八一)に、甫喜山《ほきやま》景雄という元文部省官吏・新聞人が編纂刊行した「我自刊我書」という活字叢書に収められた一本である。この本文はのち近藤瓶城《へいじょう》編『改定史籍集覧』に収められ、さらに日本史家桑田忠親氏により読み下しにされて『戦国史料叢書』（人物往来社）から刊行され、広く読まれてきた。

我自刊我本の底本は町田久成蔵本とされている。町田は旧薩摩藩士であり、博物館（帝室博物館、現在の東京国立博物館）の初代館長となった人物である。甫喜山とは文部省の官歴が共通する。古物蒐集を好んだという町田の手もとにあった伝本が甫喜山に提供されたのだろう。

注意しなければならないのは、いわゆる「首巻」が十五巻の前に置かれ、「首」と名付けられたのが、この我自刊我本を濫觴《らんしょう》とすること、つまり明治になってからそう組み合わされたことである。「首巻」は本来無題であり、訳者解説にもあるように表紙に「是ハ信長公御上洛無以前の双紙也」と記されていたに過ぎない。

そもそも町田本の祖本である建勲神社本は、信長の二男信雄の系譜を引く近世大和戒《かい》重《じゅう》藩の藩主織田長清（一六六二—一七二二）が蒐集したものである。長清は、水戸藩史官佐々宗淳（『水戸黄門』に登場する「助さん」のモデルとして知られる人物）の薫陶を受け、牛一自筆の十五巻本（＝建勲神社本）、同じく「信長公御上洛無以前の双紙」（自筆本は現在散逸）などを手に入れ、それらをもとに享保三年（一七一八）『織田真紀』という信長の記録を編纂版行した文人大名であった。蒐集の過程で十五巻本と「信長公御上洛無以前の双紙」の写本を作成し、そのひと揃いを近衛家に献上した。これが角川文庫版『信長公記』の底本となっている陽明文庫本である。

これまでの研究では、「信長公御上洛無以前の双紙」、いわゆる「首巻」は、時間的には十五巻本が成立したあとに執筆されたのではないかと考えられている。もちろん、信長の事跡という共通した主題のもと書かれたことは間違いないが、「首巻」と十五巻本は本来別個に成立し、江戸時代織田長清によって組み合わされ（したがって池田家本に「首巻」は存在しない）、明治になって信長以前の記録が「首（巻）」と呼ばれ、時間順にまとめ直された。それが現在一般に流布している『信長公記』であることに注意しなければならない。

3　榊山潤氏の現代語訳について

『信長公記』の原文はいわゆる〝和様漢文体〟で記され、しかも牛一独特の言い回しも見られるため、一般にはかならずしも馴染まない。それゆえの読み下しによる戦国史料叢書版や角川文庫版での刊行であったと思われる。その後も本文庫版の元版や中川太古氏による現代語訳（新人物文庫）が世に出て一般読者に迎えられ、『信長公記』に描かれた歴史世界が広く浸透したことは高く評価される。そのうえ本文庫版によって、さらに多くの人の目が『信長公記』に注がれることは喜ばしい。

しかしながらあくまで本書が「現代語訳」であることには注意する必要がある。もちろん古典的文体とはいえおなじ日本語からの訳である点、外国語からの翻訳と次元が違うことは言うまでもないが、訳である以上、訳文には、訳者の思想や、それが作成された時代の風潮、研究のあり方が大きく影響していると考えておかなければならない。

たとえば信長の人間像ひとつとっても、訳者解説において榊山氏が述べているような「時代を先取りした」「近代性」や絶対者への志向などについて、はたして本当にそうだったのかどうか、近年様々な側面から検証が進んでおり、批判的見解も出されている。

筆者個人の研究に引きつけて言えば、信長が全国統一という意味での「天下統一」を目指していたのか（そうした〝野望〟をもっていたのか）について、以前疑義を提示した。

その立場から訳文を読み直すと、たとえば巻八の（4）に、「信長公は名を後世に残そうと望まれ、数か年は山野・海岸をすみかとし、武具を枕として弓矢をとる者が目ざす天下統一の事業のために、かずかずのご苦労を続けられている」とある（本書二一八頁）。傍点部分の原文を読み下すと「弓箭の本意業として」である。

「弓箭の本意」はすなわち「天下統一の事業」であって、信長も当然これを目指していたとするのは、従来の戦国大名観、そして信長観にもとづいてのものであろう。この解釈を間違っていると言うつもりはない。現在の戦国大名研究、またそれを受けての筆者の考えでは、かならずしもそう考えられているわけではなく、また違った解釈も可能だろうということである。

このように『信長公記』本文はそうした解釈の多様性を含んでおり、別の言い方をすれば、解釈の楽しみがなお残されているのである。現代語訳に目を通して、「原文ではこの部分はどう表現されているのか」と疑問を持ったり、『信長公記』の世界にさらに深く分け入りたいという意欲をもった読者も多いと思われるが、残念ながら『信長公記』には、厳密な校訂をほどこした活字定本がまだ存在しない。

部分的には、「首巻」が『清洲町史』『愛知県史』といった自治体史によって活字化されており、池田家本は影印本（写真版）によって自筆本の雰囲気を味わうことができるものの、なかなか一般の目には触れにくい。現在そのような状況を打開すべく、『信長公記』の本文刊行に向けて準備をおこなっているところである。もう少しお待ちいただきたい。

補記　本稿執筆にあたり、多くの研究を参考にした。太田牛一のこと、『信長公記』のこと、信長の政治志向などについて関心を持った方は、堀新編『信長公記を読む』（吉川弘文館、二〇〇九年）・拙著『織田信長という歴史』（勉誠出版、二〇〇九年）・拙編『信長記』と信長・秀吉の時代』（同前、二〇一二年）・拙著『織田信長〈天下人〉の実像』（講談社現代新書、二〇一四年）を参照されたい。それらのなかで関係する史料や研究が紹介されている。

（かねこ・ひらく／東京大学史料編纂所）

本書は教育社より刊行された『信長公記（上・下）』（一九八〇年五月三十日刊行）を併せて一冊としたものである。

身ぶりと言葉　アンドレ・ルロワ＝グーラン　荒木亨訳

先史学・社会文化人類学の泰斗の代表作。人の生物学的進化、人類学的発展、大脳の発達、言語の文化的機能を壮大なスケールで描いた大著。（松岡正剛）

世界の根源　アンドレ・ルロワ＝グーラン　蔵持不三也訳

人間の進化に迫った人類学者ルロワ＝グーラン。半生を回顧しつつ、人類学・歴史学・博物館の方向性、言語・記号論・身体技法等を縦横無尽に論じる。

日本の歴史をよみなおす（全）　網野善彦

中世日本に新しい光をあて、その真実と多彩な横顔を平明に語り、日本社会のイメージを根本から問い直す。超ロングセラーを続編と併せ文庫化。

米・百姓・天皇　網野善彦　石井進

日本とはどんな国なのか、なぜ米が日本史を解く鍵なのか、通史を書く意味は何なのか。これまでの日本史理解に根本的転回を迫る衝撃の書。（伊藤正敏）

列島の歴史を語る　網野善彦　藤沢・網野さんを囲む会編

日本は決して「一つ」ではなかった！　中世史に新次元を開いた著者が、日本の地理的・歴史的な多様性と豊かさを平明に語った講演録。（五味文彦）

列島文化再考　網野善彦／塚本学／坪井洋文／宮田登

近代国家の枠組みに縛られた歴史観をくつがえし、列島に生きた人々の真の姿を描き出す、歴史学・民俗学の幸福なコラボレーション。（新谷尚紀）

日本社会再考　網野善彦

歴史の虚像の数々を根底から覆してきた網野史学。漁業から交易まで多彩な活躍を繰り広げた海民に光をあて、知られざる日本像を鮮烈に甦らせた名著。

図説　和菓子の歴史　青木直己

饅頭、羊羹、金平糖にカステラ、その時々の外国文化の影響を受けながら多種多様に発展した和菓子。その歴史を多数の図版とともに平易に解説。

今昔東海道独案内　東篇　今井金吾

いにしえから庶民が辿ってきた幹線道路・東海道。日本人の歴史を、著者が自分の足で辿りなおした名著。東篇は日本橋より浜松まで。（今尾恵介）

わたしの城下町　木下直之

攻防の要である城は、明治以降、新たな価値を担い、日本人の心の拠り所として生き延びる。城と城のようなものを歩く著者の主著、ついに文庫に！

東京の下層社会　紀田順一郎

性急な近代化の陰で生みだされた都市の下層民。落伍者として捨て去られた彼らの実態に迫り、日本人の人間観の歪みを焙りだす。（長山靖生）

土方歳三日記（上）　菊地明編著

幕末を疾走したその生涯を、綿密な考証で明らかに。上巻は元治元年まで。新選組結成、芹沢鴨斬殺、池田屋事件……時代はいよいよ風雲急を告げる。

土方歳三日記（下）　菊地明編著

鳥羽伏見の戦に敗れ東走する新選組。近藤亡き後、敗軍の将・土方は会津、そして北海道へ。下巻は慶応元年から明治二年、函館で戦死するまでを追う。

独立自尊　北岡伸一

国家の発展に必要なものとは何か――。福沢諭吉は生涯をかけてこの課題に挑んだ。今こそ振り返るべき思想を明らかにした画期的福沢伝。（細谷雄一）

賤民とは何か　喜田貞吉

非人、河原者、乞胸、奴婢、声聞師……。差別と被差別の根源的構造を歴史的に考察する賤民研究の決定版。『賤民概説』他六篇収録。（塩見鮮一郎）

増補 絵画史料で歴史を読む　黒田日出男

歴史学は文献研究だけではない。絵巻・曼荼羅・肖像画など過去の絵画を史料として読み解き、斬新な手法で日本史を掘り下げた一冊。（三浦篤）

滞日十年（上）　ジョセフ・C・グルー　石川欣一訳

日米開戦にいたるまでの激動の十年、どのような外交交渉が行われたのか。駐日アメリカ大使による貴重な記録。上巻は１９３２年から１９３９年まで。

滞日十年（下）　ジョセフ・C・グルー　石川欣一訳

知日派の駐日大使グルーは日米開戦の回避に奔走。下巻は、ついに日米が戦端を開き、１９４２年、戦時交換船で帰国するまでの迫真の記録。（保阪正康）

東京裁判　幻の弁護側資料　小堀桂一郎編

我々は東京裁判の真実を知っているのか？　準備されたものの未提出に終わった膨大な裁判資料から18篇を精選。緻密な解説とともに裁判の虚構に迫る。

一揆の原理　呉座勇一

虐げられた民衆たちの決死の抵抗として語られてきた一揆。だがそれは戦後歴史学が生んだ幻想にすぎない。これまでの通俗的理解を覆す痛快な一揆論！

甲陽軍鑑　佐藤正英校訂・訳

武田信玄と甲州武士団の思想と行動の集大成。大部から、山本勘助の物語や川中島の合戦など、その白眉を収録。新校訂の原文に現代語訳を付す。

機関銃下の首相官邸　迫水久常

二・二六事件では叛乱軍を欺いて岡田首相を救出し、終戦時には鈴木首相を支えた著者が明かす、天皇・軍部・内閣をめぐる迫真の秘話記録。（井上寿一）

増補　八月十五日の神話　佐藤卓己

ポツダム宣言を受諾した「八月十四日」や降伏文書に調印した「九月二日」でなく、「終戦」はなぜ「八月十五日」なのか。「戦後」の起点の謎を解く。

考古学と古代史のあいだ　白石太一郎

巨大古墳、倭国、卑弥呼。多くの謎につつまれた日本の古代。考古学と古代史学の交差する視点からその謎を解明するスリリングな論考。（森下章司）

江戸はこうして造られた　鈴木理生

家康江戸入り後の百年間は謎に包まれている。海岸部へ進出し、河川や自然地形をたくみに生かした都市の草創期を復原する。（野口武彦）

増補　革命的な、あまりに革命的な　絓《すが》秀実

「一九六八年の革命は「勝利」し続けている」とは何を意味するのか。ニューレフトの諸潮流を丹念に跡づけた批評家の主著、増補文庫化！（王寺賢太）

戦国の城を歩く　千田嘉博

室町時代の館から戦国の山城へ、そして信長の安土城へ。城跡を歩いて、その形の変化を読み、新しい中世の歴史像に迫る。（小島道裕）

性愛の日本中世　田中貴子

稚児を愛した僧侶、「愛法」を求めて稲荷山にもうでる貴族の姫君。中世の性愛信仰・説話を介して、日本のエロスの歴史を覗く。（川村邦光）

琉球の時代　高良倉吉

いまだ多くの謎に包まれた古琉球王国。成立の秘密や、壮大な交易ルートにより花開いた独特の文化を探り、悲劇と栄光の歴史ドラマに迫る。（与那原恵）

博徒の幕末維新　高橋敏

黒船来航の動乱期、アウトローたちが歴史の表舞台に躍り出てくる。虚実を腑分けし、稗史を歴史の中に位置付けなおした記念碑的労作。（鹿島茂）

朝鮮銀行　多田井喜生

植民地政策のもと設立された朝鮮銀行。その銀行券等の発行により、日本は内地経済破綻を防ぎつつ軍費調達ができた。隠れた実態を描く。（板谷敏彦）

近代日本とアジア　坂野潤治

近代日本外交は、脱亜論とアジア主義の対立構図により描かれてきた。そうした理解が虚像であることを精緻な史料読解で暴いた記念碑的論考。（苅部直）

増補 モスクが語るイスラム史　羽田正

モスクの変容――そこには宗教、政治、経済、美術、人々の生活をはじめ、イスラム世界の全歴史が刻み込まれている。その軌跡を色鮮やかに描き出す。

日本大空襲　原田良次

帝都防衛を担った兵士がひそかに綴った日記。各地の空爆被害、斃れゆく戦友への思い、そして国への疑念……空襲の実像を示す第一級資料。（吉田裕）

餓死《うえじに》した英霊たち　藤原彰

第二次大戦で死没した日本兵の大半は飢餓や栄養失調によるものだった。彼らのあまりに悲惨な最期を詳述し、その責任を問う告発の書。（一ノ瀬俊也）

裏社会の日本史　フィリップ・ポンス　安永愛訳

中世における賤民から現代社会の経済的弱者まで、また江戸の博徒や義賊から近代以降のやくざまで――フランス知識人が描いた貧困と犯罪の裏日本史。

古代の朱　松田壽男

古代の赤色顔料、丹砂。地名から産地を探ると同時に古代史が浮き彫りにされる。標題論考に、「即身佛の秘密」、自叙伝「学問と私」を併録。

横井小楠　松浦玲

欧米近代の外圧に対して、儒学的理想である仁政を基に、内外の政治的状況を考察し、政策を立案し遂行しようとした幕末最大の思想家を描いた名著。

古代の鉄と神々　真弓常忠

弥生時代の稲作にはすでに鉄が使われていた！　原型を遺さないその鉄文化の痕跡を神話・祭祀に求め、古代史の謎を解き明かす。（上垣外憲一）

古代大和朝廷　宮崎市定

記紀を読み解き、中国・朝鮮の史料を援用して、日本の古代史を東洋と世界の歴史に位置づける、壮大なスケールの日本史論集。（砺波護）

増補 海洋国家日本の戦後史　宮城大蔵

戦後アジアの巨大な変貌の背後には、開発と経済成長という日本の「非政治」的な戦略があった。海域アジアの戦後史に果たした日本の軌跡をたどる。

日本の外交　添谷芳秀

憲法九条と日米安保条約に根差した戦後外交。それがもたらした国家像の決定的な分裂をどう乗り越えるか。戦後史を読みなおし、その実像と展望を示す。

世界史のなかの戦国日本　村井章介

世界史の文脈の中で日本列島を眺めてみるとそこには意外な発見が！　戦国時代の日本はそうとうにグローバルだった！（橋本雄）

増補 中世日本の内と外　村井章介

国家間の争いなんておかまいなし。中世の東アジア人は海を自由に行き交い生計を立てていた。私たちの「内と外」の認識を歴史からたどる。（榎本渉）

古代史おさらい帖　森浩一

考古学・古代史の重鎮が、「土地」「年代」「人」の基本概念を徹底的に再検証。「古代史」をめぐる諸問題の見取り図がわかる名著。

ちくま学芸文庫

現代語《げんだいご》訳《やく》 信長公記《しんちょうこうき》（全《ぜん》）

二〇一七年二月十日 第一刷発行
二〇二〇年十月二十日 第三刷発行

著者 太田牛一（おおた・ぎゅういち）
訳者 榊山潤（さかきやま・じゅん）

発行者 喜入冬子
発行所 株式会社 筑摩書房
東京都台東区蔵前二―五―三 〒一一一―八七五五
電話番号 〇三―五六八七―二六〇一（代表）
装幀者 安野光雅
印刷所 明和印刷株式会社
製本所 株式会社積信堂

ISBN978-4-480-09777-4 C0121